U0145129

歐洲貿易法

陳麗娟 著

EU

四版序

　　歐盟已經是全球最重要的經濟體之一，擁有五億以上的消費人口。1995年WTO成立，歐盟與其全體會員國同時加入WTO，由於共同貿易政策的專屬職權，歐盟主導著國際貿易法的發展，因而歐盟貿易法成為一個重要的法律規範。全球經貿環境在2008年全球金融海嘯與對抗氣候變遷有許多的轉變，因此增訂本書的新內容，以期使本書的內容更加充實。感謝五南圖書出版股份有限公司的熱心支持與幕後工作人員的辛勞，敬祈廣大讀者對本書的愛護與不吝斧正。

陳麗娟

2018年3月16日

於淡江大學

目錄

PART *1*

總　論

第一章　歐洲聯盟

歐洲煤鋼共同體條約（Vertrag über die Gründung der Europäischen Gemeinschaft für Kohle und Stahl; Treaty Establishing the European Coal and Steel Community）、歐洲共同體條約（即原來的歐洲經濟共同體條約；Vertrag zur Gründung der Europäischen Gemeinschaft; Treaty Establishing European Community）、歐洲原子能共同體條約（Vertrag zur Gründung der Europäischen Atomgemeinschaft; Treaty Establishing the European Atomic Energy Community）分別創設三個不同的法律實體（legal entity），即歐洲煤鋼共同體、歐洲共同體、歐洲原子能共同體，但1993年11月馬斯垂克條約生效時，歐洲聯盟條約（Vertrag über die Europäischen Union; Treaty on European Union）創設了歐洲聯盟三根支柱的架構，但卻未賦予歐洲聯盟（Europäische Union; European Union）法律上的人格（legal personality）[1]。直至2009年12月1日里斯本條約生效，將歐洲聯盟的組織架構再度做了重大的修正，賦予歐洲聯盟法律人格，享有權利能力與行為能力，更積極地參與國際經貿事務之運作。

第一節　歐洲聯盟之形成及發展

壹、三個共同體之設立逐步發展成歐洲聯盟

1951年4月18日由法國、德國、義大利、荷蘭、比利時與盧森堡六國於巴黎簽署歐洲煤鋼共同體條約，並於1952年7月23日生效，因此又稱為巴黎條約（Treaty of Paris）。依據歐洲煤鋼共同體條約第97條之規定，歐洲煤鋼共同體

---

[1]　參閱Macleod/Hendry/Hyett, The External Relations of the European Communities, Oxford 1996, p. 3.

條約自生效時起，適用50年。因此，歐洲煤鋼共同體條約已於2002年7月22日
因適用期限屆滿而失效了。這六個創始會員國以締結歐洲煤鋼共同體條約的方
式，建立歐洲煤鋼共同體，以共同市場（gemeinsamer Market; Commen
Market）為基礎，追求共同的目標，並且擁有共同的機關[2]；而依據歐洲煤鋼
共同體條約第6條之規定，歐洲煤鋼共同體為具有國際法律人格的獨立實體。
歐洲煤鋼共同體條約並創設四個機關，即高級官署（Hohe Behoerde）、共同
大會（Gemeinsame Versammlung）、特別的部長理事會（Besonderer
Ministerrat）與法院（Gerichtshof）[3]。高級官署行使超國家的立法權與行政
權，以管制煤鋼產品的製造與分配；共同大會則由會員國的人民代表組成，以
行使監督權；特別的部長理事會由會員國的部長代表組成，以行使立法權與諮
商權；法院的功能，則在確保解釋與適用歐洲煤鋼共同體條約。簡言之，創始
會員國同意移轉其部分主權給歐洲煤鋼共同體，由歐洲煤鋼共同體依據條約的
目標行使這些主權[4]。

　　歐洲煤鋼共同體的六個創始會員國於1957年3月25日在羅馬簽署了歐洲經
濟共同體條約（Vertrag zur Gründung der Europäischen Wirtschaftsgemeinschaft;
Treaty Establishing the European Economic Community）與歐洲原子能共同體條
約，故又稱此二條約為羅馬條約（Treaties of Rome），並於1958年1月1日生
效。此二條約並無適用時期之限制，而且各自創設具有國際法律人格的實
體[5]。歐洲原子能共同體條約之目標，在於建立對核子工業的快速形成與發展
必要的條件，以致力於提高會員國的生活狀況及發展與其他國家的關係[6]。歐
洲經濟共同體條約的適用範圍則較廣泛，其目標為對各種形式的經濟活動、建
立共同市場，以促進在共同市場內經濟生活的協調與平衡發展、促進持續的、
無通貨膨脹的及符合環境的成長、促進經濟成果的高度凝聚、高度就業水準、
高度的社會保護、提高生活狀況及生活品質，以及促進在會員國間的經濟與社

2　參閱歐洲煤鋼共同體條約第1條。

3　參閱歐洲煤鋼共同體條約第7條。

4　參閱Macleod/Hendry/Hyett，前揭書，p. 4。

5　參閱Macleod/Hendry/Hyett，前揭書，p. 4。

6　參閱歐洲原子能共同體條約第1條第2項。

會的關聯和團結[7]。歐洲經濟共同體條約與歐洲原子能共同體條約亦各自創設了四個擁有超國家權限的自主機關，即大會、理事會、執行委員會（簡稱執委會，相當於歐洲煤鋼共同體的高級官署）、法院[8]；但理事會卻為主要的立法機關，執委會享有專屬的立法提案權，而大會則扮演著諮詢的角色。

　　1957年3月25日共同體的六個創始會員國簽署三個共同體的共同機關協定（Abkommen über gemeinsame Organe für die Europäischen Gemeinschaften）[9]，並於1958年1月1日生效。自此時起，三個共同體擁有共同的大會與法院，但每個共同體有其獨立的理事會，歐洲經濟共同體與歐洲原子能共同體有獨立的執委會，而歐洲煤鋼共同體仍有其高級官署。1962年3月20日共同體決議將大會變更名稱為歐洲議會[10]。1965年4月8日六個創始會員國又簽署設置三個共同體共同理事會與執委會條約（Vertrag zur Einsetzung eines gemeinsamen Rates und einer gemeinsamen Kommission der Europäischen Gemeinschaften，即一般通稱的機關合併條約），並於1967年7月1日生效[11]。自此時起，三個共同體有共同的理事會與執委會。

　　1970年修正三個共同體基礎條約中關於預算的規定[12]，而賦予歐洲議會對預算事項享有更廣泛的權限，同時由歐洲共同體自主財源制度取代由會員國分攤費用的預算支出制度[13]。1975年再度修正三個共同體基礎條約的財政法規[14]，針對預算事項，歐洲議會因此擁有更廣泛的權限。1976年理事會更制定通過法規，以規範歐洲議會的直接選舉[15]，並於1979年舉行第一次的直接選舉。

　　除了三個共同體組織架構的變更外，原來的歐洲共同體亦因新的會員國的

---

[7]　參閱歐洲經濟共同體條約第2條。

[8]　參閱歐洲經濟共同體條約第4條第1項；歐洲原子能共同體條約第3條第1項。

[9]　Bundesgesetzblatt der Bundesrepublik Deutschland II 1957, S. 1156.

[10]　Amtsblatt der Europäischen Gemeinschaften 1962, S. 1045.

[11]　Bundesgesetzblatt der Bundesrepublik Deutschland II 1967, S. 2156.

[12]　Amtsblatt der Europäischen Gemeinschaften 1970 L 2/1.

[13]　Amtsblatt der Europäischen Gemeinschaften 1970 L 94/19.

[14]　Amtsblatt der Europäischen Gemeinschaften 1975 L 359/1.

[15]　Amtsblatt der Europäischen Gemeinschaften 1976 L 278/5.

加入而隨之擴大，1973年1月1日英國、愛爾蘭與丹麥正式加入歐洲共同體，即為歐洲共同體第一次的擴大；希臘於1981年1月1日正式成為歐洲共同體第10個會員國，歐洲共同體完成第二次的擴大；1986年1月1日歐洲共同體完成第三次的擴大，西班牙與葡萄牙亦成為正式的會員國；1995年1月1日瑞典、芬蘭與奧地利亦正式加入歐洲共同體，至此時歐洲共同體完成第四次擴大，共有15個會員國；2004年5月1日歐洲聯盟完成第五次的擴大，新的會員國為塞浦路斯、捷克共和國、立陶宛、匈牙利、拉脫維亞、愛沙尼亞、馬爾它、波蘭、斯洛伐克共和國、斯洛維尼亞等10國，使得歐洲聯盟成為涵蓋25個會員國，擁有4億5,000萬消費人口的區域組織；2007年1月1日保加利亞與羅利亞亦正式成為歐洲聯盟的會員國；2013年7月1日，克羅埃西亞亦正式加入歐洲聯盟，目前共有28個會員國，已經成為全球最重要的一個經濟與貿易實體。

　　1986年2月17日12個會員國於盧森堡簽署單一歐洲法（Einheitliche Europäische Akte; Single; Single European Act），並於1987年7月1日生效，首次對於三個歐洲共同體的基礎條約做實質內容的修正，主要為規定必要的決議程序，並藉消除仍然存在於歐洲共同體內的障礙，以期在1992年12月31日前完成歐洲共同體的單一市場（Binnenmarkt; Single Market），增加在理事會採取多數決議的立法事項，加強歐洲議會在立法程序上的參與權限，並明確規定理事會授權執委會採取施行共同體法措施的範圍。此外，並擴大歐洲經濟共同體條約在實體上的權限範圍，特別是經濟與貨幣政策、社會政策、經濟與社會結合、研究與技術發展，以及環境政策等。

　　1992年2月7日12個會員國在荷蘭的馬斯垂克（Maastricht）簽署歐洲聯盟條約，又稱為馬斯垂克條約。並於1993年11月1日生效，再度修正三個歐洲共同體的基礎條約，尤其是修正歐洲經濟共同體條約為歐洲共同體條約（Vertrag zur Gründung der Europäischen Gemeinschaft; Treaty Establishing the European Community），歐洲經濟共同體因此更改名稱為歐洲共同體[16]。歐洲聯盟條約再次擴大歐洲共同體的目標與共同體政策（Gemeinschaftspolitik; Policy of the Community）的範圍，特別是逐步地實現經濟與貨幣同盟（Wirtschafts-und Währungsunion economic and monetary union）；賦予歐洲議會在立法程序上更

---

[16]　參閱歐洲聯盟條約第8條。

大的參與權限，尤其是在許多的事物範圍增訂由理事會與歐洲議會行使共同決定權；理事會的立法決議增加使用多數決；將輔助原則（Subsidiaritätsprinzip：Principle of Subsidiarity）提昇為歐洲共同體條約的一般原則，並將審計院（Rechnungshof；Court of Auditors）提昇為第五個主要的共同體機關；賦予歐洲法院制裁不遵守其判決的會員國之權限。

　　2009年12月1日生效的里斯本條約以超國家的歐洲聯盟的憲法形式，建立一個在法律上全新的歐洲聯盟。歐洲聯盟條約第1條第3項明文規定，歐盟的基礎為歐洲聯盟條約與歐洲聯盟運作條約（為原來的歐洲共同體條約）；此二條約在法律上位階相同。歐洲聯盟取代歐洲共同體，歐洲聯盟是歐洲共同體法律上的繼承者。里斯本條約生效後，歐洲聯盟是國際法上的主體，享有國際法律人格，可以以一個聲音在國際社會參與國際事務。在組織結構上，歐洲聯盟不等同於會員國，而是高過會員國，歐洲聯盟在其職權範圍內得與其他國家或國際組織締結國際協定，在國際社會中，如同一個國家，例如在聯合國內亦得參與外交政策，會員國必須以忠誠和共同團結的精神支援歐盟的共同外交暨安全政策。

　　在1990年10月3日德國統一後，歐洲議會的組成亦隨之擴大，而增加各會員國在歐洲議會議員的人數[17]；1992年12月12日會員國以決議確定共同體機關與特定單位的所在地（Beschluss über die Festlegung der Sitze der Organe und bestimmter Einrichtungen und Dienststellen der Europäischen Gemeinschaften）[18]，即歐洲議會位於法國的史特拉斯堡，每個月在史特拉斯堡舉行一次全體大會，並包括預算會議在內，其他額外的會議則在布魯塞爾舉行，歐洲議會的委員會亦在布魯塞爾集會，歐洲議會的秘書處與其他單位則位於盧森堡；理事會位於布魯塞爾，但每年的4月、6月與10月則在盧森堡開會；執委會位於布魯塞爾，其他的單位則位於盧森堡；歐洲法院與第一審法院位於盧森堡；經濟暨社會委員會位於布魯塞爾；審計院位於盧森堡；歐洲投資銀行位於盧森堡。

　　1993年10月29日會員國決議確定其他歐盟機構的所在地（Beschluss über die Festlegung de Sitzes bestimmter Einrichtungen und Dienststellen der

---

[17]　Amtsblatt der Europäischen Gemeinschaften 1993 L 33/15.

[18]　Amtsblatt der Europäischen Gemeinschaften 1992 C 341/1.

Europäischen Gemeinschaften sowie des Sitzes von Europol）[19]，例如：歐洲環境
局設於丹麥的哥本哈根，歐洲職業教育基金設於義大利的圖林，動、植物保護
檢疫中心設於愛爾蘭的都柏林，歐洲毒品監視中心設於葡萄牙的里斯本，歐洲
藥品評鑑局設於英國的倫敦，工作場所的健康保護與安全局設於西班牙的比爾
堡，歐洲中央銀行設於德國的法蘭克福，關於商標、模型與式樣的單一市場協
調署及其申訴中心設於西班牙的阿里康特，以及歐洲警察署與歐洲警察署的毒
品中心設於荷蘭的海牙。

　　法文為歐洲煤鋼共同體條約唯一的有效語言[20]，至於歐洲經濟共同體條約
與歐洲原子能共同體條約的正式有效語言版本，為德文、法文、義大利文與荷
蘭文[21]，但隨著歐洲共同體歷次的擴大發展成為歐洲聯盟，歐洲聯盟的官方語
言與工作語言亦隨著增加，目前共有24種官方語言與工作語言，即丹麥文、德
文、英文、荷蘭文、芬蘭文、法文、希臘文、愛爾蘭文、義大利文、葡萄牙
文、西班牙文、瑞典文、保加利亞文、愛沙尼亞文、拉脫維亞文、立陶宛文、
馬爾它文、波蘭文、羅馬尼亞文、斯洛伐克文、斯洛維尼亞文、捷克文、匈牙
利文與克羅埃西亞文。

貳、歐盟機關

　　原始的三個歐洲共同體，即歐洲煤鋼共同體、歐洲經濟共同體與歐洲原子
能共同體，均有其各自獨立的機關（Organ），同時有些機關卻有不同的名
稱，例如依據歐洲煤鋼共同體條約第7條之規定，歐洲煤鋼共同體之機關為特
別的部長理事會（Besonderer Ministenat; Special Council of Ministers）、高級官
署（Hohe Behörde; High Authority）、共同的大會（Gemeinsame Versammlung;
Common Assembly）、法院（Gerichtshof; Court of Justice）；歐洲原子能共同
體條約第3條規定歐洲原子能共同體之機關有大會（Versammlung;

---

[19] Amtsblatt der Europäischen Gemeinschaften 1993 C 323/1.

[20] 參閱歐洲煤鋼共同體條約第100條。

[21] 參閱歐洲經濟共同體條約第314條；歐洲原子能共同體條約第225條。

Assembly）、理事會（Rat; Council）、執委會（Kommission; Commission）、法院（Gerichtshof; Court of Justice），依據歐洲經濟共同體條約第4條規定，歐洲經濟共同體之機關為大會、理事會、執委會、法院。

這些機關經兩次的合併後，三個歐洲共同體擁有共同體的機關，即理事會（Rat; Council）、執委會（Kommission; Commission）、歐洲議會（Europäisches Parlament; European Parliament）與歐洲法院（Europäischer Gerichtshof; Europäische Court of Justice）。歐洲聯盟條約將審計院（Rechnungshof; Court of Auditors）提升為歐洲共同體的機關。

2009年12月生效的里斯本條約將歐洲高峰會議與歐洲中央銀行提昇為歐盟的機關，即依據歐洲聯盟條約第13條第12項之規定，歐盟的機關為歐洲議會、歐洲高峰會議、理事會、執行委員會、歐洲聯盟法院、歐洲中央銀行與審計院。因此，歐洲聯盟共有七個機關，以追求聯盟之目標、維護歐盟、歐盟人民與會員國的利益，以及確保歐盟政策與措施的整合，有效率與持續。

此外，尚有輔助機關（Hilfsorgan），亦屬於歐洲聯盟的組織體系，即具有諮詢功能的經濟暨社會委員會（Wirtschafts-und Sozialausschuss; Economic and Social Committee）[22]、區域委員會（Ausschuss der Regionen; Committee of the Regions）[23]，以及歐洲投資銀行（Europäische Investitionsbank; European Investment Bank）[24]。

里斯本條約改革了歐洲聯盟的民主架構，歐洲聯盟具備了四個民主的正當管道[25]，即：

(1) 由會員國國會選舉的會員國政府做為在理事會中維護會員國利益的代表；

(2) 由歐盟人民直接選舉的歐洲議會；

(3) 歐盟人民的意思反映在歐洲議會和會員國人民代表的選舉上，以及以新形式符合歐盟人民的願望，即依據歐洲聯盟條約第11條第4項之規

---

[22] 參閱歐洲聯盟運作條約第301-304條；歐洲原子能條約第165-170條。

[23] 參閱歐洲聯盟運作條約第305-307條。

[24] 參閱歐洲聯盟運作條約第308-309條。

[25] M. Dauses, Handbuch des Eu-ZWirtschaftsrechts, 24. Ergänzungs-lieferung, 2009 München, Rn. 445.

定，至少應有100萬歐盟人民的連署，且有相當多數會員國國民連署得提出創制，要求執行委員會在其職權範圍內應針對歐盟人民認為應有歐盟法規的議題，提出適當的法案，以落實條約（歐洲聯盟條約與歐洲聯盟運作條約）；

（4）歐洲聯盟條約第12條首次授予會員國國會的共同參與權。

依據歐洲聯盟條約第9條之規定，在其全部的行為，歐盟應注意歐盟人民的平等原則，歐盟的機關、機構與其他的單位有相同的注意義務。也就是歐盟人民享有好的行政管理權。

歐洲聯盟條約第10條規定，歐盟之運作方式以代議民主為基礎；在歐盟層次，在歐洲議會直接代表歐盟人民，由國家元首與政府首長在歐洲高峰會議代表會員國，會員國政府理事會代表會員國，且必須以民主的方式向會員國國會與歐盟人民闡明，全體歐盟人民有權參與聯盟的民主生活。歐盟作決策時，應盡可能公開與接近人民。

歐洲聯盟條約第11條規定透明化原則，即歐盟機關應以適當的方式給予人民和代表的協會（例如工會）機會，在歐盟行為所有的領域內可以公開的發表和交流其意見。歐盟機關應與代表的協會和市民社會進行公開、透明和定期的對話。執行委員會對相關的人士進行廣泛的聽證，以期保證歐盟行動的整合與透明化。

歐洲聯盟條約第12條首次明文規定會員國國會參與聯盟的意思形成。會員國的國會應積極的致力於歐盟好的運作方式，具體規定會員國國會的詢問權與參與權，而在歐洲聯盟內會員國國會角色的議定書[26]更詳細規定會員國國會的參與歐盟運作。歐洲聯盟條約第5條第3項更將會員國國會規定為輔助原則的守護者，即會員國國會應依據適用輔助原則與比例原則議定書規定的程序，注意輔助原則之遵守。

歐洲聯盟條約第13條至第19條規定歐盟的組織結構，歐洲聯盟運作條約第223條至第287條則詳細規定七個歐盟機關的組成與相互的合作。

---

[26] ABl EU 2007 C 306/148ff.

一、歐洲議會

　　歐洲議會是歐洲聯盟的一個立法機關，至1979年止，歐洲議會共有198位議員[27]。1979年6月7日至10日歐洲議會舉行第一次的直接選舉（Direktwahl），即由各會員國的人民直接選舉歐洲議會的議員。自此時起，歐洲議會的議員不再必須是各會員國的國會議員。同時自1979年起，每5年即舉行一次新的歐洲議會選舉，完全依據各會員國不同的選舉法（Wahlgesetz）選舉產生每一任期的新歐洲議會議員[28]。

　　1990年德國統一後，德國曾試圖在正在進行的會期中提高原來81席的議員人數，但並未成功，僅在過渡時期由新的各邦派遣共18位的議員，以「觀察員的身分」（Beobachterstatus）參與歐洲議會的運作。1994年6月的歐洲議會選舉，即增加德國的議員人數為99名，而法國、義大利與英國即從81名增加為87名，西班牙64名，荷蘭31名，希臘、比利時、葡萄牙各25名，丹麥16名，愛爾蘭15名，盧森堡6名，共有567位；1995年1月1日新加入的奧地利有21名，芬蘭有16名，瑞典有22名，共有626位議員；在2004年5月1日歐洲聯盟完成第五次擴大加入新的會員國後，依據原來的歐洲共同體條約第190條第2項之規定，德國有99席，法國、義大利與英國各有78席，西班牙與波蘭各有54席，荷蘭有27席，捷克共和國、比利時、希臘、匈牙利與葡萄牙各有24席，瑞典有19席，奧地利有18席，丹麥、斯洛伐克共和國與芬蘭各有14席，愛爾蘭與立陶宛有13席，拉脫維亞有9席，斯洛維尼亞有7席，愛沙尼亞、塞浦路斯與盧森堡各有6席，馬爾它有5席，共有732位議員[29]。由於2013年7月克羅埃西亞加入歐盟，目前歐洲議會共有751席議員，德國有96席，法國74席、義大利與英國各73席、西班牙54席、波蘭51席、羅馬尼亞32席、荷蘭26席、比利時、希臘、捷克、葡萄牙與匈牙利各21席、瑞典20席、奧地利18席、保加利亞17席、丹麥、芬蘭與斯洛伐克各13席、愛爾蘭、克羅埃西亞與立陶宛各11席、斯洛維尼亞與拉脫維亞各8席、愛沙尼亞、塞浦路斯、盧森堡與馬爾它各6席。

---

[27] 參閱W. Hakenberg, Grundzüge des europäischen Wirtschaftsrechts, München 1994, S. 58.

[28] 參閱W. Hakenberg，前揭書，S. 48。

[29] 原來的歐洲共同體條約第190條第2項。

　　由於過去歐洲議會欠缺一般國家國會的功能，即欠缺一般國會固有的與專屬的立法權（originaeres und susschliessliches Rechtssetzungsrecht），而僅有參與權（Mitwirkungsrecht），故過去歐洲議會基本上無法與一般的國會相提並論[30]。

　　自1993年11月1日起，歐洲議會在特定的範圍，例如單一市場、人員自由遷徙，環境保護、消費者保護、衛生政策等，均得依據原來的歐洲共同體條約第251條所規定的共同決定的立法程序（Verfahren der Mitentscheidung; co-decision procedure），在立法程序上享有共同決定權，而由歐洲議會與理事會共同立法。所謂的共同決定程序，係指歐洲議會必須在具有拘束力同意理事會的每一個提案參與立法，但卻有可能藉由在歐洲議會與理事會間長期的調解程序（konzentrierungsverfahren; conciliation process）達成協議，以避免決裂的表決。原來的歐洲共同體條約第251條第4項新增訂關於調解委員會（Vermittlungsausschuss）之規定，即由理事會成員或代表，與歐洲議會同數的代表組成調解委員會，並由理事會成員或其代表以條件多數（即232票），以及歐洲議會代表過半數決議，就共同的草案取得共識。執委會參與調解委員會的工作，並且進行所有必要的提案，以促成歐洲議會與理事會觀點的更趨一致。從1993年11月馬斯垂克條約生效時，歐洲議會在各種不同的領域中，首次享有否決權（Veto）[31]。

　　里斯本條約擴大並加強歐洲議會的職權，依據歐洲聯盟條約第14條之規定，歐洲議會與理事會共同為立法者，共同的行使預算職權，依據歐洲聯盟條約與歐洲聯盟運作條約之規定履行政治監督的任務與諮詢的作用。歐洲議會應選舉執行委員會的主席。歐洲議會由歐盟人民的代表組成，包括議長在內，其總數不得超過750人。在歐洲議會的人民代表依遞減的比例，但至少每個會員國應有6名議員，但不得超過96席；依據歐洲議會之提議，歐洲高峰會議應以一致的決議且經歐洲議會之同意，公布歐洲議會的組成決議。以普通、直接、自由與秘密選舉歐洲議會的議員，其任期為5年。自歐洲議會的議員中選舉議長與主席團。在新的代議制模式，歐洲議會採遞減的比例，議員總席次為750

---

[30] 參閱W. Hakenberg，前揭書，S. 50。

[31] 參閱W. Hakenberg，前揭書，S. 50; Maclecod/Hendry/Hyett, p. 9。

人的人數上限，每個會員國至少有6席議員，但不得超過96席。

　　里斯本條約生效後，歐洲議會在立法程序上獲得更大的職權，過去的共同決定程序改為普通的立法程序。在普通的立法程序上，由理事會與歐洲議會共同的制定歐盟的法規，也就是理事會與歐洲議會是歐盟共同的立法機關，普通的立法程序成為歐盟政策的一般立法程序，歐洲議會有更多的實質參與立法。歐洲議會將參與將近95%的立法工作，歐洲聯盟也將因而明顯的提高其民主的正當性，僅在少數的例外情形，針對特定的事務才須經歐洲議會同意，例如歐洲聯盟運作方式條約第19條規定，在不牴觸條約的其他規定，理事會在條約移轉給歐盟的職權範圍內，依據特別的立法程序，在經得歐洲議會之同意後，以一致決議採取適當的措施，以期防制基於性別、種族、人種、宗教或世界觀、殘疾、年齡或性傾向之事由，而造成的差別待遇。

　　長期以來，在預算範圍是歐洲議會唯一享有真正的立法權限（echte Legislativbefugnisse），即歐洲議會基於本身的職權公布預算，而預算形式上為法律的一種（Gesetz）[32]。在預算程序上，過去三個歐洲共同體基礎條約均規定在歐洲議會、理事會、與執委會間複雜的權限平衡關係[33]，而里斯本條約在預算案的決議上，亦加強歐洲議會的職權，依據歐洲聯盟運作條約第314條第7項之規定，在特別的立法程序範圍，由理事會與歐洲議會共同確定聯盟的年度預算案，歐洲議會並得依據職權否決理事會提出的預算案。因此，事實上針對歐盟個別政策之執行，歐洲議會仍有廣泛的影響力[34]。

　　此外，歐洲議會對於執委會享有重要的職權，過去歐洲議會並不參與執委會主席和委員之任命，1993年歐洲聯盟條約擴大歐洲議會的職權，歐洲議會對於執委會主席和委員之任命，享有真正的同意權或否決權（echtes Zustimmungs-bzw. Vetorecht）[35]。依據歐洲聯盟條約第17條第7項之規定，歐洲高峰會議在依據諮商後以條件多數決議，向歐洲議會提名擔任執行委員會主席

---

[32] 參閱W. Hakenberg，前揭書，S. 51。

[33] 歐洲煤鋼共同體條約第78-78g條；歐洲共同體條約第268-279條；歐洲原子能共同體條約第171-180b條。

[34] 參閱W. Hakenberg，前揭書，S. 51。

[35] 參閱M. Nentwich, Institutionelle und verfahrensrechtliche Neuerungen in Vertrag über die Europäische Union, Europäische Zeitschrift für Wirtschaftsrecht 1992, S. 237.

的候選人；而歐洲高峰會議在提名時應考量歐洲議會的選舉結果。歐洲議會以其議員的過半數選任執行委員會主席；若此一候選人未獲過半數之同意時，則在一個月內，歐洲高峰會議應以條件多數決議向歐洲議會提名新的候選人，而歐洲議會亦應以相同的條件多數選任執行委員會主席。在當選的執行委員會主席之同意下，理事會提出建議擔任委員的人選名單。執行委員會主席、外交暨安全政策的歐盟高級代表與其他委員係一合議機關，由歐洲議會進行同意的表決。依據歐洲議會之同意，歐洲高峰會議任命執行委員會。也就是執行委員會是一個合議機關，對歐洲議會負責。歐洲議會得依據歐洲聯盟運作方式條約第234條之規定，對執行委員會提起不信任申請。若通過此一不信任申請，則執行委員會全體委員必須辭職，外交暨安全政策的歐盟高級代表亦必須辭去在執行委員會範圍的職務。

1993年11月1日起，新增訂歐洲議會的調查委員會（Untersuchungsausschuss; Committee of Inquiry），依據歐洲聯盟運作條約第226條之規定，在履行任務時，歐洲議會得以其議員四分之一之決議，設立非常設的調查委員會（nichtständiger Untersuchungsausschuss）；調查委員會不得侵害其他機關或機構依據條約移轉的職權；調查委員會應審查主張違反歐盟法或在適用歐盟法時的弊端（Misstände），但不適用於所主張的事實已繫屬於法院尚未終結的情形。非常設的調查委員會以提出報告（Bericht）而終止繼續存在；並由歐洲議會以規章，依據特別的立法程序，在理事會及執委會同意後規定調查權行使的內容。

1993年11月歐洲聯盟條約生效後，並依據歐洲聯盟運作條約第227條之規定，增訂歐盟人民的請願權（Petitionsrecht），即任何的歐盟人民、住所或其章程所在地在任何一個會員國的自然人或法人，針對歐盟職務範圍內，且直接與其有關的事項，得向歐洲議會請願。依據歐洲聯盟運作條約第228條之規定，任何的歐盟人民、住所或其章程所在地在任何一個會員國的自然人或法人，針對歐洲聯盟機關或機關職務的弊端，得向歐洲議會任命的監察人（Bürgerbeauftragter; Ombudsman）申訴（Beschwerde），但事實繫屬於法院者，不在此限。

二、歐洲高峰會議

自1960年初起，當時歐洲經濟共同體會員國的國家元首與政府首長，以及執行委員會主席即已非正式的舉行高峰會議（Gipfelkonferenz），以期在最高層級討論廣泛的政治問題；1974年法國建議，將此一高層人員的聚會制度化，自此時起歐洲高峰會議均定期的召開，通常每年集會三次。1987年生效的單一歐洲法第2條首次明文規定歐洲高峰會議。

1993年11月馬斯垂克條約生效時，歐洲聯盟條約明文規定歐洲高峰會議，必須推動歐洲聯盟的發展與確定歐盟發展的一般政治目標；歐洲高峰會議由會員國的國家元首與政府首長，以及執行委員會主席組成，並由會員國的外交部長與執行委員會的一位委員支援歐洲高峰會議。歐洲高峰會議只是在政府最高層級上扮演理事會的角色[36]，僅具有政治的意義。

2009年12月1日生效的里斯本條約加強了歐洲高峰會議的政治地位，在新的歐洲聯盟組織架構中，歐洲高峰會議成為一個獨立的主要機關。依據歐洲聯盟條約第15條之規定，歐洲高峰會議由會員國的國家元首與政府首長、歐洲高峰會議主席與執行委員會的主席組成，外交暨安全政策的歐盟高級代表參與其工作。歐洲高峰會議應給予歐盟發展必要的推動，而為推動歐盟發展確定一般的政治目標。歐洲高峰會議並不參與立法。以歐洲聯盟條約與歐洲聯盟運作條約無其他規定者為限，歐洲高峰會議採共識決。

歐洲高峰會議以條件多數決議，以二年半的任期選舉其主席，連選得連任一次。在無法視事或重大失職的情形，歐洲高峰會議應以相同的程序，解除其職務。在新規定中明顯的加強了歐洲高峰會議做為歐洲聯盟領導機關的角色，但歐洲高峰會議主席不得擔任任何一個會員國或在歐洲層級的其他政治職位。歐洲高峰會議仍然維持政治領導的角色，但其決議仍不具有法律上的拘束力。不牴觸外交暨安全政策的歐盟高級代表之職權，歐洲高峰會議主席在歐洲高峰會議之層級與其特徵，在共同外交暨安全政策的事務上，對外代表歐盟。也就是歐洲高峰會議主席對外代表歐洲聯盟，如同聯邦制度國家的總統，亦成為歐

---

[36] 參閱Macleod/Hendry/Hyett, 前揭書，p. 9。

洲聯盟的官員[37]。歐洲高峰會議主席的任期得連任,不再是會員國的國家元首或政府首長輪值擔任主席,而是一個常設的職位,有助於加強歐洲聯盟發展的連續性、在歐洲高峰會議長期有計畫的規劃與訂定優先的目標。

　　在聯盟法不同的範圍,歐洲高峰會議有許多新的任務,特別是人事決定,例如選舉歐洲高峰會議的主席、提名執行委員會主席人選、任命執行委員會全體委員與共同外交暨安全政策的歐盟高級代表;在共同外交暨安全政策範圍、在外交關係上的任務、協調經濟政策、在勞工自由遷徙上的社會政策措施的仲裁角色、在刑事案件的司法合作與警察合作。

三、理事會

　　依據歐洲聯盟條約第16條第2項規定,理事會由每個會員國在部長層級的一位代表組成,而該代表係有權為其政府作法律上具有拘束力的行為。自1995年1月1日起,當時理事會有15位成員。理事會的主席(Präsident)每半年由會員國依序輪流擔任之,其順序並由理事會以一致決議之。即理事會的主席依據旋轉原則(Rotationsprinzip)每半年(6個月)由會員國輪流擔任,因此總是在每年1月1日與7月1日交接理事會主席的職務[38]。奧地利、芬蘭與瑞典於1995年1月1日正式成為歐洲聯盟的會員國後,為調整理事會主席的輪值順序,理事會於1995年1月1日對理事會主席輪值順序作成新的決議[39]。即1995年的前六個月由法國擔任理事會主席,後六個月則由西班牙擔任;自1996年1月1日起,理事會主席的順序如下:義大利、愛爾蘭、荷蘭、盧森堡、英國、奧地利、德國、芬蘭、葡萄牙、法國、瑞典、比利時、西班牙、丹麥、希臘。在2004年5月1日歐洲聯盟完成第五次擴大後,10個新會員國加入歐洲聯盟,2007年1月1日時,羅馬尼亞與保加利亞正式加入歐洲聯盟,2013年7月1日克羅埃西亞加入歐洲聯盟,因此目前理事會有28位成員。

　　歐洲聯盟條約第16條第9項規定,除外交事務理事會外,在理事會會議的

---

[37] Constitutional implications of the Treaty of Lisbon, http://www.vrijspreker.nl/wp/2008/04/constitutional-implications-of-the-treaty-of-lisbon, last visited 01/02/2009.

[38] 參閱W. Hakenberg,前揭書,S. 37。

[39] 95/2/EG, EAG, EGKS, Amtsblatt der Europäischen Gemeinschaften 1995 L 1/220.

主席由理事會的代表擔任，並在歐洲聯盟運作條約第236條規定的歐洲高峰會議條件多數的要件下，依據平等的輪值制度確定輪值主席表。也就是外交事務理事會由共同外交暨安全政策的歐盟高級代表擔任會議主席，其他的理事會主席則由輪值國擔任主席，每六個月交接輪值主席。

　　理事會為歐盟機關中最能以會員國的意思反映成為歐洲聯盟的行為決定，會員國的政府在理事會中藉其代表做成所有重要的決定[40]。即會員國的利益在理事會中完全發揮作用，但是理事會仍然為歐盟的機關，並不是會員國政府代表的會議[41]。基本上，理事會並無常設的成員，完全依據討論議題相關的事項以不同的組合召開理事會，例如環境部長、農業部長、財政部長與經濟部長等。由外交部長或政府元首組成的理事會則強調政治上的角色[42]。若無特別的討論議題，通常則由外交部長（Aussenminister）每個月均會召開一次一般事務的理事會。

　　歐洲聯盟條約第16條第1項規定，理事會與歐洲議會共同為立法機關，共同行使預算職權；依據歐洲聯盟條約與歐洲聯盟運作條約之規定，確定政策與協調亦屬於理事會的任務。理事會主要的任務為立法與通過預算，里斯本條約最大的修訂為將過去由理事會單獨立法修訂為在普通的立法程序上由理事會與歐洲議會共同的立法，尤其是在農業政策、合法的移民與共同貿易政策範圍的立法。理事會的決議可分為一致決（Einstimmigkeit; unanimity）、條件多數決（qualifizierte Mehrheit; qualified majority）、與普通多數（einfache Mehrheit; simple majority）。在普通多數的決議，必須有理事會的成員過半數同意，即每個會員國擁有一票，必須有14票決議才通過決議[43]。但在實務上卻很少適用簡單多數決，通常針對程序問題則會以簡單多數進行決議[44]。

　　理事會的一致決議，主要是針對特別重要的事項，在一致決議時，缺席的會員國的票數不計算在內[45]。里斯本條約擴大使用條件多數決議，以促進理事

---

[40]　參閱W. Hakenberg，前揭書，S. 36f。

[41]　參閱C. Rohde, Europarecht, Berlin 1995, S. 114.

[42]　參閱C. Rohde, 前揭書，S. 114。

[43]　參閱歐洲聯盟運作條約第238條第1項。

[44]　參閱Macleod/Hendry/Hyett, 前揭書，p. 12。

[45]　參閱歐洲聯盟運作條約第238條。

會的行為能力，更能有效率的達成協議[46]，尤其是針對內政暨司法政策的事務，將不再適用一致決議，而是適用條件多數的決議方式。

條件多數決議通常針對具有重要性的事項進行表決，而在1993年11月馬斯垂克條約修正原來的歐洲經濟共同體條約後，有更多的事項必須以條件多數決議之。會員國在條件多數決議時，因會員國人口比例而享有不同的票數比重[47]。德國、法國、義大利、英國各有29票，西班牙與波蘭有27票，荷蘭13票，比利時、捷克共和國、希臘、匈牙利與葡萄牙各有12票，奧地利與瑞典各10票，丹麥、愛爾蘭、立陶宛、斯洛伐克共和國與芬蘭各有7票，愛沙尼亞、塞浦路斯、拉脫維亞、盧森堡與斯洛維尼亞各有4票，以及馬爾它有3票，共有321票。但在條件多數決議，又因是否由執委會提案，而有不同的規定，即(1)依據原來的歐洲共同體條約之規定，應由執委會提案的條件多數決議，必須有232票贊成，才通過決議；(2)在其他的情形，則必須有232票贊成，同時必須有13會員國同意，才通過決議[48]。依據1966年「盧森堡協議」（Luxemburger Kompromiss; Luxembourg Compromise），針對具有非常重要利益（sehr wichtige Interessen; very important interest）的事項，進行決議時，雖然得以多數決議，但必須由會員國繼續協商至全部同意為止。

2003年生效的尼斯條約（Vertrag von Nizza; Treaty of Nice）對於條件多數決議有新的規定，即自2004年11月1日起，在理事會的票數加權形成一個在國際法上的國家平等原則和民主代議間的均衡[49]，但依據歐洲聯盟運作條約第169條第4項的新規定，自2014年11月1日起，條件多數應有至少理事會成員55%的多數，即至少應有15個會員國的贊成，且這些贊成的會員國至少應有聯盟人口的65%贊成。也就是理事會的條件多數是雙重多數（doppelte Mehrheit），即會員國的多數與聯盟總人口數的65%的多數，可阻止動輒癱瘓議事而影響正常運作的情形。

在條件多數決議的情形，各國的票數加權分配如下：德國、法國、義大利

---

[46] 參閱I. Pernice (Hhrsg.), Der Vertrag von Lissabòn: Reform der Eu ohne Verfassung?, Baden-Baden 2008, S. 114.

[47] 參閱Macleod/Hendry/Hyett, 前揭書，p. 12。

[48] 參閱原來歐洲共同體條約第205條第2項。

[49] A. Weber, Von Verfassung svertrag zum Vertrag von Lissabon, EuZw 2008, S. 10.

與英國各29票，西班牙與波蘭各27票，羅馬尼亞14票，荷蘭13票，比利時、捷克、希臘、匈牙利與葡萄牙各12票，奧地利、保加利亞與瑞典各10票，克羅埃西亞、丹麥、愛爾蘭、立陶宛、斯洛伐克與芬蘭各7票，塞浦路斯、愛沙尼亞、拉脫維亞、盧森堡與斯洛維尼亞各4票，以及馬爾它3票，總共是352票[50]。

為提高理事會在立法程序上的透明度，歐洲聯盟條約第16條第8項規定，理事會諮商與表決法案時，理事會應進行公開的會議；為達成此一目標，每次的理事會會議應分為兩部分，一部分應就歐盟的法案進行諮商，另一部分為協商與立法無關的事務。此一規定是透明化與對媒體公開資訊的關鍵步驟[51]，有助於歐盟人民體驗歐洲聯盟的實際運作，使歐盟人民更清楚的瞭解歐洲聯盟。

依據理事會的議事規則（Geschäftsordnung）之規定，在理事會的總秘書處（Generalsekretariat; General Secretariat）內又設有許多的部門。理事會最重要的工做為在委員會內的工作，各委員會通常必須制定可付表決的法案（entscheidungsreife Vorlagen）。理事會最大與最有名的一般委員會為會員國政府常設代表委員會（Ausschuss der Ständigen Vertreter der Regierungen der Mitgliedstaaten; Xommittee consisting of the Permanent Representatives of the Member States；即為法文Comitésentants permanents des gouvernements des Etats members，簡稱Coreper）。依據歐洲聯盟運作條約第240條第1項之規定，由會員國常設代表組成的委員會，其任務為準備理事會的工作與執行理事會交付的任務（Auftrag）。即在理事會內的常設代表委員會，係由會員國派駐歐洲聯盟的大使（Botschafter）組成，由於歐洲聯盟為國際法上的主體，故各國均得派遣大使駐守在歐洲聯盟。這些大使以其代表與隨員（通常由各會員國的部會派遣）擔任工作人員，以準備理事會的日常事務（Tagesgeschäft）。在組織上，常設代表委員會為理事會的一部分，而在歐洲聯盟的當局與會員國的各部間扮演支配的角色。常設代表委員會為一般的委員會，得從事不同的事務範圍，在組織上分為兩大部分；對於共同農業政策的問題，又有所謂的農業特別委員會，專責處理[52]。

---

[50]　http://www.consilium.europa.eu/show Page.aspx? id=242&lang=de, last visited 01/26/2010.

[51]　I. Pernice（Hirsg.）前揭書，S. 109。

[52]　參閱W. Hakenberg，前揭書，p. 40。

四、執行委員會（簡稱執委會）

　　執委會由28位成員（即一般稱為委員）組成，基於其一般的能力選舉產生，且必須完全保障其獨立行使職權；理事會得以一致（einstimmig）決議變更執委會成員的數目；僅會員國的國民得為執委會的成員。尼斯條約關於歐盟擴大的議定書第4條第2項規定，歐洲聯盟擴大，會員國增至27個時（2007年保加利亞與羅馬尼亞成為歐洲聯盟的會員國），執委會的委員名額應少於會員國的總數，執委會的委員依據平等的輪流方式選舉產生，由理事會以一致決議確定輪流順序；理事會以一致決議確定執行委員會委員的人數，目前有28位委員。

　　執委會是一個整體，應對歐洲議會負責，歐洲議會對於執委會以一個整體行使委員的任命同意權，並得以不信任投票強制全體委員集體退職。歐洲聯盟條約第17條規定，執委會應促進聯盟的一般利益與為達成此一目標而採取適當的作法。執委會應注意適用歐洲聯盟條約、歐洲聯盟運作條約與由機關依據這些條約所公布的措施；在歐洲法院的監督下，執委會應監督歐盟法之適用。執委會應提出預算案與管理計畫。執委會應依據條約之規定，行使協調、行政與管理的職權；除在共同外交暨安全政策和條約規定的其他情形外，執委會對外應代表歐盟。以條約未有其他規定者為限，歐盟的法案僅得由執委會提出；若條約有規定時，則其他的法案應依據執委會的提案公布。執委會的任期為3年。依據一般的資格與投入歐洲事務的人士中選任執委會委員，並完全保障其獨立性；執委會應完全獨立的執行職務，委員既不得請求、亦不得接受一會員國政府、一機關或其他單位的指示。執委會不得為牴觸其職務或履行其任務的行為。在里斯本條約生效後與2014年10月31日間任命的執委會，由執委會主席、外交暨安全政策的歐盟高級代表（同時為執委會的一位副主席）、每一會員國的一名國民擔任的委員組成。

　　歐洲聯盟條約第17條第5項規定，自2014年11月1日起，執委會由執委會主席、外交暨安全政策的歐盟高級代表，以歐洲高峰會議未以一致決議變更委員人數為限，會員國三分之二的委員數組成。執委會的委員應從會員國國民中以在會員國間嚴格的平等輪流制度選任，以便能表示會員國全體的人口與地理多樣性。歐洲高峰會議應依據歐洲聯盟運作條約第244條之規定，以一致決議規

定此一制度。換言之，至2014年10月31日止，在執委會中仍為每一會員國有一位委員的原則，包括主席與外交暨安全政策的歐盟高級代表在內，共有27位委員；但自2014年11月1日起，將依據輪流的制度，由三分之一的會員國輪流擔任委員的職位。縮編委員會的規模，以期改善執委會的行為能力和工作能力。

　　歐洲聯盟條約第17條第7項規定，歐洲高峰會議在依據諮商後以條件多數決議，向歐洲議會提名擔任執委會主席的候選人；而歐洲高峰會議在提名時應考慮歐洲議會的選舉結果。歐洲議會以其議員過半數選任執委會主席；若此一候選人未獲過半數同意時，則在一個月內，歐洲高峰會議應以條件多數決議向歐洲議會提名新的候選人，而歐洲議會亦應以相同的條件多數選任執委會主席。在當選的執委會主席之同意下，理事會提出建議擔任委員的人選名單，而此一委員候選人名單應依據會員國根據第3項第2句與第5項第2句規定的標準提名執委會。主席、外交暨安全政策的歐盟高級代表與其他委員係一個合議機關，由歐洲議會進行同意的表決。依據歐洲議會之同意，由歐洲高峰會議任命執委會。歐洲聯盟條約第17條第8項並規定，執委會係一個合議機關，對歐洲議會負責。歐洲議會得依據歐洲聯盟運作條約第234條規定，對執委會提起不信任申請。若通過此一不信任申請時，則執行委員會全體委員必須辭職，外交暨安全政策的歐盟高級代表亦必須辭去在執行委員會範圍的職務。此一新規定一方面加強執委會主席的角色和對歐洲議會的民主責任；另一方面，也加強歐洲高峰會議主席的角色，而致力於歐洲聯盟的福祉。

　　執委會的委員並非對其政府負責任，而係完全獨立的執行職務。執委會的成員應為歐盟的一般福祉，完全獨立的執行職務；在履行其義務時，執委會委員既不得要求政府或其他機關的指示，亦不得接受其指示（Anweisung）；執委會委員應不做所有與其任務相牴觸的行為；每一會員國必須遵守此一原則，且不得試圖影響執委會委員履行其任務；而在任期間，執委會委員不得執行有給職或無給職的職業活動[53]。會員國不得影響執委會委員履行其任務，此為執委會與理事會最大的差異所在，即執委會委員係獨立的行使職權，但理事會則是代表會員國政府的利益。

　　執委會為「條約的守護者」（Hüterin der Verträge; guardian of the

---

[53]　參閱歐洲聯盟運作條約第245條第2項；歐洲原子能共同體條約第126條第2項。

Treaties）[54]，執委會的主要任務為(1)向歐洲議會與理事會提出法律草案；(2)落實歐洲聯盟的政策與管理預算；(3)關注歐盟法之遵守；與 (4)在國際層次代表歐洲聯盟，例如代表歐洲聯盟與第三國進行國際協定之談判。

執委會的另一任務為草擬預算案，並對理事會與歐洲議會公布帳目，在每年的7月1日前，歐洲聯盟的每一機關應提出支出的預算，並由執委會綜合這些預算，作成包括收入與支出估計的預算預先草案，執委會並得附具不同預算的意見；執委會至遲應於相關預算年度前一年的9月1日前，向歐洲議會與理事會提出預算的預先草案；執委會每年均應向理事會與歐洲議會針對預算帳目過程公布已經結束預算年度的帳目 [55、56]。

執委會享有明確的行政權，特別是在競爭法領域 [57]，包括調查與課處罰鍰的職權；執委會尤其擁有對會員國的監督權，即為確保共同市場的合法運作及發展，執委會應注意聯盟機關是否確實的適用歐洲聯盟條約、歐洲聯盟運作條約與其他派生歐盟法，執委會並應監督會員國是否有遵守條約的規定，以及因此產生的義務，例如轉換指令或遵守歐洲法院的判決，為實現此一目標，必要時並得對違法的會員國向歐洲法院提起訴訟 [58]。

在對外關係上，執委會有權與第三國及國際組織，就締結條約事項進行談判，當然亦包括新會員國加入條約在內 [59]。此外，依據歐洲聯盟運作條約第220條至第220條規定，執委會與所有重要的國際組織，例如聯合國（UN）、世界貿易組織（WTO）、歐洲理事會（Europarat; Council of Europe）、經濟合作暨發展組織（OECD），維持所有合乎目的之關係。在歐洲聯盟享有專屬權的事務範圍，例如關稅同盟與共同貿易政策，卻是由執委會代表歐洲聯盟在國際會議或國際組織發言 [60]。

---

[54] 參閱W. Hakenberg，前揭書，S. 45; Maclecod/Hendry/Hyett，前揭書，p. 14。

[55] 參閱歐洲聯盟運作條約第314條；歐洲原子能共同體條約第179條至第180b條。

[56] 依據歐洲聯盟運作條約第313條之規定，預算年度始於1月1日，終於12月31日。

[57] 例如歐洲聯盟運作條約第101條至第109條。

[58] 參閱歐洲聯盟運作條約第258條；歐洲原子能共同體條約第141條。

[59] 參閱歐洲聯盟運作條約第218條；歐洲聯盟條約第49條。

[60] 參閱Maclecod/Hendry/Hyett，前揭書，p. 15。

五、歐洲聯盟法院

自1952年7月23日歐洲煤鋼共同體條約生效時起，歐洲煤鋼共同體即在盧森堡設立歐洲法院，即首先成為歐洲煤鋼共同體的法院。歐洲法院為歐盟機關中唯一完全符合司法的傳統功能。即歐洲法院不僅審查立法機關法規的效力，並且審查行政機關行政行為（Verwaltungshandeln）的效力；此外，並協助會員國的內國法院解釋聯盟法的規定[61]。

由於訴訟不斷增加，歐洲法院無法單獨的負責審理案件，於是在1988年時，為減輕僅具有輕微意義的爭訟事件對歐洲法院所造成的負擔，以及改善對於個人權利的保護，故由理事會作成決議[62]，在歐洲法院增設第一審法院。自1989年11月15日起，歐洲法院分為歐洲法院（簡稱EuGH）與歐洲第一審法院（Gericht erster Instanz，簡稱EuGel），但第一審法院並非新的共同體機關，而只是協助歐洲法院的一個獨立審判機關（eigenstäger Spruchkörper）[63]。當事人不服第一審法院的判決，針對法律問題得向歐洲法院上訴請求法律救濟，因而建立一個多審級的歐洲審判制度[64]。

2009年12月1日生效的里斯本條約將歐洲聯盟的三根支柱解體，歐洲聯盟條約的規範含有超國家的特性，新的歐洲聯盟條約增訂歐洲聯盟法院，依據歐洲聯盟條約第19條第1項之規定，歐洲聯盟法院包括歐洲法院、法院與專業法院。歐洲聯盟法院在解釋與適用條約時，應確保權利之維護。會員國應建立必要的法律救濟，以期保障在歐盟法規範的領域有效率的權利保護。歐洲聯盟法院應依據條約之規定，判決由一會員國、一歐盟機關、自然人或法人提起的訴訟、由個別會員國的法院申請以預先裁判的方式解釋聯盟或機關行為之效力，以及所有在條約規定的其他情形。也就是在里斯本條約生效後，擴大歐洲聯盟

---

[61] 參閱W. Hakenberg，前揭書，S. 52。

[62] Beschluss 88/519/EGKS, EWG, EAG des Rates vom 24. 10. 1988, Amtsblatt der Europäischen Gemeinschaften 1988 L 319/lff.

[63] 參閱Hummer/Simma/Vedder/Emmert, Europarecht in Fällen, 2. Auflage, Baden-Baden 1994, S. 1.

[64] 參閱M. A. Dauses, Das Vorabentscheidungsverfahren nach Art. 177 EG-Vertrag, 2. Auflage, München 1995, S. 24.

法院的管轄權，歐洲聯盟法院對於違反歐洲聯盟條約與歐洲聯盟運作條約的行為都有管轄權，但依據歐洲聯盟運作條約第275條第1項之規定，歐洲聯盟法院對於針對共同外交暨安全政策的規定與依據這些規定公布的法規，無管轄權。另外，依據歐洲聯盟運作條約第276條之規定，在自由、安全與司法區域範圍的職權行使，對於會員國的警察或其他追訴機關所採取措施的效力或適當性的審查、會員國維護公共秩序與保障國內安全所採取的效力與適當性之審查，歐洲聯盟法院無管轄權。也就是在自由、安全與司法區域範圍的事務，歐洲聯盟法院僅限於審查在刑事追訴與危險防禦的會員國措施。

依據歐洲聯盟條約第19條第2項之規定，仍維持「一會員國一法官原則」，歐洲法院與第一審的法院法官均來自各會國，由會員國政府提名，並且在相互同意下任命之。目前歐洲法院由28位法官組成，任期為6年，但每3年必須重新任命法官，並得連續任命已經退職的法官；由法官互選歐洲法院的院長，任期為3年，連選並得連任之。

總辯官（Generalanwalt; Advocate-General）與法官相同，亦在歐盟法的發展中扮演獨立參與審判的角色。總辯官的設置，主要係以法國最高行政法院（Conseil d'Etat）中的「Commissaire Gouvernement」為模式而來的制度。但第一審法院並無總辯官之設置，因為第一審法院的判決有上訴歐洲法院尋求法律救濟的可能性，即可以第二次討論澄清訴訟事件[65]。自1995年1月1日起，因奧地利、芬蘭與瑞典三國正式加入歐洲聯盟，也使得總辯官人數增加至8名。

歐洲聯盟運作條約第252條規定，歐洲法院由8名總辯官支援；理事會基於歐洲法院之申請，得以一致決議提高總辯官的人數；總辯官應公開以完全超越黨派與完全獨立針對案件提出附具理由的最終提議，以提供歐洲聯盟法院必要的協助。

總辯官致力於歐盟法在學理上的探討，並在每一個訴訟程序中，以詳細的鑑定（Gutachten; Opinion）形式對判決提出建議，但歐洲法院可自由決定是否要遵守總辯官所提出的意見作判決，即總辯官的最終提議（Schlussantrag）雖然不具有法律上的拘束力，但卻對歐洲法院的判決有重要的影響[66]。歐洲法院

---

[65]　參閱W. Hakenberg，前揭書，S. 53.

[66]　參閱W. Hakenberg，前揭書，S. 53.

的判決常常極簡短扼要，而總辯官的最終提議則詳細說明討論判決的背景或發展，因此要明瞭歐洲法院的判決，閱讀總辯官的最終提議相當有幫助。

　　歐洲法院的任務，在於解釋與適用歐洲聯盟的基礎條約時，應維護權利。基礎條約規定歐洲法院的訴訟類型與範圍，此外，歐洲法院組織法與歐洲法院訴訟程序法並有詳細的補充規定。歐洲法院的訴訟類型，主要為直接訴訟、預先裁判之訴（Vorabentscheidungsverfahren; reference for preminiary rulings）與鑑定（Gutachten; opinion）[67]。其中直接訴訟包括由執委會或由會員國提起的違反條約之訴[68]、針對歐盟機關的行為提起無效之訴[69]、不做為之訴[70]、損害賠償之訴[71]，以及歐盟機關與其職員間的人事訴訟[72]。

　　歐洲法院最主要且數量最多的訴訟類型，為由會員國的法院提起的預先裁判之訴[73]，即會員國的國內法院在訴訟進行中，若認為歐洲法院的判決將影響其判決時，必須先中止繫屬的訴訟，而向歐洲法院提起預先裁判之訴，請求歐洲法院以判決解釋歐洲聯盟的基礎條約、歐盟機關或歐洲中央銀行行為之效力或解釋，以及由理事會創設的機構以其章程有規定者為限，解釋該機構之章程。因此，預先裁判之訴主要之目的，在於由歐洲法院藉一致的解釋歐盟法，以確保在會員國內一致適用歐盟法[74]。歐洲法院在預先裁判之訴所作的判決對於會員國的法院亦具有拘束力。

　　總而言之，歐盟法（Union law）的重要發展均是源自於歐洲法院在司法實務上所形成的案例法（case law），尤其是歐盟法的直接效力（direct effect）與優先性（supremacy）[75]。

---

[67]　參閱R. Streinz, Europarecht 2. Auflage, Heidelberg 1995, S. 166.

[68]　參閱歐洲聯盟運作條約第258條與第259條；歐洲原子能共同體條約第141條與第142條。

[69]　參閱歐洲聯盟運作條約第263條；歐洲原子能共同體條約第146條。

[70]　參閱歐洲聯盟運作條約第265條；歐洲原子能共同體條約第148條。

[71]　參閱歐洲聯盟運作條約第268條與第340條；歐洲原子能共同體條約第151條與第188條。

[72]　參閱歐洲聯盟運作條約第270條；歐洲原子能共同體條約第152條。

[73]　參閱歐洲聯盟運作條約第267條；歐洲原子能共同體條約第150條。

[74]　參閱C. O. Lenz, EG-Vertrag Kommentar, Köln 1994, Art. 177 EGV, Rn. 2.

[75]　參閱Maclecod/Hendry/Hyett，前揭書，p. 17。

　　歐洲法院之鑑定在對外關係上，亦形成重要的案例法 [76]，依據歐洲聯盟運作條約第218條第11項之規定，由歐洲議會、理事會、執委會或任何一個會員國得請求歐洲法院，針對歐洲聯盟即將簽署的國際協定是否符合歐洲聯盟條約與歐洲聯盟運作條約做一項法律鑑定，即由歐洲法院對即將簽署的國際協定進行事前的法律監督，以協助聯盟機關在締約前，先明瞭是否符合歐洲聯盟基礎條約之規定 [77]。

　　所有由個人提起的訴訟與所有的歐洲聯盟對其職員的爭訟事件，均由第一審法院管轄 [78]。由會員國或聯盟機關提起的直接訴訟、依據歐洲聯盟運作條約第218條第11項請求對將由歐洲聯盟締結的國際協定作鑑定，以及由會員國法院提起的預先裁判之訴，則仍由歐洲法院管轄，並以一審終結；由第一審法院提起的上訴案件，亦由歐洲法院審理 [79]。

六、歐洲中央銀行

　　依據中央銀行歐洲體系暨歐洲中央銀行章程之規定，於1998年7月1日設立歐洲中央銀行於德國的法蘭克福，以及設立中央銀行歐洲體系（European System of Central Banks）。歐洲中央銀行是歐元體系（Eurosystem）與中央銀行歐洲體系的核心。里斯本條約生效後，歐洲中央銀行亦成為聯盟機關之一。依據歐洲聯盟運作方式條約第282條之規定，歐洲中央銀行與會員國的中央銀行組成中央銀行歐洲體系。歐洲中央銀行與其貨幣是歐元的會員國中央銀行組成歐元體系，並推動聯盟的貨幣政策。由歐洲中央銀行的決議機關領導中央銀行歐洲體系，其首要目標為保證價格穩定。不牴觸此一目標，應支援在聯盟的一般經濟政策，以期致力於其目標之實現。因此，中央銀行歐洲體系是由歐洲

---

[76] 例如Gutachten 1/75, Lokale Kosten, Slg. 1975, S. 1355; Gutachten 1/76, Stillegungsfonds fuer die Binnenschiffahrt, Slg. 1977, S. 741; Gutachten 1/91, Europäischer Wirtschaftsraum I, Slg. 1991. S.I-6079; Gutachten 1/94, TWO, Slg. 1994, S. I-5267.

[77] 參閱M. A. Dauses，前揭書，S. 38。

[78] 理事會設置第一審法院決議第3條，Amtsblatt der Europäischen Gemeinschaften 1993 L 144/21.

[79] 參閱M. A. Dauses，前揭書，p. 25。

中央銀行與全體會員國的中央銀行組成，而歐元體系則是由歐洲中央銀行與使用歐元的會員國中央銀行組成，只要尚有會員國尚未使用歐元，即會同時存在中央銀行歐洲體系與歐元體系。

自1999年1月1日起，歐洲中央銀行負責歐元區貨幣政策之施行，即屬於歐元區的16個會員國（德國、法國、義大利、比利時、盧森堡、荷蘭、西班牙、葡萄牙、奧地利、芬蘭、愛爾蘭、希臘、斯洛維尼亞、塞浦路斯、馬爾它與斯洛伐克）將其貨幣政策職權移轉給歐洲中央銀行行使，使得歐洲中央銀行成為一個新的超國家機構。依據歐洲聯盟運作方式條約第282條第3項之規定，歐洲中央銀行擁有法律人格；其專屬的職權為核准歐元之發行。歐洲中央銀行獨立的行使其職權與管理其資金。聯盟的機關、機構與其他單位，以及會員國政府應尊重此一獨立性。

中央銀行歐洲體系主要的任務[80]，為：
(1) 規定與施行聯盟的貨幣政策；
(2) 實施符合第219條規定的外匯交易；
(3) 保存與管理會員國官方的貨幣儲備；
(4) 促進支付體系的順利發揮作用。

歐洲中央銀行的主要任務：
(1) 享有專屬權，以核准歐元紙鈔之發行；
(2) 制定歐元區的貨幣政策；
(3) 與會員國的中央銀行合作，以履行必要的統計資料的任務；
(4) 監督金融機構與金融體系之穩定；
(5) 進行國際與歐洲的合作；
(6) 在其職權涵蓋的範圍，對於聯盟法規的草案，以及在會員國層次的所有法規草案，應進行聽證與發表意見。

---

[80] 歐洲聯盟運作方式條約第127條第2項規定。

七、審計院

　　1979年當時的歐洲共同體成立自己的審計院，以進行清查會計的帳目。過去審計院僅為歐洲共同體的輔助機關（Hilfsorgan），僅具有輔助機構的地位。自1993年11月1日歐洲聯盟條約生效時，亦成為歐洲聯盟的主要機關之一。歐洲聯盟條約第13條第1項規定，審計院為一個聯盟機關。

　　審計院應維護帳目清查，即審計院的任務在於清查帳目[81]。審計院由每一會員國的一位國民組成，審計員應完全獨立為聯盟的一般福祉，執行其任務。在履行其任務時，審計員既不得要求會員國政府或其他機關給予指示，亦不得接受會員國政府或其他機關給的指示；審計員不得作違反其任務的行為。在任期期間，審計員不得從事其他有給職或無給職的職業活動。

　　目前審計院由27位審計員組成。依據歐洲聯盟運作方式條約第286條第2項之規定，根據個別會員國建議的候選人名單，在歐洲議會聽證後，由理事會通過提名，任命審計院的審計員，任期6年，並得連續任命之；並自審計員中選舉審計院院長，任期3年，連選並得連任之。擔任審計員的積極資格，即為必須在各會員國中隸屬於審計機關、或曾隸屬於審計機關、或特別適合此一職務的人士中選任之；同時必須保障審計員獨立行使職權，即審計員可完全獨立的行使職權，而不受會員國的影響[82]。

　　審計院的任務為完全一般性地審查歐洲聯盟所有收入與支出的合法性（Rechtmässigkeit）與符合規章制度（Ordnungsmässigkeit），同時經審查後確信聯盟機關執行預算合乎經濟的效益；收入之審查，應以實際向歐洲聯盟繳納的款項與支付的收入為依據；而支出之審查，則應以歐洲聯盟義務性的支出與支付為依據；同時審計院得在相關的預算年度帳目結束前進行審查。基於帳冊資料及必要時，審計院得在其他的聯盟機關所在地或在會員國的相關當局進行查帳的工作。審計員的審查標的，為歐洲聯盟與由歐洲聯盟所創設機構的所有收入與支出的帳目。因此，歐洲聯盟的所有機關與機構必須交付所有必要的文件與資料，必要時會員國必須提供法律協助。在每一個預算年度結束後，審計

---

[81] 參閱歐洲聯盟運作方式條約第285條；歐洲原子能共同體條約第160a條。

[82] 參閱歐洲聯盟運作方式條約第286條；歐洲原子能共同體條約第160b條。

院必須提出一份年度報告；而此一年度報告應向歐洲聯盟的其他機關提出，同時將年度報告與其他機關對於審計院評論之答辯一起公告於歐洲聯盟公報。此外，審計院得隨時針對特別的問題作評論（Bemerkungen），尤其是以特別報告（Sonderberichten）的形式，並且得隨時基於聯盟機關之申請發表意見[83]。

參、聯盟職權之範圍與行使

　　歐洲聯盟與其機關僅得依據基礎條約之規定行使職權，因此歐洲聯盟依據職權歸屬原則（principle of the attribution of powers）行使職權[84]，有學者稱之為列舉的個別授權原則（Prinzip der enumerativen Einzelermächtigung），即歐洲聯盟僅在會員國明確地將主權移轉的事項，才享有職權，而歐洲聯盟並無法自己創設權限，亦即歐洲聯盟並無所謂的權限擴張的權限（Kompetenz-Kompetenz）[85]。歐洲聯盟條約第5條第1項規定，歐洲聯盟與會員國的權限分配，即有限制的個別授權原則適用於歐盟的職權界定；輔助原則與比例原則適用於歐盟的職權行使。依據有限制的個別授權原則，歐盟僅在由會員國移轉的權限範圍內執行職務；所有在條約內未移轉給歐盟的職權，仍由會員國保留這些職權的行使。依據輔助原則，歐盟在非屬於其專屬職權的範圍，只要由會員國採取的相關措施既未在中央層次，亦未在區域或地方層次足以達成目標時，而由於其範圍或其效果在歐盟層次更能達成目標。歐盟的機關應依據適用輔助原則和比例原則議定書適用輔助原則；會員國的國會應依據在議定書內規定的程序注意輔助原則之遵守。依據比例原則，歐盟的措施在內容上與在形式上不得逾越實現條約目標的必要限度；歐盟的機關應依據適用輔助原則和比例原則議定書適用比例原則。

　　里斯本條約將有限制的個別授權明文化，若權限分配有爭議時，仍推定由會員國行使[86]。過去歐洲法院的實務上，歐洲法院傾向於採取目的論之見解，

---

[83]　參閱歐洲聯盟運作方式條約第287條；歐洲原子能共同體條約第160c條。

[84]　參閱Maclecod/Hendry/Hyett，前揭書，p. 17。

[85]　參閱W. Hakenberg，前揭書，S. 20f。

[86]　A. Weber, Vom Verfassungsvertrag zum Vertrag von Lissabon, EuZW 2008, S. 8.

即由歐洲法院就涉及歐盟職權之規定，通常均會採取廣義的解釋，而認為原來的歐洲共同體條約賦予歐盟之職權包含為了行使該職權合理上所需的其他職權在內[87]。申言之，歐洲法院著重於基礎條約之目標，主要以廣義的解釋方法界定歐盟與會員國間的權限分配，認為解釋歐盟法時，應將每個歐盟法的規定置於歐盟法的規範下，考量其立法的目標[88]。

1987年7月1日生效的單一歐洲法（Einheitliche Europäische Akte; Single European Act）第一次對原來的歐洲經濟共同體條約做重大的修正。1993年11月生效的馬斯垂克條約則為第二次對歐洲經濟共同體條約做重大的修正，且重新定義規定一些新的職權，例如第3條的基本規定與第2條規定最重要的權限範圍，並將原來第3條第a款至第k款擴大到第t款；同時在第4條明文規定在經濟暨貨幣同盟（Wirtschafts-und Währungsunion; economic and monetary union）中歐洲歐盟享有的職權。

單一歐洲法首次在歐洲經濟共同體條約第174條第4項對於環境保護（Umweltschrtz）規定輔助原則（Subsidiaritätsprinzip; principle of subsidiarity），而歐洲聯盟條約將此一原則修正為原來歐洲共同體條約具有普遍適用的基本原則，依據原來歐洲共同體條約第5條第2項之規定，在不屬於共同體專屬權限的範圍內，只要是在會員國的層次不足以達成所採取措施的既定目標，而由於該措施的範圍或效果，在共同體層次更能達成該目標時，則由共同體依據輔助原則執行職務。

輔助原則並非要影響歐洲聯盟職權之行使，而是要釐清在歐洲聯盟與其會員國均享有職權時，是否應由歐洲聯盟行使該職權更適當之情形。本質上，歐洲聯盟與其會員國間之權限分配係屬於政治問題，但歐洲聯盟條約第5條第3項卻明文規定輔助原則為法律與憲法之形式；在明文規定輔助原則前，歐洲法院即常常在其案例中適用輔助原則的概念[89]。輔助原則不僅適用於歐洲聯盟外的行使職權，而且也適用於對內的行使職權。

---

[87] 參閱EuGH Rs. 8/55, FÉDÉCHAR, Slg. 1956, S. 295.

[88] 參閱EuGH Rs. 283/81,CILFIT, Slg. 1987, S. 3203.

[89] 例如：EuGH Rs. 120/78, Cassis de Dijon, Slg. 1979, S. 649; Rs. C-312/89, Conforama, Slg. 1991, S. I-997; Rs. C-332/89, Ministère Public gegen Marchandise, Slg. 1991, S.I-1027; Rs. C-2/90, Kommission/Belgien, Slg. 1992, S. I-4431.

　　2009年12月1日里斯本條約生效後，歐洲聯盟條約第4條新規定，歐洲聯盟條約與歐洲聯盟運作條約未移轉給歐盟的所有職權，依據第5條之規定，仍由會員國行使。歐盟應尊重在條約前會員國的平等與每個在其根本的政治結構與符合憲法的結構，包括區域和地方自治的國家認同在內。歐盟應尊重國家的基本作用，特別是維護領土的不可侵犯性、維持公共秩序和保護國家安全，特別是國家安全仍繼續屬於會員國單獨的責任。依據忠誠的合作原則，歐盟應尊重與支援會員國相互履行源自條約的任務。會員國應採取所有一般或特別類型的適當措施，以履行源自條約或歐盟機關行為的義務。會員國應支援歐盟履行任務與不採取所有會危害實現歐盟目標的措施。總而言之，里斯本條約更明確的強調會員國對於國家安全的職權，而忠誠原則與團結原則成為歐洲聯盟核心的法律原則，全體會員國必須符合規定，以施行歐盟法。全體會員國授權歐洲聯盟，在會員國移轉給歐洲聯盟的特定政策領域，會員國自願的遵守歐洲聯盟更高的職權，而在未移轉權的政策領域，仍屬於會員國的職權。

肆、聯盟的行為類型

　　依據歐洲聯盟運作條約第288條之規定，為行使歐盟之職權，機關應制定公布規章（Verordnungen; Regulations）、指令（Richtlinien; Directives），作成決議（Beschlüsse; Decisions）、提出建議（Empfehlungen; Recommendations）和發表意見（Stellungnahmen; Opinions）。規章具有一般的效力，且規章就其所規定的所有事項具有拘束力，並直接適用於每一個會員國；指令對於其所指稱的會員國，就其所欲達成的目標，具有拘束力；但由會員國的機關自行選擇達成指令目標的形式和方法（Form and Mittel）；決議就其所有的部分，具有拘束力；若決議針對特定人作成時，則僅對這些人具有拘束力；建議與意見並不具有約束力。

　　規章具有立即的法律效力；反之，指令必須有施行的措施，即規章具有直接適用的效力，毋須會員國的任何施行措施，或由會員國更為立法變更或限制

其效力，亦即規章在會員國的法律制度內必須發生效力[90]。

　　另一方面，會員國必須在一定期限內採取必要的措施，以施行歐盟的指令，若指令未被完全轉換成國內法時，執委會或其他會員國得依據歐洲聯盟運作條約第258條或第259條之規定，以未履行轉換程序的會員國為被告，向歐洲法院提起違反條約之訴。在指令的轉換期限結束後，指令僅在一定的要件下，才具有直接適用的效力，即必須指令的規定已經足夠明確、已具有法律規範的性質、個人得直接主張其權利、不須由歐盟機關或會員國再採取其他的措施、同時指令並未課以歐盟人民任何的負擔[91]。申言之，若指令具備上述的要件，縱然是會員國在轉換期限結束後，未將指令轉換立法時，指令亦會發生直接的效力，即為指令垂直的直接效力（vertical direct effect）[92]，亦即個人得對會員國的機關法院直接援引適用該指令的規定；而會員國的機關與法院亦受該指令之拘束，且依職權必須視該指令為具有優先效力的歐盟法而適用之。

　　若指令欠缺明確的要件，會員國又未在轉換期限內完成立法時，該指令並不具有直接的效力，會員國的機關與法院必須依據指令的規定解釋國內法規，以便盡可能地達成指令所規定的目標[93]。若會員國未將指令符合規定轉換成國內法，而使該指令不具有直接效力時，則個人亦得對該會員國主張基於歐盟法所產生的損害賠償請求權，但必須指令所規定的目標與個人權利、基於該指令得確定個人權利的內容，以及會員國違反歐洲聯盟運作條約第288條第3項的轉換指令義務與個人所受的損害間有因果關係存在[94]。申言之，個人得向會員國法院訴請損害賠償。若國內機關為直接適用有效的指令，個人亦有損害賠償請求權[95]。

　　歐洲聯盟制定公布的規章、指令與決議均必須附具理由，以及所依據條約規定的必要提案或意見[96]；若未具備這些要件時，將構成重大的形式上瑕疵，

---

[90] 參閱EuGH Rs. 93/71, Leonesio,, Slg. 1972, S. 287.

[91] 參閱R. Streinz，前揭書，S. 122。

[92] 參閱EuGH Rs. C-188/89, Foster, Slg.1990, S. I-3313.

[93] 參閱EuGH Rs. 14/83, von Colson und Kamann, Slg. 1984, S. 1891.

[94] 參閱EuGH Rs. G-6 und 9/90, Francovich, Slg.1991, S. I-5357.

[95] 參閱M. Ahlt, Europarecht, Müncen 1993, S. 12.

[96] 參閱歐洲聯盟運作條約第296條。

並得由歐洲法院宣告無效[97]。歐洲聯盟的規章、指令與決議必須由歐洲議會與理事會共同公布於歐洲聯盟的公報（Amtsblatt; Official Jounal）；由理事會與執委會制定的規章，以及由理事會與執委會對於所有會員國所制定的指令亦應公布於歐洲聯盟的公報；至於其他的指令與對特定人的決定，應公告之[98]。

伍、由共同體法擴展為歐盟法

原來的共同體法（Gemeinschaftsrecht; Community Law）主要的法源為三個歐洲共同體的基礎條約、基礎條約後續的修正與補充規定、由歐盟機關制定具有拘束力的派生法、由過去歐洲共同體締結的國際協定、歐洲法院的案例法（case law），以及由各會員國憲法、法律或國際協定[99]衍生而來的一般法律原則[100]。

由於歐洲法院的案例已經發展出歐洲聯盟自己的法律制度，歐盟法特殊的性質主要在於歐洲聯盟的超國家性質，而最根本的特性為歐盟法直接適用的效力（unmittelbare Wirkung; direct effect），即歐洲聯盟在國際法上創設新的法律制度，不僅是限制其會員國的主權，並且使會員國享有利益，而此一法律制度的權利主體不僅是會員國，而且也是個人。歐盟法獨立於會員國的立法，歐盟法不僅得課以個人義務，並且得賦予個人權利[101]。

歐盟法直接適用的效力，係指歐盟法的規定已經是清楚的、明確的、無條件的、毋須由歐洲聯盟或會員國再採取任何的措施，且歐洲聯盟或會員國無任何的實質裁量權時，歐盟法即具有直接適用的效力[102]。申言之，歐盟法的規定符合上述這些要件時，即已創設權利和義務，個人得直接在國內法院援引適用這些規定，例如歐洲聯盟運作條約第157條關於男女同工同酬的規定。

---

[97] 參閱J. Steiner, EC LAW, 4th Edition, London 1995, p. 22.

[98] 參閱歐洲聯盟運作條約第297條。

[99] 例如：歐洲人權公約。

[100] 參閱Maclecod/Hendry/Hyett，前揭書，p. 22。

[101] 參閱EuGH Rs. 26/62, van Gend & Loos, Slg.1963, S. 1.

[102] 參閱EuGH Rs. 148/78, Ratti, Slg. 1979, S. 1629.

　　歐盟法的另一特性為具有優先的效力，即歐盟法在適用上效力優先於會員國的國內法。申言之，歐盟法優先性為適用條約必須履行（Pacta sunt servandaa）的國際法上基本原則 [103]。歐洲法院確立歐盟法優先性（Vorrang; supremacy）的原則 [104]，即歐盟法為一獨特的法律制度，而自1958年歐洲經濟共同體條約生效時起，各會員國即繼受歐盟法於其法律制度內，且會員國的法院亦適用歐盟法，故會員國嗣後不得再單方面的採取牴觸歐盟法之措施，適用會員國的措施即不得違反歐盟法。

　　1977年的Simmenthal案，歐洲法院更明確的解釋歐盟法的優先性，直接適用的效力係指在所有的會員國內，歐盟法的規定必須自生效時起，且在其有效的適用期間內，具有完全的效力（volle Wirkung）。個人得直接適用此一規定，主張其權利義務，同時歐盟法的直接效力適用於所有的會員國法院，所有會員國的法院均有任務維護歐盟法賦予個人的權利。此外，依據歐盟法優先性的原則，在歐盟法與會員國國內法的關係上，歐洲聯盟基礎條約的規定與由歐盟機關制定公布具有直接適用的派生聯盟法，不僅優先於所有與其牴觸的會員國國內法，而且會員國嗣後亦不得再制定公布違反歐盟法的國內法規 [105]。申言之，歐盟法直接適用於會員國的法院，而會員國的法院不得牴觸歐盟法直接賦予個人法律救濟有效保護權益的權利 [106]。

第二節　歐洲聯盟的法律人格

　　原來每一個歐洲共同體的基礎條約均明確地賦予新創設的歐洲共同體獨立的法律人格（Rechtspersönlichkeit; legal personality），例如原來的歐洲共同體條約第281條與歐洲原子能共同體條約第184條即明文規定，歐洲共同體與歐洲原子能共同體具有法律人格，而歐洲煤鋼共同體條約第6條第1句亦規定，歐洲

---

[103] 參閱Maclecod/Hendry/Hyett，前揭書，p. 23。

[104] 參閱EuGH Rs. 6/64, Costa/ENEL, Slg. 1964, S. 585.

[105] 參閱EuGH Rs. 106/77, Simmenthal II, Slg.1978, S. 629.

[106] 參閱EuGH Rs. C-213/89, Factortame, Slg.1990, S. I-2433.

煤鋼共同體具有法律人格。

　　里斯本條約以超國家的歐洲聯盟的憲法形式，建立一個在法律上全新的歐洲聯盟，因此根本地改變了歐洲聯盟與其會員國的憲法與政治制度[107]。在里斯本條約生效後，歐洲聯盟條約與歐洲聯盟運作條約成為新的歐洲聯盟事實上的憲法。歐洲聯盟取代歐洲共同體，歐洲聯盟是歐洲共同體法律上的繼承人。

　　歐洲聯盟條約第47條明文規定，歐盟享有法律人格，也就是歐洲聯盟是國際法上的主體，享有國際法律人格。而歐洲聯盟運作條約第335條規定，在依據各會員國法律承認法人的範圍內，歐盟在每一個會員國內享有廣泛的權利能力與行為能力（Rechts-und Geschäftsfähigkeit）；特別是歐盟取得動產或不動產、轉讓與不動產，以及在法院進行訴訟（vor Gericht stehen）；為達成此一目的，由執委會代表歐盟；在涉及個別機關作用的議題上，根據行政自治，由相關的機關代表歐盟。

　　在國際社會上，過去歐洲共同體藉由其機關行使行為，特別是理事會與執委會，在里斯本條約生效後，歐洲聯盟享有國際的法律人格，而非其機關，因此歐洲聯盟有權與非會員國或其他國際組織締結國際協定，並受該國際協定拘束之能力[108]。因此，執委會在國際法上並無締結國際協定的能力，相同的亦適用於理事會與歐洲議會[109]。

　　依據歐洲聯盟運作條約第220條與歐洲原子能共同體條約第199條、第200條、第201條執委會享有特別的權限，得與不同的國際組織，例如聯合國與其專門的組織，歐洲理事會、歐洲安全暨合作組織與經濟暨發展組織維持關係或合作的形式。在派生歐盟法下，並賦予執委會特別的權限以締結國際協定，以期履行由歐洲聯盟所締結國際協定之義務，但執委會僅得基於歐盟的名義行使這些職權，而不得以自己的名義行使這些職權；若執委會逾越其權限而與第三國締結國際協定時，歐洲法院認為該國際協定對於歐洲聯盟亦有拘束力，但執委會不得以自己的名義締結國際協定[110]。

---

[107] Constitutional implications of the Treaty of Lisbon, http://www.vrijspreker.nl/wp/2008/04/constitutional-implications-of-the-treaty-of-lisbon, last visited 01/02/2009

[108] 參閱EuGH Rs. C-327/91, Frankreich/Kommission, Slg.1994, S. I-3641.

[109] 參閱Macleod/Hendry/Hyett，前揭書，p. 33。

[110] 參閱EuGH Rs. C-327/91, Frankreich/Kommission, Slg.1994, S. I-3641.

在歐盟法的意義下，歐洲聯盟不同於其會員國，均擁有自己的法律人格，歐洲聯盟擁有自己的機關代表其行為，但在歐盟法的制度下，機關僅享有有限的權限，並得獨立的向歐洲法院訴請法律救濟。

歐洲法院在過去的判決中，即明確的尊重原來歐洲共同體的法律人格與性質，係不同於一般傳統的國際組織，過去的歐洲共同體條約創設自己的法律制度，同時亦成為各會員國法律制度的構成部分[111]，而當時歐洲共同體之設立並沒有限制期限[112]，擁有自己的組織機構，擁有自己的權利能力與在國際社會代表的能力，以及源自於其會員國主權限制而移轉給當時歐洲共同體真正的職權，而會員國的主權限制係永遠的[113]，雖然歐洲聯盟條約係以國際協定的形式締結，但是相當於具有憲法性質的法律基礎[114]，而歐洲法院自己也認為是最高的憲法法院[115]。

歐洲聯盟在各會員國內，依據各會員國法律承認法人的範圍內，均享有廣泛的權利能力與行為能力，特別是得取得動產和不動產、讓與動產和不動產、以及得為法律訴訟的當事人；同時在各會員國的領土內，歐盟享有特權與豁免權[116]。歐洲聯盟在會員國的法律地位，均以這些法律規定為依據，但其在各會員國的詳細地位與享有的職權則取決於各會員國的法律制度[117]。

此外，歐洲聯盟運作條約第340條亦明文規定，歐洲聯盟的契約上與非契約上的責任，對於違反契約時請求損害賠償得向各會員國的法院，對違反的歐盟機關提起訴訟，並由執委會代表歐洲聯盟出庭參與訴訟之進行，但涉及個別機關作用的議題，根據行政自治原則，由相關的機關代表歐洲聯盟進行訴訟。

---

[111] 參閱EuGH Rs. 6/64, Costa/ENEL Slg.1994, S. 593.

[112] 不同於歐洲煤鋼共同體，依據歐洲煤鋼共同體條約第97條之規定，歐洲煤鋼共同體條約的適用期限為50年。

[113] 參閱EuGH Rs. 6/64, Costa/ENEL Slg.1994, S. 593f.

[114] 參閱EuGH Gutachten 1/91, Europäischer Wirtschaftsraum I, Slg.1991, S. I-6079.

[115] 參閱EuGH Rs. 8/55, FÉDÉCHAR, Slg.1956, S. 295.

[116] 參閱機關合併條約第28條。

[117] 參閱Macleod/Hendry/Hyett，前揭書，p. 34。

本章參考文獻

- C. O. Lenz: EG-Vertrag Kommentar, Köln 1994.
- C. Rohde: Europarecht, Berlin 1995.
- Hummer/Simma/Veddre/Emmert: Europarecht in Fällen, 2. Auflage, Baden-Baden 1994.
- J. Steiner: EC Law, 4th Edition, London 1995.
- Macleod/Hendry/Hyett: The External Relations of the Eurpoean Communities, Oxford 1996.
- M. A. Dauses: Das Vorabentscheidungsverfahren nach Art. 177 EG-Vertrag, 2. Auflage, München 1995.
- M. Ahlt: Europarecht, München 1993.
- M. Nentwich: Institutionelle und verfahrensrechdiche Neuerungen in Vertrag über die Europäische Union, Europäische Zeitschrift für Wirtschaftsrecht 1992, S. 235-243.
- R. Streinz: Europarecht, 2. Auflage, Heidelberg 1995.
- W. Hakenberg, Grundzüge des europäischen Wirtschaftsrechts, München 1994.
- A. Weber, Vom Verfassungsvertrag zum Vertrag von Lissabon, Eu Zw 2008, S. 7-14.
- M. Dauses: Handbuch des Eu-Wirtschaftsrechts, 24. Ergänzungslieferung, München 2009.
- I. Pernice (Hrsg.): Der Vertrag von Lissabon: Reform der EU ohne Verfassung? Baden-Baden 2008.

第二章　歐洲聯盟貿易法的法源

　　貿易法包括國際規範，特別是原來的關稅暨貿易總協定（General Agreement on Tariffs and Trade，簡稱GATT）、世界貿易組織（World Trade Organization，簡稱WTO），及國內的貿易規範。貿易法的特色，主要為：

1. 貿易法涵蓋範圍很廣，例如關稅、非關稅措施、反傾銷稅、平衡稅、進口救濟、貿易報復等，均包括在內。

2. 貿易法變動性高，隨著國際貿易的發展，貿易規範亦不斷地修正或擴充，而不限於傳統的商品交易。例如烏拉圭回合（Uruguay Round）談判時，將服務業、與貿易有關的投資、與貿易有關的智慧財產權保護等議題，亦納入談判的範圍。

3. 貿易法常與其他領域的法律規範發生緊密的相互作用關係，例如因智慧財產權的保護會影響有關智慧財產權商品的生產國的貿易利益，故貿易法與智慧財產權法有密切的關係；國際上常以貿易制裁做為環境保護的工具，且愈來愈多，也因此貿易法與環境保護法間的關係也愈來愈重要；貿易法主要在規範不同市場間的競爭關係，競爭法傳統上是規範一個市場內的競爭關係，但當國際貿易迅速發展，跨國投資快速增加，多國籍企業在國際經濟活動中扮演著重要的角色，造成貿易法與競爭法在許多領域內，常有重疊規範的關係[1]。

　　因此，貿易法可以定義為規範本國與外國間經濟交易的所有法律規定。在歐洲聯盟的情形，所謂的外國，係指所有非歐洲聯盟會員國的第三國而言。歐洲聯盟運作條約第206條與第207條規範歐洲與第三國間經濟交易法律關係的共同貿易政策，即為歐洲聯盟的貿易法主要的法源；一般的法律原則、由歐洲聯盟與第三國所締結的貿易協定（Handelsabkommen）、結盟協定（Assoziationsabkommen），以及多邊的協定（multilaterale Abkommen），亦常規範歐洲聯盟與第三國間的經濟交易關係，特別是世界貿易組織協定與在世

---

[1] 參閱羅昌發，貿易與競爭之法律互動，台北，1994，頁1-2。

界貿易組織協定範圍內所締結的貿易協定，對於歐洲聯盟的貿易法亦有重大的影響。

第一節　歐洲聯盟運作條約與一般的法律原則

2009年12月1日生效的里斯本條約將歐洲共同體條約與歐洲聯盟條約重新編排合而為一，除了在歐洲聯盟運作條約第3條第1項明文規定共同貿易政策，專屬於歐洲聯盟的職權，並在歐洲聯盟運作條約增訂第五部分聯盟的對外行動，包括歐盟對外行動的一般規定、共同貿易政策與第三國的合作及人道援助、限制措施、國際協定、歐盟與國際組織和第三國間的關係、歐盟的代表，以及團結條款。歐洲聯盟運作條約第206條與第207條規定共同貿易政策，賦予歐盟制定共同貿易政策的職權。也就是里斯本條約將共同貿易政策明文規定為歐洲聯盟的專屬職權，明顯的創造歐洲聯盟成為一個統一的與調和的全球角色，授權歐洲聯盟在國際法上的權利能力與行為能力，以期能在超國家的層次更有效率的參與國際經貿事務，以扮演一個更好的全球角色。

一般法律原則，例如法治國家原則、依法行政原則、禁止溯及既往原則、法律確定原則、信賴保護原則以及比例原則等，亦屬於主要的歐盟法。在解釋與適用歐洲聯盟條約與歐洲聯盟運作條約時，歐洲法院應確保權利之維護，為一般法律原則規範之基礎，亦為法治國家必要性之根源[2]。會員國共同的憲法傳統已經形成歐洲聯盟基本權利保護之基礎，鑑於歐洲聯盟的目標與結構，而使得歐洲歐盟的基本權利保護成為歐洲聯盟必須自主地特別表明的保障基本權利[3]。一般的法律原則與歐洲聯盟運作條約規定最大的不同，在於以會員國不施行歐盟法為限，僅歐洲聯盟，而非會員國有義務履行一般的法律原則[4]。

原來的歐洲共同體條約並未如會員國的憲法，亦明確的規範基本權利，歐

---

[2]　參閱I. Pernice, Grundrechtsgehalte im Europäischen Gemeinschaftsrecht, Baden-Baden 1979, S. 27ff.

[3]　參閱EuGH, Rs. 11/70, Internationale Handelsgessellschaft, Slg.1970, S. 1135.

[4]　參閱Grabitz/von Bogdandy/Nettesheim: Europäisches Aussenwirtschaftsrecht, München 1994, S. 61.

洲法院在判決⁵中指出，基本權利屬於一般的法律原則，故歐洲法院必須維護
基本權利，在維護基本權利時，必須斟酌考量各會員國共同的憲法信念。歐洲
法院並認為法治國家原則及保障符合各會員國的憲法所承認與保護的基本權
利，因此過去歐洲共同體機關在制定公布法規或做決定時，亦應遵守一般的法
律原則，歐洲法院在判決時，亦必須維護一般的法律原則。

　　2009年12月1日生效的里斯本條約改善了基本權利的保護，強調歐洲聯盟
是一個價值共同體（Wertgemeinschaft）。歐洲聯盟條約第6條第1項規定，歐
盟承認在歐洲聯盟基本權利憲章（Charta der Grundrechte der Europäischen
Union）規定的權利、自由與原則；基本權利憲章與歐洲聯盟的基礎條約在法
律上有相同的位階；第3項並明文規定，如同在歐洲保護人權與基本自由公約
（即一般通稱的歐洲人權公約）所保障的基本權利、與如同在各會員國共同的
憲法傳統所產生的基本權利，是歐盟法的一部分，係做為一般的法律原則。總
而言之，在里斯本條約生效後，基本權利憲章有了更明確的法源依據⁶，解決
了過去在歐洲聯盟條約第6條舊規定中將基本權利做為會員國共同的憲法傳統
和歐洲人權公約保障的一般原則的法律爭議⁷。

第二節　國際條約

　　歐洲聯盟的貿易法不僅是自主的規範，而且大部分是由國際條約所規範，
即所謂的條約法（konventionelles Recht）。這些由歐洲聯盟締結的國際條約包
括雙邊的（bilateral）與多邊的（multilateral）條約，以及普遍適用於一般商品
或針對特定商品的條約⁸。

　　同時這些國際條約並沒有一致的構思，因為歐洲聯盟對於不同的國家或國
家集團，亦會賦予不同的進口優惠權利。例如原來歐洲共同體與歐洲自由貿易

5　參閱EuGH, Rs. 4/73, Nold, Slg. 1974, S. 507.

6　Tettinger/Stern, Europäische Grundrechte-Charta, München 2006, Rn. 2, 12.

7　A. Weber, Vom Verfassungsvertrag zum Vertrag von Lissabon, EuZW 2008, S. 7.

8　參閱Grabitz/von Bogdandy/Nettesheim，前揭書，S. 62。

協會（European Free Trade Association，通稱EFTA）簽署歐洲經濟區協定，組成一個自由貿易的歐洲經濟區（Europäischer Wirtschaftsraum; European Economic Area）、與非洲、加勒比海、太平洋國家簽署的洛梅協定（Lomé-Abkommen）、與地中海國家簽署的貿易協定與波蘭、匈牙利，及過去的捷克間的歐洲協定（Europasabkommen）等。雖然這些協定在性質上並不一定是單純的貿易協定，但這些協定基本上都包含了進口條款，特別是關於降低關稅、消除商品的限額措施，及消除與限額有相同效果的措施。例如歐洲經濟區協定第26條[9]即規定對冰島、列支敦斯登與挪威不適用反傾銷措施與反補貼措施，以完全達到聯盟的法律現狀為限。歐洲經濟區協定第9號議定書[10]針對漁產品與海洋產品貿易即規定一個特別的制度，明確的排除反傾銷措施與平衡稅適用於漁業產品。

首先應探討的是，國際條約在歐盟法體系中的位階，而只有當條約法在歐盟法中位階高於派生的歐盟法和會員國的國內法時，歐洲法院方得依據由歐洲聯盟所締結國際協定內的個別條款，審查是否構成妨礙進口。依據歐洲聯盟運作條約第216條第2項之規定，由歐盟締結的協定，對於歐盟的機關與會員國具有拘束力。歐洲法院在Hgemann II案[11]中指出，由理事會依據歐洲共同體條約第228條（現為歐洲聯盟運作條約第260條）所締結之國際協定，對於當時的歐洲共同體而言，亦為歐洲共同體條約第234條（現為歐洲聯盟運作條約第267條）預先裁判之訴（Vorabentscheidungsverfahren）[12]所規範的「共同體機關之行為」（Handlung eines Gemeinschaftsorgans），而這些協定一經生效施行，其個別條約規定即為歐盟法的主要構成部分（integrierende Bestandteile），故歐

---

[9]　ABlEG 1994 L 1/3.

[10]　ABlEG 1994 L 1/160.

[11]　參閱EuGH, Rs. 181/73, Haegemann II, Slg. 1974, S. 460.

[12]　依據原來歐洲共同體條約第234條之規定，若歐洲法院的判決會影響會員國法院的判決時，該會員國的法院必須先中止繫屬中的訴訟，而向歐洲法院提起預先裁判之訴，請求歐洲法院以判決解釋歐洲共同體條約、共同體機關或歐洲中央銀行行為之效力或解釋共同體機關或歐洲中央銀行的行為、以及解釋由理事會創設機構的章程，但僅以章程有規定者為限。故預先裁判之訴在性質上屬於間接訴訟，即歐洲藉由會員國法院在程序上的中間訴訟以解釋在會員國國內法院涉及共同體法的問題。參閱陳麗娟，前揭書，頁215以下。

洲法院對此協定的條款亦有解釋權。申言之，歐洲聯盟在國際法上的義務形成歐盟法主要的構成要素。由理事會代表歐洲聯盟締結的國際條約，亦具有歐盟法之法律地位（Rechtsstatus）[13]，因此對於會員國而言，遵守歐盟法的義務屬於其在歐洲聯盟內的義務。

　　在歐盟法的位階體系內，由歐洲聯盟締結的國際條約係介於主要的歐盟法與派生歐盟法間，因此條約法的位階高於派生的歐盟法，自應優先適用，即使是公布在後的派生歐盟法亦不得牴觸條約法。條約法的優先性乃源自於歐洲聯盟運作條約第216條第2項之效力規定，毫無限制的規定對於歐盟機關的拘束力[14]。在國際水果公司案，歐洲法院審查派生歐盟法是否符合國際條約，但當時歐洲法院對於國際條約本身與以該國際條約為依據所公布的法律規定，是否得視為歐盟法的主要構成部分，尚無明確的解釋。

　　此外，歐洲法院解釋由過去歐洲共同體所締結條約的權限，亦延伸至混合性的協定（gemischtes Abkommen）。所謂混合性協定，係指由歐洲聯盟與會員國參與共同締結的國際條約，就該混合性協定的所有規定而言，亦與歐洲聯盟的義務有關聯[15]，因此歐洲法院對於混合性協定的規定亦有解釋的權限。

　　另外，尚須加以說明的是，歐洲聯盟在國際法上的義務，將會對在歐洲聯盟內的個人造成何種法律效果，即由歐洲聯盟締結的協定對於個人的法律效果，尤其是個人是否得主張歐洲聯盟或一會員國的進口限制措施違反歐洲共同體在國際法上的義務，而向歐洲法院提起訴訟，請求法律救濟。歐洲法院認為原則上歐盟法並不排除此種直接的效力[16]，即只要該協定欠缺明確的規定，則依據一般的標準判定，亦即由歐洲聯盟所締結條約的直接效力，係以歐盟法最大效力的原則（Grundsatz des effect utile）為解釋依據，也就是以目的解釋的方法解釋該條約的規定，以期經由解釋的歐盟法規定得以完全發揮最大的效果，而使得歐洲聯盟與歐盟機關最能有效的實現條約的一般目標[17]。

---

[13]　參閱Grabitz/von Bogdandy/Nettesheim，前揭書，S. 63。

[14]　參閱EuGH, Rs. 21-24/72, International Fruit Company, Slg. 1972, S. 1227.

[15]　參閱EuGH, Rs. 87/75, Bresciani, Slg. 1976, S. 121.

[16]　參閱EuGH, Rs. 26/62, van Gend & Loos, Slg. 1963, S. 1.

[17]　參閱陳麗娟，歐洲共同體法導論，台北，頁243-244。

　　如同歐洲聯盟運作條約本身所顯示的直接效力一樣，無疑地，歐洲聯盟在國際法上所應盡義務的效力，在各會員國內的法律制度中，應以最好的方法確保尊重歐洲聯盟在國際法上的義務，而對所有的關係人而言，規範直接的效力係法律制度的正常現象[18]，但必須在一般的層次上，由歐洲聯盟所締結條約的法律性質與順序不妨礙直接效力，即該國際條約必須是包含較為廣泛的規定，以及足夠地表明明確的意義[19]，亦即國際協定的某一規定具有直接效力，必須具備下列的要件：（1）在考量該國際協定本文與鑑於該國際協定之意義及目的，該規定必須包含清楚的與明確的義務；（2）歐洲聯盟在履行該規定時，並不需取決於另行制定公布其他內容的法律行為，即歐洲聯盟所公布單方的施行措施無損於該國際協定規定之直接效力[20]；同時對該國際協定的相對人而言，並不適用互惠原則（Reziprozitätsgrundsatz）[21]，即該協定的相對人是否亦賦予該協定具有直接效力，並不重要。因此，歐洲聯盟在國際法上的義務，只要是涉及個人，特別是在對於商品與勞務的市場開放規範上，均應具有直接的效力[22]。

　　里斯本條約在歐洲聯盟條約與歐洲聯盟運作條約附加的第17號聲明，即明確的規定歐洲聯盟條約、歐洲聯盟運作條約與歐盟依據此二條約所公布的法規應符合歐洲聯盟法院一貫在判決中所確立歐盟法優先於會員國法的條件。也就是里斯本條約明文規定歐盟法的至高性與優先適用的原則，歐盟法的位階高於會員國法的憲法，在法規衝突時，應優先適用歐盟法；而由歐盟締結的國際協定對於歐盟機關與會員國有拘束力。

---

[18] 參閱P. Pescatore, The Doctrine of "Direct Effect": An Infant Disease of Community Law, European Law Review 1983, p. 155.

[19] 參閱EuGH, Rs. 104/81, Kupferberg, Slg. 1982, S. 3663f.

[20] 參閱EuGH, Rs. C-192/89, Sevince, in Europäische Zeitschrift für Wirtschaftsrecht 1990, S. 479f.

[21] 參閱EuGH, Rs. 104/81, Kupferberg, Slg. 1982, S. 3664.

[22] 參閱Grabitz/von Bogdandy/Nettesheim，前揭書，S. 64。

第三節　關稅暨貿易總協定與世界貿易組織協定

原來的歐洲共同體係依據關稅暨貿易總協定第XXIV條第5項至第10項規定成立的關稅同盟（Zollunion; Customs Union）[23]，因此在其會員國間的商品交易完全免課徵關稅，對於第三國的商品進口則實施共同的關稅稅率（Gemeinsamer Zolltarif; Common Customs Tariff），因此對第三國形成共同的關稅與貿易政策。

原來的歐洲共同體條約第133條基本上與關稅暨貿易總協定的規定一致，雖然原來的歐洲共同體並不是關稅暨貿易總協定在法律上的（de-iure）締約國，但其創始會員國均為關稅暨貿易總協定的締約國，當時的歐洲共同體對於關稅與貿易事項享有專屬權限，過去歐洲共同體實際上亦參與歷次的關稅暨貿易總協定關稅與貿易回合談判，而成為關稅暨貿易總協定的事實上（de-facto）締約當事人，但事實上原來的歐洲共同體已經取代其會員國行使在關稅暨貿易總協定內之職權[24]；即所謂的準締約國（Quasi-Vollmitgliedschaft）[25]，因為其他的關稅暨貿易總協定締約國亦顧慮到原來歐洲共同體對於關稅與對外貿易政策所享有的專屬權限，故在關稅暨貿易總協定的範圍內，僅有原來的歐洲共同體有權簽署降低關稅的協定，同時由當時的歐洲共同體與第三國進行在關稅暨貿易總協定範圍內的調解程序；而原來的歐洲共同體的會員國仍為關稅暨貿易總協定之締約國。在1993年烏拉圭回合（Uruguay-Runde）談判結束後所簽署的成立世界貿易組織（World Trade Organization，簡稱WTO）協定中更明文規定，於1947年簽署GATT的締約國（包含所有的歐洲共同體會員國）與

---

[23] 關稅暨貿易總協定第XXIV條第5項至第10項尚規定自由貿易區（Freihandelszone; Free Trade Area），與關稅同盟性質上最大不同，在於自由貿易區在會員國間的商品交易免課徵關稅，可以自由流通，但對於第三國的商品進口各會員國仍保有其課徵關稅主權，並無實施共同的關稅稅率，歐洲自由貿易協會即為一個自由貿易區。

[24] 此一見解為過去學者的通說。參閱A. Bleckmann, Europarecht, 5. Auflage, Köln 1990, R. 1776; Ehle/Meier, EWG-Warenverkehr, Köln 1971, S. 432; Grabitz/Hilf, Kommentar zum EG-Vertrag, 2. Auflage, München 1991, A. 113 EGV, R. 120, Art. 229 EGV, Rn. 6, Art. 234 EGV, Rn. 17f; T. Oppermann, Europarecht, München 1991, Rn. 1797; R. Streinz, Europarecht, 2. Auflage, Heidelberg 1995, Rn. 598.

[25] 參閱R. Streinz，前揭書，Rn. 598。

原來的歐洲共同體應成為世界貿易組織（WTO）的創始會員國 [26]。因此原來的歐洲共同體與其全體的會員國同時為世界貿易組織（WTO）正式的會員國。

關稅暨貿易總協定為歐洲聯盟運作條約第351條中所謂的先於歐洲聯盟運作條約簽署的協定（vorgemeinschaftliches Abkommen）[27]，因為歐洲聯盟的創始會員國均為關稅暨貿易總協定的締約國，而在1957年簽署歐洲經濟共同體條約時，在國際法上當時的歐洲經濟共同體即已經受關稅暨貿易總協定所規範義務之拘束 [28]，即關稅暨貿易總協定對於歐洲聯盟的會員國自始具有拘束力。

歐洲聯盟運作條約第207條所規定的共同貿易政策，包含關稅與貿易。因此，除各會員國外，過去歐洲共同體係以單一的經濟領域（einheitliches Wirtschaftsgebiet）參與關稅暨貿易總協定的關稅與貿易談判回合 [29]，原則上並由執委會代表發言。

自70年代末期以來，原來的歐洲共同體逐漸取代其會員國參與關稅暨貿易總協定歷次的多邊性關稅與貿易回合，例如：1960年至1962年的迪隆回合（Dillon-Runde）、1964年至1967年的甘迺迪回合（Kennedy-Runde）、1973年至1979的東京回合（Tokyo-Runde）、1986年至1994年的烏拉圭回合（Uruguay-Runde），均由當時的歐洲共同體與其會員國同時參與 [30]。在東京回合結束時，卻是由當時的歐洲共同體簽署有關的協議，而對於歐洲煤鋼共同體條約所規範的煤鋼產品，由於適用聯合的關稅減讓，故由各會員國簽署日內瓦備忘錄（das Genfer Protokol）；並由會員國簽署關於技術性貿易障礙協定及關於民航客機貿易協定。

在關稅暨貿易總協定範圍內所簽署的各項協定或決議，部分是由當時的歐洲共同體與其會員國共同簽署，但有許多協定或決議卻是在當時的歐洲共同體所簽署，更顯示當時歐洲共同體關稅暨貿易總協定事實上締約國之地位。因此，在關稅暨貿易總協定的架構下，原來的歐洲共同體成為國際貿易事務上的

---

[26] 參閱WTO，The Uruguay Round Results, The Legal Texts, Geneva 1995, p. 6.

[27] 參閱Grabitz/Hilf，前揭書，Art.234 EGV, Rn. 4。

[28] 參閱EuGH Rs.21-24/72, International Fruit Company, Slg.1972, S. 1227.

[29] 參閱T. Oppermann，前揭書，Rn. 1997; R. Sent, GATT als System der。Welthandelsordnung, Zürich 1986, S.43; R. Streinz，前揭書，Rn. 1795。

[30] 參閱A. Bleckmann，前揭書，Rn.1776; T. Oppermann，前揭書，Rn. 1795。

最重要參與者之一,並且是世界上最大的貿易夥伴。

　　直至1995年1月1日世界貿易組織協定生效,世界貿易組織(WTO)正式成立,主要在於對世界貿易建立一個新的組織,在實體上則繼受關稅暨貿易總協定的規定,而不僅是歐洲聯盟,並且歐洲聯盟的會員國均為世界貿易組織協定的形式上締約國(formell Vertragspartei)[31],歐洲聯盟為世界貿易組織(WTO)的創始成員(original member)[32]。

　　在烏拉圭回合結束時,除簽署建立世界貿易組織協定外,並簽署下列的協定:關稅減讓協定、農業協定、動植物檢驗與檢疫協定、紡織品協定、技術性貿易障礙協定、與貿易有關之投資協定、反傾銷協定、關稅估價協定、貨物裝船前的檢驗協定、原產地規則協定、輸入許可發證程序協定、補貼暨平衡措施協定、進口救濟協定、與貿易有關之智慧財產權協定、爭端解決規則及程序協定、貿易政策檢討機制、政府採購協定、民用航空器交易協定,以及服務業貿易總協定與貿易有關的智慧財產權保護協定。足見關稅暨貿易總協定的規定對於歐洲聯盟亦具有法律上的拘束力,更進一步顯示歐洲聯盟在國際貿易上的地位。

第四節　經濟合作暨發展組織

　　經濟暨合作發展組織(Organization for Economic Cooperation and Development,簡稱OECD)成立於1960年,最主要的目的為加強會員國間的經濟合作,而為達成經濟合作之目的,提供會員國意見交換為其重要的任務。OECD的20個創始會員國為奧地利、比利時、加拿大、丹麥、法國、德國、希臘、冰島、愛爾蘭、義大利、盧森堡、荷蘭、挪威、葡萄牙、西班牙、瑞典、瑞士、土耳其、英國與美國,目前OECD共有30個會員國,還包括澳洲、捷

---

[31] 參閱Amtsblatt der Europäischen Gemeinschaften 1994 L 336/1-2.

[32] 參閱依據世界貿易組織協定第IX條之規定,歐洲共同體的投票權數相當於其會員國的數目,即世界貿易組織協定就表決權的規定特別考量歐洲共同體的特性,而給予歐洲共同體相當於其會員國總數的票數,但在行使表決權時歐洲共同體與其會員國總共最多只能投下相當於其會員國總數的票數。

克、芬蘭、匈牙利、日本、韓國、墨西哥、紐西蘭、波蘭與斯洛伐克。經濟暨合作發展組織（OECD）的理事會為其立法機關，制定公布了許多法規，其中最重要的為關於勞務的國際交易與設立營業所的規約[33]，即為資金流通自由化規約與無形交易自由化規約。2008年時，OECD公布新版本的資金流通自由化規約，特別是針對近年來國際投資的最新發展，並且修訂了無形交易自由化規約中關於保險與私人退休金的規定。另外，OECD亦公布國際投資與跨國公司宣言，以促進在會員國間的投資、跨國公司經營的合作，以及對跨國公司的監督。針對1990年代以來的大型企業陸續發生的財報弊案與亞洲金融危機，體認到好的公司治理對於總體經濟發展的重要性，並提出公司治理原則。

　　原來的歐洲共同體亦不是經濟合作暨發展組織（OECD）正式的會員國，但依據歐洲聯盟運作方式條約第220條之規定，歐洲聯盟應與經濟合作暨發展組織（OECD）維持緊密的合作關係（enges Zusammenwirken）；而依據經濟合作暨發展組織協定第13條與其補充備忘錄第N1、N2，以及其程序法的規定，歐洲聯盟的執委會有權參加所有經濟合作暨發展組織（OECD）的委員會會議[34]，此外，歐洲聯盟本身亦為由經濟合作暨發展組織（OECD）的理事會決議所公布某些規約的締約當事人[35]，但對於在關於勞務業與設立營業所領域中，經濟合作暨發展組織（OECD）所公布的規約卻幾乎無法去肯定對於歐洲聯盟具有法律上之拘束力。

　　過去在歐洲共同體的實務上，原來歐洲共同體條約第133條關於共同貿易政策的規定是否包括勞務業在內，由於欠缺明確的規定，尚有爭議，但至關稅暨貿易總協定烏拉圭回合談判結束止，解決了此一爭議，歐洲法院在1994年關於締結世界貿易組織協定的鑑定中，亦認為必須對共同貿易政策的概念予以廣義的解釋，同時亦認為歐洲共同體條約第133條亦包括勞務業的法律在內[36]；里斯本條約明確的擴大共同貿易政策的範圍，涵蓋世界貿易組織（WTO）架構下的商品貿易、服務業貿易，以及和貿易有關的智慧財產權保護。

---

[33] 原來的歐洲共同體並非此一自由化規約之締約當事人。

[34] 參閱Grabitz/Hilf，前揭書，Art.231 EGV, Rn. 2。

[35] 參閱EuGH Gutachten 1/75, Lokale Kosten, Slg. 1975, S. 1355.

[36] 參閱Gutachten 1/94, WTO, Slg. 1994, S. I-5401.

本章參考文獻

中 文部分

・陳麗娟，歐洲共同體法導論，台北，1996。
・羅昌發，貿易與競爭之法律互動，台北，1994。

英 文部分

・P. Pescatore: The Doctrine of "Direct Effect" : An Infant Disease of Community Law, European Law Review 1983, pp. 1536ff.

德 文部分

・A. Bleckmann: Europarecht, 5. Auflage, Köln 1990.
・Ehle/Meier: EWG-Warenverkehr, Köln 1971.
・Grabitz/Hilf: Kommentar zum EG-Vertrag, 2. Auflage, München 1991.
・Grabitz/von Bogdandy/Nettesheim: Europäisches Aussenwirtschaftsrecht, München 1994.
・I. Pernice: Grundrechtsgehalte im Europäischen Gemeinschaftsrecht, Baden-Baden 1979.
・R. Senti: GATT als System der Welthandelsordnung, Zürich 1986.
・R. Streinz: Europarecht, 2. Auflage, Heidelberg 1995.
・T. Oppermann: Europarecht, München 1991.
・WTO: The Uruguay Round Results，The Legal Texts，Geneva 1995．
・A. Weber: Vom Verfassungsvertrag zum Vertrag von Lissabon, EuZW 2008, S. 7-14.

第三章　歐洲聯盟的貿易政策

第一節　緒論

貿易政策（Handelspolitik: Commercial Policy）是歐盟政策之重點。為實現共同市場之目標，在會員國間的商品流通應廢除關稅與數量上的限制，以及其他具有相同效果的措施，即在會員國間建立關稅同盟（Zollunion; Customs Union），為歐盟政策的核心。在會員國間建立共同市場後，接著對於第三國必須施行共同貿易政策，以補充規範歐洲聯盟與第三國間的關係，因此共同貿易政策（gemeinsame Handelspolitik; Common Commercial Policy）是歐洲聯盟實現共同市場的職務之一。

歐盟內的自由商品流通、自由的支付流通、人員自由遷徙、勞務與營業所設立自由，以及自由的資金流通為共同市場的基本自由（Grundfreiheiten），而這些共同政策已在農業與交通領域規範部分的事項，已成為在歐盟內自由的商品流通的附隨現象，至於自由的商品流通對外而言，共同貿易政策亦包含了歐洲聯盟運作條約所規範的範圍。農業政策、交通政策與貿易政策因而成為最重要的歐盟政策。

共同貿易政策之目標、範圍與制定程序，規定於歐洲聯盟運作條約第206條與第207條[1]，在具體的個案不再就共同貿易政策的內容重新定義。第206條規定貿易政策之目標，第207條規定共同貿易政策的原則，第207條為共同貿易政策最重要之規定，第207條也是歐洲聯盟行使其對外行動最常引用之法律依據。

在1993年11月歐洲聯盟條約生效後，原來的歐洲共同體條約第131條仍保

---

[1] 歐洲煤鋼共同體條約第71條至第75條亦規定針對煤鋼產品的貿易政策（Handelspolitik; Commercial Policy）；但歐洲原子能共同體條約並無明文規定貿易政策，僅在第101條至第106條規定關於原子核原料供應的原子能共同體之對外關係（Aussenbeziehung；external relation）。

留其原來的規定，並未做任何的修正，明文規定共同貿易政策之目標，在會員國間藉由建立關稅同盟，基於共同利益，以致力於世界貿易的協調發展、逐步地廢除在國際貿易上的障礙，以及消除關稅障礙，即共同貿易政策係以自由貿易為基礎[2]，亦即在追求關稅暨貿易總協定（GATT）與世界貿易組織（WTO）自由貿易的目標[3]。歐洲聯盟運作條約的前言已明確地指出，共同貿易政策應致力於在國際經濟往來中逐步地廢除貿易限制；歐洲聯盟運作條約第206條更進一步將此一自由貿易的目標具體化規定，做為歐洲聯盟在法律上具有拘束力的行為準繩[4]。申言之，歐洲聯盟運作條約第206條係一法律義務規定，並得做為司法審查的準繩規定[5]，由於歐洲聯盟運作條約第206條卻是自由貿易的一般條款，必須予以具體施行，而個人或第三國卻不得直接主張歐洲聯盟運作條約第206條的規定。

里斯本條約生效後，依據歐洲聯盟運作條約第206條之規定，藉由關稅同盟之建立，為共同的利益，歐盟應致力於世界貿易的協調發展、逐步的廢除在國際貿易和外國直接投資的限制，以及消除關稅障礙和其他的限制。里斯本條約首次將外國直接投資的職權納入共同貿易政策的範圍，解決外國投資人在適用服務業貿易總協定（GATS）關於商業據點的呈現之法律爭議，雖然2004年在墨西哥的Cancun會議，世界貿易組織（WTO）的部長會議已經完成多邊的投資保護協定，但投資議題涵蓋許多議題，因此里斯本條約加強歐洲聯盟在國際投資的整體角色[6]。

歐洲聯盟得基於歐洲聯盟運作條約第207條之規定，以自主制定公布貿易法規或與第三國締結國際協定的方式，形成共同貿易政策。由於貿易政策在性質上屬於歐盟的政策，故歐洲聯盟通常都以公布規章（Verordnung; Regulation）[7]的自主立法方式實現其共同貿易政策；至於第三國締結的國際條

[2] 參閱G. Nicolaysen, Europarecht II: Das Wirtschaftsrecht im Binnenmarkt, Baden-Baden 1996, S. 447.

[3] 參閱EuGH Rs. 21-24/72, International Fruit Company, Slg. 1972, S. 1227.

[4] 參閱G. Nicolaysen，前揭書，S. 478.

[5] 參閱EuGH Rs. 263/87, Grana-Padano, Slg. 1989, S. 1102.

[6] Commission Staff Working Document SEC (2006) 1230.

[7] 依據歐洲聯盟運作條約第288條第2項規定，規章具有一般的效力。

約依據其事物的適用範圍，可能是普遍的適用於所有的商品，也可能只適用於某些特定的商品。歐洲聯盟常以自主的貿易法補充協定式的貿易法，即歐洲聯盟與第三國的貿易協定生效前，應適用歐盟的自主貿易法規；而在貿易協定有效期限內，歐盟的自主貿易規範補充貿易協定之適用。

　　在全球性貿易保護主義抬頭的趨勢下，歐洲聯盟亦常常引用歐洲聯盟運作條約第207條所規範的貿易政策上保護措施對抗第三國。

　　不同於自由貿易區（Freihandelszone），歐洲聯盟為符合關稅暨貿易總協定第XXIV第5項之規定建立的關稅同盟，對外以共同關稅稅率之形式做為共同的對外關稅，而實施共同的關稅與貿易政策。原來的歐洲共同體為1948年生效的GATT之事實上締約國，但卻是1995年1月1日生效的WTO之創始成員。由於關稅同盟之建立有利於關稅同盟內部之貿易往來，減少對外貿易，因而造成貿易障礙之效果，因此自1958年成立時起，即不斷地降低對外關稅，目前為一低關稅領域。

　　共同貿易政策亦屬於歐洲聯盟外交政策的一部分，里斯本條約將歐洲共同體條約與歐洲聯盟條約重新編排，除將歐洲共同體條約更名為歐洲聯盟運作條約外，並在歐洲聯盟運作條約增訂第五部分歐盟的對外行動，其中包括歐盟對外行動的一般規定、共同貿易政策與第三國的合作及人道援助、限制措施、國際協定、歐盟與國際組織和第三國間的關係、歐盟的代表、團結條款。里斯本條約全面的規範歐洲聯盟的貿易法與貿易政策，歐洲聯盟對於共同貿易政策享有專屬的職權。

　　歐洲聯盟所倡導的對於第三國廣泛的援助發展政策（Entwicklungspolitik; policy of development），主要以歐洲聯盟運作條約第207條、第208條、第217條做為法律依據。在歐洲聯盟與第三國締結的貿易協定常包括發展政策條款，即除了促進貿易自由化外，常常包括對於第三國在經濟上、財政上與技術上積極的合作條款；而由歐洲聯盟自主的單方面給予該第三國普遍優惠關稅與技術性及財政上的援助。歐洲聯盟運作條約第208條第2項規定，歐盟發展合作政策的主要目標，為防制貧窮與長期目標的消除貧窮。在實施有可能會影響開發中國家的政治措施時，歐盟應考慮發展合作的目標。

　　歐洲聯盟的第五次東擴不僅擴大內部市場的範圍，也有助於其全球角色的擴張，除改善與美國、俄國的雙邊關係外，亦與非洲、亞洲、太平洋地區和加

勒比海地區的國家維持良好的發展。為確保2004年的東擴,歐洲聯盟致力於一個更友善的睦鄰政策(neighborhood policy),亦讓東邊的鄰國,例如俄國、烏克蘭、摩達爾維亞、南高加索地區和中亞國家、南邊地中海的鄰國亦得享受歐洲單一市場的利益,提供給這些鄰國更多額外的貿易減讓與財政援助。歐洲聯盟要求這些鄰國必須作更多的承諾,以進行其國內的民主和市場經濟的改革,以及更尊重人權。這些鄰國也是非法移民、毒品交易和人口販賣的轉運站,歐洲聯盟協助這些鄰國加強在其邊界的管理與入境檢查程序。在巴塞隆納歷程(Barcelona Process)[8]中,歐洲聯盟承諾在2010年以前與地中海的鄰國建立一個自由貿易區,此一區域包括阿拉伯國家、以色列與巴勒斯坦自治區在內。

第二節　共同貿易政策形成的背景

1957年法國、德國、義大利、荷蘭、比利時與盧森堡創立歐洲經濟共同體的理論基礎,即係歐洲人體認到國際分工的重要性。國際分工的邏輯,不僅要跨越市場區域統合在空間上的界限,並且要達成全球性的經濟統合[9]。基於此一體認,第二次世界大戰結束後,在美國的領導下重建世界經濟秩序,而最主要的國際經濟法律規範即為1948年生效的關稅暨貿易總協定(GATT)。

壹、歐洲聯盟經濟統合之過程

1957年歐洲經濟共同體的創始會員國在起草歐洲經濟共同體條約時,並不想被排除於國際經濟體系之外,因此當時在原來的歐洲共同體條約的前言第6點與第131條,明文強調歐洲經濟共同體應致力於國際貿易的自由化;而實際上歐洲聯盟會員國的經濟更是與國際貿易息息相關,緊密結合,對外貿易之出口

---

[8]　COM (2008) 319 final.

[9]　參閱A. von Bogdandy: Die Handelspolitik der Europäischen Wirtschafts-gemeinschaft, Jura 1992, S. 408.

產品即占歐洲聯盟所生產的工業產品的七分之一[10]。

　　各會員國藉由建立歐洲經濟聯盟為超國家組織之模式，不僅將其對外貿易的職權移轉給歐洲聯盟，由歐洲聯盟行使貿易政策的職權，並且急切的追求經濟統合的計畫[11]。從歐洲聯盟運作條約之內容，可以將歐洲聯盟經濟統合的過程分為三個階段：

一、會員國對經濟統合負有不作為之義務

　　依據關稅同盟之本質，僅廢除會員國間的關稅障礙，尚不足以在會員國間達到完全的商品自由流通，因此歐洲聯盟運作條約第34條至第37條規定在會員國間，禁止對進、出口的商品交易採取限額措施及其他有相同效果的措施。

　　依據歐洲聯盟運作條約第34條之規定，在會員國間之商品交易，禁止採取數量上的限制進口措施（mengenmässige Einfuhrbeschränkungen; quantitative restrictions on imports）以及與該限制進口措施有相同效果（gleiche Wirkung; equivalent effect）之其他措施。此一規定主要目的，在於應完全消除在聯盟會員國間影響商品進口現存的數量上限制措施，以利商品在會員國間之自由流通[12]。

　　商品自由流通原則的規定具有直接適用的效力[13]，故會員國毋需將這些規定轉換為國內法，歐盟機關亦不需要再制定公布其他的派生歐盟法，且歐盟機關亦無裁量權。個別的會員國在其他的會員國違反歐洲聯盟運作條約第34條至第37條之規定時，得直接向歐洲法院提起訴訟請求法律救濟，而會員國不須採取任何的政治行動[14]。由於此一統合階段，完全獨立於會員國的政治決定，因此是歐洲聯盟經濟統合過程最確定的方式。

---

[10] 參閱陳麗娟，歐洲共同體之對外貿易法論，華岡法粹第二十二期，1994年10月，頁155。

[11] 參閱A. von Bogdandy，前揭文，Jura 1992, S. 408.

[12] 參閱T. Oppermann: Europarecht, München 1991, Rn. 1158ff.

[13] 參閱EuGH Rs. C-47/90, Établissements Delhaize fréreu u.a./Promalvin S.A.u.a., Slg. 1992, S. I-3669.

[14] 參閱陳麗娟，前揭文，華岡法粹第二十二期，頁155。

二、調整會員國的法規

　　由於會員國有不同的法律規定，有可能阻礙實現共同市場的目標，因此由歐洲聯盟針對個別的問題立法，通常由歐洲聯盟依據歐洲聯盟運作條約第288條第3項之規定，制定公布指令，以調適會員國的法規，而各會員國必須在一定的限期內以國內立法的方式將指令的目標轉換為國內法規。

三、由歐盟主導經濟統合

　　第三階段由歐洲聯盟依據歐洲聯盟運作條約之規定，主導經濟統合。歐洲聯盟運作條約係一綱要條約（Rahmenvertrag）[15]，即歐洲聯盟運作條約並未具體規定共同政策的實質內容，而只是規定制定共同政策的程序與目標，特別是針對農業、交通與對外貿易三方面之政策，亦即必須由歐洲聯盟條約規定這些政策之最終目標。

　　事實上，歐洲聯盟已經實現對於農產品的共同市場規範（gemeinsame Marktorganisation; common organization）[16]，因此歐盟法已經實際規範農業政策的事項；在交通政策方面，最近幾年來歐洲聯盟亦努力於致力共同的交通政策，交通政策亦漸趨於歐盟化；至於對外貿易政策都是最難達成的目標，因為歐洲聯盟對外貿易政策之歐盟化程度，常因產品的種類而異[17]，主要理由為會員國彼此間的經濟發展、工業技術水準與產品品質均不相同，也因此造成會員國對於共同的對外貿易政策仍存有不少歧見。

　　鑑於廣泛的歐盟化而造成對外貿易政策與一般外交政策緊密結合之結果[18]，歐洲聯盟的會員國對於外交政策之自主權限也因而受到相當之限制，有時會員國甚至以對外貿易政策做為藉口，而放棄其外交上之自主權，因此對外

---

[15] 參閱Beutler/Bieber/Pipkom/Streil, Die Europaische Gemeinschaft, 3. Auflage, Baden-Baden 1987, S. 39f.

[16] 參閱歐洲共同體條約第37條。

[17] 參閱A. von Bogdandy，前揭文，Jura 1992, S. 408.

[18] 參閱G. Nicolaysen, Autonome Handelspolitik der EWG, in Festschrift für H.-J. Schlochauer, Berlin 1981, S. 858.

貿易政策成為國際關係中最重要的一個工具，尤其是許多在經濟上具有影響力的國內利益集團（Interessengruppen）擔憂在對外貿易政策聯盟化上，歐洲聯盟之保護主義（Protektionisums）並不足以抵銷各會員國對於來自第三國進口商品所採取的國內保護措施。若不考慮對外貿易政策對於歐洲聯盟形成顯著的經濟活動，則共同的對外貿易政策為繼共同的農業政策後最重要的歐盟化領域[19]。

貳、歐盟之貿易法與GATT／WTO之關係

　　歐洲聯盟之對外貿易法與關稅暨貿易總協定（GATT）有非常密切之關係。GATT所規範的事項為關稅與貿易，亦屬於歐洲聯盟貿易政策的事項範圍，雖然原來的歐洲共同體並非1947年GATT的簽署締約當事人，但原來歐洲共同體的創始會員國均為GATT締約國，基於過去歐洲共同體對於共同貿易政策享有專屬權限，而由原來歐洲共同體在功能上繼受其會員國在GATT之權利義務，實際上GATT之規範左右著原來歐洲共同體之共同貿易政策。

　　法國、德國、義大利、荷蘭、比利時與盧森堡在草擬歐洲經濟共同體條約時，計畫調適各會員國的關稅，以期能達到商品自由流通的共同市場，但此一構想卻牴觸會員國在GATT規範下之義務，特別是第I條的普遍最惠國待遇條款（allgemeine Meistbegünstigungsklausel; Generally Most Favored Nation Clause）；依據該規定，GATT之任何一個締約國給予另一個締約國的商品利益、優待、或免稅的優惠時，必須立即且無條件的適用於其他締約國的所有相同種類商品（gleichartige Waren; like products）。在GATT規範下，唯一的例外規定為第XXIV條，允許締約國結合數個關稅領域成立關稅同盟或自由貿易區。考量各會員國在GATT規範下之義務，因此創始會員國對於計畫中的經濟共同體便以關稅同盟之模式，以致力於繼續廢除會員國間之邊界與消除對商品自由流通之障礙[20]。

---

[19]　參閱Grabitz/Hilf, Kommentar zum EG-Vertrag, 2. Auflage, München 1990, A. 113 EGV, R. 1.

[20]　參閱W. Hakenberg, Grundzüge des europäischen Wirtschaftsrechts, München 1995, S. 5.

關稅暨貿易總協定（GATT）第XXIV條係對關稅同盟之特別規定，亦為關稅同盟在國際法上之合法依據 [21]。1947年GATT之締約國在簽署時即已聲明，GATT係一全球性的貿易規範，僅得例外地有限制達成不同市場之結合；因為GATT不僅期待實現廣泛的區域統合，並且期待國際貿易能產生積極的效果，故關稅同盟僅為GATT架構下的例外規定，全球性的貿易規範對於區域性貿易規範之形成，有重大的影響 [22]。

歐洲聯盟運作條約第351條第1項規定，歐洲聯盟條約與歐洲聯盟運作條約不得牴觸在條約生效前，由一個或數個會員國與第三國締結國際協定所產生的權利和義務，即為一個針對所有在生效前締結的國際法上條約之不得牴觸條款，由於歐洲聯盟條約與歐洲聯盟運作條約本身即為國際法上的條約，因此更進一步的明文規定歐洲聯盟符合國際法的統合原則（Grundsatz der völkerrechtskonformen Intergation der Gemeinschaft），並強調條約必須履行（pacta sunt servanda）與遵守既有的條約之國際法原則，避免國際法條約間之衝突，以維護國際法上合法承認的歐盟優先權 [23]。

歐洲法院認為，歐洲聯盟運作條約第351條為具有一般適用範圍的規定，不問國際協定所規範的標的，適用於會影響適用歐洲聯盟運作條約所有的國際協定 [24]；而歐洲聯盟運作條約第351條的不得牴觸條款並不適用於在歐洲聯盟運作條約生效前由會員國互相簽署的國際協定，在法規衝突的情形應適用一般的國際法原則，即後法優於前法原則而優先適用聯盟法 [25]。

關稅暨貿易總協定（GATT）是歐洲聯盟運作條約第351條第1項中所謂的在條約生效前所簽署的國際協定 [26]，因為歐洲聯盟之創始會員國於1957年簽署

---

[21] 參閱陳麗娟，前揭文，華岡法粹第二十二期，頁156。

[22] 參閱E. -U. Petersmann, Die EWG als GATT-Mitglied-Rechtskonflikte zwischen GATT-Recht und Europäischem Gemeinschaftsrecht, in Hilf/Petersmann (Hrsg.): GATT und Europäische Gemeinschaft, Baden-Baden 1986, S. 121ff.

[23] 參閱C. O. Lenz, EG-Vertrag Kommentar, 1.Auflage, Köln 1994, Art.

[24] 參閱EuCH Rs.812/79, Burgoa gegen Irland, Slg.1980, S. 2787.

[25] 參閱EuCH Rs.266/81, SIOT, Slg, 1983, S. 731.

[26] 有學者稱之為「先於共同體簽署的協定」（vorgemeinschaftliches A）。參閱Grabitz/Hilf，前揭書，Art. 234 EGV, Rn. 4；亦有學者稱之為「舊條約」（Altvertrag），參閱T. Oppermann，前揭書，Rn. 1797。

歐洲經濟共同體條約時，在國際法上，GATT對其已經具有法律上的拘束力。因此在適用歐洲聯盟運作條約時，不得牴觸會員國在GATT範圍內的權利和義務[27]。

　　過去歐洲共同體以單一經濟領域（einheitliches Wirtschaftsgebiet）和其會員國同時參與GATT的事務[28]。自70年代末期起，原來的歐洲共同體逐漸取代其會員國參與GATT歷次的多邊性關稅與貿易談判回合，例如1960年至1962年的迪龍（Dillon）回合、1964年至1967年的甘迺迪（Kennedy）回合、1973年至1979年的東京（Tokyo）回合與1986年至1993年的烏拉圭（Uruguay）回合，均由原來的歐洲共同體與其會員國同時參與[29]。

　　通說認為，原來的歐洲共同體係關稅暨貿易總協定（GATT）事實上之締約當事人（de-facto Vertragspartei），並且關稅暨貿易總協定（GATT）係屬於共同體法之主要構成部分，對於歐洲共同體具有法律上拘束力[30]。GATT及在其範圍內所簽署的貿易協定，對於歐洲貿易法有重大的影響，原來的歐洲共同體繼受其會員國關於關稅與貿易政策之職權，會員國將其針對關稅與貿易政策之職權移轉給原來的歐洲共同體，因此關稅暨貿易總協定與其後續協定對原來的歐洲共同體亦具有拘束力。

　　歐洲法院在其歷來之判決亦明確地指出，會員國在1957年簽署歐洲經濟共同體條約時已經受GATT義務之拘束，尤其是當時歐洲共同體的會員國無法以相互間締結的國際協定的方式免除其對第三國應盡的義務，更確切的說，當時歐洲共同體的會員國在締結歐洲經濟共同體條約時已經表明遵守GATT義務之意願，不僅在原來的歐洲共同體條約本身，而且在依據關稅暨貿易總協定（GATT）第XXIV條之規定於GATT的締約國提出原來歐洲經濟共同體條約的

---

[27]　參閱EuCH Rs. 21-24/72, International Fruit Company, Slg.1972, S. 1227.

[28]　參閱R. Landsittel, Dumping im Aussenhandels-und Wettbewerbsrecht, Baden-Baden 1987, S. 103; R. Senti, GATT als System der Welthandelsordnung, Zuerich 1986, S. 43.

[29]　參閱T.Oppermann，前揭書，Rn. 1795。

[30]　參閱A. Bleckmann, Europarecht, 5. Auflage, Köln 1990, Rn. 1776; Grabitz/Hilf，前揭書，Art. 113 EGV, Rn. 195, Art. 229 EGV, Rn. 6, Art. 234 EGV, R. 176; T. Oppermann，前揭書，Rn. 1797; E. –U. Petersmann: Application of GATT by the Court of Justice of the European Communities, Common Market Law Review 1983, p. 937; E. A. Vermulst, Antidumping Law and Practice in the United States and the European Communities, Amsterdam 1987, p. 6.

聲明時，亦表明此一意願。原來的歐洲共同體條約第131條亦承認歐洲共同體
追求GATT自由貿易之目標；此外，原來的歐洲共同體條約第307條（現為歐洲
聯盟運作條約第351條）第1項亦表明歐洲共同體條約不得牴觸會員國在歐洲共
同體條約生效前由會員國所締結多邊協定的權利義務。在過渡時期結束前，當
時的歐洲共同體已經逐步地繼受關於關稅與貿易政策之任務，至過渡時期結束
止，當時的歐洲共同體已經完全的受關稅與貿易政策之任務。當時會員國在移
轉關稅與貿易政策職權給歐洲共同體時，即已表明歐洲共同體亦應受GATT義
務拘束之意願，而自1958年歐洲經濟共同體條約生效時起，特別是自實施共同
關稅稅率時起，在會員國與歐洲共同體間出現在GATT範圍內職權移轉關係
上，以不同的方式予以詳細規定，而GATT的其他締約國亦承認原來的歐洲共
同體與其會員國間的權限分配，過去歐洲共同體亦藉由其機關，以歐洲共同體
的名義，締結關稅與貿易協定、參與GATT的關稅談判，以及做為GATT範圍內
各項協定談判的當事人，即歐洲共同體繼受其會員國在歐洲經濟共同體條約生
效前在GATT適用範圍內的職權，因此GATT之規定對於原來的歐洲共同體具有
拘束力[31]。

　　歐洲法院亦承認GATT之規定為共同體法主要之構成要素，在適用上，
GATT之規定應優先於與其相牴觸之派生共同體法與各會員國之國內法[32]。申
言之，GATT之位階高於派生共同體法。過去歐洲法院對於GATT在原來的歐洲
共同體內是否具有直接適用之效力，一直採取否定之見解，因為GATT係以締
約國互惠協商為原則，而GATT的規定並不具有強制的拘束力，必須由締約國
以諮商的方式解決彼此的貿易糾紛，因此個人無權向法院主張GATT的規
定[33]。直到1989年Fediol案，歐洲法院才進一步確認GATT為國際法規的要素
（Bestandteile der Regeln des Völkerrechts），正式承認個人在當時歐洲共同體
內得直接適用GATT之規定，此乃因為1984年第2641號規章[34]賦予個人對於違

---

[31] 參閱EuGH Rs. 21-24/72, International Fruit Company, Slg.1972, S. 1219.

[32] 參閱EuGH Rs. 21-24/72, International Fruit Company, Slg. 1972, S. 1228f; Rs. 266/81, SIOT, Slg. 1983, S. 780; Rs. 267-269/81, SAMI, Slg. 1983, S. 829.

[33] 參閱EuGH Rs.21-24/72, International Fruit Company, Slg. 1972, S. 1219.

[34] 在烏拉圭回合談判後，經理事會轉換WTO的各項貿易協定，已經廢止失效，由1994年第3286號規章取代。

反GATT而造成其損害的不法貿易行為，得向執委會申請調查，因此個人亦得向歐洲法院訴請法律救濟，以審查執委會適用GATT規定做成決定之合法性[35]。

　　總而言之，歐洲法院過去的判決一再地否定GATT在歐洲共同體內有直接適用的效力，因為GATT的規定並未授予會員國的國民可以向其本國法院訴請救濟的權利。GATT的規定是依據談判原則，在互惠原則和互利的基礎上，由締約國所簽署的多邊貿易協定，規範的客體是締約國，而非個人，因此，歐洲法院不認為GATT的規定在歐洲共同體內有直接適用的效力。但在1990年代初期，歐洲法院改變了過去一貫的法律見解，若歐洲共同體的立法措施係為施行GATT特定的規定或歐洲共同體的立法係關於GATT的特別規定時，也就是GATT的規定已經納入共同體法時，GATT的規定在歐洲共同體內才有直接適用的效力[36]。

　　國際貿易不斷地廣化與深化，歐洲聯盟參與貿易政策的範圍亦不斷地擴大，尤其是在1995年1月1日世界貿易組織（WTO）成立時，當時的歐洲共同體與1947年GATT的全體締約國（包括歐洲聯盟的全體會員國）[37]都是WTO的創始會員國，明確的規範歐洲聯盟與WTO間的法律關係，歐洲聯盟與WTO間的關係不再模糊曖昧，雖然關稅同盟是最惠國待遇原則的例外，但WTO的規定同時對歐洲聯盟與其全體會員國有拘束力。

　　在烏拉圭回合後，WTO是對於世界貿易最重要的一個國際組織，而有「經貿聯合國」之稱。WTO的正當性依據，實際上就是會員國的合意[38]，因此WTO會員國的身分具有水平的效果與垂直的效果。垂直的效果是指WTO與每一會員國間的關係，水平的效果則是指WTO會員國間彼此的關係[39]。明顯地，國家間相互依賴的程度有增無減，也促成了國際制度的全球化，而且愈來愈重要。貿易為自由化是WTO最主要的目標，互惠原則和禁止差別待遇原則的結

---

[35]　參閱EuGH Rs.70/87, F, S, 1989, S. 1831.

[36]　Case C-69/89, Nakajima All Precision Co. v. Council, 1991 ECR I-2069.

[37]　WTO設立協定第11條。

[38]　參閱Joshua Meltzer, State Sovereignty and the Legitimacy of the WTO, 26 University of Pennsylvania Journal of International Economic Law 2005, p. 694.

[39]　參閱Joshua Meltzer，前揭文，p. 694。

合，已經創設了一個自由與以法律為導向的多邊貿易制度[40]。

由於歐洲聯盟與其全體會員國都是WTO的正式會員國，WTO的規範已經被承認是歐盟法律制度的一部分，在實務上歐洲聯盟已經是WTO架構下主要的談判夥伴，全體會員國在協調其立場與意見後，由執委會單獨地為全體會員國的利益發言，代表一個共同的立場[41]。也就是在WTO中，執委會以一個聲音為全體會員國的利益對外發言，又積極的協調會員國的意見，使歐洲聯盟成為WTO的一個穩固的經濟實體。雖然WTO採取一國一票（one nation, one vote）的原則，歐洲聯盟的表決數不得超過其會員國的總數，自2013年7月1日起，歐洲聯盟與其會員國在WTO內共有28票的表決權，相較於美國，歐洲聯盟參與WTO的運作是一股不容忽視的勢力[42]。

2003年2月1日生效的尼斯條約對於共同貿易政策作了實質的修訂，以調整共同貿易政策的適用範圍，將烏拉圭回合的談判成果納入共同貿易政策的範圍，有效率的回應世界貿易的結構變化，歐洲聯盟與其全體會員國持續的對共同享有職權的議題進行合作，例如涉及社會、文化、教育和衛生服務有關的貿易協定，仍應由歐洲聯盟與全體會員國共同簽署。

烏拉圭回合雖然促使WTO誕生，但後續的多邊貿易談判回答卻充滿荊棘，例如歐洲聯盟、美國、日本與Cairns集團（Cairns Group）[43]對於農產品的出口補貼與進口限制意見分歧[44]；分布在亞洲、非洲、中南美洲的開發中國家在2003年墨西哥Cancun部長會議形成所謂的G20開發中國家集團（Group of

---

[40] 參閱Martin Wolf, Globalization and Global Economic Governance, Oxford Review Economic Policy, Vol. 20, No. 1, 2004, p. 75.

[41] 參閱F. Jawara/A. Kwa, Behind the scenes at the WTO: the real world of international trade negotiations, New York 2003, p. 23.

[42] 參閱Barton/Goldstein/Josling/Steinbeig, The Evolution of the Trade Regime, Princeton 2006, p. 13.

[43] Cairns集團為由18個農產品出口國組成的利益集團，這些國家為阿根廷、澳洲、波利維亞、巴西、加拿大、智利、哥倫比亞、哥斯大黎加、瓜地馬拉、印尼、馬來西亞、紐西蘭、巴基斯坦、巴拉圭、菲律賓、南非、泰國與烏拉圭。

[44] European Union Center of North Carolina, The Demise of Doha: The End of the Multilateral Trading System? Eu Briefings, May 2007, p. 2.

20）[45]，對於歐洲聯盟與美國提出的農產品提案另外提出一個可行的替代架構，鼓吹已開發國家應終止對農業的補貼與反對他們所屬的農產項目自由化[46]；而在2006年在日內瓦舉行的貿易談判委員會緊急會議，由於歐洲聯盟、美國與G20集團對於農業補貼、市場進入等議題仍有相當大的歧見，而形成複雜的三角關係，也導致一再延長的多哈回合談判陷於僵局。

　　為使歐洲聯盟在對外貿易關係上，保持一個強勢的全球角色，全體會員國必須更加協調關於貿易政策的議題，以便共同貿易政策可以因應實際的國際貿易發展。里斯本條約對於歐洲憲法條約作了改革，以期有助於各項政策的連貫與整合，特別是在對外行動的法律架構做了根本的修訂，使歐洲聯盟在國際社會可以更有效率的參與國際事務，尤其是國際經貿事務，歐洲聯盟對於共同貿易政策享有專屬的職權，有助於形成在對外關係上的各項政策，例如共同農業政策與共同漁業政策。

　　里斯本條約改革了共同貿易政策，並且使歐洲聯盟的對外關係進入一個新紀元，要致力於發展連貫、有效率與包羅萬象的貿易政策。里斯本條約擴大了共同貿易政策的適用範圍，與WTO架構的內容相同，不再區分商品貿易、服務業、貿易、涉及智慧財產權的貿易，共同貿易政策不再侷限於傳統貿易的特徵，而是擴大共同貿易政策涵蓋其他的經濟活動，以期一方面達成內部市場經濟統合的目標，另一方面又能提高歐洲聯盟在國際社會的競爭力。

參、關稅同盟之建立

　　歐洲聯盟是符合關稅暨貿易總協定（GATT）第XXIV條第5項至第10項之規定，結合數個關稅領域而成立的關稅同盟，依據第XXIV條第8項第a款之規定，關稅同盟應廢止關稅同盟內的關稅與限制貿易的規定，對於第三國原則上應適用相同的關稅與貿易規定。

---

[45] G20開發中國家集團的成員為阿根廷、波利維亞、巴西、智利、中國、古巴、厄瓜多爾、埃及、瓜地馬拉、印度、印尼、墨西哥、奈及利亞、巴基斯坦、巴拉圭、秘魯、菲律賓、南非、坦尚尼亞、泰國、烏拉圭、委內瑞拉與辛巴威。

[46] http://zh.wikipedia.org/w/index.php?title=G20, last visited 04/26/2009.

　　自1958年成立歐洲經濟共同體起,歐洲聯盟的核心目標,在於建立一個共同市場(Gemeinsamer Market; common market),而邁入建立一個單一市場(Binnenmarkt; internal market),單一市場具體規定共同市場之目標;申言之,共同市場與單一市場本質上是相同,僅為歐洲聯盟不同的階段性目標。共同市場之建立,在於應致力消除歐洲聯盟會員國間對於商品、人員、勞務與資金自由流通仍存在的障礙,並且應廢除會員國間現存的關稅及其他關稅有相同效果的稅捐[47];而依據歐洲聯盟運作條約第26條第2項之規定,所謂的單一市場,係指確保商品、人員、勞務與資金自由流通並且無內部邊界之區域。

　　歐洲聯盟對第三國施行共同貿易政策(gemeinsame Handelspolitik; common commercial policyt),並且對來自第三國之進口商品施行共同的關稅稅率(Gemeinsamer Zolltarif; common customs tariff)[48]。例如德國對於來自法國的進口商品不得再課徵關稅,但對於來自美國的進口商品仍得繼續課徵關稅,並且應適用共同關稅稅率。來自第三國的進口商品,只需在某一會員國辦妥完稅通關之商品進口手續,該商品在歐洲聯盟內與來自其他會員國的商品(die aus den Mitgliedstaaten stammenden Waren; products originating in Member States)相同,亦適用商品自由流通原則。申言之,歐洲聯盟之基礎是關稅同盟,包括所有的商品交易,關稅同盟不僅在會員國間的商品交易禁止課徵進、出口關稅以及其他與關稅有相同效果的稅捐,並且對第三國實施共同的關稅稅率與貿易政策。因此,1992年底完成內部市場之目標,是對外貿易政策完全的聯盟化[49],而且是必然的現象。

---

[47]　參閱歐洲聯盟運作條約第28條第1項與第30條。

[48]　參閱歐洲聯盟運作條約第28條第1項、第31條與第32條。

[49]　參閱A. von Bogdandy,前揭文,Jura 1992, S. 409。

第三節　共同貿易政策之目標

壹、共同貿易政策之原則宣示

　　依據歐洲聯盟運作條約第206條之規定，藉由關稅同盟之建立，為共同的利益，歐盟應以致力於國際貿易之協調發展、逐步地消除在國際貿易上的障礙與外國直接投資的限制，以及廢除關稅障礙和其他的限制。申言之，歐洲聯盟運作條約第206條為共同貿易政策的原則宣示（Grundsatzerklärung）規定[50]，僅規定共同貿易政策之準則，同時亦明確的規定，歐洲聯盟與第三國間的貿易往來也適用自由的貿易政策[51]。

　　歐洲聯盟運作條約第206條所強調的自由貿易政策目標，實際上已經在歐洲聯盟運作條約的前言明文規定。因此，對於會員國與歐盟機關而言，歐洲聯盟運作條約第206條係一真正的條約上的義務，但對於歐洲聯盟與第三國間的貿易關係而言，歐洲聯盟運作條約第206條亦為一真正的條約上的義務，因為在施行共同貿易政策上，歐洲聯盟運作條約賦予歐洲聯盟廣泛的裁量權。通說認為由於歐洲聯盟運作條約第206條具有一般性與綱要性規範的特徵，因此歐洲聯盟運作條約第206條規定並非做為法律義務規定，而只是純粹的目的宣示規定，即歐洲聯盟運作條約第206條僅做為歐盟機關的行為準繩[52]，故第三國不得依據歐洲聯盟運作條約第206條向歐洲聯盟行使請求權，即歐洲聯盟運作條約第206條不得做為行使請求權的法律依據；依據歐洲聯盟運作條約第206條之規定，個人亦無法依據歐盟機關的裁量權而衍生任何的權利[53]。

　　由於歐洲聯盟運作條約第206條已經將關稅暨貿易總協定（GATT）與世界貿易組織（WTO）自由貿易的原則，加以明文規定，故歐洲聯盟運作條約第

---

[50] 參閱Grabitz/Hilf，前揭書，Art. 110 EGV, Rn. 1; R. Geiger, EG-Vertrag, München 1993, Art, 110 EGV, Rn. 1.

[51] 參閱C.O.Lenz，前揭書，Art. 110 EGV, Rn. 2.

[52] 參閱Grabitz/Hilf，前揭書，Art. 110 EGV, Rn. 1; R. Streinz, Europarecht, 2. Auflage, Heidelberg 1995, S. 194.

[53] 參閱R. Streinz，前揭書，S. 194。

206條符合關稅暨貿易總協定（GATT）與世界貿易組織（WTO）之規定。無論如何，歐盟機關在形成歐洲聯盟的貿易政策時，必須注意歐洲聯盟運作條約第206條之自由貿易原則規定。

貳、自由的貿易政策

　　歐洲聯盟運作條約第206條不僅規範歐洲聯盟會員國間的內部市場，並且規範歐洲聯盟與第三國間的外部市場。歐洲聯盟的會員國以其所共同建立的關稅同盟做為其他國家的貿易夥伴，而致力於國際貿易的協調發展，歐洲聯盟運作條約第31條規定對第三國實施共同的關稅稅率，以具體化歐盟自由貿易的目標。

　　歐洲聯盟運作條約第131條之理念，主要是因為自由化的內部市場將導致需求的增加，並且將造成歐洲聯盟擴展對外貿易關係的效果。里斯本條約將共同貿易政策規定為歐盟的對外行動的方法，而為適應國際經濟制度的現狀，不僅要致力於廢除非關稅的貿易障礙，而且也要廢除對外國直接投資的障礙。

　　歐洲聯盟運作條約第206條也反映出50年代的國際經濟情勢，尤其是歐洲聯盟運作條約第206條強調逐步地消除貿易障礙與廢除關稅障礙，而作為國際經濟發展的工具，歐洲聯盟自始即廣泛的運用這種貿易自由化的方法，以實現其貿易政策，特別是在GATT的多邊貿易談判範圍已經大幅降低共同關稅稅率；同時藉由與第三國間的關稅協定，以及普遍優惠關稅制定，歐洲聯盟已經成為全球最大的優惠地區與自由貿易地區之一[54]。

　　2004年10月時，WTO的貿易政策檢討機構對歐洲聯盟進行貿易政策檢討；2007年2月時，WTO對於歐洲聯盟的貿易政策檢討機制報告出爐，WTO承認歐洲聯盟在多邊貿易制度所扮演的重要角色，歐洲聯盟不僅是全球最大的貿易實體，也是農產品和服務貿易的最大貿易實體。報告並指出歐洲聯盟致力於協助開發中國家融入世界貿易體系中，特別是與非洲、加勒比海與太平洋國家談判簽署的經濟夥伴協定（Economic Paitnership Agreements）、改革普遍優惠

---

[54] 參閱Grabitz/Hilf，前揭書，Art. 110 EGV, Rn. 3。

制度與貿易發展援助，歐洲聯盟更進一步自由化其服務業市場，例如在2006年公布服務業指令（Services Directive）完全的廢除障礙，以創設一個全歐盟的服務業市場，而歐洲聯盟與東南亞國協（ASEAN）、印度、韓國簽署新世代的雙邊自由貿易協定，亦涵蓋投資、智慧財產權與公共採購，以補充WTO的制度[55]。

第四節　共同貿易政策之權限

壹、法律基礎

　　歐洲聯盟擁有自己的機關，並且享有制定法律的權限，即成為國際法上新的法律制度，而歐盟法不僅具有直接適用的效力，在適用上並且優先於會員國的國內法[56]。歐洲聯盟運作條約第207條是歐洲貿易法最主要的規範，不僅規定歐洲聯盟對於共同貿易政策的職權，並且規定歐洲聯盟制定共同貿易政策的程序。由於貿易政策屬於聯盟政策，故由歐洲聯盟以其機關制定具有直接效力的貿易法規，在適用上並且優先於會員國的貿易法規[57]。

貳、歐洲聯盟的專屬權限

　　里斯本條約將共同貿易政策明文規定為歐洲聯盟的專屬職權，並授予歐洲聯盟享有國際法上的權利能力，依據歐洲聯盟條約第47條之規定，歐盟享有法律人格，即為明文加強歐洲聯盟在國際社會的身分，以期更容易達成其全球角色之目標。

---

[55] http://ec.europa.eu/trade/issues/newround/pr2060207_en.htm, last visited 04/24/2009.

[56] 參閱EuGH Rs.26/62, van Gend & Loss, Slg. 1963, S. 1.

[57] 參閱Grabitz/Hilf，前揭書，Art. 113 EGV, Rn. 2.

　　歐洲聯盟運作條約第207條第1項規定,依據一致的原則形成共同貿易政策;特別是適用於關稅稅率之變更、涉及與第三國商品和服務貿易的關稅與貿易協定之締結,以及涉及智慧財產權的貿易、外國直接投資、自由化措施之一致化、出口政策,以及在貿易政策上之保護措施,例如傾銷與補貼。申言之,依據歐洲聯盟運作條約第207條第1項前段之規定,只有歐洲聯盟享有制定共同貿易政策的權限。歐洲聯盟就共同貿易政策之形成享有專屬的職權,各會員國就貿易政策之制定職權移轉給歐洲聯盟,而各會員國的對外貿易法原則上不得牴觸歐洲聯盟的貿易法規,即各會員國在貿易政策範圍內,不得任意立法。

　　歐洲法院在歷來的判決亦明白的指出,原來的歐洲共同體條約第133條所規範的共同貿易政策係屬歐洲共同體的職權(Gemeinschaftszuständigkeit),而歐洲共同體不僅可以制定公布適用於歐洲共同體領域內的法規,並且得與第三國締結貿易協定。共同貿易政策的目標亦為達成共同市場的運作與保護歐洲聯盟的整體利益,因此會員國必須在此範圍內基於整體的利益,相互配合。若會員國仍保有行使貿易政策之職權,在對外關係上,將會因會員國為尋求其自身的利益,而影響對歐洲聯盟整體利益的有效保護[58]。歐洲聯盟就貿易政策享有專屬的職權(Ausschliessliche Zuständigkeit),而在共同貿易政策範圍內,並不存在會員國與歐洲聯盟的平行職權(parallele Zuständigkeit),即並不存在會員國與歐洲聯盟競合立法之問題,各會員國不可能就貿易政策更為立法[59]。亦即在共同貿易政策領域,各會員國的職權完全且徹底的移轉給歐洲聯盟,而完全由歐洲聯盟行使此一職權,各會員國既無潛在的緊急權限,亦不得補充立法[60]。

　　里斯本條約明文規定共同貿易政策屬於歐洲聯盟的專屬職權,也就是在WTO的所有領域均有明確的專屬職權,有助於歐洲聯盟更有效率參與WTO的各項談判之進行,包括在締結國際協定上,針對服務貿易協定、涉及智慧財產權的貿易協定,以及外國直接投資協定之締結,不會再出現所謂的混合協定、會員國針對貿易事務不得再個別締結國際協定。

---

[58]　參閱EuGH Gutachten 1/75, Lokale Kosten, Slg. 1975, S. 1363.

[59]　參閱EuGH Rs. 267-269/81, SAMI, Slg. 1983, S. 801; Rs.174/84, Bulk Oil, Slg. 1986, S. 559.

[60]　參閱EuGH Rs. 41/76, Donckerwolke, Slg. 1976, S. 1921; Gutachten 1/78, Internationales Naturkautschuk-Übereinkommen, Slg. 1979, S. 2871.

　　歐洲聯盟運作條約第207條之目的及意義，在於以一致的對外貿易法規確保歐洲聯盟內部商品自由流通，以防止其受到歐洲聯盟外部貿易干擾之影響，並消除會員國間在貿易政策之歧見，以避免歐洲聯盟內部的貿易扭曲現象[61]。

第五節　共同貿易政策之規範範圍

　　歐洲聯盟運作條約對於共同貿易政策之概念，並無定義規定，歐洲聯盟運作條約第3條第1項規定，聯盟對於共同貿易政策享有專屬的職權，僅得由歐洲聯盟行使貿易政策之職權，申言之，授權歐洲聯盟就貿易政策事項自主的立法，或與第三國締結貿易協定。由國際經濟情勢的瞬息萬變，也促使歐洲聯盟放棄在歐洲聯盟運作條約第207條對貿易政策作明確的定義規定，避免共同貿易政策侷限於特定範圍，以期在具體個案之適用上，使歐洲聯盟運作條約第207條得以因應國際經貿關係之不斷發展，而靈活應用[62]。

　　過去學者通說認為，若共同貿易政策只侷限於歐洲聯盟與第三國間之商品交易，則共同貿易政策涵蓋的範圍過於狹隘，因此共同貿易政策不應只限於對外自由商品流通之保護與附屬的作用[63]。歐洲聯盟運作條約第207條之授權使得歐洲聯盟有可能採取對外貿易關係相關聯的規定。歐洲法院亦認為，若限縮解釋共同貿易政策的概念，將因在與第三國間的經濟關係的特定範圍仍繼續存在差異，而導致擾亂歐洲聯盟內的貿易往來，因此應廣義的解釋共同貿易政策的概念，以確保歐洲聯盟得在共同貿易政策範圍內規範對外的貿易關係，而積極的參與國際貿易[64]。歐洲聯盟運作條約第207條所規範的共同貿易政策不應侷限於傳統的對外貿易事項，而應成為發展世界貿易的新方法，故不得將歐洲

---

[61]　參閱M. Lux, Europäisches Aussenwirtschaftsrecht, Zeitschrift für Zölle und Verbrauchsteuern 1990, S. 196.

[62]　參閱A. von Bogdandy，前揭文，Jura 1992, S. 410; A. Bleckmann，前揭書，Rn. 1741; M.Lux，前揭文，Zeitschrift für Zölle und Verbrauchsteuern 1990, S. 196.

[63]　參閱R.Streinz，前揭書，S. 197.

[64]　參閱EuGH Gutachten 1/78, Internationales Naturkautschuk- Übereinkommen, Slg. 1979, S. 2871.

聯盟運作條約第207條的共同貿易政策做狹義的解釋，否則將使歐洲聯盟的自由貿易政策失去意義[65]。

壹、事物的適用範圍

　　GATT與WTO已經是歐洲聯盟貿易法重要的法源，而歐洲聯盟已經是WTO的會員國，有義務遵守WTO的各項規定。在1995年WTO成立時，當時歐洲共同體僅對商品貿易有專屬職權，但對於WTO的其他兩大領域服務業貿易總協定（General Agreement on Trade in Services；簡稱GATS）和與貿易有關的智慧財產權協定（Agreement on Trade-Related Aspects of Intellectual Property Rights，簡稱TRIPS）所規範的事項卻應由當時的歐洲共同體與其全體會員國共同行使職權[66]，也就是共同貿易政策僅適用於商品貿易，並不包括服務業貿易與貿易有關的智慧財產權事務。原來歐洲共同體條約中有專章規定自然人與法人的自由遷徙，這些事務並不屬於共同貿易政策的適用範圍。

　　服務業貿易在第二次世界大戰後並不重要，但隨著國際經貿關係的變化，服務業貿易愈來愈重要。

　　里斯本條約對於共同貿易政策的適用範圍做了更明確的規定，即依據歐洲聯盟運作條約第207條第1項之規定，依據一致的原則形成共同貿易政策，特別是適用於關稅稅率之變更、涉及與第三國商品和服務貿易的關稅和貿易協定之締結，以及涉及智慧財產權的貿易、外國直接投資、自由化貿易措施之一致化、出口政策和貿易政策上的保護措施，例如傾銷和補貼。也就是里斯本條約明文規定歐洲聯盟可以制定實體的貿易法規與施行國際貿易協定的法規，以落實共同貿易政策，不再區分商品貿易、服務業貿易，以及涉及智慧財產權的貿易，也就是在WTO架構下的三大領域，即商品貿易、服務業貿易與貿易有關的智慧財產權保護，完全屬於歐洲聯盟的專屬職權。

　　雖然歐洲聯盟運作條約第207條第1項之並未定義服務業貿易，但在歐洲高

---

[65]　參閱R.Streinz，前揭書，S. 198.

[66]　Opinion 1/94 WTO, 1994 ECR I-5267.

峰會議上一致的共識，應與GATS做同一解釋，因此應包含GATS四大類型的服務業貿易，即跨國的提供服務、跨國的受領服務、商業據點的呈現與提供服務的自然人移動[67]。

　　商業據點的呈現是外國直接投資的核心議題，涉及外國投資人在所有的經濟領域設立營業所，但過去在WTO架構下的外國直接投資議題主要仍是由各會員國規範與參與談判，里斯本條約將外國直接投資納入共同貿易政策的適用範圍即已解決了許多的法律爭議，授予歐洲聯盟參與WTO的職權，而能更積極與有效率的參與未來WTO修訂各項貿易協定的談判。

　　原來的歐洲共同體條約僅在資金與支付流通的規定中規範投資政策的職權法律依據，而原來的共同貿易政策並未規範透過資金投資的貿易關係，而是依據原來歐洲共同體條約第57條第2項規定的「對第三國的資金流通採取共同體的措施、或協調會員國間的措施」規範外國直接投資，這種資金流通包括外國投資有關的資金流通，投資人的資金係用以設立營業所的實際上財產移轉，GATS的服務業貿易包括對外國投資人的商業據點呈現。

　　執委會在多哈回合談判中，領導歐洲聯盟與全體會員國參與在投資國際協定的談判、締結與施行，但由於欠缺明確的授權規定，往往耗費時日又無法獲致令人滿意的結果，執委會建議在多哈回合談判中關於投資保護議題應加強歐洲聯盟的整體角色[68]。原來歐洲聯盟的職權只限於市場進入與禁止差別待遇，因此要達成全球的角色，歐洲聯盟必須要實施新的共同貿易策略，也就是要對第三國實施歐盟的投資政策[69]，並且由自由貿易協定範圍作為標準的談判議題，由執委會統一向貿易夥伴說明，以期避免在理事會層次會員國與歐洲聯盟間對於投資法的爭議，因此要加強在對外投資多邊談判的角色[70]。

　　國際投資協定不僅會影響資金流通，而且也會規定其他的自由化措施，里

---

[67]　M. Cremona, A Constitutional Basis for Effective External Action? Assessment of the Provisions on EU External Action in the Constitutional Treaty, EuI Working Paper Law No. 2006/30, p. 30.

[68]　Commission Staff Working Document SEC (2006) 1230.

[69]　參閱Reinisch/Knahr, International Investment Law in Context, Utrecht 2008, pp. 74f.

[70]　參閱M. Bungenbeig, Auβenbeziehungen und Auβenhandelspolitik, EuR 2009, Beiheft 1, S. 207.

斯本條約授予歐洲聯盟締結與資金流通有關的外國投資的國際協定，共同貿易政策是以歐洲聯盟的國際經貿事務為主，因此外國直接投資的權限範圍應包括所有的待遇標準，特別是公平與公正的待遇、確保在第三國公平與公正的對待歐洲聯盟的投資等。此一新規定有助於歐洲聯盟在全球競爭上強調建立遊戲規則、在第三國市場上對歐洲企業開放市場，同時對第三國企業開放歐洲內部市場，以及保護在第三國市場上的歐洲企業[71]。

外國投資的職權還包括特別的外國投資規定，例如與貿易有關的績效要件和提供服務的人員流動。與貿易有關的績效要件和提供服務的人員流動，均屬於在GATT中與投資有關的貿易協定（Agreement on Trade-Related Investment Measues，簡稱TRIMs）的適用範圍，歐洲法院在1994年針對WTO協定的第1號鑑定[72]已經明確的闡釋，TRIMs協定是WTO架構下關於商品貿易的協定，歐洲聯盟享有專屬的職權。

除此之外，里斯本條約並將涉及智慧財產權的貿易協定明文納入共同貿易政策的範圍，應禁止仿冒商品在歐盟內自由流通，並且避免濫用智慧財產權而破壞市場的正常貿易秩序，而損害公平競爭，在智慧財產權保護與競爭法領域應有更嚴格的法律規定，以期能有效的對抗非關稅的貿易障礙。

歐洲聯盟運作條約第207條第4項特別規定，在締結關於文化與視聽的服務貿易協定時，若該協定有可能影響在聯盟內文化與語言的多樣性；或在締結與社會、教育和衛生領域有關的服務貿易協定時，若該協定有可能嚴重干擾一服務在個別會員國的組織與影響會員國的責任履行時，理事會都必須以一致決議進行相關服務業貿易協定之談判與締結。

對於交通運輸方面的國際協定，仍然排除在共同貿易政策的適用範圍，即依據歐洲聯盟運作條約第207條第5項之規定，對於交通運輸領域的國際協定談判與締結，仍然應適用共同交通政策的相關規定。

總而言之，里斯本條約改革了共同貿易政策，致力於發展連貫、有效率和包羅萬象的共同貿易政策；里斯本條約擴大了共同貿易政策的適用範圍，基本上與WTO架構的內容相同，不再區分商品貿易、服務業貿易或涉及智慧財產

---

[71]　Europäische Kommission, Globales Europa, KOM (2006) 567 endg.

[72]　Opinion 1/94, WTO, 1994 ECR I-5267.

權保護的貿易，將共同貿易政策涵蓋所有的經濟活動，以期歐洲聯盟能更有效率的適應全球的經貿發展。

貳、貿易政策措施

　　貿易政策措施為在共同貿易政策範圍內，由歐盟法對於商品進口與出口之規範，例如監視措施、保護措施、限額措施、禁止進出口措施等，歐洲聯盟得依據歐洲聯盟運作條約第207條第1項之規定採取具體的法律措施類型，仍有許多的爭議。

　　理事會與各會員國傾向於採取主觀說，即歐洲聯盟運作條約第207條第1項之貿易政策措施，係指在追求歐洲聯盟的目標時，影響貿易額（Handelsvolumen）或操縱貿易量（Handelsströmen）的每一個措施，亦即解釋歐洲聯盟運作條約第207條時，尚須考慮歐洲聯盟運作條約第206條所規定的貿易政策目標，而關稅同盟的目標是共同貿易政策之基礎[73]。申言之，理事會之見解，主要以實質的標準為基礎，審查措施是否在追求共同市場的目標，即以措施是否有專屬的貿易政策動機做為判斷的依據。

　　執委會則採取客觀說，以形式之標準做為解釋貿易措施之準據，即貿易政策工具之使用，只要在客觀上對於對外貿易產生影響之措施，均應適用歐洲聯盟運作條約第207條的規定。申言之，執委會認為歐洲聯盟運作條約第207條僅規定貿易政策之一般目標，而且僅是目標的宣示規定，歐洲聯盟為保護其利益，亦可能基於其他理由，例如政治上的理由或貨幣政策上的理由，而採取貿易政策措施，尤其是應考慮這些措施的特殊性質[74]。貿易政策措施是指以規範國際貿易的方法，故執委會一向認為歐洲聯盟不應將貿易政策措施侷限於傳統的貿易政策措施，例如關稅，而應考慮其他政治上、貨幣政策上或農業政策上的理由，以判定是否為貿易政策措施。

---

[73] 參閱EuGH Gutachten 1/78, Internationales Naturkautschuk- Übereinkommen, Slg. 1979, S. 2887.

[74] 參閱EuGH Gutachten 1/78, Internationales Naturkautschuk- Übereinkommen, Slg. 1979, S. 2884ff.

　　歐洲法院並未釐清理事會與執委會間之歧見，而同時以措施之標的與目標做為是否為貿易措施之判斷標準[75]。由於特定的貿易措施（spezifisch handelspolitische Massnahmen）係影響貿易往來的特定措施，因此當然適用歐洲聯盟運作條約第207條之規定。目前不僅是自主的貿易政策措施，而且貿易協定均與其他的政策有關，例如許多的貿易協定均包含發展政策（Entwicklungspolitik）條款，但過去歐洲共同體條約對於發展政策並無明確的授權規定，因此常常由貿易政策或其他的權限規範衍生發展政策[76]。特別是在貿易協定內所包含的貿易政策措施，通常亦包含一般外交政策之作用，甚至是安全政策上的利益，在歐洲聯盟的地中海領域，安全政策之利益即扮演著重要的角色。

　　除歐洲聯盟運作條約有特別規定[77]外，所有規範歐洲聯盟與第三國間貿易往來的措施，不論其具體的目標或動機為何，本質上均屬於歐洲聯盟運作條約第207條的貿易政策措施。而界定以歐洲聯盟運作條約第207條或其他規定為貿易措施的法律依據時，必須以該措施的最主要目的為判斷依據。例如以對外貿易為目的之關稅稅率措施，必須以歐洲聯盟運作條約第207條為法律依據，而非以歐洲聯盟運作條約第31條為法律依據，因為歐洲聯盟運作條約第31條為有關關稅之特別規定，僅授權歐洲聯盟制定公布自主的共同關稅稅率。規範歐洲聯盟與第三國間貿易往來的所有條約上的措施，均屬於歐洲聯盟運作條約第207條締結貿易協定之權限。此外，本質上並非規範歐洲聯盟與第三國間貿易往來的措施，若這類措施係以影響貿易額與貿易進行為目的時，亦屬於歐洲聯盟運作條約第207條事務的適用範圍[78]。

　　貿易政策上的保護措施是多邊貿易制度的一部分，因此歐洲聯盟應注意其貿易夥伴以適當的、透明的符合國際規定的方式適用這些貿易政策上的保護措

---

[75] 參閱EuGH Gutachten 1/78, Internationales Naturkautschuk- Übereinkommen, Slg. 1979, S. 2909f.

[76] 參閱Grabitz/Hilf，前揭書，Art. 113 EGV, Rn. 441。

[77] 例如歐洲聯盟運作條約第32條關於非關稅的關稅法規之調適；第34條聯盟自主的變更或中止共同關稅稅率；第43條對農產品之貿易規定；第254條維持聯盟內部與外部和平之規定。

[78] 參閱Grabitz/Hilf，前揭書，Art. 113 EGV, Rn. 43。

施，必要時歐洲聯盟得訴諸WTO的爭端解決程序，以維護歐盟與全體會員國的利益。

參、歐洲聯盟運作條約第207條第1項之例示規定

　　歐洲聯盟運作條約對於共同貿易政策並無定義規定，乃為因應國際經貿關係之不斷發展，以期使歐洲聯盟的貿易法規靈活運用。關稅同盟為歐洲聯盟之特徵，而歐洲聯盟之貿易政策並不侷限於與第三國間之商品交易，歐洲聯盟並得制定與對外貿易關係相關的規定，以期使歐洲聯盟成為國際貿易之積極參與者，而致力於歐洲聯盟運作條約第206條協調國際貿易發展之目標[79]。

　　歐洲聯盟運作條約第207條第1項並未明文規定共同貿易政策之適用範圍，而只列舉重要的貿易政策標的，例如關稅稅率之變更、關於與第三國間商品和服務貿易的關稅與貿易協定之締結，以及涉及智慧財產權的貿易、外國直接投資、一致化之自由化措施、出口政策、傾銷與補貼等貿易政策上之保護措施。這些貿易政策工具僅為例示的規定，並不是歐洲聯盟貿易政策工具之全部，以期使歐洲聯盟的貿易法規，在適用上得以因應國際貿易之發展而靈活運用[80]。

一、關稅稅率之變更

　　歐洲聯盟之基礎為關稅同盟，對內商品得在歐洲聯盟會員國間自由流通，完全免課徵關稅；對外歐洲聯盟對於來自第三國的進口商品，實施共同關稅稅率[81]。關稅稅率之變更原則上屬於歐洲聯盟之進口政策，對於個別的進口商品適用之共同關稅稅率，包括自主的關稅稅率（autonomer Zolltarif）與協定的關稅稅率（vertragsmässiger Zolltarif）兩種。

---

[79]　參閱Grabitz/Hilf，前揭書，Art. 113 EGV, Rn. 23。

[80]　參閱EuGH Gutachten 1/78, Internationales Naturkautschuk- Übereinkommen, Slg. 1979, S. 2871.

[81]　參閱歐洲共同體條約第23條第1項。

（一）自主的關稅稅率

自完成關稅同盟實施共同關稅稅率時起，歐洲聯盟的會員國已經將關稅職權移轉給歐洲聯盟，由歐洲聯盟完全行使關稅職權，而各會員國不得單方面立法課徵關稅或變更關稅稅率。歐洲聯盟運作條約第31條規定歐洲對於變更自主關稅稅率之權限，即由理事會基於執委會之提案，以規定歐洲聯盟全部的自主關稅稅率。

普遍優惠關稅制度（Allgemeines Präferenzsystem）下的優惠關稅，性質上亦為自主的關稅稅率，但過去歐洲共同體卻是原來的歐洲共同體條約第133條為制定優惠關稅之法律依據。自1971年起，理事會每年均會以規章公布更新對於特定開發中國家特定商品和紡織品適用的普遍優惠關稅，目前的普遍優惠關稅則規定於1994年第3281號規章[82]。

（二）協定的關稅稅率

依據歐洲聯盟運作條約第207條第1項之規定，歐洲聯盟享有變更關稅稅率之專屬職權，由於歐洲聯盟運作條約第32條規範歐洲聯盟對於自主關稅稅率之權限，因此歐洲聯盟運作條約第207條規定歐洲變更協定關稅稅率之職權。

相對於自主的關稅稅率，協定的關稅稅率為特別的關稅稅率，若歐洲聯盟與第三國締結協定時，則應優先適用在該關稅協定中所約定之稅率，即應優先適用協定的關稅稅率。依據歐洲聯盟運作條約第207條第3項之規定，由理事會授權執委會與第三國進行關稅協定之談判，以歐盟之名義與第三國締結關稅協定。

二、關於與第三國商品和服務貿易關稅與貿易協定之締結

依據歐洲聯盟運作條約第207條第1項之規定，歐洲聯盟對於關稅協定與貿易協定享有專屬的締約權，即歐洲聯盟得與第三國締結雙邊的或多邊的關稅與貿易協定。關稅協定（Zollabkommen），係指關於關稅稅率的國際法上協議，但並不是以國際一致化為目標之非關稅的關稅法。就歐洲聯盟與非歐洲國家間

---

[82] Amtblatt der Europäischen Gemeinschaften 1994 L 384/1-8.

的貿易而言，關稅協定已經不重要，因為歐洲聯盟與非歐洲國家間通常以歐洲
聯盟運作條約第217條為法律基礎，以締結結盟協定（Assoziierungsabkommen;
Agreement of Association）的方式，締結優惠的協定[83]。

　　以歐洲聯盟運作條約第207條第1項為法律基礎，與第三國締結貿易協
定，一般均為關於貿易與經濟上合作的非優惠性協定。貿易協定
（Handelsabkommen）得延伸至共同貿易政策涵蓋的全部範圍，即只要是依據
歐洲聯盟運作條約第207條第1項之規定[84]，歐洲聯盟均得與第三國締結國際貿
易協定。依據歐洲聯盟運作條約第207條第3項之規定，由歐洲聯盟與第三國締
結的關稅協定與貿易協定，均是由理事會授權執委會與第三國進行必要的談
判，而以歐洲聯盟的名義締結這類協定。2009年12月1日生效的里斯本條約擴
大共同貿易政策的適用範圍，增訂關於與第三國商品和服務貿易的關稅和貿易
協定之締結，而依據歐洲聯盟運作條約第216條第2項之規定，由歐盟締結的協
定，亦屬於歐盟法的一部分，對於歐盟的機關與全體會員國均有拘束力。

三、自由化措施之一致化

　　歐洲聯盟與第三國間的商品交易，為歐洲聯盟對外貿易政策之核心，包括
歐洲聯盟的進出口政策。歐洲聯盟運作條約第206條明文規定自由貿易原則為
歐洲聯盟對外貿易法之準繩；歐洲聯盟之任務，係在歐洲聯盟的利益上，致力
於協調發展國際貿易，並逐步地消除國際貿易上之限制，以及廢除關稅上之障
礙；而在共同的對外貿易政策範圍內，必須統一貿易自由化之措施[85]。

　　所謂自由化，係指歐洲聯盟應廢除對於進出口的禁止措施、限額措施、與
許可保留等最重要的貿易保護主義之工具[86]。只要是會員國尚未達成一致的貿
易自由化目標時，歐洲聯盟在共同貿易政策範圍內，必須致力於採取一致的自
由化措施。依據歐洲聯盟運作條約第206條第1項之規定，共同貿易政策不僅要

---

[83]　參閱Grabitz/Hilf，前揭書，Art. 113 EGV, Rn. 47。

[84]　參閱Grabitz/Hilf，前揭書，Art. 113 EGV, Rn. 47。

[85]　參閱A. Bleckmann，前揭書，Rn. 1785f; T.Oppermann，前揭書，Rn. 1697ff; Schweitzer/
Hummer, Europarecht, 3. Auflage, Frankfurt a. M. 1990, S. 376.

[86]　參閱Grabitz/Hilf，前揭書，Art. 113 EGV, Rn. 48。

達成一致化，並且應盡可能廣泛的致力自由化。因此，歐洲聯盟的貿易自由化
措施，即在由歐洲聯盟制定公布共同的進、出口規定，但對於農產品貿易，則
應優先適用每一個農產品市場規範的特別規定。

四、出口政策

歐洲聯盟運作條約第207條第1項之規定之出口政策，係指出口獎勵政策
（Ausfuhrförderungspolitik），因為出口自由化亦屬於自由化措施的範圍。由
於在過渡時期的一致出口補貼制度（System der Ausfuhrbeihilfe），發展至今，
尚不是很久遠，自過渡時期結束時起，會員國的出口補貼規定，亦為歐洲聯盟
的出口政策的構成部分（Bestandteil）[87]，故出口政策仍為歐洲聯盟在歐洲聯盟
運作條約第207條第1項中重要的任務[88]。

依據歐洲聯盟運作條約第207條第1項之規定，所謂的出口政策，是指會員
國間一致化的出口補貼，尤其是歐洲聯盟擁有自己的出口補貼規定[89]。自1984
年的預算起，執委會即編列歐洲聯盟獎勵貿易的預算，以致力於鼓勵歐洲聯盟
的出口。

歐洲聯盟運作條約第107條與第108條原則上禁止妨礙會員國間貿易往來的
補貼，但對於歐洲聯盟與第三國間的貿易而言，不僅是歐盟法，而且國際法並
不完全禁止出口補貼，但關稅暨貿易總協定（GATT）、世界貿易組織（WTO）
與經濟合作暨發展組織（OECD）則不斷致力於出口補貼的國際一致化與阻止
適用出口補貼[90]。

五、貿易政策上的保護措施

歐洲聯盟與第三國間的商品貿易往來，為防止第三國商品造成市場干擾

---

[87]　參閱R. Geiger，前揭書，Art. 112 EGV, Rn. 2。

[88]　參閱Grabitz/Hilf，前揭書，Art. 113 EGV, Rn. 49。

[89]　參閱EuGH Gutachten 1/75, Lokale Kosten, Slg. 1975, S. 1362.

[90]　參閱Grabitz/Hilf，前揭書，Art. 113 EGV, Rn. 49。

（Marktstörung）而損害歐盟產業時，歐洲聯盟得採取必要的保護措施。歐洲
聯盟運作條約第207條第1項只列舉傾銷與補貼，做為歐洲聯盟得採取保護措施
的例示規定。此外，歐洲聯盟運作條約第207條第1項的貿易政策上保護措施，
還包括所有防止第三國不公平貿易行為造成歐盟產業損害的保護措施，即只要
是針對第三國擾亂市場的行為，歐洲聯盟均得採取保護措施。歐洲聯盟在制定
與適用貿易政策上保護措施時，必須受國際經濟法之拘束，即除歐洲聯盟與第
三國締結的協定外，最重要的就是WTO架構下的規範，特別是GATT、GATS
與TRIPS等協定。至於以外交政策為目的所採取的貿易制裁
（Handelssanktion），並不屬於貿易政策上的保護措施。唯必須注意的是，不
論是依據國際法的規定，或是依據歐盟法的規定，只有在歐盟產業遭受嚴重或
重大損害（ernsthafte oder bedeutende Schädigung）時，歐洲聯盟才得採取貿易
政策的保護措施[91]。

六、涉及智慧財產的保護與外國直接投資

里斯本條約擴大了共同貿易政策的適用範圍，歐洲聯盟運作條約第207條
第1項的例示規定，增訂關於智慧財產權的貿易與外國直接投資亦屬於共同貿
易政策的適用範圍，亦即歐洲聯盟享有專屬的職權，依據一致的原則立法施
行，以期廢除非關稅的貿易障礙與在外國直接投資的障礙。里斯本條約擴大了
共同貿易政策涵蓋的範圍，與WTO的三大領域（商品貿易、服務貿易，與涉
及智慧財產權的貿易）吻合。

肆、對開發中國家之發展援助、經濟、財政 及技術的合作

里斯本條約將發展合作與第三國的經濟、財政和技術的合作納入歐洲聯盟
運作方式條約第五部分聯盟對外行動的一部分，依據歐洲聯盟運作條約第4條

---

[91]　參閱Grabitz/Hilf，前揭書，Art. 113 EGV, Rn. 50。

第4項之規定，發展合作係屬於歐盟與會員國共享職權的事務，在發展合作的領域，歐盟的職權涵蓋採取措施與追求共同的政策，而行使這些職權不阻礙會員國行使其職權。由於發展合作並非歐洲聯盟的專屬職權，因此依據歐洲聯盟條約第5條第3項之規定，仍應適用輔助原則的規定。

歐洲聯盟運作條約第208條規定，在歐盟對外行動的原則和目標的範圍內，實施歐盟在發展合作領域的政策。在發展合作領域，歐盟的政策與會員國的政策應相互補充和加強。歐盟的發展合作政策的核心目標，在於對抗貧窮與長期來看要消除貧窮。在施行有可能會對開發中國家產生影響的措施時，歐盟應考慮發展合作之目標。歐盟與會員國在聯合國與其他的國際組織範圍內，應履行其所作的承認與考慮在發展合作範圍內所同意的目標。而歐洲聯盟的發展政策（Entwicklungsplitik; policy of development），主要是以歐洲聯盟運作條約第217條為法律依據，即與第三國以發展結盟為主，而擴展成廣泛的財政與技術的合作。

為施行發展政策領域的政策，依據歐洲聯盟運作條約第209條之規定，應由歐洲議會與理事會依據普通的立法程序公布必要的措施，這些措施可以是與開發中國家進行多年期的計畫或針對特定的計畫，而歐洲投資銀行亦應依據其章程的規定，致力於施行發展合作所採取的措施。歐洲聯盟運作條約第210條並規定，歐盟與會員國應協調在發展合作領域的政策，並相互協調其援助計畫，在國際組織與國際會議上亦應相互協調，以期可以更好的補充彼此的措施，使彼此的措施更有效率。歐盟與會員國得採取共同的措施，必要時，會員國應致力於施行歐盟的援助計畫。由於發展合作是屬於歐盟與會員國共享的職權範圍，因此歐洲聯盟運作條約第211條規定，在其職權範圍內，歐盟和會員國應與第三國和有關的國際組織進行合作。

歐洲聯盟運作條約第217條規定，歐盟得與一個或數個第三國、或一個或數個國際組織締結一個創設互惠的權利義務、共同的行動與特別程序的結盟協定。

普遍優惠關稅制度是由歐洲聯盟單方面給予開發中國家非互惠性質的優惠關稅，以促進貿易自由化為目的之貿易政策措施，而貿易協定則是與第三國以貿易政策和經濟合作的形式，約定雙方積極的促進措施，以擴展相互貿易做為發展的動機，故屬於歐洲聯盟運作條約第207條的適用範圍。因此，歐洲聯盟

對於開發中國家的優惠貿易規範，係以歐洲聯盟運作條約第217條為法律依據，而歐洲聯盟運作條約第207條則為非優惠協定的法律依據。

　　歐洲聯盟運作條約第212條並規定，歐盟應對不屬於開發中國家的第三國施行經濟、財政和及技術的合作的措施，亦包括特別是在財政上的支援在內。這些經濟、財政和及技術的合作的措施應符合歐盟的發展政策，且應在歐盟對外行動的原則和目標的範圍內，施行這些措施。歐盟的措施與會員國的措施應互相補充與加強。

　　近年來，除了參與多邊的貿易制度外，在雙邊關係的範圍歐洲聯盟透過自由貿易協定的締結，更積極的落實其睦鄰政策與發展政策，例如與東南亞國協（ASEAN）、南韓、南錐共同市場國家[92]、印度、俄國、海灣合作理事會（Gulf Cooperation Council）[93]與中國等，締結貿易自由協定。

第六節　程序規定

　　里斯本條約修訂歐洲聯盟運作條約第207條第2項、第3項與第4項規定歐洲聯盟在共同貿易政策範圍的立法程序，歐洲聯盟不僅擁有自主的立法權，並且得與第三國締結貿易協定。

壹、自主的立法程序

　　依據歐洲聯盟運作條約第207條第2項之規定，依據普通的立法程序，由歐洲議會與理事會以規章公布規定共同貿易政策範圍的措施。依據歐洲聯盟運作條約第288條之規定，規章具有一般適用的效力，可以直接適用於全體會員國，是施行歐盟法最確定的方法，不需會員國再為轉換立法。

---

[92]　於1991年3月，由阿根廷、巴西、巴拉圭與烏拉圭組成的共同市場。

[93]　海灣合作理事會是由科威特、巴林、沙烏地阿拉伯、達卡、阿拉伯聯合大公國與安曼於1981年5月25日成立組織，也是歐洲與聯盟在阿拉伯世界最重要的貿易夥伴。

貳、貿易協定之締結

　　歐洲聯盟以其在國際法上的義務履行協定的貿易政策，特別是締結貿易協定（Handelsabkommen）。歐洲聯盟運作條約第207條第3項規定，歐洲聯盟與第三國或與國際組織締結貿易協定時，由執委會向理事會提出建議；並由理事會授權執委會展開必要的談判；理事會和執委會應注意談判的協定符合歐盟內部的政策和規定；執委會與由理事會所組成的特別委員會[94]，依據由理事會所指示的準繩，共同的與第三國進行貿易協定的談判；執委會應向特別委員會與歐洲議會定期的提出報告說明談判的進度以避免執委會完全主導談判；歐洲聯盟運作條約第218條關於歐洲聯盟締結國際條約的程序，亦適用於歐洲聯盟與第三國間的貿易協定。

　　所謂與第三國締結的協定，包括雙邊與多邊的協定（bilaterale und multilaterale Vereinbarungen），以及在國際組織內締結的協定[95]。至於協定，係指締結國承諾應履行任何一個國際法上義務的約定，而不問其所使用的名稱[96]。歐洲聯盟運作條約第207條所規定的締結貿易協定的職權，為歐洲聯盟運作方式專屬的締約權，會員國不可能再成為貿易協定的締約國[97]。

　　歐洲聯盟運作條約第218條規範歐洲聯盟締結所有國際協定的一般程序規定，由執委會在理事會的授權下，並與由理事會任命的特別委員會諮商，依據理事會所指示的準繩進行談判，最後由理事會以歐洲聯盟名義簽署。

　　過去歐洲議會並不參與貿易協定之締結程序，但事實上，依據理事會在1973年10月16日的聲明，針對貿易協定應適用所謂的Luns-Westerterp-Verfahren，即自1973年起，歐洲議會實際上卻得參與原來歐洲共同體條約第

---

[94] 歐洲聯盟運作條約第207條所規定的委員會，係由會員國的代表組成，目的在於使理事會與會員國亦參與談判，以期使其發揮調解功能。參閱R. Geiger，前揭書，Art. 113 EGV, Rn. 13。

[95] 參閱EuGH Gutachten 1/75, Lokale Kosten, Slg. 1975, S. 1360; Gutachten 1/78, Internationales Naturkautschuk-Übereinkommen, Slg. 1979, S. 2899.

[96] 參閱EuGH Gutachten 1/75, Lokale Kosten, Slg. 1975, S. 1360.

[97] 參閱T.C. Hartley, The Foundations of European Community Law, 3rd Edition, Oxford 1994, p. 166.

133條貿易協定之締結程序。亦即與結盟協定的締結程序相同，在有權的代表簽署草約後，而在理事會簽署前，應由理事會正式通知歐洲議會之全體大會[98]。以此一締結程序的依據為機關間協議（Interorganvereinbarung），並不視為具有拘束力的共同體法，性質上既非不具強制執行力的法律原則[99]，亦非習慣法。

　　里斯本條約賦予歐洲議會在共同貿易政策上扮演更積極的角色，由於歐洲議會逐漸積極參與WTO的多邊貿易談判，尤其在1999年的西雅圖部長會議與2002年的多哈部長會議，執委會體認到國際貿易涵蓋的議題非常廣泛，例如農業、勞工權利、環保議題等，都需要有歐洲議會廣大民意的支持，因此讓歐洲議會實質的參與共同貿易政策的制定，同時亦能使歐洲議會對於每次的WTO部長會議進行議會的監督；另一方面，共同貿易政策屬於歐洲聯盟的專屬職權，勢必會影響會員國國會直接的影響力，而在由會員國完全移轉貿易職權給歐盟的情況下，會員國將會喪失監督的可能性，為避免所謂的「民主赤字」（democratic deficit）再度成為批評的焦點，因此里斯本條約提高了歐洲議會對外關係的正當性。也就是依據歐洲聯盟運作條約第207條第2項之規定，由歐洲議會與理事會就共同貿易政策事務，依據普通的立法程序共同的立法。

　　依據歐洲聯盟運作條約第218條第11項之規定，一會員國、歐洲議會、理事會、執委會得請求歐洲法院鑑定即將締結的協定，是否符合歐洲聯盟條約與歐洲聯盟運作條約之規定，若鑑定結果是否定時，則僅得修改該協定、或修改歐洲聯盟條約或歐洲聯盟運作條約之規定，使該條約生效。申言之，歐洲聯盟在締結貿易協定以前，歐洲議會、理事會、執委會或某一會員國請求歐洲法院鑑定，是否符合歐洲聯盟條約與歐洲聯盟運作條約之規定[100]。

　　依據歐洲聯盟運作條約第216條第2項之規定，由歐盟所締結之協定，對於歐盟機關及會員國具有拘束力；而依據歐洲聯盟運作條約第207條第3項之規定，歐洲聯盟運作條約第218條關於締結國際條約之程序規定，亦適用於歐洲聯盟與第三國間的貿易協定。申言之，歐洲聯盟對於貿易協定享有專屬的締約

---

[98] 參閱Grabitz/Hilf，前揭書，Art. 113 EGV, Rn. 79。

[99] 通常將此一不具有強制執行力的法律原則稱為Soft Law。

[100] 參閱EuGH Gutachten 1/75, Lokale Kosten, Slg. 1975, S.1359ff; Gutachten 1/78, Internationales Naturkautschuk-Übereinkommen, Slg. 1979, S. 2906ff.

權，由理事會依據歐洲聯盟運作條約第218條以歐洲聯盟名義締結，自應適用於歐洲聯盟的全部領域，當然亦屬於歐盟法的一部分。即歐盟締結的協定在國際法上具有拘束力，而其在國際法上拘束力之範圍，是歐盟法主要的構成部分（integrierender Bestandteil des Gemeinschaftsrechts），因此對於歐洲聯盟具有法律拘束力 [101]。

歐洲法院對於歐洲聯盟協定是否具有直接適用之效力，在Kupferberg案 [102] 中明確地指出，由歐洲聯盟與第三國締結的協定，在協定條款中若已經包含清楚的和明確的義務時，即毋需仰賴歐洲聯盟、會員國、或締約相對國公布其他的法律行為，即得履行該義務或使該義務生效時，則該條款得視為可直接適用於歐洲聯盟之規定；至於該條款是否具有自我執行力（self-executing），則須考慮該協定之文義，並應考慮該協定之意義與目的，以解釋該條款。申言之，由歐洲聯盟締約的協定，有清楚明確的義務規定時，即具有直接適用之效力，個人得在國內法院援引主張歐盟協定的條款。

因此，解釋由歐洲聯盟所締結的協定與解釋由歐洲聯盟自主立法的法規不同，在解釋歐洲聯盟協定時，必須依據國際法的原則，尤其是維也納條約法公約（Wiener Vertragsrechtskonvention）所規定的解釋標準 [103]。

由歐洲聯盟所締結的協定，在歐盟法體系之位階（Rang），係介於主要的歐盟法與派生歐盟法間 [104]，即歐盟協定的位階高於派生歐盟法，但卻低於主要歐盟法。

雖然會員國本身並非歐盟協定的締約當事人，但是為施行這些歐盟協定，歐洲聯盟運作條約第216條第2項明文規定，歐盟協定對於會員國具有拘束力，而會員國亦必須履行其應施行歐盟法之義務。

---

[101] 參閱EuGH Rs.181/73, Hägemann, Slg. 1974, S. 460.

[102] 參閱EuGH Rs.104/81, Kupferberg, Slg. 1982, S. 3665.

[103] 參閱R. Geiger，前揭書，S. 753。

[104] 參閱R. Geiger，前揭書，S. 754。

本章參考文獻

中文部分

- 陳麗娟，歐洲共同體之對外貿易法論，華岡法粹第二十二期，1994年10月，頁153-176
- 陳麗娟，歐洲共同體法導論，台北，1996。

外文部分

- A. Bleckmann: Europarecht, 5. Auflage, Köln 1990.
- A. von Bogdandy: Die Handelspolitik der Europäischen Wirtschafts-gemeinschaft, Jura 1992, S. 408ff.
- Barton/Goldstein/Josling/Steinberg: The Evolution of the Trade Regime, Princeton 2006.
- Beutler/Bieber/Pipkom/Streil: Die Europaische Gemeinschaft, 3. Auflage, Baden-Baden 1987.
- C. -D. Ehlermann: The Scope of Art. 113 of the EEC Treaty, in Festschrift für Teitgen, 1984.
- C. O. Lenz: EG-Vertrag Kommentar, 1.Auflage, Köln 1994.
- C. Vedder: Die auswärtige Gewalt des Europa der Neun, 1980.
- E. A. Vermulst: Antidumping Law and Practice in the United States and the European Communities, Amsterdam 1987.
- E. –U. Petersmann: Application of GATT by the Court of Justice of the European Communities, Common Market Law Review 1983, pp. 397-437.
- E. -U. Petersmann: Die EWG als GATT-Mitglied-Rechtskonflikte zwischen GATT-Recht und Europäischem Gemeinschaftsrecht, in Hilf/Petersmann (Hrsg.) : GATT und Europäische Gemeinschaft, Baden-Baden 1986, S. 119-174.
- F. Janara/A. Kua: Behind the scenes of the WTO: the real world of international

trade negotiations, New York 2003.

· G. Nicolaysen: Autonome Handelspolitik der EWG, in Festschrift für H. -J. Schlochauer, Berlin 1981, S. 855-876.

· G. Nicolaysen: Europarecht II, Das Wirtschaftsrecht im Binnenmarkt, Baden-Baden 1996.

· Grabitz/Hilf: Kommentar zum EG-Vertrag, 2. Auflage, München 1990.

· Joshua Meltzer: State Sovereignty and the Legitimacy of the WTO, 2k University of Pennsylvania Journal of International Economic Law 2005, pp. 693-733.

· Kapteyn/Verloren van Themaat/Gromley: Introduction to the Law of the European Communities, Deventer 1989.

· Macleod/Hendry/Hyett: The External Relations of the European Communities, Oxford 1996.

· Martin Wolf: Globalization and Global Economic Governance, Oxford Review Economic Policy, Vol. 20, No. 1, 2004, pp. 72-84.

· M. Bungenberg: Au β enbeziehungen und Au β enhandelspolitik, EuR 2009, Beiheft1, S. 195-214.

· M. Cremona, A Constitutional Basis for Effective External Action? Assessment of the Provisions on EU External Action in the Constitutional Treaty, Eu, Working Paper Law No. 2006/30.

· M. Lux: Europäisches Aussenwirtschaftsrecht, Zeitschrift für Zölle und Verbrauchsteuern 1990, S. 194-208.

· P. Weissenberg: Die Kompetenz der Europäischen Wirtschafts-gemeinschaft zum Abschluss von Handels-und Kooperationsabkommen gemaess Art. 113 EWGV, Berlin 1977.

· Reinisch/Knahr: International Investment Law in Context, Utrecht 2008.

· R. Geiger: EG-Vertrag, München 1993.

· R. Landsittel: Dumping im Aussenhandels-und Wettbewerbsrecht, Baden-Baden 1987.

· R. Senti: GATT als System der Welthandelsordnung, Zürich 1986.

· R. Streinz: Europarecht, 2. Auflage, Heidelberg 1995.

- Schweitzer/Hummer: Europarecht, 34. Auflage, Frankfurt a. M. 1990.
- T. C. Hartley: The Foundations of European Community Law, 3rd Edition, Oxford 1994.
- T. Oppermann: Europarecht, München 1991.
- Van Bael/Bellis: Anti-Dumping and other Trade Protection Laws of the EEC, 2nd Edition, Chicago 1990.
- Verdross/Simma: Universelles Völkerrecht, 3. Auflage, Berlin 1984.
- W. Hakenberg: Grundzüge des europäischen Wirtschaftsrechts, München 1995.

PART 2

各　論

第一章　關稅法

共同市場為一直以來歐洲聯盟的重要支柱[1]，雖然在原來的歐洲共同體條約中並未定義共同市場，但卻特別強調下列五點，即：

(1) 在所有會員國間廢除進、出口關稅、數量上的限制措施，以及所有具有相同效果的措施；

(2) 對第三國實施共同關稅稅率與共同的貿易政策；

(3) 廢除在會員國間的障礙，以期達成人員自由遷徙、自由的勞務與資金流通；

(4) 建立一個確保公平競爭的制度；

(5) 協調會員國間關於共同市場運作的法律。

共同市場的支柱為關稅同盟[2]，關稅同盟不僅保證在會員國製造的商品自由流通，而且也保證已經在一個會員國自由流通的第三國商品在歐洲聯盟內自由流通，歐洲聯盟運作條約第28條與第29條已經明文規定。

因此有必要在歐洲的邊界實施共同的對外關稅稅率，以取代為數眾多的個別會員國的關稅稅率；也因此應確保在所有的會員國課徵相同的關稅，故在不同的會員國進口商品時必須課徵相同的關稅；因此亦有必要協調各會員國的關稅手續與對第三國實施共同的貿易政策。若關稅法規與適用於第三國的非關稅貿易法規未達成協調時，事實上即不可能在會員國間實現完全的自由貿易[3]。

另一方面，在1992年12月31日完成單一市場的計畫時，已經完全廢止在當時歐洲聯盟內對於商品、人員、勞務與資金自由流通的障礙。若期待在歐洲聯盟內完全廢除所有的邊界管制，則必須由歐洲聯盟規範所有與第三國間的交易往來。因此，關稅同盟、共同市場與單一市場的概念，不僅是商品在歐洲聯盟

---

[1] 參閱Kapteyn/Verloren van Themaat/Gromley, Introduction to the Law of the European Communities, 2nd Edition, Deventer 1989, p. 79.

[2] 參閱EuGH RS. 270/80, Polydor/Harlequin, Slg. 1982, S. 329.

[3] 閱閱Grabitz/von Bogdandy/Nettesheim, Europäisches Aussenwirtschaftsrecht, München 1994, S. 95.

自由流通的結果,而且也是歐洲聯盟與第三國間貿易的結果。

除關稅政策、締結關稅與貿易協定已經完全一致化外,目前幾乎在歐盟的層次已經規範所有的關稅法規,但並不包括課處罰金與罰鍰的程序,故進口商只須履行歐洲聯盟的規範體系的要件,對於出口商品到歐洲聯盟的我國,更須注意歐洲聯盟的關稅法規。

第一節　關稅同盟之意義

壹、以關稅與關稅法做為經濟政策之工具　

自古以來,關稅(Zoll)即為達到影響貿易量,在經濟政策與國家財政上有效的工具,以期平衡本國製造者的競爭劣勢[4]。因此任何國家間的經濟合作或聯合,均是以規範關稅以及與關稅有相同效果的稅捐為開端。所謂的關稅,係指對於商品在跨越國界時,由進口國所課徵的財政負擔(finanzielle Belastungen),因為在商品進口時,原則上可由進口國依據商品的總價值課徵關稅,故在國際的商品交易上,關稅為最直接與最有效的工具[5,6]

完全廢除國家間經濟合作或聯合間的關稅,為較強烈的合作模式,通常有自由貿易(Free Trade Area; Freihandelszone)與關稅同盟(Customs Union; Zollunion)兩種模式。依據關稅暨貿易總協定(GATT)第XXIV條第8項第b款之規定,自由貿易區係由二個或二個以上的關稅領域(Zollgebiet)組成的區域,在這個關稅領域內廢除所有商品交易的關稅與限制性的貿易法規。申言之,在自由貿易區內的商品交易為免關稅,商品可以自由的流通。

依據關稅暨貿易總協定(GATT)第XXIV條第8項第a款之規定,所謂的關稅同盟,係指由二個或二個以上的關稅領域組成,而在關稅同盟內必須廢除所

---

[4]　參閱Grabitz/von Bogdandy/Nettesheim,前揭書,S. 97。

[5]　參閱EuGH Rs. 2 und 3/62, Lebkuchenabgabe, Slg. 1962, S. 871; Rs. 2 und 3/69, Diamantarbeiter, Slg. 1969, S. 211.

[6]　參閱M. A. Dauses, Handbuch des EG-Wirtschaftsrechts, München 1993, S. CII2.

有對商品交易仍存在的關稅障礙與限制性的貿易法規，並對於非關稅同盟的其他關稅領域應適用相同的關稅稅率與貿易法規。因此，對外實施共同的關稅稅率與共同的貿易政策為關稅同盟的最大特徵。

自由貿易區的優點，為參與的國家對於第三國仍保有自己的關稅政策與貿易政策，但其缺點為自由貿易區並非是一個真正的單一經濟領域（einheitliches Wirtschaftsgebiet），而且並無法有效的避免第三國商品規避進口的情形，因此，自由貿易區的參與國家仍必須依據商品的原產地對進口商品進行管制[7]。反之，關稅同盟係建立一個真正的單一經濟領域，參與的國家賦予關稅同盟很大的對外權限，即參與關稅同盟的國家對外放棄一定的主權，而移轉給關稅同盟，使其對外享有一定的主權。因此，原則上關稅同盟給予來自同盟的商品與進口商品相同的待遇[8]。

貳、以關稅同盟做為歐洲聯盟之基礎

一、政治、經濟、與財政之基礎

自1958年歐洲共同體成立時起，會員國即以關稅同盟做為當時歐洲共同體的目標，而在原來的歐洲共同體條約第3條第a款、第b款與第23條亦明確的規定，關稅同盟為歐洲共同體之基礎，因此關稅同盟成為過去歐洲共同體最重要的目標與政策。歐洲聯盟條約並未對關稅同盟做任何的修正，但關稅同盟卻融入單一市場與貿易政策中，而成為歐洲聯盟統合、進展的標誌[9]。

在歐洲聯盟內若無自由的商品流通，即不可能有共同的貿易政策、共同的交通政策或共同的農業政策；而若無關稅同盟，在歐洲聯盟內亦不可能實現人員自由遷徙與自由的勞務流通；而且自由的商品流通也迫使自由的資金流通做為商品供應的支付工具。

---

[7]　參閱M. A. Dauses，前揭書，S. CII2f。

[8]　參閱歐洲聯盟運作條約第28條與第29條。

[9]　參閱M. A. Dauses，前揭書，S. CII3。

　　由於關稅同盟的建立，而造成貿易量改變的結果，因此會員國不得再課徵關稅以及與關稅有相同效果的稅捐，而完全由歐洲聯盟享有課徵關稅的權限。關稅同盟即為歐洲聯盟財政自主（Finanzautonomie）的要素，同時也成為歐洲聯盟持續發展的一個動力因素[10]。

二、關稅同盟與個別歐盟政策之關聯

（一）貿易政策（Handelspolitik）

　　在單純的概念上，共同貿易政策屬於關稅同盟的一部分，而歐洲聯盟所有的貿易措施均是由海關執行。因此，貿易政策措施必須以可以由海關官員實施的形式做成，例如反傾銷稅（Antidumpingzoll）為典型的貿易政策工具，為一種與進口關稅（Einfuhrzoll）具有相同效果的稅捐，僅以無特別規定為限，課徵反傾銷稅時亦適用關於課徵進口關稅的規定，而特別的關稅程序不僅具有課徵關稅的效力，而且也有貿易政策措施的適用效力[11]。

（二）農業政策

　　會員國的海關亦應施行歐洲聯盟農業政策大部分的對外貿易措施，例如課徵農產品的稅捐、平衡稅、監督參考價格（Referenzpreise）、配額、支付出口補償等。因此，僅以無特別規定為限，在共同農業政策領域亦適用一般的關稅法規，而在關稅法規中有許多針對農業政策的特別規定。

（三）稅捐政策（Steuerpolitik）

　　關稅法與稅法（Steuerrecht）有多方面的關聯，例如對於進、出口商品課徵的稅捐屬於關稅，因此關稅程序法（Zollverfahrensrecht）亦廣泛地納入稅法中，而某些特定的關稅程序根本上僅針對稅捐的課徵與否，這些規定因此屬於關稅法的一部分，同時係以歐洲聯盟運作條約第114條與第207條為法律依據，

---

[10]　參閱Erklärung de rim Rat vereinigten Vertreter der Mitgliedstaaten über die nach 1992 weiter bestehenden Aufgaben der Zollverwaltungen, Amtsblatt der Europäischen Gemeinschaften 1990 C 262/3.

[11]　參閱M. A. Dauses，前揭書，S. CII4。

而非以歐洲聯盟運作條約第113條為法律依據。雖然是課徵消費稅，但這些稅捐並非是協調會員國間稅法的措施[12]。

在歐盟法的體系中，並不將關稅法視為稅法中單純的特別領域，關稅法在歐盟法中居於高的位階（von hohen Rahmen），而且係獨立的法律規範，完全由歐洲聯盟享有專屬的權限（ausschliessliche Zuständigkeit）[13]，並且大部分規定於具有直接適用效力的法規中；而稅法原則上仍屬於會員國的權限，歐洲聯盟僅致力於協調會員國間的稅法，因此一般的歐洲聯盟稅法規定原則上並不屬於關稅領域。

2009年12月1日生效的里斯本條約明文規定歐洲聯盟對於關稅同盟享有專屬的職權，即歐洲聯盟運作條約第3條第1項第a款，明文確定歐洲聯盟享有關稅法的專屬職權，以落實一個統一的單一市場對外對第三國商品實施共同關稅稅率的關稅同盟本質。

第二節　共同的對外關稅

共同關稅稅率（Gemeinsamer Zolltarif）完成歐洲聯盟的關稅同盟，若未施行共同關稅稅率，歐洲聯盟亦如同歐洲自由貿易協會（EFTA）僅為自由貿易區。共同貿易政策補充共同市場；共同市場對於第三國而言，即為歐洲聯盟緊密統合的表徵，而其前提要件，為會員國對於在歐洲聯盟內關稅保護的必要性有相同的想法。以及平衡高關稅與低關稅國家間的利益衝突，以做為建立共同市場在經濟上更接近的結果[14]。

共同關稅稅率對於在歐洲聯盟內的商品流通亦非常重要，即依據歐洲聯盟運作條約第28條第2項之規定，來自第三國商品在繳納關稅進口到歐洲聯盟

---

[12] 參閱M. A. Dauses，前揭書，S. CII4。

[13] 參閱EuGH RS.45/86, APS, Slg. 1987, S. 1493ff; RS. 165/87, Zollnomenklaturabkommen, Slg. 1988, S. 5545ff.

[14] 參閱G. Nicolaysen, Europarecht II, Das Wirtschaftsrecht im Binnenmarkt, Baden-Baden 1996, S. 479.

後，亦得在歐洲聯盟的全部領域自由流通[15]。

　　自1958年1月1日生效的歐洲經濟共同體條約即規定[16]，歐洲共同體從共同關稅稅率獲得的收入，為自主財源（Eigenmittel）特別適當的來源，而自1975年1月1日起，關稅實現歐洲共同體自主來源的此一目標[17]。

　　鑑於會員國不同的利益，首先必須調整共同對外關稅的額度。因此，在國際貿易上，具有特別重要的意義。由於歐洲聯盟的關稅同盟為關稅暨貿易總協定（GATT）普遍最惠國待遇原則的例外規定，因此歐洲聯盟運作條約第32條明文規定歐洲聯盟自主關稅政策之目標，即(1)必須促進會員國與第三國間的貿易往來；(2)在歐洲聯盟內競爭條件的發展，並造成增加企業競爭能力的結果；(3)考量歐洲聯盟對於原料與半成品的供應需求，執委會應注意在會員國間不得扭曲對於成品的競爭條件；(4)必須避免造成會員國經濟生活的嚴重干擾，以及必須確保製造的合理發展與擴大在歐洲聯盟內的消費。申言之，歐洲聯盟運作條約第32條表明國際貿易往來的利益，原則上歐洲聯盟致力於降低關稅，同時表明歐洲聯盟對於原料與半成品的供應需求，亦必須注意在歐洲聯盟內競爭條件之發展，以避免造成會員國經濟生活的嚴重干擾，而且歐洲聯盟運作條約第32條並授權歐洲聯盟廣泛的裁量權限，以實現自己的政治目標。

　　1987年7月1日生效的單一歐洲法修正原來歐洲共同體條約第26條之規定，即由理事會基於執委會之提案，以條件多數決議關於共同關稅稅率之變更或終止[18]；同樣的歐洲聯盟運作條約第207條對於共同貿易政策的授權，包含相同的決議程序以變更協定的關稅稅率。因此，在過去歐洲共同體的實務上，在變更關稅稅率時，並不需要界定自主的關稅稅率或協定的關稅稅率應適用的程序，因為相當困難區分貿易政策與專門的關稅政策之內容與目標，歐洲法院亦同意得同時使用依據歐洲聯盟運作條約第31條與第207條制定的關稅稅則表[19]。

---

[15] 參閱在純粹的自由貿易區中，由於會員國仍保有其對外的關稅課徵職權，故第三國的商品由一會員國再出口到另一會員國時，實際上必須重新繳納關稅，因此在自由貿易區內必須出示產品的原產地證明，以便在自由貿易區內製造的產品可以享受免關稅的待遇。

[16] 參閱歐洲聯盟運作方式條約第311條。

[17] 參閱Amtsblatt der Europäischen Gemeinschaften 1971 L 3/1ff.

[18] 過去的舊規定為由理事會以一致決決議變更或終止共同關稅稅率。

[19] 參閱EuGH RS. 165/87, Zollnomenklaturabkommen, Slg. 1988, S. 5545ff.

　　原則上關於協定的關稅稅率屬於歐洲聯盟運作條約第207條所規定貿易政策上的權限；對於結盟協定（Assoziierungsabkommen; agreement of association）內的協定關稅稅率，則應適用歐洲聯盟運作條約第217條之規定；至於歐洲聯盟與附屬的海外屬地締結關稅協定時，則應適用歐洲聯盟運作條約第198條以下之規定；農產品則應適用農業市場規範（Agrarmarktordnung）之特別規定。對於關稅稅率，由於已經有明確的權限規範，因此並不需要援引適用歐洲聯盟運作條約第352條的補充授權規範。

　　1987年由理事會制定公布關於共同關稅稅率的稅則（Nomenklatur）與共同關稅稅率的第2658條規章，並自1988年1月1日起生效[20]。在此一關稅稅則中，列舉個別商品的稅率，即採取混合的關稅稅則（kombinierte Nomenklatur）[21]，商品依據關稅稅率編排，而依據該規章第12條之規定，執委會每年應以規章的形式公布實際的完整混合稅則，以列舉共同關稅稅率應適用的自主與協定關稅稅率，例如執委會於1995年12月22日公布第3009號規章[22]，以規範新的共同關稅稅率。

　　對於共同關稅稅率之解釋，係專屬於歐盟法之標的，僅歐洲聯盟享有專屬的職權，故會員國已無權解釋共同關稅稅率，即過去會員國對關稅表所做的官方解釋已經不具有任何意義[23]；而會員國的海關仍得依據1990年第1715號規章[24]之規定，給予具有拘束力的關稅稅率資料。依據個別的法律基礎，特別是依據歐洲聯盟運作條約第31條對自主關稅稅率之變更或終止、歐洲聯盟運作條約第207條對協定關稅稅率之變更、優惠關稅、對於開發中國家的普遍優惠關稅，以及依據1993年第3283號規章的反傾銷稅等個別的關稅政策方法制定共同關稅稅率。

---

[20]　參閱VO（EWG）Nr. 2658/87, Amtsblatt der Europäischen Gemeinschaften 1987 L256/1ff.

[21]　歐洲共同體的混合稅則係以商品標示與編碼協調制度的國際協定（Intemationales Übereinkommen über das harmonisierts System zur Bezeichnung und Codierung der Waren）為依據。參閱Amtsblatt der Europäischen Gemeinschaften 1987 L 198/3ff。實際上，此一國際協定已經取代1950年的布魯塞爾關稅表協定（Brüsseler Übereinkommen über das Tarifschema）。

[22]　參閱VO（EWG）Nr. 3009/95, Amtsblatt der Europäischen Gemeinschaften 1995 L 319/1ff.

[23]　參閱G. Nicolausen，前揭書，S. 481。

[24]　參閱Amtsblatt der Europäischen Gemeinschaften 1990 L 160/1ff.

　　歐洲聯盟自1971年起，即對開發中國家適用普遍優惠關稅制度（System der Allgemeinen Zollpräferenzen; Generalized System of Preferences；簡稱GSP），給予來自特定開發中國家的商品優惠關稅，而使得開發中國家的商品得以容易的進入共同市場。

　　此外，在歐洲聯盟與第三國締結的貿易協定與結盟協定中，在整體的發展政策方面，尚有許多優惠關稅的約定，以補充歐洲聯盟的自主關稅措施，這些優惠關稅稅率介於減少共同關稅稅率15%與完全免關稅之間，並依據在規章附錄列舉的商品種類與國家做分類；針對不公平的貿易行為，例如基於對抗毒品交易或其他的犯罪行為，以及市場干擾等理由，並得撤回所給予的優惠關稅[25]。

第三節　普遍優惠關稅制度

　　在共同關稅稅率外，歐洲聯盟尚有給予開發中國家的普遍優惠關稅制度，係關稅暨貿易總協定第I條普遍最惠國待遇條款的例外規定。普遍優惠關稅制度係由所有工業國家協議所建立的制度，特別是工業國家必須給予來自開發中國家農產加工品、半成品與成品，自主的、無差別待遇的非互惠性的與在最惠國待遇關稅下的優惠關稅。在普遍優惠關稅制度下，開發中國家的出口擴張（Ausfuhrexpansion）不僅促進其工業化，並且加速其經濟成長[26]。

壹、普遍優惠關稅制度之歷史沿革

　　第二次世界大戰結束後，工業國家的殖民地紛紛獨立，因此在國際社會迅速增加許多主權獨立的國家，也因而造成在國際法上基本結構的轉變[27]，最終

25　參閱G. Nicolausen，前揭書，S. 482。

26　參閱Li-Jiuan Chen, Das Recht der Handelsbeziehungen zwischen der Europäischen Wirtschaftsgemeinschaft, der Republik China (Taiwan) und der Volksrepublik China nach Vollendung des Europäischen Binnenmarktes, München 1993, S. 83.

27　參閱W. Benedek, Entwicklungsvölkerrecht, in Seidl-Hohenveldern (Hrsg.): Lexikon des

目標為致力於建立一個合作的國際法（Völkerrecht der Kooperation），但關於此一合作的種類與範圍之普遍一致性卻從未實現。因此，在國際社會的此一發展階段仍舊未完全實現[28]。

開發中國家最初的主要論點，為結束殖民主義與實現民族自決權（nationals Selbstbestimmungsrecht），然後以經濟自決（wirtschaftliche Selbstbestimmung）建立新的國際經濟秩序（Neue Internationale Wirtschaftsordnung）為重點。而合作的國際法應以兩種方式消除開發中國家的不利地位，即一方面由已開發國家向開發中國家移轉資源，另一方面在國際經濟交易上應給予第三世界國家優惠待遇；相對於發展援助（Entwicklungshilfe），在傳統的意義上，所謂的優惠待遇，係指由一個國家給予另一個國家一系列的利益[29]。

在聯合國大會建立新的國際經濟秩序的宣言中[30]，即強調以優惠開發中國家為新的國際經濟原則，而具體內容則為在所有的國際經濟合作領域，應盡可能地促進開發中國家的優惠待遇與非互惠性的待遇。

1948年的哈瓦那憲章（Havanna-Charta）雖然已經將優惠原則做為促進發展的明確與一般方法[31]，但由於當時的貿易大國欠缺廣泛形成國際經濟關係的意願，也因而致使國際貿易組織（International Trade Organization，簡稱ITO）之成立無疾而終[32]。後繼的關稅暨貿易總協定（GATT）未廣泛的考量開發中國家的特別利益，而在1954年至1955年時，關稅暨貿易總協定（GATT）曾經修正第XVIII條之規定，以優惠開發中國家，亦即在關稅暨貿易總協定（GATT）內亦廣泛的實現對於開發中國家的優惠[33]，也使得工業國家給予開發中國家的優惠不再是有完全的爭議。

1964年在聯合國的貿易與發展會議（United Nations Conference on Trade

Rechts-Völkerrecht, Neuwied und Darmstadt 1985, S. 69.

[28] 參閱P. Hilpold, Das neue Allgemeine Präferenzschema der EU, Europarecht 1996, S. 99.

[29] 參閱P. Hilpold，前揭文，Europarecht 1996, S. 99。

[30] Resolution der UN-Generalversammlung 3201 (S-VI) vom 1.5.1974.

[31] 參閱哈瓦那憲意第15條第1項。

[32] 參閱J. H. Jackson, World Trade and the Law of GATT, Ann Arbor/Michigan 1969, p. 35-57; R. Senti, GATT als System der Welthandelsordnung, Zürich 1986, S. 10-15.

[33] GATT, Trends in International Trade, Geneva 1958.

and Development，簡稱UNCTAD）中，開發中國家組成所謂的「77集團」
（Gruppe der77）中，以協調其政策[34]，並強烈要求應建立優惠開發中國家的普
遍優惠關稅制度[35]。申言之，在第一次的聯合國貿易與發展會議中開發中國家
非常成功地實現普遍優惠關稅制度與在關稅暨貿易總協定中有關聯的法律基
礎，而使得普遍優惠開發中國家的商品進口成為一般的原則。

在1966年時，關稅暨貿易總協定（GATT）並增訂第IV部分關於貿易與發
展（Handel und Entwicklung；Trade and Development），即廣泛的優惠開發中
國家。這些規定因為完全不具有法律拘束力，並且有許多的例外條款，因而造
成關稅暨貿易總協定（GATT）的締約國從未樂意遵守由開發中國家所做的要
求，而依據關稅暨貿易總協定（GATT）第IV部分的規定，締約國重新解釋最
惠國待遇條款之意義[36]。澳洲為第一個對開發中國家實施優惠制度的工業國
家，也顯示關稅暨貿易總協定（GATT）第IV部分的規定，未能做為優惠開發
中國家充分的法律基礎[37]。

1968年在印度新德里（New Delhi）舉行的第二次聯合國貿易與發展會議
更進一步同意普遍優惠關稅制度，並且在優惠特別委員會（Special Committee
of Preferences）中作成同意的決議[38]，而且在南北國家中達成關於優惠制度之
決議[39]。在此一同意的決議中表明普遍優惠關稅制度的法律性質，為工業國家
給予開發中國家的優惠，且明確地排除開發中國家所有的法律義務[40]。原則上
工業國家有權自主的規範受優惠的國家，但卻牴觸關稅暨貿易總協定中的禁止
差別待遇原則與漸進制度（System der Graduierung）；漸進制度實際上為積極
的差別待遇（positive Diskriminierung），即在此一制度中漸進造成傳統意義的

---

[34] 「77集團」在政治範圍，深受不結盟運動（Blockfreienbewegung）之影響。參閱P.
Hilpold，前揭文，Europarecht 1996, S. 99。

[35] 參閱P. Hilpold，前揭文，Europarecht 1996, S. 100。

[36] 參閱R. Senti，前揭書，S. 315。

[37] 參閱P. Hilpold，前揭文，Europarecht 1996, S. 100。

[38] 參閱UNCTAD TD/13AC.5/36, Rev. 1, p. 3.

[39] 參閱P. Hilpold，前揭文，Europarecht 1996, S. 101。

[40] 參閱N. Kofele-Kale, The Principle of Preferential Treatment in the Law of GATT: Toward
Achieving the Objective of an Equitable World Trading System, California Western
International Law Journal 2/1987-88, p. 304.

差別待遇，最後並有可能造成對開發中國家否定的發展誘因。

　　1971年7月1日關稅暨貿易總協定（GATT）的締約國依據第XXV之規定，以棄權的形式，同意普遍優惠關稅制度，而成為關稅暨貿易總協定（GATT）第1條普遍最惠國待遇原則合法的例外規定[41]，即強調普遍優惠關稅制度具有例外規定特性之法律結構，原則上不得牴觸關稅暨貿易總協定（GATT）之架構，但無形中卻使得普遍優惠關稅制度成為另一個組織架構，自此時起對開發中國家的優惠規範模式至少具有拘束力，猶如自關稅貿易總協定（GATT）派生而來的新制度。但此一棄權條款並不足以解決在普遍最惠國待遇原則與例外規定間所出現的法律問題，而只是徒增法律的不確定性（Rechtsunsicherheit）。

　　在1979年東京回合（Tokio, Runde, 1973-1979）談判結束時，工業國家以時間限制的例外條款（zeitlich begrenzte Ausnahmeregel），克服了普遍優惠關稅制度牴觸關稅暨貿易總協定（GATT）禁止差別待遇原則的情形，即自東京回合結束時起，普遍優惠關稅制度成為合法的例外規定。關稅暨貿易總協定（GATT）的締約國以決議通過授權條款（enabling clause）[42、43]，而將普遍優惠開發中國家的制度完全納入關稅暨貿易總協定（GATT）的法律規範中，在不牴觸關稅暨貿易總協定第I條普遍最惠國待遇條款之下，締約國得給予開發中國家不同的與較優惠的待遇，而毋須給予其他締約國此一優惠；已開發的締約國給予開發中國家不同的或較優惠的待遇時，必須考量開發中國家的發展、財政與貿易需要；在關稅暨貿易總協定範圍內由已開發國家與開發程度較低的國家所給予的關稅減讓、給付勞務與繼受的義務應協助達成關稅暨貿易總協定（GATT）的基本目標，包括在前言與第XXXVI條所列舉的目標；開發程度較低的締約國應期待以其經濟的進步發展與貿易情勢之改善增加其給付勞務、或給予承諾的關稅減讓，或在關稅暨貿易總協定（GATT）的規定與程序範圍內採取其他約定的互惠措施之能力，以期能加強參與依據關稅暨貿易總協定（GATT）所產生的權利與義務，很明顯的此一授權條款已經明確的規範漸進制度。

---

[41]　參閱P. Hilpold，前揭文，Europarecht 1996, S. 101。

[42]　參閱R. J. Langhammer，前揭書，S. 1f。

[43]　Bundesgesetzblatt II 1981, S. 237ff.

貳、歐洲聯盟普遍優惠關稅制度之發展沿革

　　1971年6月21日由理事會公布許多轉換普遍優關稅制度之規章[44]，並且自1971年7月1日起生效，明文規定給予開發中國家10年的普遍優惠關稅。即自1971年7月1日起，當時的歐洲共同體簡化對於開發中國家的加工產品進口，主要為單方面對工業產品停止課徵關稅，降低對農產工品的關稅，此一單方面的給予優惠，即為所謂的普遍優惠關稅制度。過去歐洲共同體的普遍優惠關稅制度不僅適用於部分的農產品，而且並適用於所有的工業產品[45]；過去歐洲共同體每年以規章的形式，更新普遍優惠關稅制度之適用，原則上除原料與初級加工品外，所有的半成品與成品完全免除課徵共同關稅[46]。

　　所謂普遍（allgemein）的意義，係指由過去歐洲共同體給予所有的開發中國家優惠[47]，但台灣與以色列卻因為政治上的理由，而不屬於所謂「77集團」的成員，因此並無法享有過去歐洲共同體的普遍優惠關稅[48]；自1980年起，過去歐洲共同體的普遍優惠關稅制度亦適用於來自中國大陸的商品進口[49]。對於許多開發中國家，過去歐洲共同體不僅給予普遍優惠關稅，而且給予特別的優惠關稅，這些開發中國家得選擇適用較優惠的關稅。

　　過去歐洲共同體單方面給予「77集團」國家的普遍優惠關稅，很長一段時間不符合關稅暨貿易總協定（GATT）的禁止差別待遇原則，因為依據過去歐洲共同體的普遍優惠關稅制度，經濟上較弱的國家可以比較容易的將其產品輸入工業國家的市場，歷經甘迺迪回合與東京回合的許多決議，終於使普遍優惠關稅制度成為關稅暨貿易總協定（GATT）架構下的合法例外規定，也使得過

---

[44] Amtsblatt der Europäischen Gemeinschaften 1971 L 142/1ff.

[45] 參閱A. Bleckmann, Europarecht, 5. Auflage, Köln 1990, Rn. 1678; Grabitz/Hilf，前揭書，Art. 113 EGV, Rn. 89f。

[46] 參閱Li-Jiuan Chen，前揭書，S. 84。

[47] 相對於特別的優惠，係指由過去歐洲共同體僅給予特定國家的優惠關稅，例如地中海國家、非洲、加勒比海與太平洋國家。

[48] 參閱R. J. Langhammer, Die Allgemeinen Zollpräferenzen der EG für Entwicklungsländer, Fehlschlag oder Erfolg,, Kiel 1983, S. 1.

[49] 參閱H. Kapur, China and the European Economic Community, Nijhoff 1986, p. 64.

去歐洲共同體的普遍優惠關稅制度完全合法。

　　自適用普遍優惠關稅制度時起，過去歐洲共同體積極的基本態度即為普遍的優惠開發中國家，而此種觀點可追溯至過去歐洲共同體致力於以非洲國家為主的優惠平衡 [50]。至於普遍優惠關稅制度並非只是過去歐洲共同體的一個類型，而完全是一個優惠的等級制度（Hierarchie），即普遍優惠關稅制度屬於原來歐洲共同體優惠等級制度中最少限制的優惠關稅，主要係依據開發中國家客觀的發展需要做區分，而有不同的優惠關稅，通常與原來歐洲共同體在政治上與歷史上有緊密關係的開發中國家，則享有更多的優惠 [51]。因此，過去歐洲共同體的優惠等級得分為下列五等，即：

(1) 自由貿易協定（Freihandelsabkommen）與歐洲經濟區協定（Europäisches Wirtschaftsraumsabkommen）；

(2) 結盟協定與歐洲協定（Europaabkommen）[52]；

(3) 在貿易、工業、社會與財政政策範圍內締結的合作協定（Kooperationsabkommen），包括與地中海國家，例如阿爾及利亞、摩洛哥、突尼西亞、埃及、約旦、黎巴嫩、敘利亞等國家締結的地中海協定（Mittelmeerabkommen），以及第四個洛梅協定（Lomé IV Abkommen），這些協定主要內容含有強烈的發展政策；

(4) 依據普遍優惠關稅制度的優惠等級；

(5) 貿易與經濟協定（Handels-und Wirtschaftsabkommen），則不屬於優惠的類型。

　　但隨著時間的演進，此一不同優惠等級的優惠範圍都是非常不穩定，尤其是在關稅暨貿易總協定（GATT）的關稅談判回合中不斷地降低關稅，也形成減讓不斷地減少；而過去歐洲共同體仍致力於維持優惠的等級制度，特別是在歷史上與個別會員國有密切關係的非洲、加勒比海與太平洋國家，仍然享有優惠的利益 [53]。

---

[50]　參閱Grabitz/von Bogdandy/Nettesheim，前揭書，S. 106。

[51]　參閱P. Hilpold，前揭文，Europarecht 1996, S. 104。

[52]　歐洲協定係由歐洲共同體與波蘭、匈牙利（於1994年2月1日生效）、捷克共和國、斯洛伐克共和國、羅馬尼亞、奧保加利亞（於1995年2月1日生效），所締結的結盟協定。

[53]　參閱P. Hilpold，前揭文，Europarecht 1996, S. 104。

　　過去歐洲共同體的第一個普遍優惠關稅制度規章適用至1980年底。1980年時，執委會針對普遍優惠關稅制度，認為對於所有的開發中國家一律適用普遍相同的免關稅並不公平，因為某些開發中國家，例如新加坡與南韓，已經改善其產品的品質與在國際貿易上的競爭力[54]。因此，過去歐洲共同體的普遍優惠關稅制度係依據受優惠國家的經濟發展要有不同的適用[55]；第二個普遍優惠關稅制度規章適用至1990年底，在1985年時，當時歐洲共同體強調必須達成愈來愈不同的優惠待遇與繼續的對開發中國家產品的市場開放；此外，應漸進的完成撤回對某些具有競爭力國家的普遍優惠關稅[56]。

　　由於烏拉圭回合正在進行，因此在1990年底時，當時歐洲共同體開始實施一系列過渡的延長措施，例如對一般工業產品適用的1990年第3831號規章[57]與對紡織品適用的1990年第3832號規章[58]，以及適用於農產品的1990年第3833號規章[59]；同時並考慮普遍優惠關稅制度的缺點，而認為在新的普遍優惠關稅規章應實現下列的目標：

（1）簡化優惠制度的行政手續；

（2）在漸進的意義內，優惠範圍應考慮受惠國家的發展程度；

（3）尤其應致力於加強保護共同體的利益，故應界定規範個別國家價值或數量配額範圍內敏感的商品（sensible Waren），僅開發程度最低的國家不在此[60]。

　　依據1990年第3831號規章第1條之規定，原則上所有來自開發中國家的商品進口為免關稅，但在附錄I所列舉的商品則由執委會確定固定的免稅額度與數量，在超過此一額度或數量時，則應自動的（automatisch）再課以一般的關

---

[54] 參閱Allgemeine Zollpräferenzen für Entwicklungsländer im Zeitraum 1981-1985, Recht der Internationalen Wirtschaft 1980, S. 795.

[55] 參閱Grabitz/Hilf, Kommentar zum EG-Vertrag, 2. Auflage, München 1991, A. 113 EGV, R. 91.

[56] 參閱Grabitz/Hilf，前揭書，A. 113 EGV, R. 89。

[57] VO（EWG）Nr. 3831/90, Amtsblatt der Europäischen Gemeinschaften 1990 L 370/1-38.

[58] VO（EWG）Nr. 3832/90, Amtsblatt der Europäischen Gemeinschaften 1990 L 370/39-85.

[59] VO（EWG）Nr. 3833/90, Amtsblatt der Europäischen Gemeinschaften 1990 L 370/86ff.

[60] 參閱1990年第3831條規章與第3832條規章附錄所列舉的表格。

稅稅率[61]；而第7條則規定，在達到免稅的限額時，歐洲共同體得再課以關稅，而並不存在自動課稅的情形。至於紡織品的普遍優惠關稅制度則更僵化，除了固定的免稅額度與數量外，尚有由會員國規定的配額，而且超過免稅額度與數量時，亦有相同的法律效果[62]；但1992年第3917號規章[63]已經廢除此一會員國的配額規定。

1990年第3831號規章第8條規定，除附錄I所列舉的商品外，若優惠的商品進口造成在當時共同體內的經濟困難（wirtschaftliche Schwierigkeit）或有造成經濟困難之虞時，則仍得再適用一般的關稅稅率課徵關稅，但對於紡織品1990年第3832號規章則無類似的規定。整體而言，此一制度耗費相當多的行政費用，且由於依據受惠國家、商品與必要性所做的優惠結構，特別是要對一系列的商品監督，其是否遵守免關稅的額度與數量。

由於在烏拉圭回合中亦討論到普遍優惠關稅制度，故當時歐洲共同體於1993年公布第3667號規章[64]，對於1994年則以二個6個月期限的方式分配適用於優惠關稅的期限，以期在1994年仍得靈活運用普遍優惠關稅制度，但自1995年1月1日起則完全適用新的普遍優惠關稅制度規章。

參、歐洲聯盟普遍優惠關稅制度之內容

現行有效的普遍優惠關稅制度，係由理事會於1994年12月19日公布的第3281號規章[65]適用於1995年至1998年對於農產品的普遍優惠關稅制度則規定於1994年第3282號規章[66]。以下僅就1994年第3281號規章的內容說明。

---

[61] K. Freidrich, Allgemeine EG-Zollpräferenzen für Entwicklungsländer, Recht der Internationalen Wirtschaft 1995, S. 316.

[62] 1990年第3832號規章第1條。

[63] VO（EWG）Nr. 3917/92, Amtsblatt der Europäischen Gemeinschaften 1992 L 396/1ff.

[64] VO（EWG）Nr. 3281/94, Amtsblatt der Europäischen Gemeinschaften 1993 L 338/1ff.

[65] VO（EWG）Nr. 3281/94, Amtsblatt der Europäischen Gemeinschaften 1994 L 348/1-56.

[66] VO（EWG）Nr. 3282/94, Amtsblatt der Europäischen Gemeinschaften 1994 L 348/57.

一、通論

　　1994年第3282號規章與烏拉圭回合的結果有密切的關聯，一方面此一關於普遍優惠關稅制度的新規章既未加強亦未破壞烏拉圭回合中廣泛的降低關稅，而使普遍優惠關稅仍是中立的；另一方面第3282號規章欲藉由以商品類別為依據的不同優惠關稅待遇，平衡對外貿易法上應廢除數量上的限制措施，因為在烏拉圭回合中對於進口採取的數量上限制措施，僅允許適用於一個過渡時期。1990年7月時，執委會即指明新的普遍優惠關稅制度主要的目標，在於簡化行政手續、穩定開發中國家的期待、維持中立性、加強漸進制度、與優惠發展程度最低的國家，故在新的普遍優惠關稅制度規章中並未再採取依據受惠國家與商品種類而給予不同待遇的規定[67]。

　　此外，歐洲聯盟在制定新的普遍優惠關稅制度規章時，特別考量與歐洲聯盟運作條約第208條所規定的發展合作之關聯，故1994年第3281號規章除以歐洲聯盟運作條約第207條為立法依據外，特別是以歐洲聯盟運作條約第208條為立法依據。過去此一發展合作政策由於其在會員國與歐洲共同體間的權限分配[68]，仍有許多的不明確性，但卻是原來歐洲共同體加強履行在此一範圍之義務，歐洲聯盟運作條約第208條規定發展合作，即在發展合作領域的歐盟政策應在聯盟對外行動的原則和目標範圍內施行；在發展合作領域，歐盟的政策與會員國的政策應相互補充與加強。歐盟發展合作的主要目標是防制貧窮與更長遠的目標是要消除貧窮。在施行發展合作的措施應影響開發中國家，應考慮發展合作的目標。在聯合國與其他相關的國際組織範圍內，歐盟與會員國應履行其所作的承諾與考慮在發展合作範圍的目標。足見發展合作是歐洲聯盟履行國際義務協助開發中國家與低度開發國家重要的工具。

二、適用範圍與適用期限

　　依據1994年第3281號規章第1條第2項之規定，僅適用於在共同關稅稅則

---

[67] 參閱K. Freidrich，前揭文，Recht der Internationalen Wirtschaft 1995, S. 316.

[68] 參閱C. O. Lenz, EG-Vertrag Kommentar, Köln 1994, S. 984.

第25章至第97章所規範的商品，即依據附錄IX所列舉的商品不適用普遍優惠關稅制度，例如鹽、一些特定的化學產品、蛋白素、糊精等；至於初級的農產品、漁產品與農產加工品均不適用本規章之規定。由於在1994年底時，歐洲共同體尚未完全轉換烏拉圭回合針對農產品所協議的關稅稅率，因此針對1995年仍然無法以規章規定一個補充的關稅表，但歐洲共同體已經計畫自1996年起對農產品適用一個新的普遍優惠關稅制度。依據第3281號規章第1條第3項之規定，適用本規章的產品必須舉證具有在附錄111所列舉國家名單中的開發中國家原產地（Ursprung），而原產地規定則依據共同關稅法第249條之規定。值得一提的是，第3281號規章首次將在歐洲煤鋼共同體條約所規範的煤鋼產品，亦納入普遍優惠關稅制度的適用範圍內[69]。

依據第3281號規章第1條第1項之規定，本規章自1995年1月1日起生效，但其適用期限僅為4年，即至1998年12月31日止。第20條規定為一個過渡條款（Übergangsklausel），即對於在1994年締結買賣契約而可證明在1995年1月1日前離開原產國（Ursprungsland）的商品，但限於在1995年3月15日前在關稅法意義上這些商品可在歐洲聯盟內自由流通的情形仍得適用歐洲聯盟舊的優惠規定；若用盡1994年的關稅配額或在到達最高的配額後又以一般關稅稅率進口時，則不得適用這些舊的優惠規定。

此一過渡性條款文義不明確，並未表明課徵關稅的明確時間，到底為1994年或1995年，而且若多繳關稅時，是否可一併請求退回，亦未明確規定，而基於法治國家的理由，1995年1月1日已經生效的規章，是否事實上（de facto）會造成法規有爭議的追溯效力（Rückwirkung）[70]，是值得思考的問題。

三、產品分類與不同的關稅

新的普遍優惠關稅制度規章對於商品廢除關稅配額與最高限額，完全依據商品對於歐盟製造者的敏感度，而由不同等級的降低關稅取代，在附錄I所列舉的產品名單，實際上反映出這些商品進口對於相關的歐盟製造者潛在的損害

---

[69] 1994年第3281號規章第4條第4項。

[70] 參閱K. Freidrich，前揭文，Recht der Internationalen Wirtschaft 1995, S. 317。

（potentielle Schädigung）[71]。即第3281號規章第2條以商品分類規定不同的關稅稅率，共有下列四大類：

(1) 非常敏感的產品：規定於附錄I的第一部分，例如絲、羊毛、動物粗細毛、馬毛紗與其梭織物、棉花、其他的植物紡織纖維、紙紗與其梭織物、人造纖維、人造纖維棉、不織布、撚線、特種紗與其製品，紡織材料覆地物、刺繡織物、工業用紡織物、針織、針織成衣與服飾附屬品、非鉤針織之成衣與服飾附屬品、其他製成紡織品的組合品等，這些商品僅享有共同關稅稅率的85%，即優惠的額度為15%。

(2) 敏感的產品：規定於附錄I的第二部分，例如無機化學品、貴金屬、稀土金屬、放射性元素與其同位素之有機及無機化合物、有機化學品、醫藥品、肥料、著色料、蛋白狀物質、酵素、雜項化學品、塑膠與其製品、印刷工業產品、陶瓷產品、玻璃器、鋼鐵製品、橡膠與其製品、皮革製品、木製品等，這些商品應課徵共同關稅稅率的70%的關稅，其優惠額度為30%。

(3) 半敏感的產品：規定於附錄I的第三部分，例如無機化學品、貴金屬、有機化學品、顏料、酵素、塑膠製品、皮製品、草與其他編結材料之編結品、玻璃製品，這些商品應課徵共同關稅稅率的35%的關稅，其優惠額度為65%。

(4) 不敏感的產品：例如礦物燃料、天然碳酸鎂、樹脂狀物質、有機界面活性劑、人造皮與其製品、帽類與其零件、羽絨與其製品等，這類商品為完全免關稅，即享有100%的優惠關稅。

　　依據第3281號規章第3條第1項之規定，對於附錄IV所列舉的國家應不適用共同關稅稅率，而來自這些國家的商品進口仍為免關稅。附錄IV則列舉最貧窮的國家名單，即發展程度最低的國家，例如蘇丹、毛利塔尼亞、馬里、尼日、查德、干比亞、盧安達、中非共和國、索馬利亞、烏干達、坦尚尼亞、莫三比克、馬達加斯加、馬拉威、尚比亞、海地、葉門、阿富汗、孟加拉、尼泊爾、緬甸、高棉、寮國、所羅門群島等49個國家。

　　第3281號規章第3條第2項規定，對於附錄V中列舉的5個中南美洲國家，

---

[71]　參閱K. Freidrich，前揭文，Recht der Internationalen Wirtschaft 1995, S. 317。

即玻利維亞、厄瓜多、哥倫比亞、秘魯、委內瑞拉，因推行反毒運動，故亦適用免關稅的優惠待遇，但執委會應監督這些國家繼續的反毒運動。若無法有效實施反毒運動，在與相關國家諮商後，得由歐洲聯盟廢除完全的免關稅，即首決將關稅法做為反毒的工具，但依據共同關稅法第212條之規定，進口至歐洲聯盟的走私毒品並不會產生關稅債務（Zollschuld），此二法規似乎互相矛盾。

四、畢業機制

畢業機制（Staffelungsmechanismus），係指在一定的要件下，歐洲聯盟得縮小優惠關稅差額至50%或100% [72]，亦即歐洲聯盟對於具有競爭力的開發中國家（例如香港、新加坡、南韓、沙烏地阿拉伯、阿曼、汶萊、卡達、阿拉伯聯合大公國、科威特、巴林、利比亞、若魯等國家）[73]，或優惠對於某些產品不再適當的情形，欲縮短或完全撤回其享有的優惠關稅，但此一畢業機制僅針對在附錄II第一部分所列舉的商品，例如礦物產品、化學產品、塑膠產品、皮革、皮件、木材、紙、紡織品、玻璃器、陶器、裝飾品、特定的煤鋼產品、煤、機器、電機產品、運輸工具、光學產品、鐘、錶等，而這些產品並按特定國家排列。

此外，這些國家必須符合附錄II第二部分所規定的標準，即附錄II第二部分第一項規定一個相當複雜的計算公式，以計算每個開發中國家的發展指數（Index eines Entwicklungslandes）與包含不同的經濟相關的數據；若依據此一公式計算所得的指數為0時，則表示此一受惠國家的工作發展程度與歐洲聯盟相同，附錄II第二部分第二項則規定計算關於開發中國家的專業化指數（spezieller Index），即針對商品計算其出口到歐洲聯盟占其總進口的比率；附錄II第二部分第三項合併發展指數與專業化指數，而依據第3281號規章第4條之規定，由歐洲聯盟以發展指數標示開發中國家的發展程度，指數愈向下時，表示此一國家得進口愈多的特定商品至歐洲聯盟；專業化指數若為正數時，則

---

[72] 1994年第3831規章第4條第3項。

[73] 1994年第3831條規章附錄VII。

不適用第4條的畢業機制;而在發展指數少於−2時,不論專業化指數的大小,均不再適用第4條之規定。

依據附錄II第二部分第三項的合併結果,若適用第4條第3項規定時,則必須依據此一規定繼續給予不同的優惠待遇,即在附錄II第一部分所列舉商品的國家自1997年1月1日起應減少50%的優惠差額,自1998年1月1日起則完全廢止此一優惠差額,亦即自1998年1月1日起,將課徵全部的關稅而不再享有優惠待遇。

若在附錄VII列舉的國家,即香港、新加坡、南韓、沙烏地阿拉伯、阿曼、汶萊、卡達、阿拉伯聯合大公國、科威特、巴林、利比亞、若魯,屬於「富有」的開發中國家或區域,因為依據世界銀行(Weltbank; World Bank)的統計資料,在1991年時這些國家的國民所得已經超過6,000美元,因此自1995年4月1日起應縮小50%的優惠差額,而自1996年1月1日起應完全廢止優惠差額。

五、立即畢業機制

第3281號規章第5條規定,在受惠國家的特定商品出口到歐洲聯盟超過所有受惠開發中國家總出口的四分之一以上時,第4條的畢業機制規定亦適用於該受惠的國家。此一規定之目的,為在例外的情形時,限制具有給付能力的開發中國家出口到歐洲聯盟,而造成其他開發中國家的負擔,故可稱此一條款為優惠其他開發中國家的團結機制(Solidaritätsmechanismus)[74]或對於受競爭壓力歐盟產業的保護機制(Abschirmungsmechanismus)[75]。依據第3281號規章第5條第1項之規定,目1996年1月1日起完全廢止優惠差額,而應立即課徵全部的關稅。

第3281號規章第4條第3項所規定的畢業機制的階段適用,若造成一些開發中國家獲得比在適用1992年的普遍優惠關稅制度更有利的進入歐洲聯盟市場

---

[74] 參閱K. Freidrich,前揭文,Recht der Internationalen Wirtschaft 1995, S. 318; P. Hilpold,前揭文,Europarecht 1996, S. 110。

[75] 參閱K. Freidrich,前揭文,Europarecht 1996, S. 110。

時，依據第5條第3項之規定，應立即廢止優惠差額，即第5條第3項規定首先僅適用於附錄VI第一部分所列舉的國家與商品，本質上係專門針對來自香港、澳門、新加坡與南韓的敏感商品，例如紡織纖維、成衣與電子產品，而對南韓而言，依據第5條第4項之規定，許多在1994年第1291號規章所規定的享有優惠關稅的商品，僅適用至1995年12月31日止；接著第5條第3項規定適用於在1993年已經廢止適用優惠關稅的國家或商品[76]，或在1993年時給予的固定免稅額少於來自相關國家相同產品總進口量的1%時，自1995年1月1日起應廢止全部的優惠差額。

此外，第3281號規章第5條第2項則規定，開發中國家享有優惠關稅的特定商品出口到歐洲聯盟，而未超過來自所有開發中國家相同產品總出口的2%時，應不適用畢業機制之規定，即為所謂的微量原則（de minimis-Regel），此一畢業機制並不適用於每一個開發中國家[77]。

六、優惠終止

依據第3281號規章第6條之規定，自1998年1月1日起，對於最高度發展的開發中國家應不再適用普遍優惠關稅制度，而至1996年12月31日止，執委會應建議客觀的與明確定義的標準。由於此一條款之適用，使得某些受惠國家原則上已經不再屬於開發中國家。

七、特別的優惠關稅

第3281號規章第7條與第8條規定所謂的特別優惠關稅，係指在一般優惠關稅以外，由歐洲聯盟所給予的優惠關稅。自1998年1月1日起，開發中國家得向歐洲聯盟提出申請，請求給予優惠關稅，其申請要件為：
(1) 符合國際勞工組織公約（International Labour Organization Convenions）[78]

---

[76] 即在附錄VI第二部分所列舉的國家或商品。

[77] 參閱P. Hilpold，前揭文，Europarecht 1996, S. 110。

[78] 國際勞工組織的總部位於日內瓦。

第87條、第98條與第138條關於組織勞工協會的自由與最低勞動年齡等規定；

(2) 符合國際熱帶林組織（International Tropical Timber Organization）對森林有效管理之規定。

此二條款自1998年1月1日起生效，而執委會應向理事會提出與國際勞工組織（International Labour Organization）、世界貿易組織（WTO）與經濟暨發展合作組織（OECD）關於在貿易與勞工法，以及在貿易與環境保護間關聯性的調查報告並由理事會依據該調查報告於1997年完成相關的立法。

國際勞工組織公約主要係針對勞工法的多邊國際法協定；而國際熱帶林組織係針對森林管理的國際組織，很明顯的歐洲聯盟亦希望將環境保護與社會條款納入世界貿易體系中，本質上歐洲聯盟欲提高社會基本權利的核心與在國際層次承認社會基本權利，因此要實現的目標為廢除強制工作、廢除童工、勞工的結盟自由與勞工的工資談判權[79]。

相同的，從此二規定很明顯的可以看出，歐洲聯盟以建立對開發中國家的特別優惠方式，期望盡可能快速轉換在烏拉圭回合範圍中所協議保護智慧財產權的規定[80]。

八、優惠關稅之撤回與中止

依據第3281號規章第9條之規定，得暫時完全或部分地撤回對於開發中國家的優惠關稅，即相關的開發中國家(1)符合1962年日內瓦公約或1956年國際勞工組織公約第29條與第105條規定的允許強制工作；(2)輸出由囚犯製造的產品；(3)未充分的對抗毒品交易與洗錢；(4)以詐欺的方式，阻礙遵守原產地規定的有效管制；或(5)明顯的從事不公平的貿易行為或對歐洲聯盟產品差別待遇。

第3281號規章第10條至第12條則詳細規定撤回優惠關稅的程序，依據第10條之規定，任何有正當利益者均得向執委會申請撤回優惠關稅，而不論是歐洲

---

[79] 參閱P. Hilpold，前揭文，Europarecht 1996, S. 112。

[80] 參閱KOM (94) endg. 212 vom 1.6.1994, S. 12.

聯盟的會員國、自然人、法人或無法人人格的協會；依會員國之請求或依職權，執委會應在受理申請並獲得相關的資料後的八個工作天內，針對第9條所規定的事項進行諮商（Konsultation），但無論如何應在歐洲聯盟採取撤回優惠措施前進行諮商；諮商應在依據第17條由會員國代表與執委會代表組成的普遍優惠管理委員會進行，並由執委會的代表擔任主席，且應盡速通知會員國所有適當的資料。

　　依據諮商的結果，若有充分的證據顯示應進行調查時，執委會應將開始調查程序之決議公告於歐洲聯盟公報與通知相關的國家，並在與會員國合作下，及諮詢普遍優惠管理委員會之意見，至少在一年內進行調查；而執委會應蒐集所有必要的資料，並聽取利害關係人的意見；在合理的期限內相關國家若不提供執委會相關的資料，或明顯的阻礙執委會調查時，執委會得依據已經獲得的資料做出判斷[81]。

　　完成調查後，執委會應向普遍優惠管理委員會提出書面的報告，以說明調查結果；若執委會認為無必要暫時撤回優惠時，應在諮詢普遍優惠管理委員會後，終結調查程序，而將主要結果公布於歐洲聯盟公報；但若執委會認為有必要暫時撤回優惠時，應向理事會提出適當的建議，並由理事會以條件多數決議撤回優惠關稅[82]。

　　第3281號規章第13條為一例外規定，即若歐洲聯盟已經對來自開發中國家的商品進口課徵反傾銷稅或平衡稅時，仍得適用優惠關稅，亦即反傾銷稅或平衡稅並不牴觸歐洲聯盟的普遍優惠關稅協定，但若證明該優惠關稅造成歐盟產業的損害或無法實際反映真正的價格時，可撤回該開發中國家所享有的優惠關稅，而執委會應將這些商品與國家名單公布於歐洲聯盟的公報。

九、保護條款

　　第3281號規章第14條係一保護條款，即在享有優惠關稅的商品進口造成相同種類產品的歐盟產業之重大損害或有重大損害之虞時，基於執委會或某一會

---

[81]　參閱1994年第3281號規章第11條。

[82]　參閱1994年第3281號規章第12條。

員國之申請，歐洲聯盟得對該商品依據一般的共同關稅稅率恢復課徵關稅。此一保護條款的適用要件，係模仿關稅暨貿易總協定的規定，由於普遍優惠關稅制度並不會創設契約關係（Vertragsverhältnis），故歐洲聯盟單方面撤回優惠關稅並不會牴觸其法律義務，只是侵害開發中國家的期待（Erwartung）利益，因此此一保護條款僅為一非典型的保護條款（atypische Schutzklausel）[83]。

附錄VIII列舉了執委會應考量的因素，例如歐盟產業的市場占有率降低、歐盟產業的生產減少、庫存量增加、結束生產、破產、收入減少、就業、貿易與價格等；而在恢復課徵一般的共同關稅前，應在歐洲聯盟公報公告開始進行調查程序，在緊急的情況下，並得立即採取必要的預防措施；第3281號規章第14條並且明文規定此一保護條款不牴觸其他的保護措施。

申言之，若一來自開發中國家的商品進口符合反傾銷規章所規定傾銷進口的要件，而且已經課以反傾銷稅，若事實證明此一進口又符合第3281號規章第14條保護條款之規定時，則歐洲聯盟得對該進口依據共同關稅稅率恢復課徵關稅。當然此一規定實際上的意義，頗值得質疑，但無論如何撤回優惠關稅均比課徵反傾銷稅在程序上更容易[84]。

第四節　共同關稅法

壹、立法目的

關稅同盟為歐洲聯盟之基礎，而歐洲聯盟的關稅法規卻散見於許多不同的歐洲聯盟規章與指令，甚至是會員國的法規中。鑑於1992年12月31日完成單一市場，為顧及參與歐洲聯盟經濟活動者之利益與歐洲聯盟的關稅行政利益，有必要在歐洲聯盟層次將相關的事項合併規定於一個廣泛的共同關稅法。申言之，1993年1月1日開始進入單一市場，故在歐洲聯盟內一致規範的關稅法規，

---

[83] 參閱P. Hilpold，前揭文，Europarecht 1996, S. 108。

[84] 參閱K. Freidrich，前揭文，Recht der Internationalen Wirtschaft 1995, S. 319。

亦有必要發展出與第三國商品交易的共同關稅法[85]。

　　早在1971年時，執委會即開始著手草擬共同關稅法，直到1990年3月21日執委會才向理事會提出實施共同關稅法規章的草案（Entwurf für eine Verordnung zur Einführung eines Zollkodex der Gemeinschaften）[86]，在歐洲議會[87]與經濟暨社會委員會[88]發表意見後，理事會終於在1992年10月12日以第2913號規章決議通過此一共同關稅法規章[89]，並自1994年1月1日起正式生效施行[90]。

　　共同關稅法成為歐洲聯盟核心的關稅法，不僅將現存的相關關稅法規有系統的整理，並且亦修正部分法規的內容，以期使關稅法規相互關聯、簡化關稅程序，以及填補現存的法律漏洞。申言之，共同關稅法主要的目的，在於建立一個廣泛的歐洲聯盟關稅法規，以期使原來有效的關稅法規產生相互關聯、簡化關稅程序、協調現有的關稅法規，以期填補法律漏洞，而致力於各會員國關稅程序法規的單一化，以避免因而所造成的競爭扭曲現象。為實現真正的單一市場，歐洲聯盟的關稅法必須包括確保適用關稅稅率之措施，以及在歐洲聯盟與第三國間對於商品交易應適用措施中關於關稅的其他一般規定與程序規定[91]。因此，共同關稅法首次規範歐洲聯盟關稅法的決定與基本的法律救濟程序[92]。

貳、共同關稅之內容

　　共同關稅法共有253個條文，而僅為原則的規定，依據1992年第2913號規

---

[85]　參閱P. Witte: Zollkodex, München 1994, S. 1.

[86]　Amtsblatt der Europäischen Gemeinschaften 1990 C 128/1-53.

[87]　Amtsblatt der Europäischen Gemeinschaften 1990 C 72/176; 1991 C.

[88]　Amtsblatt der Europäischen Gemeinschaften 1991 C 60/5.

[89]　VO（EWG）Nr. 2913/92, Amtsblatt der Europäischen Gemeinschaften 1992 L 302/1-50.

[90]　1992年第2913號規章第253條。

[91]　參閱1992年第2913號規章前言；依據該規章第251條之規定，因共同關稅法之生效施行，而廢除超過100個相關的規章與準則。

[92]　參閱Grabitz/von Bogdandy/Nettesheim，前揭書，S. 96。

章第1條第1項之規定，應在歐盟層次與會員國層次制定公布施行細則補充之，其中最重要的補充規定即為1993年第2454號施行規章[93]，共有915個條文與113個附錄。

　　共同關稅法在架構上與過去的關稅法規完全不同，在內容上，共同關稅法與其施行規章主要可分為三大部分，即一般規定、程序規定與實體的關稅法規。

一、一般規定

　　共同關稅法的開端與結尾為一般規定，主要規範共同關稅法之適用範圍（第1條與第2條）、基本的定義規定（第4條）、第5條至第10條則規範一般行政法的原則、第VIII部分則規定法律救濟（Rechtsbehelf）、第XI部分則為最終條款。

　　共同關稅法的事物適用範圍，為歐洲盟聯與第三國間的商品交易，不僅包括在歐洲聯盟運作條約所規範的商品交易，而且也包括原來歐洲煤鋼共同體條約所規範煤鋼產品的交易[94]；但共同關稅法並不是規範所有與第三國的跨國交易，例如關稅稅率政策，以及農業與貿易政策措施即不包括在共同關稅法的適用範圍內。第2913號規章第20條與第21條規定準用歐洲聯盟的關稅稅率，即在共同關稅法僅規範一般的規定與程序規定，以期在進、出口時確保關稅稅率措施之執行。因此在關稅稅率外，共同關稅法形成歐洲聯盟規範跨國商品交易的第二支柱[95,96]。

二、程序規定

　　程序規定為共同關稅法之核心，第IV部分規定商品在關稅法上的用途

---

[93] VO（EWG）Nr. 2454/93, Amtsblatt der Europäischen Gemeinschaften 1993 L 253/1ff，在烏拉圭回合結束後修正部分的條文，並自1995年1月1日起生效。

[94] 參閱1992年第2913號規章第1條。

[95] 參閱1992年第2913號規章前言第5點。

[96] 參閱P. Witte，前揭書，S. 13。

（zollrechtliche Bestimmung），即經濟參與者得對商品選擇關稅法的用途、如何將商品運送進入關稅程序，或獲得其他關稅法上的用途，以及盡可能簡化的程序。第IV部分首決規定對於歐洲聯盟的全部關稅領域具有法律拘束力[97]。

　　為使共同關稅法成為一個現代的經濟關稅法，共同關稅法包含許多的關稅程序，例如在關稅法上自由流通的運送（第79條至第83條）、寄送程序（第91條至第97條、第163條至第165條）、存關程序（第98條至第113條）、積極的加工程序（第114條至第129條）、轉換程序（第130條至第136條）、暫時的使用程序（第137條至第144條）、消極的加工程序（第145條至第160條）、出口程序（第161條）。此外，共同關稅法尚有其他關稅法的目的規定，以供經濟參與者的選擇，例如運送商品至免稅區或免稅倉庫（第166條至第181條）、商品的再出口程序（第182條），以及銷毀商品、毀壞商品、或有利於國庫的任務（第183條）。

　　特別值得一提的是，原則上不論具體申請的關稅程序為何，共同關稅法規範商品運送至一個關稅程序的規定，故第2913號規章在第59條至第78條概括規定一個報關（Zollanmeldung）的共同構成要件，除以單一文件（Einheitspapier）的廣泛效力做為報關外，共同關稅法對於所有的關稅程序實施簡化書面申報的單一制度，基於節省時間與減少費用之理由，特別是對於從事廣泛進、出口的企業，甚至可以藉由資料處理（Datenverarbeitung）的方式報關。

三、實體的關稅法規

　　共同關稅法第II部分規定課徵進、出口關稅的基本要件，第VI部分規定優惠待遇，而第VII部分則規定關稅債務（Zollschuld）。課徵關稅的依據包括關稅稅率之規定，特別是混合的關稅稅則、一般的關稅稅則，以及自主的與協定的優惠關稅稅率（第20條）、商品原產地的規定（第23條至第27條）、計算商品關稅價值（Zollwert）的規定（第28至第36條，主要係以商品的交易價值做為計算方法）等；而在優惠待遇的範圍中，共同關稅法給予回流商品（Rückware）在重新進口時免稅的待遇（第185條至第187條）。

---

[97]　參閱P. Witte，前揭書，S. 12。

此外，實體的關稅法規還包括關於關稅債務的規定，提供保證（第189條至第200條）、關稅債務發生的構成要件（第201條至第216條）、關稅債務總額課徵的方式（第217條至第232條）、關稅債務之消滅（第233條至第234條），以及退稅或免稅（第235條至第242條）均包括在內。

參、共同關稅法與會員國關稅法規間之關係

　　歐盟法為位階高於會員國法的法律規範，故應優先適用，里斯本條約生效後，在歐洲聯盟條約附加的第17號聲明指明，歐洲聯盟條約、歐洲聯盟運作條約與聯盟依據基礎條約所公布的法規應符合歐洲聯盟法院一貫在判決中確立歐盟法優先於會員國法的條件，因此在關稅法領域共同關稅法應優先於會員國的關稅法規而適用，即不得適用違反共同關稅法的會員國法規。

　　由於共同關稅法之施行，對於進口第三國商品的進口商而言，有兩種重要的原則，第一個原則為適用會員國法規之限制，即依據第2913號規章第1條第1項前段之規定，會員國僅得公布關稅法的施行規章，但並不表示進口商想要將商品自第三國進口到歐洲聯盟時，應面對27個相同的法律制度[98]，而是必須面對會員國間不同的法律制度。另一方面，共同關稅法自始即排除特定的規範範圍，例如會員國仍繼續享有自行規定關於組織的權限，第2913號規章第167條關於建立免稅區（Freizone）或免稅倉庫（Freilager）規定、第60條關於不同的海關當局之權限規定，即為明顯的例證。

　　共同關稅法常會規定準用有效的法律（geltendes Recht），而所謂有效的法律，不僅包括歐盟法，而且包括會員國法在內[99]，因此常常會準用會員國的相關法規[100]，而使得會員國法成為共同關稅法的例外規定。

　　此外，共同關稅法的許多規定賦予會員國的海關裁量權限，例如第2913號

---

[98]　參閱Grabitz/von Bogdandy/Nettesheim，前揭書，S. 96f。

[99]　參閱P. Witte，前揭書，S. 14。

[100]　參閱第2913號規章第13條準用會員國的海關檢查規定，即明確的規定必須在有效的法律規定海關檢查的構成要件，因此個別會員國的立法者必須填補在共同關稅法與其施行規章中現有的漏洞。

規章第38條規定，運送至關稅領域的商品必要時應使用依據會員國海關當局規定的詳細交通路線運輸商品，因此有權的海關為適用共同關稅法，有權制定公布相關的法規，當然會員國的立法者得以法律拘束其海關。

第二個原則為在共同關稅領域的專屬規定，即共同關稅法僅規範基本的規定，至於其他的共同施行規定則授權執委會制定公布。事實上共同關稅法並不排除一些特別規定之適用，例如在農業、統計、貿易政策與自主財源範圍的特別規定，即共同關稅法不得牴觸這些特別的規定[101]。

為施行共同關稅法，各會員國必須規定其他的施行細節，例如依據第2913號規章第245條之法律救濟程序規定，尤其是必須要會員國的參與立法。

肆、進口程序

在商品到達歐洲聯盟的關稅領域時，進口商必須完成一定的通關完稅手續，才能使第三國的商品進入歐洲聯盟內參與自由流通。目前進口程序並不是依據許多不同的規章，而是在共同關稅法中所規定的基本要件，共同關稅法中對於第三國商品的課稅程序包羅萬象且非常完整。為使讀者明瞭第三國商品進入歐洲聯盟關稅領域而自由流通，應履行的程序，故將說明共同關稅法關於商品進口程序之規定。

一、商品的編列

依據第2913號規章第38條第1項之規定，自商品運送至歐洲聯盟時起，必須同時將商品運輸到由海關指定的關卡站；而在商品抵達關卡站時，必須安置商品，一安置好商品或在安置後最遲的一個工作天，必須提出一個扼要的申報[102]，此一扼要的申報為一新的規定，主要係以法國法為立法藍本[103]。

---

[101] 參閱第2913號規章前言第4點。

[102] 參閱1992年第2913號第43條。

[103] 參閱Grabitz/von Bogdandy/Nettesheim，前揭書，S. 130。

　　在依據規定的形式通知海關商品安置於關卡站後，考慮到這些商品在關稅法上的用途，依據第2913號規章第42條之規定，得由海關檢查這些商品與抽樣檢查；而此時得由海關做第一次具體的監視措施（Überwachungsmassnahmen），主要的立法理由為保全查明所有收訖的資料與確保關於禁止進口或數量限制的監視措施[104]。

　　依據第2913號規章第49條之規定，以水路運輸的商品必須在50日完成關稅法上的用途，而以其他方式運輸的商品應在20日內完成；必要時，並得由海關延長或縮短此一期限。只要商品尚未有關稅法上的用途，依據第2913號規章第50條之規定，關於這些商品的法律地位得視為暫時保管的商品（vorübergehende verwahrte Ware）；而在保管的期間內，依據第2913號規章第51條之規定，這些商品僅得堆存於海關所允許的地方，且依據第2913號規章第52條之規定，僅能做對保存商品必要的處理；不論進口商之後想對其進口商品做何種關稅法用途的選擇，均適用這些規定。

　　通關並不一定要在商品進口的關卡完成，即使在進口商尚未決定將這些商品做進入自由流通的運送或轉移至存關，亦得完成通關；在運送商品至目的地的程序中，亦得完成通關的手續；在特定的情況下，通關與否並不是由進口商做決定，而是強制的完成通關程序，例如商品必須遵守數量限制或已經用盡配額的情形。

二、關稅法上的用途

　　依據進口的目的，共同關稅法規定八種關稅程序，即在關稅法上自由流通的運送程序、存關程序、積極的加工程序、寄送程序、轉換程序、暫時的使用、消極的加工程序與出口程序。而依據第2913號規章第58條第1項之規定，原則上進口商選擇商品在關稅法上的用途，但若進口商品已經用盡配額時，則僅可能存在一種關稅程序，在進口商品不符合歐洲聯盟或會員國的規定時，也可能只有一種關稅程序，最常使用的程序即為選擇將商品運送到歐洲聯盟自由流通的運送程序，也因而使第三國商品（Drittlandsware）在關稅法上獲得歐盟

---

[104] 參閱Grabitz/von Bogdandy/Nettesheim，前揭書，S. 131。

商品的地位[105]，而得以在歐洲聯盟內自由流通。

（一）自由流通的運送程序

在商品進口履行貿易政策的要件（例如進口許可（Einfuhrgenehmigung）），與符合其他對商品應適用的進口規定（例如對該商品無禁止或限額之規定），且已經繳納進口稅捐時，即為將商品完成自由流通之運送程序。

對進口商品無禁止或限額規定時，得由申報者自行決定自由流通的運送程序，在海關當局接受與必要的檢查後，即完成申報[106]；而依據第2913號規章第74條之規定，事先必須清償關稅債務或提供相當的擔保。

商品完成自由流通的運送程序，並不意味著對這些商品取消海關的監視，依據第2913號規章第82條之規定，若商品係因特定目的進口至歐洲聯盟的關稅領域時，仍應維持對該商品之監視；而在宣告關稅法上自由流通的申報無效時，依據第2913號規章第83條第a款之規定，亦應維持對該商品的監視措施。

1. **報關**：依據第2913號規章第61條之規定，報關不僅可以書面方式，而且可以口頭方式或資料處理（Datenverarbeitung）完成。在書面報關時，依據第62條之規定，必須使用表格，並填寫所有適用關稅程序必要的資料，同時應附具所有必要的資料文件[107]。

共同關稅法並未規定進口商品應使用表格的內容，自1988年1月1日起，不僅對於進口程序，而且對運送程序使用單一文件做為報關表格[108]；在歐盟法明文規定應使用其他文件時，例如對鋼鐵的製造證明，則得要求其他附帶的行政文件；此外，進口許可證、原產地證明或關稅價值申報等，亦屬於附帶的行政文件[109]。

---

[105] 參閱1992年第2913號規章第79條。

[106] 參閱1992年第2913號規章第73條第1項。

[107] 依據第2913號規章第77條之規定，在以口頭報關或以資料處理報關時，亦適用此一原則。

[108] 參閱Vereinfachungsverordnung / Einheitspapier VO 678 / 85 / EWG des Rates, Amtsblatt der Europäischen Gemeinschaften 1985 L 79/1ff；至於進口第三國商品使用單一文件則規定於1990年第85號規章，Amtsblatt der Europaischen Gemeinschaften 1990 L 179/4ff.

[109] 參閱Grabitz/von Bogdandy/Nettesheim，前揭書，S. 133。

在報關時，必須盡可能謹慎，因為依據第2913號規章第65條之規定，報關僅
得在下列情況予以改正，即(1)海關通知不打算查驗商品；(2)確定報關無
不正確的資料；或(3)已經轉讓商品。原則上居住於歐洲聯盟的任何人均得
報關，且得向權責的海關申報商品與出示所有的文件 [110]；在報關時原則上得
由代理人代理之，依據個別會員國的法律，共同關稅法將代理區分為直接代
理（direkte Vertretung）與間接代理（indirekteVertretung）[111]。所謂直接代
理，係指代理人以他人之名義，為他人報關而言，海關當局並得要求全權代
理之證明；而間接代理係指代理人以自己之名義，但為他人報關的情形。

2.**海關的檢查**：海關檢查的目的，在於確定進口商品是否符合關稅法之要求，
以及是否符合其他應適用之規定。因此通常海關檢查的項目，為商品的價
值、商品的關稅地位為歐盟商品或第三國商品、商品是否符合原產地規定的
要件、是否裝載禁止的商品、是否超過或欠缺申報的數量與所有附具的文件
是否恰當等 [112]。依據第2913號規章第68條之規定，主管的海關得進行驗關、
抽取樣品與進行分析，而所有分析與取樣的費用，依據第69條之規定，應由
申報人承擔。

依據第37條第1項之規定，自進口至歐洲聯盟的關稅領域起，商品即受海關
之監視，海關並得檢驗商品；共同關稅法並授權會員國，得自行規定其認為
必要以期確保符合關稅法適用的檢驗商品之構成要件 [113]。

3.**關稅債務**：關稅債務之發生具有兩種意義，一方面為商品進口至歐洲聯盟而
依據商品計算所產生的關稅債務；另一方面為基於程序的要求，未履行義務
時所產生的關稅債務。因此，在未履行義務時，應區別義務關係
（Pflichtverhältnis）與債務關係（Schuldverhältnis）[114]。

　　依據第2913號規章第201條之規定，當商品在關稅法上完成進入歐洲聯盟

---

[110] 1992年第2913號規章第64條。

[111] 1992年第2913號規章第5條第2項。

[112] 參閱Grabitz/von Bogdandy/Nettesheim，前揭書，S. 134。

[113] 參閱1992年第2913號規章第13條。

[114] 參閱Grabitz/von Bogdandy/Nettesheim，前揭書，S. 137。

自由流通的運送程序，且在完成相當的報關程序時，即發生進口的關稅債務（Einfuhrzollschuld）。第2913號規章第4條第9項定義關稅債務，為依據關稅法所規定應繳納的進口稅捐（Einfuhrabgabe），而依據第189號第2項之規定，海關當局得要求對同一關稅債務提供擔保。

在取消應繳納稅捐商品的海關監視措施時，亦會發生進口的關稅債務[115]；或未履行因暫時使用程序或關稅程序的要求所產生的義務時，僅以違反義務已經影響關稅程序為限，亦會發生進口的關稅債務[116]；因不注意運送至歐洲聯盟的程序，或不注意通知而違反規定將商品運送至歐洲聯盟的關稅領域時，亦會發生進口的關稅債務[117]；此外，在進口時，有禁止商品進口、數額限制或有任何相同種類的限制措施時，亦會發生進口的關稅債務[118]。依據第2913號規章第206條第1項之規定，若利害關係人得舉證證明，其不履行義務係因意外或因不可抗力而造成銷毀、破壞或消滅商品時，則不會發生進口的關稅債務。

依據第2913號規章第193條之規定，關稅債務人得以提存現金或提供保證人的方式提供擔保；而海關當局並得允許其他種類的擔保。若關稅債務人為公共機關或提供擔保的總額未超過500歐元時，得不要求應提供擔保[119、120]。依據第190條之規定，在關稅法未強制規定關稅債務的情形，海關當局享有裁量權限，以決定是否要求提供擔保；而若可能在相當期限內清償關稅債務時，則毋須提供擔保；共同關稅法規定為履行關稅債務提供擔保的時間，為依據提供擔保的規定所要求的時間或在海關當局確定提供履行關稅債務之擔保不確定時[121]；對關稅債務所提供的擔保依據應擔保的關稅債務總額計算，若無法計算時，則依據所發生最高可能的關稅債務總額計算[122]。

至於應以何種方式提存所提供的擔保，依據第2913號規章第194條之規

---

[115] 參閱1992年第2913號規章第203第1項。

[116] 參閱1992年第2913號規章第204條第1項第b項。

[117] 參閱1992年第2913號規章第202條第1項第a項。

[118] 參閱1992年第2913號規章第212條，例如：進口麻醉劑或偽鈔的情形。

[119] 參閱1992年第2913號規章第197條第1項。

[120] 參閱1992年第2913號規章第189條第4項與第5項。

[121] 參閱1992年第2913號規章第190條第2項。

[122] 參閱1992年第2913號規章第192條第4項。

定，應依據會員國法之規定；而依據第195條之規定，保證人必須在歐洲聯盟內有住所。在關稅債務發生後3年內，應通知關稅債務人應繳納之稅額；在違法行為的情形，並得延長此一3年的期限[123]。

　　依據第2913號規章第236條第2項之規定，在3年的期限內，得向主管的海關當局提出申請或由海關依職權，免除關稅債務或退還已繳納的關稅；而僅在進口稅捐超過一定的額度時，才得請求退還稅捐[124]；海關當局僅在3個月內未執行決定或在會員國法律有規定的情形，才須支付遲延利息[125]。

（二）其他的程序

　　共同關稅法區分兩種程序，一為非課徵關稅的程序（Nichterhebungsverfahren），另一為具有經濟意義必須有海關當局批准的程序，這一類的程序，依據第2913號規章第84條之規定，有存關程序、積極加工程序在海關監視下的轉換程序、暫時的使用程序與消極加工程序；非課徵關稅的程序得將商品進口至歐洲聯盟，而只要該商品尚未參與經濟的流通，即不須繳納關稅[126]。

1. **對外的運送程序**：依據第2913號規章第91條第1項之規定，對外運送程序（externes Versandsverfahren）能在歐洲聯盟內的兩地間運輸第三國商品。此一運送程序具有重要的意義，因為共同關稅法並未強制應在運送商品的關卡完成通關，而是在內地完成通關，因而可以簡化手續與避免在邊界的拖延時間；對於此種商品的運輸並得要求提供擔保，但若商品係經由水路、空運、萊因河與萊因河水道、或經由會員國的管線或鐵路運輸時，則不須提供擔保。

2. **存關程序**：在存關程序（zollagerverfahren）中，商品不須繳納關稅。在商品運送至歐洲聯盟，由於已經用盡配額而無法進口時，存關程序提供了一個好的解決辦法。一方面依據第2913號規章第108條第1項之規定，商品存關無時間上的限制，另一方面依據第109條第1項之規定，在海關貨棧中，得處理商

---

[123] 參閱1992年第2913號規章第221條第4項。

[124] 參閱1992年第2913號規章第240條。

[125] 參閱1992年第2913號規章第241條。

[126] 參閱Grabitz/von Bogdandy/Nettesheim，前揭書，S.141。

品，以期保存商品、改善商品，或對商品的銷售或轉售做準備。

3. **積極的與消極的加工**：積極的加工程序亦為一種關稅程序，依據第2913號規章第4條第16項第d款之定義規定，所謂的積極加工（AKTIVE Veredelung），係指進口非聯盟的商品至歐洲聯盟，然後在歐洲聯盟內進行加工或修補等工作，之後再由歐洲聯盟的關稅領域出口。在這種情形，商品大部分不需繳納進口稅捐；若暫時進口這樣的商品至歐洲聯盟，之後又再出口時，依據第2913號規章第114條之規定，得請求免除課徵進口稅捐或退還已經繳納的關稅費用，但退稅僅適用於在商業範圍的產品，而應遵守數量限制的商品、在優惠制度內的商品、有配額或最高限額限制之商品，均不可能退稅。積極加工程序重大的特點，在於使歐洲聯盟的企業能保有其國際競爭力，而增加國際貿易收支。[127]

消極加工程序（passive Veredelung）亦為一種關稅程序，依據第2913號規章第4條第16項第g款之規定，所謂的消極加工係指為進行加工程序，在考量所有禁止出口與限制下，歐盟商品暫時的自歐洲聯盟的關稅領域出口。在消極加工的情形，不需要額外的適用第2913號規章第161條所規定新的出口程序。歐盟商品在經加工或修補後，接著又由進行產品加工的區域再進口至歐洲聯盟內，在關稅法上又進入自由流通的運送程序，故可以全部或部分的免繳進口稅捐。

4. **轉換程序**：依據第2913號規章第130條之規定，第三國商品在運送至歐洲聯盟關稅領域自由流通以前，即進行加工，以期改變商品的性質或狀態，而取得較優惠的關稅稅號，此一關稅程序即稱為轉換程序（Umwandlungsverfahre）。依據第133條之規定，同意轉換程序必須符合下列的要件，即(1)轉換商品應進口至歐洲聯盟內自由流通，且以在經濟上有利的方式不需重新製造；(2)轉換程序並不是以規避原產地規定或數量限制的規定為目的；(3)轉換程序必須致力於促進在歐洲聯盟內的轉換工作，而不會損害在歐洲聯盟內相同種類商品製造者的重要利益。

5. **暫時的使用**：依據第2913號規章第4條第16項第f款之規定，在暫時的使用程序（vorübergehende Verwendung），係指第三國商品運送至歐洲聯盟內之目

---

[127] 參閱Grabitz/von Bogdandy/Nettesheim，前揭書，S. 142。

的，並非是最終地參與歐洲聯盟的經濟流通，而僅係為一時的利用，在暫時的使用後無任何改變地又將這些商品再出口。申言之，僅將商品在有限的時間內，且在特定用途下，進口至歐洲聯盟的關稅領域，例如為參加商展而進口的商品，之後又再出口這些商品，即構成暫時的使用 [128]。

為暫時使用之目的，而進口商品時，可以完全免關稅或部分免稅，尤其是在這些商品對本國的經濟無任何影響時，得完全免繳關稅進口；自第三國進口機器時，即使是暫時使用亦應繳納部分的關稅 [129]。

本章參考文獻

- A. Bleckmann: Europarecht, 5. Auflage, Köln 1990.
- Allgemeine Zollpräferenzen für Entwicklungsländer im Zeitraum 1981-1985, Recht der Internationalen Wirtschaft 1980, S. 795-796.
- C. O. Lenz: EG-Vertrag Kommentar, Köln 1994.
- GATT: Trends in International Trade, Geneva 1958.
- Grabitz/Hilf: Kommentar zum EG-Vertrag, 2. Auflage, München 1991.
- G. Nicolaysen: Europarecht II, Das Wirtschaftsrecht im Binnenmarkt, Baden-Baden 1996.
- Grabitz/von Bogdandy/Nettesheim: Europäisches Aussenwirtschaftsrecht, München 1994.
- H. Kapur: China and the European Economic Community, Nijhoff 1986.
- J. H. Jackson: World Trade and the Law of GATT, Ann Arbor/Michigan 1969.
- Kapteyn/Verloren van Themaat/Gromley: Introduction to the Law of the European Communities, 2nd Edition, Deventer 1989.
- K. Freidrich: Allgemeine EG-Zollpräferenzen für Entwicklungsländer, Recht der Internationalen Wirtschaft 1995, S. 315-320.

---

[128] 參閱Grabitz/von Bogdandy/Nettesheim，前揭書，S. 142。

[129] 參閱P. Witte，前揭書，S. 44。

- Li-Jiuan Chen: Das Recht der Handelsbeziehungen zwischen der Europäischen Wirtschaftsgemeinschaft, der Republik China (Taiwan) und der Volksrepublik China nach Vollendung des Europäischen Binnenmarktes, München 1993.
- M. A. Dauses: Handbuch des EG-Wirtschaftsrechts, München 1993.
- N. Kofele-Kale: The Principle of Preferential Treatment in the Law of GATT: Toward Achieving the Objective of an Equitable World Trading System, California Western International Law Journal 2/1987-88, pp. 291-333.
- P. Hilpold: Das neue Allgemeine Präferenzschema der EU, Europarecht 1996, S. 98-114.
- P. Witte: Zollkodex, München 1994.
- R. J. Langhammer: Die Allgemeinen Zollpräferenzen der EG für Entwicklungsländer, Fehlschlag oder Erfolg,, Kiel 1983.
- R. Senti: GATT als System der Welthandelsordnung, Zürich 1986.
- W. Benedek: Entwicklungsvölkerrecht, in Seidl-Hohenveldern (Hrsg.): Lexikon des Rechts-Völkerrecht, Neuwied und Darmstadt 1985, S. 69-70.

第二章　商品原產地規定

　　原來的歐洲（經濟）共同體早於1968年即已制定公布共同的商品原產地（Warenursprung）規章，該規章主要的目的，為規範第三國商品進口到當時的歐洲共同體時，做為一致適用共同關稅稅率、數量上限制措施，以及其他貿易政策上保護措施之準據。

　　在國際分工不斷增加的情況下，商品原產地規定更顯現其重要性，尤其是在1992年12月31日完成單一市場後，鑑於在當時歐洲共同體內商品自由流通的原則，在歐洲共同體與第三國的商品交易往來上，商品原產地規定扮演著更重要的角色[1]。

　　歐洲聯盟於1992年10月19日公布第2913號共同關稅法規章，其中該規章將原來的共同商品原產地規章納入其適用範圍中，並自1994年1月1日起正式生效。由於商品原產地規定在國際貿易上扮演的角色，愈來愈重要，尤其是在烏拉圭回合談判結束後，故專章說明歐洲聯盟的商品原產地規定。

第一節　商品原產地規定之立法沿革與立法目的

　　歐洲聯盟的商品原產地規定之構成要件，可追溯至各創始會員國的關稅法中關於商品原產地之規定，亦即各會員國的關稅法早已經規範商品原產地之確定標準[2]。為致力於實現共同市場之目標，理事會於1968年6月27日制定公布第

---

[1]　參閱D. Ehle, Grundsätze zur Bestimmung des Warenursprungs, Recht der Internationalen Wirtschaft 1979, S. 251; N. Vaulont, Die Zollunion der EWG, Luxemburg 1981, S. 61; Vermulst/Waer, European Community Rules of Origin as Commercial Policy Instruments,, Jounal of World Trade 1990, No. 3, p. 55.

[2]　參閱I. S. Forrester, EEC Customs Law-Rules of Origin and Preferential Duty Treatment, Part I, European Law Review 1980, p. 176; E. L. M. Voelker (ed.), Protectionism and the European Community, 2nd Edition, Deventer 1987, p. 32.

802號關於商品原產地共同定義規定之規章[3]，以做為當時歐洲共同體判斷進口商品的原產地之一般規定。

此外，歐洲聯盟尚制定許多關於優惠的原產地規定，以做為判定商品原產地之特別規定，例如在與歐洲自由貿易協會（EFTA）國家間的自由貿易協定、與其他第三國間的結盟協定、洛梅協定、對開發中國家適用的普遍優惠關稅制度，以及適用於紡織品的貿易協定，均有許多關於商品原產地的特別規定。

第2913號規章將原來1968年第802號關於共同的商品原產地規章規定於第22條至第27條，並且在第4條第7項與第8項分別定義共同體商品（Gemeinschaftsware）與非共同體商品（Nichtgemeinschaftsware）的概念。此二概念目前可稱為歐盟商品與非歐盟商品。依據第2913號規章第251號第1項之規定，關於商品原產地規定的1968年第802號規章與1991年第456號規章，應自年1994年1月1日起經廢止而失效。申言之，自1994年1月1日起，各會員國的海關必須依據第2913號規章對於商品原產地所規定的判定標準，以確定進口商品的原產地，以決定是否給予優惠關稅或其他憂惠的待遇。

第二節　商品原產地之意義

在歐洲聯盟的內部貿易（Binnenhandel），以及與第三國間的對外貿易（Aussenhandel）上，商品原產地具有不同的意義；由於在歐洲聯盟的內部貿易適用商品自由流通原則，因此商品原產地僅扮演著次要的角色，但在歐洲聯盟與第三國間的商品交易上，商品原產地則具有重要的意義，因為原產地為歐洲聯盟課徵關稅與適用貿易規範的依據，歐洲聯盟使用多欄關稅（Mehrkolennentarif），而適用不同的關稅稅率，每一個進口商品依照其原產地有不同的關稅稅率，對於特定商品項目的關稅配額（Zollkontingente）或關稅最高限額（Zollplafond），亦是以進口商品的原產地為依據；另一方面，在

---

[3]　VO (EWG) Nr. 802/68 des Rates über die gemeinsame Begriffsbestimmung für den Warenursprung, Amtsblatt der Europäischen Gemeinschaften 1968 L 148a/1-5.

統計上、健康與衛生政策上，商品原產地亦有其重要意義[4]。

歐洲聯盟運作條約第28條第2項與第29條第1項已經明文規定，來自第三國的商品在繳納關稅完成通關手續進入歐洲聯盟的關稅領域後，亦得享有自由流通。因此，各會員國的海關在第三國商品進口到歐洲聯盟時，首先必須判定該商品的原產地，並區別其為歐盟商品或第三國商品，以決定是否要對該商品課徵關稅或適用其他的非關稅貿易措施[5]。

壹、歐盟商品

第2913號規章第4條第7項定義歐盟商品，一方面為依據第23條之規定，完全在歐洲聯盟的關稅領域（Zollgebiet）[6]內取得或製造的商品；另一方面係指在關稅法的意義上，已經完成通關手續進口到歐洲聯盟，並且已經在歐洲聯盟自由流通之非歐盟商品，亦得視為歐盟商品。

依據第2913號規章的施行規章第866條之規定，第三國商品欲在歐洲聯盟內自由流通的前提要件，為在通關時繳納進口關稅。申言之，第三國商品在繳納進口關稅完成通關手續進入歐洲聯盟後，在關稅法上，即視其為歐盟商品[7]。在這種情形，若自這些準歐盟商品獲得或製造而成的新產品，當然亦為歐盟商品，但歐盟商品事實上已經運出歐洲聯盟的關稅領域時，原則上這些商品立即喪失其在關稅法意義上歐盟商品的資格，而成為非歐盟之商品[8]。

---

[4]　參閱Ehle/Meier, EWG-Warenverkehr, Köln 1971, S. 288ff; D. Ehle，前揭文，Recht der Internationalen Wirtschaft 1979, S. 251; I.S. Forrester，前揭文，European Law Review 1980, p. 173; Vermulst/Waer，前揭文，Journal of World Trade 1990, No. 3, p. 58.

[5]　參閱Li-Jiuan Chen, Das Recht der Handelsbeziehunhgen zwischen der Europäischen Wirtschaftsgemeinschaft, Republik China (Taiwan) und der Volksrepublik China nach der Vollendung des Europäischen Binnenmarktes, München 1993, S. 133.

[6]　依據1992年第2913號規章第3條對於關稅領域之定義規定，歐洲聯盟的關稅領域原則上係指其會員國的領土、領海與領空。

[7]　參閱1992年第2913號規章第202條至205條。

[8]　參閱，P. Witte, Zollkodex, München 1994, S. 37.

貳、非歐盟商品

　　每一個商品僅有一個關稅法上的地位，第2913號規章第4條第8項定義非歐盟商品，為不是歐盟的商品。即第2913號規章僅以反面解釋的立法技術定義非歐盟商品，故所謂的非歐盟商品即為非在歐洲聯盟的關稅領域內完全取得或製造的商品，以及已經離開歐洲聯盟關稅領域的商品。因此，從歐洲聯盟關稅領域運出的商品為喪失歐盟特徵特別重要的情形[9]。

　　至於依據第2913號規章第163條之規定在歐洲聯盟內運輸過程的商品，與依據第164條之規定進口到歐洲聯盟關稅領域的商品，均為非歐盟商品；相同的亦適用於依據第185條規定的回流商品（Rückware），即係指商品自歐洲聯盟商品自歐洲的關稅領域出口後3年內，在一定的要件下，重新進口到歐洲聯盟，並且在歐洲聯盟內自由流通的商品，因此回流商品得免繳任何的進口稅捐，而在歐洲聯盟內自由流通。

第三節　適用範圍

　　依據第2913號規章第22條之規定，第23條至第26條關於非優惠的原產地（nichtpräferenzieller Ursprung）定義規定：（a）為適用歐洲聯盟的關稅稅率，但第20條第3項第d款和第e款所規定給予特定國家的關稅優惠措施，則不在此限；（b）為適用其他由歐洲聯盟特別規範關於商品交易的非關稅措施；（c）為出具原產地證明。故非優惠原產地規定的適用範圍，如下：

壹、關稅稅率

　　歐洲聯盟之基礎為關稅同盟，對於與第三國間的商品交易，最重要的就是

---

[9]　參閱P. Witte，前揭書，S. 39。

實施共同關稅稅率 [10]，而早自1968年7月1日歐洲共同體完成關稅同盟後，會員國完全放棄其課徵關稅的職權，而僅有歐洲聯盟有權對於來自第三國的商品課徵關稅，即依據歐洲聯盟運作條約第31條與第32條之規定，由歐洲聯盟在全部的外部邊界，對於進口商品實施一致的共同關稅稅率。

　　第2913號規章第22條第a款明文規定，應依據第23條至第26條關於非優惠原產地的規定判定進口商品的原產地，以適用共同關稅稅率。至於第20條第3項第d款與第e款之規定，係對於關稅優惠措施的特別規定；申言之，在適用優惠的關稅措施時，判定進口商品的原產地係依據歐洲聯盟第三國間所締結的優惠協定，例如由過去歐洲共同體與歐洲自由貿易協會會員國間所締結的歐洲經濟區協定，或依據由過去歐洲共同體單方面給予開發中國家的普遍優惠關稅。因此，第22條第a款但書明文規定，非優惠原產地規定不適用於特別的關稅優惠措施，而在第2913號規章第27條則規定適用優惠關稅措施時，原產地取得之構成要件。

貳、其他的非關稅貿易措施

　　依據第2913號規章第22條第b款之規定，非優惠的原產地規定並適用於所有其他由歐洲聯盟所規範的關於與第三國間商品交易的非關稅貿易措施，因此第2913號規章的原產地規定具有廣泛的意義，亦即這些原產地規定亦適用於關於農產品的市場規範 [11]、禁止進口或限額措施 [12]，以及其他的貿易政策措施 [13]。故歐洲聯盟在適用非關稅貿易措施時，完全依據第2913號規章的原產地規定判定進口商品的原產地，以決定是否可對該進口商品採取貿易政策上的保護措施。

---

[10] 參閱歐洲聯盟運作條約第28條第1項。

[11] 參閱歐洲聯盟運作條約第40條。

[12] 例如依據1994年第519號規章與第3285號規章關於共同進口規定所得採取的監視措施與保護措施。

[13] 例如依據1994年第3283號反傾銷規章之規定，歐洲聯盟得對來自第三國傾銷進口的商品，課徵反傾銷稅；或依據1994年第3284號反補貼規章之規定，歐洲聯盟得對來自第三國補貼進口的商品課徵平衡稅。

參、原產地證明

　　原產地證明（Ursprungszeugnis），係指由商品原產國（Ursprungsland）之主管機關依據商品種類、數量或其他的特徵所簽發的具有公法上效力的商品原產地證明文件[14]。原產地證明最主要的意義，在於當商品進口到歐洲聯盟，依據關稅法或其他歐盟法的規定（例如共同進口規定）必須出示必要的文件以證明商品的原產地。第2913號規章第26條即明文規定原產地證明，而在施行規章第47條、第55條至第65條並規定應出示原產地證明的形式要件；此外，施行規章第48條至第54條則係關於在歐洲聯盟內填發原產地證明文件的規定。至於商品在進、出口歐洲聯盟時，必須出示原產地證明之情形，則依據相關的歐盟法規或各會員國的法律規定[15]。

第四節　商品原產地之取得

壹、通論

　　商品的原產國原則上係指生產或製造商品的國家。一商品原產地之取得，因為涉及該商品在生產國或製造國的勞力使用、資本投入以及零件與設備的使用，均係可歸責於該國的經濟，故可取得該國的原產地。由於加工對於商品的結構並未作某種程度的改變，即依據交易觀點加工程序並未產生新的產品，因此加工程序係無法創設新的商品原產地[16]。

　　關稅暨貿易總協定（GATT）第IX條雖然規範原產地的標示（Ursprungsbezeichnung），但在關稅暨貿易總協定（GATT）的範圍內卻無規定

---

[14] 參閱P. Witte，前揭書，S. 205f。

[15] 參閱P. Witte，前揭書，S. 192。

[16] 參閱E. Dorsch, Der Warenursprung, in R. Regul (Hrsg.): Gemeinschaftszollrecht, Baden-Baden 1982, S. 469f。

商品原產地之判定，而是由個別締約國自行規定判定商品原產地之標準 [17]。在國際層次，為使加工不得創設商品原產地的原則具體化，曾經有過許多的建議，但均無法律上的拘束力，其中最重要的為布魯塞爾關稅合作理事會（Brüsseler Zollkooperationsrat）在1973年5月18日在京都公約（Kyoto-Konvention）的範圍內，為簡化和協調關稅程序公布了附錄D.1，以期能在國際的法律範圍規範商品原產地之問題 [18]。理事會於1979年7月4日以當時歐洲（經濟）共同體的名義接受京都公約及其附錄 [19]。

在京都公約附錄D.1中的商品原產地規定係以兩種不同的基本標準確定商品的原產地，一為完全在一國獲得或製造的情形，毫無疑問的依據該附錄第2條之規定，該國即為商品的原產地；另一為由兩國或兩國以上共同參與製造的情形，依據該附錄第3條之規定，則係以重要的加工（wesentliche Be-oder Verarbeitung）做為判定商品原產地之標準並以關稅稅號變更（Tarifsprung）、詳細表列加工過程，以及計算在加工後的價值增加（Wertschöpfung）等三種方法做為認定是否為重要的加工過程。在由兩國以上共同參與製造的情形，原則上係以關稅稅號變更做為認定商品原產地之標準，即若商品在完成加工的狀態已經獲得其他的商品稅則稅號，而不同於在加工時所使用個別產品的稅號，則足以認定商品在此一國家完成重要的加工；若關稅稅號為明顯變更或已經構成其他額外的要件時，則例外地以關稅稅號變更與其他的確定方法，判斷商品的原產國。

此外，京都公約附錄D.1第6條規範不得視為重要加工過程的情形，特別是（a）在運輸或庫存時，為保存商品所做的必要處理；（b）為改善商品、裝飾商品、提高商品的價值、或為運輸商品作準備所做的處理，例如分裝、組裝或重新包裝等；（c）簡單的組合工作；（d）混合不同原產地的商品，而基本上經過製造的商品特徵並未不同於混合的商品特徵。

---

[17] 參閱J. H. Jackson, World Trade and the Law of GATT, Ann Arbor/Michigan 1969, p. 257; Schwarz/Wockenfoth, Zollgesetz-Kommentar zum Ursprungsland, 2. Auflage, Köln Mai 1986, §28, Rn. 4; Vermulst/Waer，前揭文，Journal of World Trade 1990, N. 3, p. 91.

[18] 參閱J. A. Usher: The customs union-The origin of slide fasteners, European Law Review 1979, p. 185.

[19] 參閱Amtsblatt der Europäischen Gemeinschaften 1979 L 166/1-6.

烏拉圭回合談判並致力於非優惠原產地規定的世界性整合（weltweite Harmonisierung），在關稅暨貿易總協定（GATT）範圍內關於原產地規定的協定中，規定在3年期限內應整合協調各締約國的原產地規定，並規定在國際商品交易的商品標示與確定商品原產地的標準，而首先要考慮的是加工程序是否使產品的關稅稅號變更，若關稅稅號變更即創設新的商品原產地，若不足以創設新的商品原產地時，則應以技術標準或價值增加的標準做為是否創設新的商品原產地的標準[20]。

貳、歐洲聯盟之規定

第2913號規章第23條與第24條為歐洲聯盟判定商品原產地的核心規範。

一、僅在一國完全取得或製造的產品

依據第2913號規章第23條第1項之規定，一國的原產商品，係指完全在該國取得或製造的商品。申言之，若商品只在一特定國家完全的取得或製造時，即在該國產生創設商品原產地的效果。所謂的完全製造，係指不僅是製造過程必須完全在製造國進行，而且製造過程所使用的零件與原料亦必須完全來自製造國，才會有創設商品原產地的效果，即經過製造完成的商品才會取得製造國的原產地[21]。商品僅在一國進行製造過程，在判定商品的原產地時，無任何的疑問，該製造國即為其原產國。

第2913號規章第23條第2項詳細的列舉完全在一國取得或製造商品的情形，即：

（a）在該國境內進行開採而獲得的礦產品；

（b）在該國境內收穫的植物產品；

（c）在該國境內進行繁殖或飼養的動物；

---

[20] 參閱參閱P. Witte，前揭書，S. 190。

[21] 參閱參閱P. Witte，前揭書，S. 193。

（d）在該國境內進行養殖動物的產品；

（e）在該國境內取得的獵獲物或漁獲物；

（f）由在該國註冊登記之船舶或掛有該國國旗的船舶，在沿海外進行捕漁獲物或其他的海洋產品；

（g）以在該國註冊登記或掛有該國國旗的加工船為限，自（f）取得的產品，並在加工船上經製造而獲得的產品；

（h）以該國對海底床或海洋下層土壤享有專屬使用權（ausschliessliche Nutzungsrechte）為限，在沿海外自海洋底床或海洋下層土壤取得的產品；

（i）在製造過程中產生的廢料或殘屑，以及在該國境內所蒐集並且僅得利用於原料回收的使用過的產品；

（j）在該國境內僅取自（a）至（i）的產品，或以其為原料在每個製造階段生產的產品。

第2913號規章第23條第3項並定義在第2項中所謂國境（Land）的概念，係指除一國領土外，並包括該國的沿海（Küstenmeer）在內，即沿海為一國領土的構成部分，因此在沿海取得的產品，其原產地即為該沿海所屬的國家。

（一）海洋產品

關於海洋產品原產地之取得，係以船舶登記國，即船旗國為創設原產地的前提要件，主要的論點乃由於該產品係船旗國使用勞力與投入資本的結果，故為可歸責於船旗國的經濟，因此海洋產品取得船旗國的原產地[22]。至於捕魚的概念，依據歐洲法院之見解，必須具備探索魚群與使用漁網拖行的要件[23]。因此，若甲國船舶尾隨乙國船舶之後，而由乙國船舶進行漁網拖行的過程，甲國船舶僅以漁網將魚撈進船上，在此種情形下，甲國船舶的漁獲物並不符合第23條第2項第f款之構成要件，而這些漁獲物的原產地仍屬於乙國。

---

[22]　參閱P. Witte，前揭書，S. 193。

[23]　參閱EuGH RS.100/84, Kommission/United Kingdom, in Zeitschrift für Zölle und Verbrauchsteuern 1986, S. 19.

（二）自大陸礁層取得的產品

第2913號規章第23條第h款所規定的自海洋底床或海洋下層土壤取得產品，係指一特定國家自大陸礁層（Frestlandsockel）取得產品的情形。依據1958年4月29日在日內瓦簽署的大陸礁層公約第5條之規定，沿海國為探測大陸礁層與開發其天然資源之目的，得對大陸礁層行使國家主權上的權利，此一權利為專屬的權利，並且包括對於海床與底土至200海哩深的天然資源開發。

（三）廢料與殘屑

在製造過程中所產生的廢料或殘屑之原產地，依據第2913號規章第23條第2項第i款前段之規定，即為進行製造過程的國家。對於殘屑原產地之認定，並非以製造過程所使用材料的原產地為依據，因此必須區分殘屑與所謂的附屬產品（Nebenerzeugnis），因為附屬產品有自己的用途（Verwendungszweck），故產品在製造過程中得重新使用者，即不屬於廢料或殘屑。基於交易觀念之考量，製造者得自行決定屬於殘屑或附屬產品[24]。

（四）使用過的產品

依據第2913號規章第23條第2項第i款後段之規定，在一國境內蒐集且僅得用於原料回收的使用過產品（Altware），其原產地即為進行收集的國家；至於產品新狀態的原產地，並不重要。這些使用過產品原產地之取得並不是以有意圖的使用為依據，而是以客觀上的性質（objective Beschaffenheit）做為判斷依據，以防止濫用商品原產地規定。使用過的產品僅在蒐集與原料回收的前提下，而且在完全的製造生產範圍內才取得原產地；至於蒐集與原料回收以外的其他情形，使用過的產品仍保有新產品的原產地。以在具體個案無法證明原產地為限，在歐洲聯盟的實務上則適用表見規定以判斷原產地，即以可信的商品特徵，但不牴觸商品外觀的原產地特徵（Ursprungseigenschaft）為依據[25]。

---

[24] 參閱P. Witte，前揭書，S. 194。

[25] 參閱P. Witte，前揭書，S. 194。

二、數國共同參與製造的產品

由於國際分工的製造過程愈來愈多，一個商品往往由數個國家共同參與製造過程，在這種情形，對於進口商品判定其原產地也因而愈來愈重要，特別是許多廠商分別在不同的國家先後參與製造過程，而所使用的原料、零件或半成品有不同原產地的情形。歐盟法贊同商品原產地之取得，乃係因產品在某一國家進行加工製造，而該產品係可歸責於該國的經濟，故第2913號規章第24條規定由數國共同製造創設商品原產地的構成要件，即由二個或數個國家參與製造的商品，其原產國為商品在該國境內進行最終實質與在經濟上合理的加工過程，並在具有一定設備的廠房進行加工，而且因而產生新的產品或係重要的製造階段。

在歐洲聯盟的實務上，由於此一概括條款的抽象文義，包含了許多不確定的法律概念，在具體適用上也造成判定商品原產地的許多困難。過去的實務，常常因不同的產品，例如紡織品、電子產品、肉類產品等，而公布許多不同的施行規章，以規定這些產品原產地取得的構成要件，但自共同關稅法生效後，即廢止上述這些施行規章，並在第2913號規章的施行規章第35條至第46條明文規定其構成要件。

在數國共同參與製造商品原產地之取得，並不是以所使用的原料係歐盟商品或非歐盟商品，抑或已在歐洲聯盟內自由流通的第三國商品為判定的依據，而僅以相關產品在事實上的製造過程為判定商品原產地的依據。至於商品所有權之歸屬，並不會影響原產地之取得 [26]。依據通說之見解，第2913號規章第24條所規定對於由數國共同參與製造商品原產地取得之所有構成要件，必須累積（kumulativ）適用 [27]。

---

[26] 參閱E. Dorsch前揭文，S. 498; Ehle/Meier，前揭書，S. 291。

[27] 參閱EuGH RS. 49/76, Überseehandel, Slg. 1977, S. 48; E. Dorsch，前揭文，S. 497; F. Emmert, "Schraubenzieherfabriken" zur Umgehung von Antidumping-Strafzöllen, Einfuhrkontingenten und freiwilligen Selbstbeschränkungsabkommen, in K. J. Hopt (Hrsg.): Europäische Integration als Herausforderung des Rechts, Essen 1991, S. 262; J. Feenstra, Rules of Origin and ZTextil Products, Common Market Law Review 1985, p. 548; E. L. M. Völker，前揭書，p. 32。

（一）實質的加工

實質的（wesentlich）加工為判斷數國共同參與製造過程，由哪一個國家取得商品原產地的重要要件 [28]，所謂的實質，係指產品在經過加工過程後，形成在加工前所沒有的特徵與特殊的性質 [29]。申言之，在本質上改變的製造過程即為實質的加工，因此機械式的工作過程，例如簡單的組合工作，並無法視為實質的加工 [30]。

（二）在經濟上合理的加工過程

所謂的在經濟上合理的加工過程，係指經過加工程序後，使得商品的價值、利用與使用價值提高 [31]，即商品在加工過程後，產生成本的利益，例如廉價的庫存量或運輸量、較少的工資成本等 [32]。在經濟上合理的加工過程的概念，常會因具體個案而異，因此必須依據必要的工作過程、交易觀點，以及商品的用途，以判定商品的加工過程是否可視為在經濟上合理的加工過程 [33]，但若僅係單純的裝配過程（Montagevorgang），以加工商品規避原產地規定時，則應適用第2913號規章第25條之規定，以阻止該產品取得加工國的原產地。

（三）在具有一定設備的廠房內進行加工

加工過程必須由相關的企業，在具有一定設備的廠房內進行，因此並不包

---

[28] 參閱EuGH Rs. C-26/88, Brother, S. 8; J. Feenstra，前揭文，Common Market Law Review 1985, p. 548; I. S. Forrester，前揭文，European Law Review 1980, p. 179; N. Vaulont, Die Zollunion der EWG, Luxemburg 1981, S. 61; Vermulst/Waer，前揭文，Journal of World Trade 1990, No. 3, p. 61。

[29] 參閱EuGH RS. 49/76, Überseehandel, Slg. 1977, S. 65; RS. 162/82, Cousin, Slg. 1983, S. 1101.

[30] 閱E. Dorsch，前揭文，S. 498; D. Ehle，前揭文，Recht der Internationalen Wirtschaft 1979, S. 252; Ehle/Meier，前揭書，S. 292; J. Feenstra，前揭文，Common Market Law Review 1985, p. 542; Grabitz/von Bogdandy/Nettesheim: Europäisches Aussenwirtschaftsrecht, München 1994, S. 118; P. Witte，前揭書，S. 197。

[31] 參閱Ehle/Meier，前揭書，S. 292。

[32] 參閱P. Witte，前揭書，S. 197。

[33] 參閱E. Dorsch，前揭文，S. 495; D. Ehle，前揭文，Recht der Internationalen Wirtschaft 1979, S. 252; Ehle/Meier，前揭書，S. 292。

括單純的在商店內或僅偶然的加工過程在內 [34]。

（四）加工過程：必須產生新產品或係重要的製造階段

新產品係指經加工後的產品與加工前所使用的原料，在客觀上與事實上可以確定有明顯的差異，亦即在品質上有重大的改變，並且基於客觀的標準，足以認定是產生新產品，因此在關稅法上的稅號變更或價值增加均非判斷是否產生新產品的標準但得做為舉證用的證據 [35]；而依據第2913號規章的施行規章第37條之規定，卻將在關稅法上稅則的稅號變更與價值增加做為判斷的標準。

至於重要的製造階段（bedeutende Herstellungsstufe），係指加工的過程必須在實質上接近其最終的用途，但尚未成為最終成品的階段 [36]，因此許多學者 [37] 均一致的認為僅將零件作簡單的組合、對於商品的重新包裝、分類、精煉或加標籤、裝飾等，均不得視為重要的製造階段，故無法創設新的商品原產地。歐洲法院亦採取相同的見解，認為若加工過程僅做為產品的包裝，雖然重新包裝產品會影響其銷售，但並無造成產品特殊性質實質上的改變，故不得取得新的商品原產地 [38]。

裝配過程（Montagevorgang）是否可視為重要的製造階段，而取得進行裝配國的原產地，卻有許多的爭議。首先，若將裝配過程僅視為簡單的組合工作時，並不會創設新的商品原產地，由於簡單的組合工作係指在製造過程中，勞工對於相關的工作並不需要有特別的技能訓練，也不需要有高度發展的廠房設備與特別的工具器械，因此簡單的組合工作不得視為實質的加工過程，這樣的裝配過程當然不得創設新的商品原產地 [39]。若為了使產品取得進行裝配國的原產地，而在該國將零件或半成品進行裝配，從技術的觀點並且考慮相關產品的

---

[34]　參閱E. Dorsch，前揭文，S. 498; P. Witte，前揭書，S. 197。

[35]　參閱P. Witte，前揭書，S. 197。

[36]　參閱P. Witte，前揭書，S. 198。

[37]　參閱E. Dorsch，前揭文，S. 498; D. Ehle，前揭文，Recht der Internationalen Wirtschaft 1979, S. 252; I. S. Forrester，前揭文，European Law Review 1980, p. 185; Schwarz/ Wockenfoth，前揭書，Rn. 40; P. Witte，前揭書，S. 198。

[38]　參閱EuGH RS.93/83, Zentrag, Slg. 1984, S. 1106.

[39]　參閱EuGH Rs. C-26/88, Brother, S. 9.

定義，只要裝配過程形成具有決定性的製造階段，即裝配過程已經使得零件或半成品在相關產品上產生特殊的品質上的特徵，該產品即取得裝配國的原產地；而在確定商品的原產地時，亦得以裝配過程所產生的價值增加做為輔助的標準。申言之，若裝配過程在工廠的階段，造成可感覺到（spürbar）成品的商業價值增加的結果時，商品即取得進行裝配過程國家的原產地；但僅將零件或半成品進行單純的裝配時，並不足以創設新的商品原產地[40]。

三、具有規避意圖的加工過程

第2913號規章第25條規定意圖規避適用歐洲聯盟貿易措施的加工過程之情形，即一加工過程經確定或由可確定的事實推定，係意圖規避僅適用於來自特定國家商品的歐洲聯盟貿易法規時，則進行加工過程的國家亦不得依據第24條之規定取得商品原產國的資格。申言之，一加工過程在完全符合第24條之構成要件而創設新的商品原產地後，而經過確認或由可確定的事實推定該加工過程係以規避歐洲聯盟貿易法規為目的時，則再度喪失所取得的新商品原產地。在這種情形，則必須以加工製造而成的成品與所使用的零件判斷該商品的原產地[41]。

此一規定具有補充的性質（subsidiäre Natur）[42]，亦即首先必須完全符合第24條所規定的構成要件，在商品已經取得加工國的原產地後，才得繼續援引適用第25條的規避條款，以檢驗是否存在規避意圖。此一規避條款最主要的立法目的，在於防止以濫用加工過程變更商品的原產地，而規避歐洲聯盟關於商品交易的進、出口限制措施。

規避意圖屬於主觀的構成要件，原則上必須由主管機關對於濫用加工過程負舉證責任，以確定相關企業的規避意圖；進行加工的企業必須以經濟上的理由為反證推翻規避意圖之推定[43]。歐洲法院則認為，僅單純的在一個國家設立

---

[40]　參閱EuGH Rs. C-26/88, Brother, S. 11f.

[41]　參閱Vermulst/Waer，前揭文，Journal of World Trade 1990, No. 3, p. 74。

[42]　參閱P. Witte，前揭書，S. 203。

[43]　參閱P. Witte，前揭書，S. 204。

裝配廠，尚不足以構成規避意圖，而且將裝配廠由原來的製造國移至已經存在製造廠的國家進行裝配亦不足以證明有規避意圖存在，但若在相關的法規與遷移裝配廠間有時間上的關聯時，則製造者必須舉證證明，在不考慮適用保護措施的情況下，遷移裝配廠在經濟上亦是合理的[44]。

第五節　優惠的原產地規定

壹、通論

第2913號規章第27條規定，以優惠原產地之規定規範關於適用第20條第3項第d款或第e款優惠措施的商品原產地取得之要件；依下列規定確定優惠原產地規定：

（1）在第20條第3項第d款所規範的優惠關稅協定中的商品；

（2）依據第20條第3項第e款規定，在委員會程序決議後適用優惠措施的商品。

大部分國家的商品進口到歐洲聯盟時，均可以享受歐洲聯盟的關稅優惠措施，即享有優惠的關稅稅率。而在判斷進、出口歐洲聯盟的商品是否可以享有優惠待遇時，則係以歐洲聯盟自主的優惠規定或國際協定為判斷依據。所謂的優惠（Präferenz）在關稅法上的意義，係指享有優惠待遇的商品在進口到歐洲聯盟時，原則上繳納比在最惠國待遇原則範圍內所給予一般第三國的關稅稅率還要更低的關稅稅率。因此，若享有優惠待遇的第三國商品進口到歐洲聯盟時，歐洲聯盟得依據優惠關稅稅率裁量該商品應該繳納的關稅。故優惠關稅措施係進口國給予進口商品，在關稅申報範圍內的一種優惠待遇[45]。

進口商品是否享有歐洲聯盟的優惠關稅，依據歐洲聯盟自主的或協定的優惠措施，則係以這些進口商品的原產國是否為優惠國為依據。第2913號規章的

---

[44]　參閱EuGH Rs. C-26/88, Brother, S. 13.

[45]　參閱P. Witte，前揭書，S. 212f。

施行規章第66條至第97條規範對於歐洲聯盟與開發中國家間貿易往來的普遍優惠關稅、第98條至第119條則規定對於來自以色列占領區商品的優惠措施、第120條至第138條則規定對於來自過去南斯拉夫的一些共和國的優惠措施、以及第139條至第140條規定對於來自西班牙的海外領土Geuta與Melina的優惠待遇。上述這些規定屬於歐洲聯盟的自主優惠措施規定，依據這些規定，來自這些國家或區域的商品進口，即視為是這些國家或區域的原產地產品。至於協定的優惠措施則係以歐洲聯盟與第三國間所締結的優惠協定（Präferenzabkommen）為依據，例如過去歐洲共同體與歐洲自由貿易協會（EFTA）國家間所締結的歐洲經濟區協定[46]。

　　應注意的是，並非所有在優惠範圍內的商品均得享有優惠關稅，不僅是在歐洲聯盟自主的優惠措施中，而且在協定的優惠措施中，均會規定適用優惠措施的商品種類限制，原則上歐洲聯盟的關稅優惠僅適用於商品，而不適用於農產品[47]。

貳、優惠原產地之取得

　　依據第2913號規章第27條之規定，進口商品享有優惠的待遇，僅以商品的原產地係以享有歐洲聯盟所給予優惠的國家為限。完全在享有優惠國家取得或製造的商品，當然取得該國的原產地。在自主的優惠措施與協定的優惠措施中，均列舉相當於第2913號規章第23條所規定的原產地取得要件；但對於海洋產品的優惠原產地有更嚴格的規定，不僅必須要在船旗國登記該船舶，並應在懸掛國旗的船舶上捕魚，而且還必須具有船旗國的所有權關係，以及船員應具有船旗國的國籍[48]。

　　至於在國際分工由數國共同參與製造的情形，適用優惠規定的前提要件，為在商品製造時所使用的原料並無製造國的原產地，但必須在製造國有足夠取

[46] 參閱Amtsblatt der Europäischen Gemeinschaften 1994 L 1/1-57.

[47] 參閱P. Witte，前揭書，S. 214。

[48] 參閱1992年第2913號規章的施行規章第67條第2項規定。

得原產地的加工過程。申言之，必須符合第2913號規章第24條所規定的所有構成要件，即在製造國進行最終實質的與在經濟上合理的加工過程，並且在具有一定設備的工廠內進行加工，同時因而產生新的產品或係重要的製造階段，則經過加工製造的產品即取得製造國的原產地；若該製造國屬於享有歐洲聯盟關稅優惠的國家時，則該商品在進口到歐洲聯盟時，當然亦可以享有優惠關稅。

　　歐洲聯盟的所有優惠措施均會規定將具有第三國原產地的原料進行加工，應視為最低加工（Minimallbehandlung），因而視此加工過程為不足以取得其他的原產地[49]，例如在運輸或庫存時對於商品的保存、簡單的清洗、篩選、挑選、分類、整理、粉刷、切割、簡單的裝罐、混合或組裝、加標籤或屠宰動物等過程，均屬於最低加工處理。而最低的加工處理是否會阻礙商品原產地的取得，則僅須審查製造過程是否僅由第三國的原料所造成的結果[50]。同時所有的優惠措施亦會規定，在判斷成品的原產地時，並不考慮在製造時所使用能源、燃料、設備、機器或工具的原產地[51]。

　　通常所有的優惠措施亦會針對特別的情形，加以規範，即：

(1) 屬地原則：第2913號規章施行規章第76條規定，賦予在受優惠國領域外進行加工的原產商品優惠待遇的請求權，但在該商品離開優惠區域時，視為具有第三國原產地的產品；而回流商品則不在此限。即回流商品出口後重新進口，並以可信的方式闡明與出口的商品是相同的，且在第三國只是集中在維持該商品狀況的處理，則回流商品亦可請求享受優惠待遇。

　　只要一國原產的產品被送往另一國，也是相同的優惠區域，而且在該國並無任何的加工或僅是最低加工時，則這些商品在優惠的條件下可以再運回第一個受惠的國家。當然在此一狀況，這些具有回流商品性質的商品亦得享有相同的優惠待遇[52]；而只要不是視為回流商品，在進口到歐洲聯盟時就必須出示原產地為第一個國家的優惠證明[53]。

---

[49] 參閱1992年第2913號規章的施行規章第68條第3項規定。

[50] 參閱P. Witte，前揭書，S. 216。

[51] 參閱1992年第2913號規章的施行規章第69條規定。

[52] 參閱1992年第2913號規章的施行規章第185條規定。

[53] 參閱P. Witte，前揭書，S. 217。

(2) 累積規定：在許多歐洲聯盟的優惠措施中均會規定，在優惠區域的一國或數國進行的製造過程，必須同時具備原產地取得的特徵，才得創設優惠的原產地，即必須要累積適用優惠原產地的構成要件。累積適用又可分為雙邊的累積（bilaterale Kumulation）與多邊的累積（multilaterale Kumulation）兩種。雙邊的累積，係指若商品的加工處理已經超過最低加工時，在一國已經達成商品的製造結果，而且可將製造過程歸責於同為優惠區域的另一國家，例如在歐聯盟與地中海國家間的優惠協定，即明文規定這些構成要件。所謂的多邊累積適用，係指製造過程既非在一個國家，亦非在另一個國家進行，而是在另一個同為優惠區域的第三國進行製造過程，例如在歐洲經濟區協定，以及與非洲、加勒比海、太平洋國家間的優惠協定，即有相關的規定。

不論是雙邊累積或多邊累積，均應考慮當時的優惠區域，在雙邊累積係以國家有關的優惠區域為依據，而在多邊累積的情形，則是以區域有關的優惠區域為依據。在經濟上的背景，乃由於個別的優惠區域均視為一個經濟區域（Wirtschaftsraum），而在此一經濟區域內必須使用該區域全部的勞力、原料與資本 [54]。

依據第2913號規章施行規章第73條之規定，與機器、器材、儀器或運輸工具一起交貨的附件、備件或工具，若在價格中被視為一般裝備的構成部分或視為從屬的部分，而非分別計算其價格時，則應將這些視為一體。因此，只要主物是原產地的商品，則原產地不得推翻的推定亦得適用於附件。在判定原產地時，若考慮價值條款，則具有第三國原產地之附件其關稅價值應算入不具有原產特徵原料之價值部分；若附件與主物的關聯不存在時，則原產地推定亦隨之消滅 [55]。

在商品組合的情形，原則上必須原產商品的每個構成部分均來自優惠區域 [56]，若商品組合後，產生自己的關稅稅號時，當然不再適用優惠措施內關於

---

[54] 參閱P. Witte，前揭書，S. 217。

[55] 參閱P. Witte，前揭書，S. 218。

[56] 參閱1992年第2913號規章的施行規章第74條規定。

商品組合之規定。

　　依據第2913號規章的施行規章第75條第1項第a款之規定，在自主的與協定的優惠措施中，僅在將產品由原產國直接運輸至目的國時，才承認具有一國原產品的特徵；而只要運輸未經過第三國的領域，即存在所謂的直接運輸。若產品在過境國的海關監視下，且並未進行交易或自由流通時，經過不屬於優惠區域的國家並不影響運輸，同樣的亦適用於轉裝、暫時的儲藏或保存措施等[57]。

本章參考文獻

· D. Ehle: Grundsätze zur Bestimmung des Warenursprungs, Recht der Internationalen Wirtschaft 1979, S. 251-254.

· E. Dorsch: Der Warenursprung, in R. Regul (Hrsg.): Gemeinschaftszollrecht, Baden-Baden 1982, S. 463-688.

· Ehle/Meier: EWG-Warenverkehr, Köln 1971.

· E. L. M. Völker (ed.): Protectionism and the European Community, 2nd Edition, Deventer 1987.

· F. Emmert: "Schraubenzieherfabriken" zur Umgehung von Antidumping-Strafzöllen, Einfuhrkontingenten und freiwilligen Selbstbeschränkungsabkommen, in K. J. Hopt (Hrsg.): Europäische Integration als Herausforderung des Rechts, Essen 1991, P. 257-278.

· Grabitz/von Bogdandy/Nettesheim: Europäisches Aussenwirtschaftsrecht, München 1994.

· I. S. Forrester: EEC Customs Law-Rules of Origin and Preferential Duty Treatment, Part I, European Law Review 1980, pp. 167-187.

· J. A. Usher: The customs union-The origin of slide fasteners, European Law Review 1979, pp. 184-187.

· J. Feenstra: Rules of Origin and Textil Products, Common Market Law Review

---

[57]　參閱1992年第2913號規章的施行規章第75條第1項第b款規定。

1985, pp. 533-559.

- J. H. Jackson: World Trade and the Law of GATT, Ann Arbor/Michigan 1969.
- Li-Jiuan Chen: Das Recht der Handelsbeziehunhgen zwischen der Europäischen Wirtschaftsgemeinschaft, Republik China (Taiwan) und der Volksrepublik China nach der Vollendung des Europäischen Binnenmarktes, München 1993.
- N. Vaulont: Die Zollunion der EWG, Luxemburg 1981.
- P. Witte: Zollkodex, München 1994.
- Schwarz/Wockenfoth: Zollgesetz-Kommentar zum Ursprungsland, 2. Auflage, Köln Mai 1986.
- Vermulst/Waer: European Community Rules of Origin as Commercial Policy Instruments? Journal of World Trade 1990, N. 3, pp. 55-99.

第三章 反傾銷法

　　傾銷（Dumping）係國際貿易中的一種競爭行為[1]，而傾銷的概念，最早係由美國學者Viner加以定義。所謂的傾銷，係指一出口商品至外國市場上，其出口價格低於其正常價值，即一商品以低於其正常價值銷售到國外[2]。大部分的學者，均採取Viner對於傾銷所作的定義[3]。由於傾銷為國際貿易中的一種競爭行為，故反傾銷法在性質上亦屬於競爭法（Wettbewerbsrecht）[4]。傾銷乃

---

[1]　參閱Eugen Langen, Studien zum Internationalen Wirtschaftsrecht, München 1963, S. 72; Elisabeth Wilhelm, Preisschleuderei, Wien und Leipzig 1936, S. 40.

[2]　參閱Jacob Viner, Dumping-A Problem in International Trade, Chicago 1923, P. 4.

[3]　例如Van Bael/Bellis, Anti-Dumping and other Trade Protection Laws of the EEC, 2nd Edition, Chicago 1990, p. 29; Rainer M. Bierwagen, GATT Art. VI and the Protection Bias In Anti-Dumping Laws, Deventer 1990, p. 1. 7ff; J. F. Beseler, Die Abwehr von Dumping und Subventionen durch die EG, 1. Auflage, Baden-Baden 1980, S. 42f; Bierwagen/Hailbronner, Input, Downstream, Upstream, Secondary, Diversionary and Components or Subassembly Dumping, Journal of World Trade 1988, No. 3, p. 27; Bodo Boerner, Studien zum deutschen und europäischen Wirtschaftsrecht, Köln 1973, S. 113f; Alan V. Deardorff, Economic Perspectives on Antidumping Law, in Jackson/Vermulst (ed.), Antidumping Law and Practice, Ann Arbor/Michigan 1989, p. 26; Ross Denton, The non-market economy rules of the European Community's Antidumping and Countervailing Duties Legislation, International and Comparative Law Quarterly 1987, p. 198; Ernst Doeblin, Theorie des Dumpings, Jena 1931, S. 1, 17; Wolfgang Fikentscher, Wirtschaftsrecht, Band I, München 1983, S. 318; Hailbronner/Bierwagen, Das GATT-Die Magna Charta des Welthandels, Jouristische Arbeitsblätter 1988, S. 324; John H. Jackson, World Trade and the Law of GATT, Ann Arbor/Michigan 1969, p. 415; Jackson/Davey, Legal Problems of International Economic Relations, St. Paul 1986, P. 654; Rainer Kulms, Das Antidumpingrecht in amerikanischen und europäischen Recht, Baden-Baden 1988, S. 61; H. D. Kuschel, Das Aussenwirtschaftsrecht der EWG, Köln 1971, S. 28; R. Landsittel, Dumping in Aussenhandels-und Wettbewerbsrecht, Baden-Baden 1987, S. 17; H. -J. Müller, GATT-Rechtssystem nach der Tokio-Runde, Berlin 1986; T. Oppermann, Europarecht, München 1991, Rn. 966; E. A. Vermulst, Antidrmping Law and Practice ine United States and the European Communities, Amsterdam 1987, P. 1; W. A. Wares, The Theory of Dumping and American Commercial Policy, Lexington 1977, P. 3f; A. Weber, Das Verwaltungsverfahren im Antidumpingrecht der EG, Europarecht 1985, S. 2

[4]　參閱Beseler/Williams, Anti-Dumping and Auti-Subsidy Law, London 1986, P. 51; Rainer M.

指就特定商品，在其出口價值與正常價格間，由於人為操縱的差格差異，而致使其競爭者處於不利的地位，就競爭的觀點而言，由於人為所引起的不公平低價，而造成進口國相關產品製造者的損害。

在市場經濟（Marktwirtschaft）體制中，視反傾銷措施為競爭政策中的秩序罰（Ordnungsmittel der Wettbewerbspolitik），反傾銷立法乃係針對國際貿易中的不公平競爭行為，而以法律規定加以規範[5]。故反傾銷措施之合法性，在於譴責低價的進口商品，由於違反公平競爭的原則，而引起進口國與出口國在市場上相同種類產品的價格差異，進而造成相關產品本國產業之損害[6]。故反傾銷法在經濟政策上的目的，即在於防止本國相關產業因不公平的低價進口商品而遭受損害[7]。

歐洲聯盟運作條約第207條第1項規定，聯盟依據一致的原則，形成共同的貿易政策，特別是適用於關稅稅率之變更、與第三國商品和服務貿易的關稅與貿易協定之締結、涉及智慧財產權的貿易、自由化措施之一致化、出口政策以及貿易政策上的保護措施，例如傾銷與補貼。反傾銷政策（Antidumpingpolitik）係歐洲聯盟對外貿易政策的一部分，而其任務在於保護歐洲聯盟的相關產業在國際貿易中，防止其因外國商品傾銷進口的不公平競爭而遭受損害[8]。歐洲聯盟運作條約第207條第1項明確的規定，歐洲聯盟對於防禦傾銷進口享有專屬的

Bierwagen，前揭書，p. 10; Gert Nicolaysen, Zum Anti-Dumping-Recht der EWG, Europarecht 1991, S. 227; T. Oppermann，前揭書，Rn. 1757。

[5] 參閱Bierwagen/Hailbronner, ，前揭文，Journal of World Trade 1988, No. 3, p. 32; E. A. Kramer, Wettbewerb als Schutzobjekt des Antidumpingrecht, Recht der Internationalen Wirtschaft 1975, S. 123. T. Oppermann，前揭書，Rn. 1757; W. A. Wares，前揭書，p. 4。

[6] 參閱J. F. Beseler，前揭書，S. 45; Beseler/Williams，前揭書，P. 50; Rainer M. Bierwagen，前揭書，P. 10; W. Fikentscher，前揭書，S. 318; E. A. Kramer，前揭文，Recht der Internationalen wirtschaft 1975, S. 125; E. MacGovern, International Trade Regulation GATT, the United States and the European Community, Exeter 1986, P. 311; Schmidt/ Richard, Zum Verhältnis von Dumpingrecht und Kartellrecht in der EG, Wirtschaft und Wettbewerb 1991, S. 665; E. A. Vermulst，前揭書，p. 1。

[7] 參閱E. Doeblin，前揭書，S. 1; T. Oppermann，前揭書，Rn. 1757; R. Senti, GATT als System der Welthandelsordnung, Zürich 1986, S. 237; W. A. Wares，前揭書，p. 4。

[8] 參閱A. Deringer, Rechtsfragen der Antidumpingpolitik, in Bieber/Bleckmann/Capotori (Hrsg.), Das Europa der Zweiten Generation-Gedächtnisschrift fuer C. Sasse, Baden-Baden 1981, S. 380; Schmidt/Richard，前揭文，Wirtschaft und Wettbewerb 1991, S. 665。

立法職權，此一規定亦同時為歐盟機關制定公布反傾銷法規的法律依據。申言之，依據歐洲聯盟運作條約第207條第2項之規定，為施行共同貿易政策，由歐洲議會與理事會依據普通的立法程序，以制定公布反傾銷規章。

　　反傾銷措施是共同貿易政策的核心範圍，是歐盟貿易法最重要的貿易政策上的保護措施，適用於所有的進口商品。歐洲聯盟的反傾銷法規實際上繼受了關稅暨貿易總協定（GATT）第VI條之規定，並配合甘迺迪回合的第一個反傾銷規約、東京回合的第二個反傾銷規約及烏拉圭回合的反傾銷協定作修正。

第一節　立法沿革

　　現行有效的歐洲聯盟反傾銷規章，即2009年第1225號規章[9]。1994年烏拉圭回合多邊貿易談判結束時簽署的施行關稅暨貿易總協定第VI條新協定，即反傾銷協定（Antidumping Übereinkommen 1994）。為顧及此一新的反傾銷協定，因此歐洲聯盟修改反傾銷規定，而鑑於傾銷與補貼係屬不同的性質，配合烏拉圭回合的談判結果，故分別制定公布新的反傾銷規章與新的反補貼規章，以分別規範傾銷和補貼。在適用反傾銷法規時，歐洲聯盟必須維護烏拉圭回合新的反傾銷協定中所致力的權利與義務均衡，且歐洲聯盟亦必須考量其最重要的貿易夥伴對於這些規定的解釋[10]。

　　第1225號規章第22條最終條款（Schlussbestimmung）並規定，本規章不得牴觸(1)歐洲聯盟與第三國間所締結協定中特別規定之適用；(2)歐洲聯盟農業規章、1993年第3448號規章、2006年第1667號規章及1975年第2783號規章之適用，本規章補充上述的規章，並優先於與適用反傾銷稅牴觸之規定而適用；(3)僅以不違反關稅暨貿易總協定（GATT）範圍內義務所應適用的特別措施。由此可知，歐洲聯盟的反傾銷措施必須符合關稅暨貿易總協定（GATT）的規範。

---

[9]　ABIEU 200g L343/51-73，烏拉圭回合公布的1994年第3283號規章，Amtsblatt der Europäischen Gemeinschaften 1994 L 349/1-21。

[10]　2009年第1225號規章前言，Amtsblatt der Europäischen Gemeinschaften 2009 L 343/51。

壹、關稅暨貿易總協定第Ⅵ條

　　1948年生效的關稅暨貿易總協定（GATT）第Ⅵ條即規範傾銷（Dumping），係反傾銷法的第一個國際法法典[11]，關稅暨貿易總協定（GATT）並不禁止傾銷進口，僅授權給締約國在符合一定的要件下，得對於傾銷進口的商品課徵反傾銷稅（Antidumpingzoll）。關稅暨貿易總協定（GATT）第Ⅵ條首先規定了課徵反傾銷稅的一般實質要件，即關稅暨貿易總協定（GATT）第Ⅵ條對於傾銷作了一般性的定義規定，所謂的傾銷，係指一國的產品以低於該產品之正常價值（Normalwert）銷售至另一國，因而對另一締約國相同種類產品之產業造成重大損害或有重大損害之虞，或有重大妨礙某一國內產業之建立時，應認為構成傾銷。申言之，僅有傾銷進口的構成要件，尚不足以課徵反傾銷稅，還必須舉證本國相關產業，因進口商品的傾銷價格而造成損害。

　　所謂正常價值，通常是指相同種類產品在通常貿易過程，在出口國市場上的銷售價格；若在出口國無此一國內價格時，則改以銷往第三國之相當價格，或該項產品在原產國之生產成本，另加上合理之銷售費用及利潤，做為價格比較的基礎。關稅暨貿易總協定（GATT）第Ⅵ條第2項規定，為抵銷或防止傾銷，締約國得對傾銷產品課徵反傾銷稅，但不得高於此項產品的傾銷差額（margin of dumping）。所謂傾銷差額，即為正常價值與出口價格的差額。

　　原來歐洲經濟共同體本身雖非關稅暨貿易總協定（GATT）的締約國，但其6個創始會員國——荷蘭、比利時、盧森堡、法國、德國與義大利——均為關稅暨貿易總協定的締約國。歐洲聯盟運作條約第351條第1項亦規定，本條約不得牴觸在本條約生效前，由會員國所締結條約中會員國的權利與義務。1958年歐洲經濟共同體條約生效時，上述的6個歐洲聯盟的創始國，在對外貿易範圍內適用不同的反傾銷法規，而就其實體法上的內容而言，實際上已與關稅暨貿易總協定第Ⅵ條的規定非常類似[12]。

　　歐洲聯盟創始會員國的這些反傾銷規定，首先保留其無限制的適用效力，

---

[11]　參閱P. C. Reszel, Die Feststellung der Schädigung in Antidumpingund Antisubventionsrecht der EG, Köln 1987, S. 5.

[12]　參閱H.-J. Kretschmer, Das Antidumping-und Antisubventionsrecht der EG, Frankfurta, M., 1980, S. 9.

但自1962年起，各會員國在適用這些反傾銷法規時，事先必須履行其諮商義務（Konsultationsptlicht）[13]。而依據歐洲聯盟運作條約第207條第1項之規定，歐盟的共同貿易政策須依據一致的原則形成，特別是適用於貿易政策上的保護措施，例如傾銷。申言之，各會員國對於關稅與貿易政策的權限，全部移轉給歐洲聯盟，故歐洲聯盟亦承擔了其會員國在關稅暨貿易總協定（GATT）的義務。1965年執委會向理事會提出第一個適用於非歐洲聯盟會員國的商品進口，以防止傾銷與補貼的規章提案[14]。

貳、1967年第一個反傾銷規約

由於關稅暨貿易總協定（GATT）的締約國畏懼在甘迺迪回合（Kennedy Runde 1964-1967）中普遍降低關稅的議題，將造成締約國更加強採取非關稅的貿易障礙，以達到為補償因普遍降低關稅對於本國產業所造成的不利益，因此將反傾銷法納入甘迺迪回合談判的議題[15]。當時關稅暨貿易總協定（GATT）的締約國就反傾銷法的國際一致化，更進一步達成協議，故在甘迺迪回合談判結束時，於1967年6月30日締約國簽署施行關稅暨貿易總協定（GATT）第VI條的協定，即一般所謂的第一個反傾銷規約（Antidumpingkodex）。而理事會於1967年11月27日同意並接受該反傾銷規約，並修正執委會於1965年的提案內容，而於1968年7月1日公布施行第459號的反傾銷規章（Antidumpingverordnung）。申言之，歐洲的反傾銷法規乃依據關稅暨貿易總協定（GATT）並且配合著甘迺迪回合的反傾銷規約而制定；而歐洲聯盟會員國的反傾銷法，亦完全由歐洲聯盟的第459號反傾銷規章所取代。

---

[13] 參閱P. C. Reszel，前揭書，S. 5。

[14] 參閱Vorschlag der Kommission von 5.5. 1965, Amtsblatt der Europäischen Gemeinschaften 1966, S. 989ff.

[15] 參閱H.-J. Kretschmer，前揭書，S. 9。

參、1979年第二個反傾銷規約

　　鑑於1967年甘迺迪回合中簽署第一個反傾銷規約，以施行關稅暨貿易總協定（GATT）第VI條之經驗，以及關稅暨貿易總協定（GATT）各締約國所發展出不同的反傾銷實務，而於東京回合（Tokyo Runde 1973-1979）談判中，各國均認為有必要簽署解釋關稅暨貿易總協定（GATT）第VI條的新協定，反傾銷因此再度成為談判的議題；東京回合結束時，締約國於1979年12月17日又簽署了所謂的第二個反傾銷規約[16]。尤其是補充程序規定，例如確定傾銷的構成要件、本國產業的重大損害、傾銷與損害間之因果關係等。

　　當時的歐洲共同體除參與關稅暨貿易總協定（GATT）東京回合的談判外，本身亦是1979年反傾銷規約之簽署國[17]，即1979年的反傾銷規約對於歐洲共同體具有法律上的拘束力（rechtsverbindlich）。當時的歐洲共同體也將1979年的反傾銷規約轉換立法為其反傾銷法的一部分，並將其舊法配合1979年的反傾銷規約內容加以修正，而制定公布1979年的第3017號反傾銷規章[18]，以做為當時的共同體新的反傾銷規章。雖歷經數次的修正，但這些規定仍保留於2009年第1225號反傾銷規章中，例如第2條關於正常價格、出口價格與價格比較之確定標準、相同種類產品之定義規定及傾銷差額第4條第3項關於認定損害之要素，第4條第5項關於共同體產業之定義規定，第6條關於會員國與執委會以諮商方式合作之規定，第7條、第8條與第9條的程序規定，第10條的價格具結，第11條關於臨時反傾銷稅之課徵及適用期間，第12條臨時的反傾銷稅得成為最後確定反傾銷稅之規定，第13條關於反傾銷稅得溯及適用之規定，第14條第3項關於覆查之規定，以及第16條反傾銷稅退還之規定等。

肆、烏拉圭回合的反傾銷協定

　　自1986年9月起，在烏拉圭首都Punta del Este展開關稅暨貿易總協定

---

[16]　參閱P. C. Reszel，前揭書，S. 8。

[17]　參閱1979年反傾銷規約第16條第4項。

[18]　參閱Amtsblatt der Europäischen Gemeinschaften 1979 L339/1-12.

（GATT）第八次的關稅與貿易談判，即所謂的烏拉圭回合（Uruguay Runde），歷時七年餘，在1993年12月15日由117國共同宣布第八次關稅暨貿易總協定（GATT）回合談判的結果[19]。烏拉圭回合重要的結果為對於工業產品、農產品與紡織品的市場開放、服務業條款、智慧財產權的保護，反傾銷措施，以及將關稅暨貿易總協定（GATT）過渡成為世界貿易組織（World Trade Organization）等[20]。

　　但在1979年至1988年間在國際貿易實務上，反傾銷措施卻成為最常使用的保護措施，例如在1980年7月至1992年6月，在關稅暨貿易總協定（GATT）締約國就有1,040件針對進口商品進行反傾銷調查[21]。但在這些反傾銷調查程序中，有許多卻是濫用反傾銷措施，對於外國競爭的商品進口課徵反傾銷稅，以保護本國競爭力弱的產業；此外，反傾銷程序亦成為脅迫與對貿易夥伴施壓的工具，以期有效的促使出口商自願地限制出口數量[22]。

　　烏拉圭回合的反傾銷協定，主要乃係關於反傾銷措施之運用，且世界貿易組織（WTO）的會員國必須遵守反傾銷協定，以做為其內國反傾銷立法的準則。由於反傾銷措施具有保護主義之濃厚色彩，因此反傾銷法，在新的國際貿易規範中占有重要的地位。新的反傾銷協定之重要內容為第2條與第3條明確的規範確定傾銷差額與損害範圍之嚴格標準、第4條定義本國產業、第5條增訂締約國進行反傾銷程序時遵守透明化的義務、第6條所有的關係人有權請求提示傾銷的事實與理由、第7條暫時的措施、第8條出口商的價格具結。如同過去歐洲共同體長久以來的實務發展，各種反傾銷稅至少在5年後覆查或終止，即在第11條增訂所謂的落日條款（Sunset-Klausel），在確定傾銷進口只造成輕微影響時，應盡可能立即終止反傾銷程序，藉加強關稅暨貿易總協定的仲裁程序，以提高法律安定性。

　　就反傾銷措施具有保護主義性質分析，新的反傾銷協定對於繼續發展的國際貿易具有重要的意義。新的反傾銷協定一方面有一系列的規定阻止締約國濫

---

[19]　參閱B. May, Der erfolgreiche GATT-Abschluss-ein Pyrrhussieg? Europa Archiv 1994, S. 33.

[20]　參閱B. May，前揭文，Europa Archiv 1994, S. 36。

[21]　參閱P. K. M Tharakan, Contingent Protection: The US and EC Anti-Dumping Actions, World Economy 1993, p. 575.

[22]　參閱Hauser/Schanz, Das neue GATT, München 1995, S. 74.

用反傾銷措施做為選擇性（selektiv）和單方面（unilateral）保護主義之工具，例如在確定是否構成傾銷上則採取平均原則（averaging-Prinzip），即比較平均的出口價格和平均的正常價值，並比較個別的出口價格和個別的正常價值；實施輕微（de minimis）的構成條件，即在輕微不重要的傾銷數量或傾銷差額的情形，應終止傾銷調查程序；明文規定落日條款，以限制反傾銷措施的適用期限，最長只能適用5年，此一規定主要在於保護出口商的利益，因為目前出口商必須面對非常高的反傾銷稅，而無法進口商品到進口國的市場。此外，新的反傾銷協定具有特別的意義，因為在1979年東京回合的第二個反傾銷規約僅由大約三分之一的關稅暨貿易總協定（GATT）的締約國簽署，實際上僅對少數的締約國具有法律上的拘束力；相反的烏拉圭回合結束時，最終決議所有關稅暨貿易總協定（GATT）的締約國均加入世界貿易組織，而且必須將新的反傾銷協定作為國內反傾銷立法之依據，反傾銷協定在地理上的擴展更突顯其重要意義，因而也促使阿根廷、巴西、南韓、墨西哥、摩洛哥、巴拿馬及突尼西亞等開發中國家和新興工業國家加速其國內的反傾銷立法[23]。

　　另一方面，反傾銷協定亦有不少的缺點，例如欠缺所謂的公共利益條款（"Public Interest" -Klausel）、缺乏較少的課稅原則（lesser duty rule）、未充分的區別危及競爭的傾銷和不予考慮的傾銷間之差異[24]。申言之，新的反傾銷協定並未明確顯示修正關稅暨貿易總協定的規範，而能夠保護出口商預防缺乏依據的反傾銷措施。烏拉圭回合最終決議並未順利的將公共利益條款納入新的反傾銷協定中。公共利益條款有可能造成受反傾銷措施制裁的本國人民，特別是對於進口成品或半成品負擔更高價格的本國購買者與製造者參與決定程序之結果，例如原來的歐洲共同體亦調查製造者尋求保護利益之理由和應保護的程度；公共利益條款至少有可能造成規定一個廣泛的反傾銷措施之結果。而欠缺明文規定強制的較少課稅原則，進口國有可能不斷地以其所調查的傾銷差額數據做為課徵反傾銷稅的依據。依據較少課稅原則，僅以在進口國能夠消除因傾銷進口所造成的損害為限，各國的有權機關必須課徵少於調查所得傾銷差額的反傾銷稅。申言之，若進口國以低於傾銷差額的數額已足以消除本國相關產業

---

[23]　參閱Need for Reforming Antidumping Rules and Practices-The Messy World of Fourth-Best Policies, Aussenwirtschaft 1990, S. 194.

[24]　參閱Hauserl/Schanz，前揭書，S. 85。

因傾銷所造成的損害時，即應以該較低的數額做為反傾銷稅，以避免濫用反傾銷稅做為保護主義的工具。

　　課徵反傾銷稅，不僅會扭曲製造的模式，並且會扭曲消費模式，另外亦會造成不適當分配資源而降低福利的結果，因此就福利經濟（wohlfahrtsökonomisch）觀點而言，關稅暨貿易總協定（GATT）的反傾銷規範都是非常值得懷疑，故有學者主張應由無差別待遇的競爭法規（diskriminierungsfreie Wettbewerbsregeln）取代反傾銷法[25]。因為無差別待遇的競爭法規可以根本地規範此一國際的價格差異現象，並且可避免由於價格扭曲的反傾銷稅所產生的福利損失（Wohlfahrtsverlust）[26]。

　　但由適當的競爭法規取代關稅暨貿易總協定（GATT）的反傾銷規範，在目前的國際貿易實務都是不切實際的，因為受進口競爭影響的製造者視反傾銷立法為其依需要所得使用的保護條款，這些製造者的遊說集團在政治上依然有很大的影響力[27]。比較實際的做法，應是嚴格限制適用反傾銷法規，以防止以占有市場和剝削市場為目標的國際價格差異現象。鑑於國際貿易自由化的豐碩成果，極不可能出現傾銷者可以藉自己侵略性的價格政策（aggressive Preispolitik）排除本國與外國的競爭者，之後又能在已經占有的市場上實施壟斷價格（Monopolpreis）[28]。

　　依據實務經驗顯示，掠奪傾銷（räuberisches Dumping）實際上是無關緊要的推測，例如將近90%由執委會所進行的反傾銷調查程序中，不到25%的外國供應者在共同市場上具有優勢地位[29]。因此各會員國有權適用反傾銷措施的機關主張援引傾銷法之必要性，以對抗侵略性傾銷（aggressives Dumping）的論點，顯然欠缺可信度而缺乏說服力。原則上在世界經濟統合（Integration der Weltwirtschaft）增加的時代，為對抗侵略性傾銷而採取限制性措施之必要性，

---

[25]　參閱Hauser/Schanz，前揭書，S. 83。

[26]　參閱P. Nicolaides, The Conduct of Anti-Dumping Policy, Aussenwirtschaft 1990, S. 426。

[27]　參閱Hauser/Schanz，前揭書，S. 84。

[28]　參閱E.-U. Petersmann，前揭文，Aussenwirtschaft 1990, S. 183。

[29]　參閱P. A. Messerlin, Antidumping, in J. J. Schott (ed.), Completing the Uruguay Round, Washington D. C. 1990, p. 126。

都是令人質疑的，尤其是從福利經濟的觀點來看，限制性的措施並不適當[30]。

　　新的反傾銷協定同時擬抗衡單獨採取保護主義的意圖，並拘束所有締約國遵守確定的程序規定與標準；對於歐洲聯盟而言，烏拉圭回合新的反傾銷協定之意義，係廣泛的確認歐洲聯盟至目前為止所確立的傾銷認定標準[31]。

伍、2009年第1225號反傾銷規章

　　1994年12月31日理事會配合烏拉圭回合談判結束所簽署的反傾銷協定，轉換其內容，修正1988年第2423號規章，而制定公布第3283號反傾銷規章，共有24條，並自1995年1月1日起正式生效[32]，第3283號反傾銷規章的所有部分均有拘束力，且直接適用於每個會員國。

　　首先1994年第3283號規章並未就正在進行的反傾銷調查程序予以過渡性條款之規定，因而出現法律漏洞，故理事會又於1995年2月23日公布第355號規章[33]以填補此一程序規定上的漏洞。即1988年第2423號規章仍適用於在1994年9月1日已經開始的調查程序，但在1994年第328號規章生效時尚未終結的反傾銷調查程序、或在1994年9月1日前公布對於即將期滿的反傾銷稅所展開的覆查程序；而第3283號規章新的規定則適用於1994年9月1日以後，才開始的所有程序[34]。之後歐洲聯盟的反傾銷規章又經過多次的修訂，因此2009年時重新編排修訂的內容，公布第1225號反傾銷規章，而成為歐洲聯盟現行有效的反傾銷規章。

---

[30]　參閱Hauserl/Schanz，前揭書，S. 85。

[31]　參閱Dokumente zur internationalen Wirtschaftspoltik: APEC, NAFTA und GATT, Europa Archiv 1994, D-82f.

[32]　1994年第3283號規章第24條。

[33]　Amtsblatt der Europäischen Gemeinschaften 1995 L41/2.

[34]　1995年第355號規章第1條。

第二節　適用範圍

壹、地域的適用範圍

　　2009年第1225號反傾銷規章乃配合烏拉圭回合反傾銷協定之內容，修正1988年第2423號規章而來的現行有效的歐洲聯盟反傾銷規章，主要目的在於防止來自非歐洲聯盟會員國的傾銷商品進口，即係防止來自第三國進口商品的傾銷，至於該第三國是否為關稅暨貿易總協定（GATT）的締約國，或是否與歐洲聯盟訂有結盟協定或自由貿易協定（Assoziierungs-oder Freihandelsabkommen），則非所問[35]。但依據第22條第i項之規定，本規章不得牴觸歐洲聯盟與第三國所簽訂協定中的任何特別規定，即若歐洲聯盟與第三國的結盟協定或自由貿易協定中，就反傾銷法規有特別協議時，則應優先適用該協定中的特別規定。因此，反傾銷規章亦適用於自我國進口到歐洲聯盟的商品。

貳、事物的適用範圍

　　第1225號反傾銷規章乃理事會依據歐洲聯盟運作條約第207條制定公布，故本規章適用於歐洲聯盟運作條約第207條所規範的商品、農產品及農產加工品[36]。但本規章並不適用於因提供廉價的勞務（Dienstleistungen）所造成產品在共同市場上低價供應的情形[37]，即第1225號規章僅包括商品的傾銷，而不包括勞務業傾銷、社會傾銷與貨幣傾銷（Fracht-、Sozial-und Valutadumsing）在內[38]。反傾銷措施是共同貿易政策的核心範圍，也是最重要的貿易政策上的保

---

[35] 參閱van Bael/Bellis，前揭書，P. 29; Riesenkampff/Pfeifer, Die Abwehr von gedumpten und subventionierten Einfuhren in die EG, Der Betrieb 1987, S. 2507; E. A. Vermulst，前揭書，p. 8。

[36] 1994年第3283號規章第22條第ii項。

[37] 參閱van Bael/Bellis，前揭書，p. 29; Hans Dieter Kuschel，前揭書，S. 39f; E. A. Vermulst 前揭書，p. 8。

[38] 參閱Rainer M. Bierwagen，前揭書，p. 8; E.Doeblin，前揭書，S. 17; EuGHE RS. 239 und

護措施，適用於所有進口商品。

第三節　傾銷之構成要件

壹、傾銷進口之事實

一、通論

第1225號規章第1條第1項規定，歐洲聯盟得課徵反傾銷稅（Antidumpingzoll）的實質構成要件，即任何行銷於歐洲聯盟內的傾銷進口商品，該傾銷進口商品造成歐洲聯盟內相關產業的損害，故首先必須有第三國的商品傾銷到歐洲聯盟的事實存在，且因而在歐洲聯盟內造成損害。

第1條第2項則定義傾銷進品（gedumpte Ware），係指第三國商品在出口到歐洲聯盟的價格低於特定的相同種類產品（gleichartige Ware）在正常交易中在出口國可以比較的價格。申言之，第1225號反傾銷規章主要目的仍是要阻止來自第三國的進口商品在歐洲聯盟市場上的銷售價格低於其來源市場（Herkunftsmarkt）的銷售價格[39]。要確定來自第三國的進口商品是否構成傾銷，必須以直接的價格比較為認定的依據，即相同種類的商品亦同樣地在來源市場上銷售，故第1225號規章第1條第3項定義出口國（Ausfuhrland），通常係指原產國（Ursprungland），但亦得為中間國（Zwischenland）；但商品的過境國，或並未生產該傾銷產品的國家，或對於該傾銷商品無可以比較價格的國家，則不包括在內。

相同種類產品在確定是否構成傾銷進口，及是否造成歐盟產業的損害，均

275/82, Allied Corporation, Slg. 1984, S. 1034; Grabitz/Hilf，前揭書，Art. 113 EGV, Rn. 125; Ralph Landsittel，前揭書，S. 34; Richrard Senti，前揭書，S. 228; E. A. Vermulst，前揭書，p. 5; W. A. Wares，前揭書，p. 6。

[39] 參閱R. M. Bierwagen, Die neue Antiduminggrundverordnung nach dem Abschluss der Uruguay-Runde, Europäische Zeitschrift für Wirtschaftsrecht 1995, S. 231.

非常重要，即僅在傾銷進口商品對於相同種類產品之歐盟產業造成損害時，歐洲聯盟才得課徵反傾銷稅。第1225號規章第1條第4項即定義相同種類產品，係指一商品與系爭商品在各方面均為相同的（identisch），或雖無此種商品，但可證明與系爭商品的特徵非常類似（sehr ähnlich）。基本上第1225號規章沿襲1988年第2423號規章的相同種類產品概念，而此一概念在立法上歐洲聯盟不僅直接援引關稅暨貿易總協定（GATT）第VI條相同種類產品的概念，並且繼受1979年第二個反傾銷規約第2條第2項對於相同種類產品的法定定義規定，即在認定產品間是否為相同種類產品時，係以進口商品與歐盟產品物理上的性質（physische Beschaffenheiten）做為依據[40]。

在歐洲聯盟過去的實務上，執委會通常也使用物理上的性質做為判斷是否為相同種類產品之標準[41]，即原則上必須傾銷進口的商品與歐盟產品在物理上的性質是完全相同，但是近年來，執委會除以產品間物理上性質類似做為認定標準外，同時亦考慮產品間之其他因素做為判定相同種類產品之標準，例如在1987年影印機、1988年印表機與1988年錄音機反傾銷調查程序中，執委會都採取「功能上類似」（funktionelle Ähnlichkeit）之概念，做為判定相同種類產品之標準。

1987年影印機反傾銷調查程序中，執委會係以與該進口影印機，在技術上之特徵（technsche Merkmale），是否有相同的影印功能，做為比較標準，例如影印機之影印數量、每一張影印所需的成本等，做為判斷是否為相同種類產品的根據[42]。

在1988年對印表機的反傾銷調查程序中，執委會首先比較印表機物質上與技術上之特性，然後在判定個別印表機是否為種類接近或相同時，卻考慮印表機的使用範圍與操作等因素。執委會在此一反傾銷程序中所持見解，無疑地係對物質上與技術上特徵之差異作廣義的解釋，以便將該接受調查的產品視為相同種類產品。執委會認為，除非基於現存的技術上差異、使用範圍、操作或消

---

[40]　參閱van Bael/Bellis，前揭書，p. 114; S. A. Baker, "Like" Products and Commercial Reality, in Jackson/Vermulst (eds.), Antidumping Law and Practice, Ann Arbor/Michigan 1989, p. 287; P. C. Reszel，前揭書，S. 54。

[41]　參閱S. A. Baker，前揭書，P. 287f。

[42]　Amtsblatt der Europäischen Gemeinschaften 1987 L54/18.

費者對該產品之想像等，與系爭進口商品之種類和用途，原則上有明顯的差異，亦即在本案中，執委會對於相同種類產品之判定，採取肯定的見解，若有相同的使用範圍、操作或消費者對該產品有相同的想法，即為相同種類產品；由於使用範圍、操作與消費者對產品之想像，關係到所有相同的基本使用及基本功能。執委會並認為，除有相同的使用範圍與相同的操作方法外，在一定程度上，至少在個別的印表機機型間，存在銷售上之可易性（gewerbliche Austauschbarkeit）[43]。

　　而在1988年有關錄音機的反傾銷調查程序中，執委會卻主張，所有這些進口的錄音機，原則上只要有相同的技術，對顧客而言，具有相同的用途（Verwendungzweck），即可視為相同種類產品[44]。

　　由上述所列舉的反傾銷調查程序中，執委會在判定傾銷進口商品與歐盟產品是否為相同種類產品時，係以產品用途之可易性做為判定標準，且有逐年增加之趨勢[45]。

　　歐洲法院在最近的判決中[46]，對於相同種類的產品的概念，亦將採取廣義的解釋，即若可證明傾銷進口商品與歐盟產品間原則上有相同的物理上特性，且商品間無明顯使人信服的區別標準時，則這些商品即可視為相同種類產品。對於技術性產品（technische Produkte），歐洲法院亦採取執委會之見解，即商品在可比較的式樣（Modelle）與類型（Typen）上無明顯的區別，或商品在互相競爭時，該式樣與類型亦相同時，亦可視為相同種類產品。而產品的各式各樣在競爭時所造成的價格差異，並非判定相同種類產品之必要要件，僅各式樣產品在不同的價格等級中，互相競爭即為已足。在此意義下，所謂的相同種類

---

[43] Amtsblatt der Europäischen Gemeinschaften 1988 L 130/14f.

[44] Amtsblatt der Europäischen Gemeinschaften 1988 L 240/7.

[45] 例如Beschluss der Kommission von 6.3. 1984 zur Einstellung des Antidumpingverfahrens betreffend die Einfuhren von kaustisch gebranntem natürlichem Magnesit mit Ursprung in der VR China, Amtsblatt der Europäischen Gemeinschaften 1984 L 166/33; VO (EWG) Nr. 2005/88 der Kommission von 5. 7. 1988 zur Erhebung eines vorläufigen Antidumpingzolls auf Typenraddrucker mit Ursprung in Japan, Amtsblatt der Europäischen Gemeinschaften 1988 L177/2.

[46] 參閱Rs. C-69/90, Nakajima/Rat, in F.-H. Wenig, Neueste Entwicklungen in Autidumpingrecht der EG, Europäische Zeitschrift für Wirtschaftsrecht 1991, S. 439.

產品，實際上包括了商品等級與商品種類重疊的所有式樣及類型在內。[47]

在過去的實務中，對所謂的「非常類似」都採取廣義的解釋，在以技術標準做為判斷商品類似性之情形，將造成雖然在歐洲聯盟市場上根本不存在可資比較的商品，但都可構成傾銷及構成聯盟產業損害之結果。因此，對於相同種類產品，學者間一致的見解，均認為「非常類似」之概念，應從嚴解釋，故替代品雖然有相同的用途，但相同種類產品並不包括替代品在內[48]，以避免無形中擴大保護產業，而濫用反傾銷措施。通常「相同種類」不僅要有相同的產品類型，而且還要證明有相同的配備，例如五段變速的自行車與十段變速自行車的價格無法比較[49]。

傾銷調查的三個步驟為，（1）確定進口商品的正常價值；（2）確定該商品銷售到歐洲聯盟的出口價格；（3）就正常價值與出口價格作價格比較，以便計算傾銷差額，而確定是否構成傾銷進口。正常價值與出口價格為判斷是否構成傾銷的兩個最重要要素，即在確定傾銷與否的過程中，首先必須確定進口商品的正常價值（即商品在出口國市場上的銷售價格），然後再計算其出口價格（即商品在歐洲聯盟市場之銷售價格），最後將正常價值與出口價格作價格比較，以確定是否在二者間存在傾銷差額，及其額度的高低，以做為課徵反傾銷稅的依據。

二、正常價值

歐洲聯盟反傾銷規章亦採取關稅暨貿易總協定（GATT）第VI條中「正常價值」的概念，及在1979年第二個反規約第2條第3項與第4項中對正常價值的確定標準。過去執委會得就具體的個案考慮製造成本費用與銷售利潤，而依其

---

[47] 參閱Eu GH Rs. -171-87, Canon/Rat; Rs. C-172/87, Mita/Rat; Rs. C-174/87,Ricoh/Rat; Rs. C-175/87, Matsushita/Rat; Rs. C-176/87, Konishiroku/Rat; Rs. C-177/87, Sanyo/Rat; Rs. 178/87, Minolta/Rat, in F. –H. Wenig, Neue Entwicklungen in Antidumping-Rechtsprechung, Europäische Zeitschrift für Wirtschaftsrecht 1992, S. 280.

[48] 參閱J. F. Beseler，前揭書，S. 104; Beseler/Williams，前揭書，p. 88; P. C. Reszel，前揭書，S. 57f; E. A. Vermulst，前揭書，p. 629。

[49] 參閱Rainer M. Bierwagen，前揭文，Europäische Zeitschrift für Wirtschaftsrecht 1995, S. 232。

自由裁量權限，以選擇正常價值的計算方法，而在實務上卻常常造成傾銷進口商品的正常價值常常偏低的情形，因此2009年第1225號反傾銷規章對於計算正常價值有更詳細的新規定。

　　依據第2條第1項之定義規定，正常價值係由獨立的顧客在出口國正常的交易中所支付或應支付的價格。（a）若出口商既未製造又未銷售相同種類商品的情形，則得基於其他銷售者或製造者的價格，計算正常價值；（b）在買方與賣方雙方當事人間有業務關係（geschäftliche Verbindung）或有補償約定（Ausgleichsvereinbarung）的情形，若確定當事人間的價格並不受此一交易關係影響時，則得視此交易關係為正常交易，並僅以此關係計算正常價值。申言之，首先在確定正常價值時，必須以相同種類的產品根本上在製造國的市場上亦銷售的情形，做為計算正常價值的依據；若無這種情形，才依據上述（a）與（b）之規定計算正常價值。

　　第2條第2項新增訂，若系爭商品至少有5%係銷售到歐洲聯盟時，在計算正常價值時，則以在本國市場上供消費用的相同種類商品的銷售價格做為計算基礎；例如若將對於相關市場所計算的價格視為具代表性（repräsentativ）的價格時，則應允許較少的百分比。申言之，系爭傾銷進口商品至少有5%係銷售到歐洲聯盟時，則在其本國市場上的銷售價格亦得做為正常價值；但此一5%的界限，係指該傾銷進口商品在其本國市場上或在歐洲聯盟市場上產品的總銷售量，或是指個別的相同種類產品的總銷售量，在第2條第2項中卻未明確的規定。因為有可能在個別的相同種類產品已達到5%的界限，但尚未達到總銷售量的5%，在這種情形歐盟機關在過去實務中，亦無一致的計算方法[50]。而在第2條第2項後段卻規定，若出口少於5%時，而銷售價格具有代表性時，亦得以該銷售價格為基礎計算正常價值。

　　在出口國市場上僅少量銷售相同種類產品或在出口國市場上的銷售價格不敷成本的情形，第2條第3項規定，依據在原產國（Ursprungsland）的製造成本（Herstellungskosten），另外加上相當的銷售費用（Vertriebskosten）、管理費用（Verwaltungskosten）和間接費用（Gemeinkosten），以及相當的利潤，或

---

[50] 參閱Rainer M. Bierwagen，前揭文，Europäische Zeitschrift für Wirtschaftsrecht 1955, S. 232.

在相當第三國的正常交易所適用具有代表性的價格,計算相同種類產品的正常價值。

　　依據第2條第4項之規定,在本條第1項至第7項的情形,對於銷售費用、管理費用、間接費用和利潤之計算,係依據受調查出口商或製造者在製造或銷售相同種類商品正常交易中事實上的數據;若無法依據這種計算方法時,則(i)依據其他受調查出口商或製造者在原國的本國市場上銷售與製造相同種類商品實際上計算所得數額之加權平均(gewogener Durchschnitt)計算;(ii)依據系爭出口商或製造者在原產國的本國市場上製造或銷售相同的一般商品分類(gleiche allgemeine Warengruppe)實際的數額計算;(iii)以按此方式計算出的利潤不高於其他出口商或製造者在原產國的本國市場上銷售相同的一般商品分類所獲利潤為限,得依據其他適當的方法計算。申言之,首先按照其他受調查的出口商或製造者在銷售及製造相同種類產品的成本結構計算正常價值;其次則依據在原產國的市場上實際的製造者或出口商對於相同的一般商品分類的成本結構計算正常價值;第三種計算方法,並非針對其他受調查的製造者或出口商所獲得的利潤,而是針對由歐盟機關所計算的出口利潤。

　　而在計算製造成本時,第2條第5項規定,考慮符合製造週期開始階段(Anlaufphase)所公布較高的費用,但在之後的反傾銷措施生效時並不具代表性的費用。通常對於全部調查期限計算一產品的製造成本,且一般係以展開程序前的12個月做為調查期限。為使調查得以迅速終結,通常不考慮在調查期限後,但在採取反傾銷措施前的發展;而為使特別的個別情況公平合理(gerecht),且必要時在立刻覆查申請前採取反傾銷措施,得例外地以開始階段結束時的成本做為計算正常價值的依據。若開始階段在調查期限結束時尚未終結時,僅以覆查為限,亦得考慮在調查期限後的發展。

　　在計算系爭商品在本國市場上假設的銷售價格,尤其是銷售給代工(Original Equipment Manufacturer,簡稱OEM)繼續製造的情形,依據第2條第10項第d款新規定計算銷售費用、管理費用、間接費用和利潤差額的方法,而在這種情形成本與利潤差額均比較低。

　　第1225號規章對於抵銷成本(Kostendeckung)的概念明確的加以規定,依據第2條第4項之規定,抵銷成本係指商品的價格高於單價(Stückkosten),另外加上銷售費用、管理費用和間接費用;在個別銷售的情形,若在銷售時低

於單價的價格高於在調查期限內所衡量的平均單價時，即為已足；且在計算傾銷差額時，得完全不考慮不敷成本的銷售情形。

計畫經濟（Planwirtschaft）型態出口國之商品傾銷，由於這類國家並無自由的市場體系，亦無市場經濟的成本與價格制度，其市場價格與機制完全由國家主導與操縱。第2條第7項規定對於非市場經濟國家（Länder ohne Marktwirtschaft，例如亞塞拜然、北韓、白俄羅斯、塔吉克、土庫曼、烏茲別克等國）的商品傾銷正常價值之計算方法，即第2條第7項係對於來自非市場經濟國家傾銷進口商品計算正常價值的特別規定。由於在計畫經濟體制國家中，國家不僅操縱工資，再加上對於國營事業的補貼，因此造成低的工資成本。另外，國家主導的市場價格制度，即商品的市場價格，完全由政府決定，並不考慮市場價格機制，因此造成不合理的價格功能，亦因而造成國家壟斷對外貿易的現象。而由於國家操縱匯率，且其貨幣並不參與自由的外匯交易，故在計畫經濟型態的國家中，貨幣亦無法反映其商品在國內真正的價格[51]。

依據第2條第7項規定，對於來自非市場經濟國家的商品傾銷，係以具有市場經濟的第三國之市場價格為依據計算正常價值；若無適當的第三國時，則依據其他相當的計算方法，甚至包括在歐洲聯盟內對於相同種類產品實際應支付或應支付的價格在內計算正常價值，必要時並得加入合理的利潤差額（angemessene Gewinnspanne）而加以適度的調整。為達成本項規定之目標，應以合理的方式（auf nicht unvertretbare Weise），並適當的考慮所有在可選擇時可使用可信的資料，選擇相當的具有市場經濟的第三國；且應在開始程序後不久通知受調查的當事人關於具有市場經濟第三國之選擇，並得在10天期限內發表意見。

計算來自非市場經濟國家的商品傾銷的正常價值上，執委會享有裁量權限，因執委會可自由的選擇具有市場經濟的第三國；過去歐洲法院亦承認，針對計畫經濟國家的傾銷進口，在選擇可資比較的具有市場經濟型態的第三國

---

[51] 參閱J. F. Beseler，前揭書，S. 52; R. Denton，前揭文，International and comparative Law Quarterly 1987, p. 200f; H. C. Dielmann, Das neue EG-Recht betreffend die Abwehr von Dumping Importen, Die Aktiengesellschaft 1980, S. 301; P. C, Reszel，前揭書，S. 20; Riesenkampff/Pfeifer，前揭文，Der Betrieb 1987, S. 2508; Riley/Schuster, Untersuchungsverfahren bei Dumping und Niedrigpreiseinfuhren, Wirtschaft und Wettbewerb 1983, S. 770.

上，執委會得依其裁量權限自行決定[52]。

歐洲法院解釋所謂的「以合理的方式」（auf nicht unvertretbare Weise），係指對於來自非市場經濟國家之商品進口，在選擇可資比較的第三國時，必須考慮下列的因素，即歐盟機關必須審查在作比較的兩個國家間，其製造方法是否可加以比較，以及廠商在生產、加工時，所使用的原料是否類似；而在選擇可資比較的市場經濟國家時，尚須考慮其商品價格是否係因市場真正競爭的結果，但可比較國家的市場大小，都非選擇的要素，只要在調查時期在可比較國家中有足夠的銷售額即可，考慮來自非市場經濟國家的出口，以確定在可比較國家市場上的代表價格[53]。

三、出口價格

第1225號規章對於出口價格並無新的規定，依據第2條第8項之規定，所謂的出口價格，係指商品出口銷售至歐洲聯盟實際支付或應支付的價格。第2條第9項規定，若無出口價格存在，或證實由於出口商與進口商，或出口商與第三人間有業務關聯性（geschäftliche Verbindung）或有某種補償協議（Ausgleichsvereinbarung），致使該輸入至歐洲聯盟銷售之出口價格不足以採信時，則出口價格得以該進口商初次轉售予獨立買受人（unabhängiger Käufer）的價格做為計算標準；但若該商品並非轉售予獨立買受人，或並非依進口時之情況繼續銷售時，則依其他合理的基礎計算出口價格。在此情況，所有在進口時再銷售所產生合理的利潤差額、費用，包括關稅與稅捐在內，均應予以斟酌考慮，以計算出在歐洲聯盟內毫無限制的可靠出口價格。對於計算所使用的數額，則包括所有通常由進口商所負擔、但由當事人在歐洲聯盟內或歐洲聯盟外所承擔的數額；在證實當事人與進口商或出口商間有業務關係或補償協議存在時，計算所使用的數額特別是包括通常的運費、保險費、準備費用、

---

[52] 參閱EuGHE Rs. C-16/90, Detlef Noelle, in F. -H. Wenig, Gerichtshof erklaert Antidumpingverordnung für ungültig, Europäische Zeitschrift für Wirtschaftsrecht 1991, S. 706.

[53] 參閱EuGH Rs. C-16/90, Detlef Nölle, in F. -H. Wenig，前揭書，Europäische Zeitschrift für Wirtschaftsrecht 1991, S. 706。

裝載費、雜費、關稅、反傾銷稅和其他在進口國內因進口或商品銷售應繳納的其他稅捐，以及對於銷售費用、管理費用、間接費用和利潤相當的數額在內。

　　至於執委會就上述計算出口價格的方法選擇，享有極大的裁量權限，即執委會得自由的選擇其認為相當的計算方法，以確定的計算出出口價格[54]。

四、價格比較

　　依據關稅暨貿易總協定（GATT）第VI條之規定，進口國有權自行就進口商品之正常價值與出口價格，進行價格比較，以確定系爭進口商品是否構成傾銷。在歐洲聯盟的反傾銷調查程序中，執委會與理事會有權進行價格比較，尤其是執委會在價格比較的過程中，更是扮演著非常重要的角色。由於執委會對於正常價值與出口價格計算方法的選定，享有極大的裁量權，而價格比較的結果對於判定是否構成傾銷進口非常重要。

　　關於價格比較的規定，即依據第2條第10項之規定，應公平的比較正常價值與出口價格，並應在相同的交易階段，盡可能以最接近的時間計算所得的銷售價格為基準。為確保價格比較之公平性，應依據具體的個案，考慮影響可資比較價格的各種外在因素，例如商品實質上的品質差異、進口規費與間接稅的差異、減價與數量折扣、不同的交易階段、運費、保險費、準備的費用、裝載費和雜費、包裝、提供貸款、服務顧客的費用、佣金及匯率等。

　　傾銷差額（Dumpingspanne）的計算，係比較相同種類商品在出口國本國市場上的正常價值和在歐洲聯盟市場上的價格所得到的結果。執委會在比較正常價值與出口價格後，若得到正常價值高於出口價格之結果時，依據第2條第12項之規定，即存在傾銷差額。而依據第2條第11項之規定，執委會在計算傾銷差額時，不論計算正常價值或計算出口價格，均採取加權平均（gewogener Durchschnitt）的計算方法，並不排除依據第17條的規定作抽樣調查的選擇。即執委會可以進行抽樣調查（Stichproben），例如在貿易額很大、有很多當事人的情形中，以最具有代表性的生產量、銷售量或出口量，選擇最具有代表性的

---

[54] 參閱Gert Nicolaysen，前揭文，Europarecht 1991, S. 230; Riesenkampff/Pfeifer，前揭文，Der Betrieb 1987, S. 2507。

正常價值與出口價格[55]。

貳、歐盟產業的損害

　　依據第1225號規章第2條第1項之規定，傾銷進口商品造成歐盟內相關產業之損害，係歐洲聯盟課徵反傾銷稅的第二個要件。

一、歐盟產業之定義

　　傾銷進口的損害客體，依據第4條之定義規定，所謂的歐盟產業（Wirtschaftszweig），係指相同種類產品之所有歐洲聯盟內製造者，或其製造依據第5條第4項之規定，係占50%以上而構成歐洲聯盟內相同種類產品主要部分（erheblicher Teil）的製造者；此外，並得為保護歐洲聯盟內特定區域內的製造者而接受出口商依據第8條的具結，並得對全部歐洲聯盟採取暫時的或最終的反傾銷稅，即依據第4條第3項之規定，為採取反傾銷措施在衡量利益時，特別考慮歐洲聯盟內特定區域的利益，則該特定區域內的製造者亦可視為歐盟產業。

　　第4條第1項對於歐盟產業並規定兩種例外的情形，一為若歐洲聯盟的製造者與出口商或進口商間有業務關聯，或歐盟製造者本身即為系爭傾銷商品的進口商時，則所謂的歐盟產業僅指其他的歐盟製造者。依據第4條第2項之規定，所謂的業務關聯，係指下列三種情形，即(1)其中一人直接或間接控制另一人；(2)其中的二人直接或間接受第三者的控制；或(3)製造者、出口商與進口商共同直接或間接受其他第三人的控制，並僅以相關的製造者基於此一業務關聯不同於獨立的製造者之行為的假設，或懷疑有理由為限；而所謂的控制，係指掌控者在法律上或事實上得強迫或指示受控者的情形。

　　第二種例外情形，係指在特殊的情況下，出現就系爭的產量區隔歐洲聯盟

---

[55]　在1988年第2423號規章第2條第8項規定，正常價值係以加權平均的價格做為計算基礎，而出口價格通常應與正常價值根據個別交易過程作逐一的比較。

的領域為二個或二個以上的競爭市場（Wettbewerbsmarkt），且在每個個別的競爭市場上製造者視為特有的產業（eigener Wirtschaftszwig）。即在此一市場上的製造者在競爭市場上銷售系爭商品全部或近乎全部的產量，且在競爭市場上系爭商品在歐洲聯盟內其他區域的製造者並非明顯的範圍滿足需求時，則這些在區隔競爭市場的製造者亦不視為歐盟產業。若全部歐盟產業的主要部分未受損害時，則在此一情形得確定這些製造者的損害，但僅以傾銷進口集中於此一孤立的市場，且損害在此一市場上全部或近乎全部產量的製造者為限。

　　第4條第4項並明文規定，應適用第3條第8項之規定，即應考慮傾銷進口對於歐洲聯盟的相同種類商品的產業所造成的影響。

二、損害

　　依據第3條第1項之規定，所謂損害（Schädigung），係指傾銷進口的商品造成歐洲聯盟內現有的特定產業之重大（bedeutend）損害、或有重大損害之虞、或對某一歐盟產業之建立造成重大妨礙。損害之確定，依據第3條第2項之規定，必須基於明確的證據，而且必須客觀的調查(a)傾銷進口的數量及其在歐洲聯盟市場上對於相同種類商品價格的影響，以及(b)此一傾銷進口對於歐盟產業的影響。

　　關於傾銷進口數量應考慮系爭進口是絕對的增加，或與在歐洲聯盟的製造或消費關係上是明顯的增加；而關於傾銷進口對於價格的影響，應考慮歐盟產業所製造的相同種類產品的價格關係上，傾銷進口是否造成明顯的削價出售（Preisunterbietung），或系爭進口是否以其他方式造成明顯的價格下降或明顯的阻礙價格上漲；但上述這些因素均不必是具有決定性的因素[56]。

　　第3條第4項則新增訂傾銷進口同時來自數個國家的情形，即得累積（komulativ）合併調查傾銷進口所造成的影響，但僅以進口的商品間有相互競爭的關係，且亦與歐洲聯盟的相同種類商品間有競爭關係為限。此外，每個出口國必須至少有2%的傾銷差額存在，且每個出口國的數量不得僅是少量，而依據第5條第7項之規定，進口數量少於歐洲聯盟消費的1%時，即得視為少

---

[56] 參閱2009年第1225號規章第3條第3項。

量，除非是全部系爭進口的數量超過歐洲聯盟消費的3%時，則不視為少量。

　　相關的歐盟產業受到傾銷商品進口的損害，係歐洲聯盟合法課徵反傾銷稅的客觀構成要件，但出口商主觀的損害意圖，則非必要的要件[57]。而歐洲聯盟對傾銷進口的商品課徵反傾銷稅時，必須在傾銷進口與歐盟產業所受損害間，存在因果關係[58]。

　　在證明系爭的傾銷進口的數量和價格對於歐盟產業造成損害外，依據第3條第5項之規定，亦應考慮所有相關的經濟因素對於歐盟產業的狀態所造成的影響，包括歐盟產業仍受過去的傾銷或補貼影響的事業、實際的傾銷差額額度、銷售、獲利、製造、市場占有率、生產力、利潤率與生產力負荷量實際的及潛在的下降、影響歐洲聯盟價格的因素、對於現金流通、存貨狀況、僱用員工、工資、成長、投資報酬率或投資機會所產生實際的及潛在的負面影響等。上述這些因素僅為例示規定，且這些標準不必是具有決定性的標準。並且考慮在歐洲聯盟的市場條件，即依據第3條第7項之規定，例如非傾銷進口的數量與價格、需求下降或消費習慣的改變、外國製造者與共同製造者的限制貿易行為和彼此相互間的競爭、歐盟產業在技術，及出口與生產力的發展等。

　　依據第3條第8項的規定，若由於製造過程、製造者的銷售與利潤等標準可供使用的資料得界定歐盟產業相同種類商品的製造者時，則應考慮傾銷進口對歐盟產業的相同種類商品的製造所造成的影響；若無法界定此一製造時，則應考慮傾銷進口對於相同種類商品以相關的商品類別或品種所包含的必要資料，對最小的產量所造成的影響。

　　因傾銷進口所造成歐盟產業的重大損害，並不以已實際發生損害為必要，

---

[57]　參閱Eugen Langen，前揭書，S. 75; P. C. Reszel, Präventivschutz in EG-Antidumping-und Antisubventionsverfahren, Recht der Internationalen Wirtschaft 1988, S. 123; J. Schwarze, Rechtsschutz gegen Antidumpingmassnahmen der EG, Europarecht 1986, S. 220; A. Weber，前揭文，Europarecht 1985, S. 3。

[58]　參閱1979年第二個反傾銷規約第5條第1項; J. F. Beseler，前揭書，S. 96; Beseler/ Williams，前揭書，p. 165; Eberhard Grabitz，前揭書，Art. 113 EGV, Rn. 128; Hailbronner/ Bierwagen, Neue Formen des Dumping und ihre Regelung in Aussenwirtschaftsrecht der EG, Recht der Internationalen Wirtschaft 1988, S. 706; H.-J. Priess, Europa 1992, Juristische Schulung 1991, S. 631; P. C. Reszel，前揭書，S. 44。

而只須對歐盟產業有可能造成重大損害，即為已足 [59]。依據第3條第9項之規定，確定是否有重大損害之虞，必須基於事實，而不得僅基於推測、推定或可能性之判斷，即必須出現傾銷而造成損害的情況，且清楚地可預見及直接地將發生損害，而下列的因素可做為判斷有重大損害之虞的參考，例如傾銷商品銷售至歐洲聯盟市場明顯的增加率以做為預期明顯進口增加的指標、在出口商有足夠的自由支配出口量或直接地將發生明顯的出口量增加以做為預期傾銷到歐盟明顯增加的指標、進口是否對價格造成廣泛的壓力或阻礙價格提高和是否可預期將造成對繼續進口的需求增加，以及在系爭受調查商品的庫存情形。但這些因素不得做為唯一的決定因素，必須考慮所有的因素，以得到直接地將發生繼續傾銷出口的結果，且不採取保護措施即有可能造成重大損害。

　　依據第2條第1項對於損害的定義，甚至傾銷進口的商品根本未對歐盟產業造成重大損害，或並無重大損害之虞，而只須對將建立的歐盟產業造成重大妨礙時，亦有可能被認定構成損害的要件。但在歐洲聯盟過去的實務上，此一要件卻從未發生過。

　　在歐洲聯盟的反傾銷實務上，完全由執委會進行反傾銷的調查程序 [60]，即不僅由執委會決定是否構成傾銷進口，並且由執委會確定該傾銷進口是否造成歐盟產業的損害。歐洲聯盟在反傾銷程序中調查損害上，係採取單軌制度（einseitiges system），但此一制度卻對相關的當事人非常不利，因為執委會在確定重大損害上，享有廣泛的裁量權 [61]。而歐洲法院在反傾銷訴訟中的審查權，則僅限於審查執委會是否遵守反傾銷規章中的程序規定、對事實的正確調查與否，以及是否有明顯的瑕疵存在和是否濫用裁量權等 [62]。

---

[59]　參閱Eugen Langen，前揭書，S. 75; Riesenkampff/Pfeifer，前揭文，Der Betrieb 1987, S. 2508; Schmidt/Richard，前揭文，Wirtschaft und Wettbewerb 1991, S. 667。

[60]　參閱2009年第1225號規章第6條第1項。

[61]　參閱J. F. Beseler，前揭書，S. 96；G. Nicolaysen，前揭文，Europarecht 1991, S. 231; Riesenkampff/Pfeifer，前揭文，Der Betrieb 1987, S. 2508; Schmidt/Richard，前揭文，Wirtschaft und Wettbewerb 1991, S. 674; E. A. Vermulst，前揭書，p. 629。

[62]　參閱F.-H. Wenig，前揭文，Europäische Zeitschrift für Wirtschaftsrecht 1992, S. 280。

參、歐盟利益

　　歐盟機關欲課徵反傾銷稅做為對抗傾銷進口的保護措施時，除必須有第三國商品傾銷進口的事實及因而造成歐盟相關產業的重大損害外，尚必須是為維護歐盟利益所必要者。在過去反傾銷規章中，並無明確定義聯盟利益與利益所涵蓋的範圍，就此不確定的法律概念，卻僅賦予執委會和理事會就具體個案，依其職權自由的裁量。

　　執委會對於歐盟利益的定義，認為應考量廣泛的因素，而其中最重要的考量因素為消費者的利益、產品加工者的利益，以及在歐洲聯盟市場上的競爭環境[63]，但在過去的實務上，執委會認定聯盟利益時，並非僅限於考量消費者的利益、產品加工者的利益，以及對於歐洲聯盟市場上競爭環境之影響，事實上還考量第三國傾銷進口，對於歐洲聯盟內在經濟上、社會上，或在對外貿易關係上所造成的影響，例如歐盟產業所遭受的損害[64]、歐盟產業技術之維持和提昇，以及確保人民之就業機會[65]、維持歐盟產業的競爭力[66]、維持歐洲聯盟與第三國之貿易關係[67]，而在執委會的實務上，卻鮮少出現以消費者的利益為聯盟利益的考量因素。例如在1985年的日本打字機傾銷進口案中，執委會除考量歐洲聯盟打字機製造業者所受的損害外，亦認為課徵反傾銷稅有助於提高產品的價格，就長遠來看，有助於保障歐洲聯盟的打字機製造業，並有利於消費者對於相同種類商品的多種選擇[68]。

　　歐洲法院在其過去的判決中，對於歐盟利益所持的見解，可以歸納如下，即係以歐洲聯盟在經濟上、貿易上及外交政策上的利益，為判斷的標準，以防止歐盟產業受到不公平貿易行為的損害，但並不考量進口商與消費者的利

---

[63]　參閱Guide to the European Communities' Anti-Dumping and Countervailing Legislation, in Van Bael/Bellis，前揭書，p. 569。

[64]　Amtsblatt der Europäischen Gemeinschaften 1987 L 46/48.

[65]　Amtsblatt der Europäischen Gemeinschaften 1988 L 240/15.

[66]　Amtsblatt der Europäischen Gemeinschaften 1987 L 54/28.

[67]　Amtsblatt der Europäischen Gemeinschaften 1988 L 235/12.

[68]　Amtsblatt der Europäischen Gemeinschaften 1985 L 163/9.

益[69]。

　　第1225號規章第21條新增訂歐盟利益的定義規定，即歐盟機關在判斷聯盟利益時必須評價所有的利益，包括歐盟產業、使用者與消費者的利益，並應考慮一方面消除造成損害的傾銷之貿易扭曲效果（handelsverzerrende Auswirkungen），而另一方面要回復公平的競爭（fairer Wettbewerb）；若歐盟機關基於現存的資料明確地得到採取反傾銷措施並無歐盟利益之結果時，得不採取反傾銷措施。而歐盟機關在決定是否有必要為歐盟利益而採取反傾銷措施時，得適度的考量所有的觀點和資料；申請調查程序者、進口商、具有代表性的使用者或消費者團體，並得在公布開始反傾銷調查所定的期限內自動申報或向執委會轉交資料，而這些資料或適當的總結資料並得提供給本條所指稱的當事人使用。

　　此外，第21條第3項與第6項規定，並明確的承認消費者和消費者團體在歐盟機關在討論聯盟利益時，有聽取報告權和聽證權（Informations-und Anhöungsrecht），即得提出申請。此二規定，修正過去歐洲法院認為消費者團體並非為有利害關係的當事人之一貫見解[70]。值得一提的是，在調查第4條第3項區域性傾銷的情形，在評斷歐盟利益時，基於區域性保護之必要性，應特別考慮該區域的利益。

第四節　以課徵反傾銷稅為保護措施

　　關稅暨貿易總協定（GATT）第VI條係以課徵反傾銷稅為防禦傾銷進口的合法救濟措施，而依據1225號規章第7條與第9條第4項之規定，歐洲聯盟亦以課徵臨時的反傾銷稅（vorläufiger Antidumpingzoll）或最終的反傾銷稅（endgültiger Antidumpingzoll）為防止傾銷進口的保護措施。依據此二規定，執委會或理事會欲課徵反傾銷稅時，必須具備傾銷進口的事實、因而造成歐盟相關產業的損害，以及有必要維護歐盟利益三個要件。

---

[69]　參閱EuGH RS. 191/82, Fediol, Slg. 1983, S. 2934ff; RS. 53/83, Allied Corporation, Slg. 1985, S. 1634.

[70]　參閱EuGH Slg. I1991, S. 5709.

壹、臨時的反傾銷稅

　　依據第7條第1項與第3項之規定，僅執委會對傾銷進口的商品課徵臨時的反傾銷稅，以做為系爭商品在歐洲聯盟內自由流通的擔保（Sicherheitsleistung），而臨時的反傾銷稅之效力得為6個月或9個月，但若出口商的相關交易占重要的百分比時，得依據申請或在執委會通知後無任何異議時，延長臨時反傾銷稅的效力自6個月至9個月。執委會應給予利益關係人足夠的機會以出示資料與發表意見，且最早得在調查程序開始後60天，最遲應在調查程序開始後9個月，課徵臨時反傾銷稅。而依據執委會在1995年3月21日所提出的建議，此一期限規定應自1995年9月1日起實施[71]，但在過去歐洲聯盟的實務上，通常執委會在採取臨時的反傾銷稅前，均會等候出口商的反應，並會再審查與評價臨時性反傾銷稅的可行性，故此一等候期限規定，似乎無任何的影響[72]。

　　依據第7條第2項之規定，臨時的反傾銷稅不得超過暫時計算所得的傾銷差額，若課徵較低的臨時反傾銷稅即足以消除歐盟產業的損害時，執委會則應課徵低於計算所得的傾銷差額。

　　執委會必須在諮商（Konsultation）後或在某一會員國通知後非常緊急時，才得採取臨時的反傾銷稅；而在非常緊急的情形，在執委會通知會員國採取臨時措施後至遲10天應進行諮商[73]。若某一會員國請求執委會立即採取臨時的反傾銷稅，且已符合第7條第1項所規定的要件時，則執委會應在申請到達後至多5個工作天內決議是否採取臨時的反傾銷稅[74]。

　　第1225號規章第7條第6項並規定，執委會應立即通知理事會與會員國依據本條規定所做的任何決定，但理事會得以條件多數決（qualifizierte Mehrheit）作其他的決議。申言之，依據此一規定，執委會幾乎得自由決定是否課徵臨時的反傾銷稅[75]，亦顯示執委會享有廣泛的裁量權。

---

[71]　參閱KOM (95) 63。

[72]　參閱Rainer M. Bierwagen，前揭文，Europäische Zeitschrift für Wirtschaftsrecht 1995, S. 235。

[73]　2009年第1225號規章第7條第4項。

[74]　2009年第1225號規章第7條第5項。

[75]　參閱Rainer M. Bierwagen，前揭文，Europäische Zeitschrift für Wirtschaftsrecht 1995, S. 236.

貳、最終的反傾銷稅

　　依據第9條第4項之規定，基於事實最後的確定，存在傾銷，並因而造成損害，且有必要維護歐盟利益而採取措施時，得由理事會基於由執委會在諮詢委員會與會員國諮商後所提出的提案，以普通多數決（einfache Mehrheit）課徵最終的反傾銷稅。若已對系爭傾銷進口的商品課徵臨時的反傾銷稅時，執委會則應在臨時反傾銷稅結束前至少一個月向理事會提出課徵最終反傾銷稅的提案。反傾銷稅的數額不得超過所確定的傾銷差額，若以較低的反傾銷稅即足以消除歐盟產業的損害時，則應課徵低於傾銷差額的反傾銷稅。

　　僅限於有傾銷及因而造成損害的事實，理事會對於所有的商品進口相同地以適當的額度，課徵反傾銷稅，而不得有差別待遇，但本規章對於進口來源另有規定者，不在此限。理事會以規章（Verordnung）確定應課徵的反傾銷稅，並適用於每一個個別的供貨者（Lieferant），但在第2條第7項對於非市場經濟國家的反傾銷稅，則適用於該系爭的供應國（Liferland）[76]。

第五節　反傾銷程序

　　在課徵反傾銷稅以前，尚須由執委會與理事會進行反傾銷的調查程序，以審查是否具備課徵反傾銷稅的構成要件。2009年第1225號規章關於反傾銷調查的程序規定，反傾銷程序（Antidumpingverfahre）主要的過程為：

1. 預先程序，係以展開調查程序為目的所進行的預備審查程序；
2. 調查程序，可由終結調查程序、課徵臨時的反傾銷稅或接受具結的聲明，而開始展開下一個階段的程序；
3. 繼續調查程序，以結束反傾銷程序為目的，即以終結調查程序、接受具結聲明或課徵最終的反傾銷稅而結束反傾銷程序。

　　此外，在2009年第1225號反傾銷規章中另有許多特別的程序種類，例如第11條的覆查程序和退還反傾銷稅程序、第12條的重新調查程序、第13條的規避

---

[76] 2009年第1225號規章第9條第5項。

反傾銷稅程序、第14條第5項的海關監視程序，以及第14條第4項的終止程序，均係補充上述一般的反傾銷程序。

壹、預先程序

　　2009年第1225號反傾銷規章規定詳細的反傾銷程序之申請，一方面係轉換烏拉圭回合的反傾銷協定之程序規定，另一方面則係希望能加速反傾銷程序的進行。依據第5條第1項與第2項之規定，除有第5條第6項的特別情況外，任何自然人、法人或不具法律人格的公會組織（Vereinigung ohne Rechtspersönlichkeit），以歐盟產業之名義，以書面附具包含證明存在傾銷進口事實與該歐盟產業因而遭受損害的充分證據，向執委會或向會員國提呈後轉交給執委會，對有傾銷進口嫌疑之商品申請展開調查，以確定是否存在傾銷進口、範圍及影響。書面申請尚須包括申請者一般可支配的資料，例如申請者的姓名、相同種類商品歐洲聯盟產量的數量與價值、傾銷商品完全的名稱、可疑的原產國或出口國名稱、所有已知的出口商或外國製造者的名稱、已知的進口商名單、涉嫌商品在原產國或出口國市場上的價格資料及銷售到第三國的價格資料、出口價格資料或在歐洲聯盟內銷售給獨立的買受人繼續銷售的第一次相當的價格資料、傾銷進口的數量發展資料、傾銷進口對於在歐洲聯盟市場上相同種類商品價格的影響與對於歐盟產業的影響，以及對於影響歐盟產業狀況依據第3條第3項與第5項所規定的相關因素和指標。

　　在第5條第4項新增訂，此一書面申請至少必須有一半的相同種類商品的歐洲聯盟製造者支持，才得視為係以歐盟產業的名義提出申請；但若少於總產量25%的相同種類產品的歐洲聯盟製造者明確地支持此一書面申請時，則不得展開調查程序。申言之，至少必須有與系爭傾銷進口商品為相同種類商品總產量占25%以上的歐洲聯盟製造者支持此一書面申請，才得展開調查程序。

　　第5條第6項則明文規定，有充分的證據證明傾銷、損害，及傾銷與損害間有因果關係存在時，歐盟產業雖無提起書面申請，但執委會得依職權決定開始調查程序。而執委會受理申請後，應盡可能地審查書面申請所附具證據的正確

性與有效性，以確定是否足以展開調查程序[77]。同時在作成展開調查程序的決議前，不得公開地公布此一書面申請，而在獲得申請備有的必要資料後且在展開調查前，應通知相關出口國的政府[78]。

依據第5條第7項之新規定，在決議展開調查程序時，應同時考慮傾銷與損害的證據，若傾銷或損害的證據不足以開始展開調查時，則應駁回該書面申請；並不得對系爭商品在歐洲聯盟的市場占有率（Marktanteil）少於1%的出口國展開調查程序，但若傾銷商品係來自數個國家時，必須這些商品總數達到歐洲聯盟消費量（Gemeinschaftsverbrauch）3%以上時，歐洲聯盟才得對這些國家展開調查程序。在開始調查程序前，依據第5條第8項之規定，得撤回書面申請，則視為未提起申請，而根本不進行反傾銷程序。

在正式展開反傾銷調查程序以前，執委會與各會員國應依據第15條之規定在諮詢委員會（beratender Ausschuss）進行諮商（Konsultation）。即由每一會員國之代表與一位執委會的代表組成諮詢委員會，並由執委會之代表擔任主席召集諮詢委員會；主席並盡速提供所有相關的資料給予會員國會。基於會員國之申請或由執委會依職權，立即或遵守本規章所規定的期限及時的進行諮商，特別是針對傾銷存在之事實、傾銷差額之計算方法、造成歐盟產業之損害及其範圍、傾銷與損害間的因果關係、防止或救濟因傾銷所造成損害應採取的措施，以及適用措施的細節等事項，進行諮商。原則上進行言詞的諮商；但必要時得進行書面的諮商，在此情形，執委會應通知會員國並確定期限，在此期限內會員國得發表意見，並得申請言詞的諮商；由主席指定並及時進行此一言詞的諮商。

依據第5條第9項之新規定，在諮商後有足夠的證據顯示，足以合法的開始程序時，執委會應在申請提出後45天內開始程序，並將之公告於歐洲聯盟公報；證據不足時，亦應在諮詢後且提出申請後的45天內通知申請人。申言之，執委會應在提出書面申請後的45天內，決定是否開始展開調查程序。至於展開調查程序並無歐盟利益時，第5條第9項並無明文規定，解釋上應認為執委會得依職權決定不展開調查程序，而駁回申請。

---

[77] 2009年第1225號規章第5條第3項。

[78] 2009年第1225號規章第5條第5項。

　　所謂公告開始程序，係指宣布開始調查程序，應指明系爭的商品、系爭的國家，並公告所蒐集到資料的概要和所有執委會被告知的資料；利害關係人（interessierte Parteien）得在公告內所定的期限內自動申請、以書面說明其意見和轉達資料，以期執委會在調查時考量這些意見和資料；此外，並得在公告內定利害關係人得向執委會申請在調查時依據第6條第5項所定聽證（Anhörung）之期限[79]。

　　執委會並應將開始程序轉達該已知的系爭出口商、進口商、進口商與出口商的具有代表性的公會、出口國的代表及提出申請者；在適當的保護祕密資料下，轉達已知的系爭出口商與出口國當局關於第5條第1項書面申請的內容，而其他的利害關係人並得基於申請使用這些資料。若有非常多的系爭出口商時，則僅得向出口國當局或主管的產業公會轉達全部的書面申請之內容[80]。

貳、調查程序

　　反傾銷調查不得阻礙系爭商品的通關手續[81]，依據第6條第1項之規定，在諮詢委員會進行諮商後，由執委會在歐盟的層次（auf Gerneinschaftsebene）和會員國共同合作，同時調查傾銷之事實與其對歐盟產業所造成之損害。為確定具有代表性的傾銷與損害，選擇的傾銷調查期限通常應在反傾銷程序開始前直接的至少6個月，且通常不考慮在傾銷調查期限後所出示某一期限的資料。

　　在開始調查時，依據第6條第2項之規定，發給出口商、進口商和製造者含有經濟數據的調查表，而在至少30天的期限內，應說明在調查期限內所有出口到歐洲聯盟市場的銷售數據，在其本國市場上的銷售數據和製造成本，而依據這些數據計算傾銷和損害的差額。

　　對於調查程序（Untersuchung）的新規定，主要乃由於歐洲聯盟的會員國希望加速反傾銷調查之進行，而另一方面在烏拉圭回合的反傾銷協定中，亦增

---

[79] 2009年第1225號規章第5條第10項。

[80] 2009年第1225號規章第5條第11項。

[81] 2009年第1225號規章第5條第12項。

訂對於課徵臨時反傾銷的等候期限[82]。即依據第6條第9項之規定，反傾銷調查程序應在1年內結束，而無論如何應在開始程序後最長15個月內結束，以加速進行調查程序，並基於調查的結果依據第8條規定接受具結的聲明或採取第9條所規定的最終措施；而依據第7條第1項之規定，執委會最早得在調查程序開始後60天，最遲在調查程序開始後9個月，課徵臨時的反傾銷稅。

依據第6條第3項與第4項之規定，執委會得要求會員國提供資料與採取必要的預防措施，以協助反傾銷之調查。會員國應轉達執委會所要求的資料、會員國審核、查驗與調查進口商、貿易商與共同製造者之結果，亦應轉達執委會；必要時，執委會在徵得相關公司之同意，且相關的外國政府經正式知照並無異議時，亦得於第三國進行反傾銷之調查程序。基於執委會之申請或會員國官員之申請，執委會的調查官員得協助會員國履行其任務。

依據第17條第1項之規定，若申請展開程序者、出口商或進口商在商品類型或交易過程的數目眾多時，得選擇具有代表性的當事人或依據正常統計程序可使用的資料，抽樣調查商品或交易過程，以進行調查；或限於調查最具代表性的產量、銷售量或出口量。此一選擇的可能性，無疑地授權執委會在調查程序上選擇的裁量權限，而可能得到不利於利害關係人的調查結果。而第17條第2項卻規定，執委會依據關於抽樣調查的規定，對於當事人、商品類型或交易過程做最後的選擇；而利害關係人在調查程序開始後3個星期內主動申報或提供足夠的資料，以做為具有代表性的選擇。3個星期的期限相當緊湊，是否真能達到立法的目的是可疑的[83]。

德國學者Weber主張，執委會在進行反傾銷的調查程序時，應注意有利於當事人基本的訴訟保障（Verfahrensgarantien）、訴訟效率（Verfahrenseffizienz）與法律救濟之保障（Rechsschutzgarantien）[84]。依據第6條第7項之規定，在反傾銷調查進中，賦予提申請者、進口商、出口商、進口商和出口商具有代表性的公會、使用者、消費者組織（Verbraucherorganisationen），以及出口國代表

---

[82] 參閱Rainer M. Bierwagen，前揭文，Europäische Zeitschrift für Wirtschaftsrecht 1995, S. 235。

[83] 參閱Rainer M. Bierwagen，前揭文，Europäische Zeitschrift für Wirtschaftsrecht 1995, S. 235。

[84] 參閱A. Weber，前揭文，Europarecht 1985, S. 14。

廣泛的卷宗檢閱權，即上述這些當事人得提出書面申請，請求查閱所有由調查當事人提供給執委會之資料，但不包括歐洲聯盟的有關當局會員國就本案所準備的內部文件，且非屬於第19條所規定具有機密性的資料，同時是由執委會在調查中所援引的資料，均得查閱。

依據第6條第5項之規定，利害關係人應於歐洲聯盟公報所公告的期限內，以書面請求聽證，即為利害關係人之聽證權。此外，依據第6條第6項之規定，執委會基於進口商、出口商、出口國政府的代表、申請人之請求，應給予與系爭案件直接相關當事人會面的機會，以利當事人陳述相對的意見與提出反駁辯解；執委會於賦予當事人此項會面機會時，必須考慮保護機密與顧及當事人的利益，但當事人並無參加此種會面之義務，對於未參加者，執委會亦不得逕為不利於該案之決定。

執委會得以決定終結調查程序、接受具結聲明或課徵臨時的反傾銷稅，而結束第一階段的調查程序。即依據第9條第1項之規定，若撤回申請時，即得結束調查程序，但撤回申請無歐盟利益者，不在此限；而在諮商後，證實無須採取保護措施時，且諮詢委員會無任何異議，則得結束調查程序或終結反傾銷程序，否則執委會應立即向理事會提出關於諮商結果的報告，並建議終結程序；若理事會在1個月內未以加重條件決作成其他決議時，則視為終結程序[85]。此外，依據第9條第3項之規定，若傾銷差額少於出口價格的2%，且系爭商場占有率少於1%，而損害的可能性很小時，在諮詢委員會諮商後，亦得終結程序。

因出口商自願的以令執委會滿意的形式具結，以變更其價格或不以傾銷價格出口至相關的歐洲聯盟體領域時，且執委會在諮商後證實具結足以消除傾銷的影響時，得依據第8條第1項之規定終結調查程序。而依據第8條第3項之規定，執委會對於是否接受出口商的具結聲明卻擁有廣泛的裁量權限，申言之，若執委會認為接受具結聲明並無意義時，例如事實上或潛在出口的數量過大，或有其他反對的理由，包括基本的商品種類的考慮理由在內。執委會應通知相關的出口商拒絕接受具結的理由，並給予發表意見之機會，且應於最終的決議說明拒絕接受具結的理由。

---

[85]　2009年第1225號規章第9條第2項。

　　依據第8條第5項之規定，在諮商後，且諮詢委員會無任何異議時，執委會有權接受具結聲明，而終結調查程序；若有會員國提出質疑時，應由執委會立即向理事會報告諮商結果，並提議終結調查程序；若理事會於1個月內以加重多數決，未作其他的決議時，則視為終結調查程序。

　　依據第8條第2項之規定，執委會亦得要求出口商提出具結，但出口商並無具結的義務；而有出口商無法履行具結義務或無法履行執委會之要求的事實存在時，不得有不利於本案審查的影響。若傾銷進口繼續時，而可確定有很高的機率可能出現損害的情形，執委會得要求或接受出口商的具結，但以暫時地確定存在傾銷和因而造成損害為限；除有特別的情形外，具結應在第20條第5項最終通知10天期限結束時提出。

　　通常具結即在提高傾銷商品的出口價格，以填補傾銷差額或損害差額，故在執委會接受出口商的具結聲明後，即不再課徵反傾銷稅。在第8條第6項則新增訂，在執委會接受具結時，通常即應終結傾銷與損害之調查；若確定並無傾銷或損害時，則具結應自動失效，但若傾銷或損害可繼續歸諸於具結的存在時，則不在此限，而在此一情形，有關當局並得要求應在相當期限內維持具結；若確定存在傾銷和損害時，則應依據具結條件和接受具結所公布的規章維持原來的具結。申言之，在出口商違反或通知廢除具結時，依據第8條第9項之之規定，理事會得不經其他的調查而課徵最終的反傾銷稅，若調查程序尚未終結，執委會並得基於過去調查的事實課徵臨時的反傾銷稅。

　　此外，在第8條第4項並新增訂，提出具結聲明的當事人必須提出有關具結的非機密性資料，以供其他受調查的相關當事人審閱。而在調查進行期間，若由特定的出口商接受具結時，則依據第11條之規定，自執委會接受具結起生效，並終結對該出口國的調查[86]。

　　而執委會在諮商後或在會員國通知非常緊急的情況下，仍有權課徵臨時的反傾銷稅以終結調查程序，依據第8條第10項之規定，僅以出口商違反所接受的具結、違反具結聲明或通知廢除具結有理由為限，不終結造成具結結果的調查程序；接受具結的出口商不履行執委會要求應提供遵守具結的資料和允許審核相關資料時，依據第8條第7項之規定，即視為違反具結。

---

[86] 參閱2009年第1225號規章第8條第8項。

　　就訴訟經濟（Prozessökonoie）的觀點分析，具結一方面可盡早終結反傾銷程序，可節省訴訟費用；而另一方面，具結最容易衡平歐洲聯盟的利益[87]；但從法律安定性原則觀之，自願的具結是否係可行的方式，卻頗值得質疑，因為依據第8條第10項之規定，執委會有理由足以認定出口商違反具結時，仍得基於在接受具結前所調查的事實，對該系爭商品課徵臨時的反傾銷稅，足見執委會享有廣泛的權限，但執委會不得在開始調查程序60天前課徵臨時的反傾銷程序[88]，同時執委會依據第7條第6項之規定應立即通知理事會與會員國所作的決定，但理事會得以條件多數決作成其他的決議。

參、繼續調查程序

　　依據第9條第4項之規定，基於事實最終地確定存在傾銷並因而造成歐盟產業的損害，而有必要維護歐盟利益時，則由理事會依據由執委會在諮詢委員會與各會員國諮商後所提出的提案，以普通多數決決議課徵最終的反傾銷稅。依據第20條關於通知之規定，在此一階段的調查程序中，在保護必要的祕密資料下，應盡速以書面通知所有的利害關係人（包括提出開始程序的申請人、進口商、出口商、其他具有代表性的進、出口商公會，以及出口國的代表）所欲課徵的最終反傾銷稅，且通常應在採取最終反傾銷措施或執委會向理事會依據第9條提案採取最終措施前通知利害關係人。而在依據第20條第2項與第3項規定中新增訂，在執委會課徵臨時反傾銷稅後，利害關係人得以書面向執委會申請通知關於採取最終措施、終結調查或不採取任何措施而終結程序所依據的最重要事實及考量。

　　由於在第二階段的調查程序幾乎不太可能再出現新的資料，因為在第一階段的調查程序已經盡可能的提出所有的數據資料，並詢問所有利害關係人關於損害的資料，故在第二階段的調查程序中，通常僅由理事會對所有提出的資料

[87]　參閱H. J. Dielmann, Anti-Dumping-und Anti-Subventionsmassnahmen nach dem neuen EG-Recht betreffend die Abwehr gedumpter und subventionierter Importe, Die Aktiengesellschaft 1984, S. 128.

[88]　2009年第1225號規章第7條第1項。

再做一次審查，也因此執委會通常不會再向理事會作新的提案，即依據第9條第2項與第4項之規定，由諮詢委員會進行諮商，並做成提案由執委會向理事會提出，而由理事會以普通多數決決議課徵最終的反傾銷稅。由於最終的反傾銷稅只需由理事會以普通多數決決議，相較於舊規定，無疑地加強執委會在反傾銷程序中的法律地位。

　　2009年第1225號規章關於臨時反傾銷稅和抽樣調查的規定中，對於反傾銷稅的計算，均無特別的規定，而僅在依據第9條第6項關於課徵最終反傾銷稅的情形規定反傾銷稅的計算，即對於被選擇受調查的企業，計算其個別的傾銷差額和損害差額，以及確定關稅稅率；而對於其他的出口商，傾銷差額不得超過所選擇計算的加權平均；對於確定並未構成傾銷或僅輕微傾銷的個別出口商，以及依據第18條之規定欠缺合作誠意的出口商，執委會不考慮其傾銷差額；而由海關對於依據第17條給予個別處理的出口商或製造者的商品進口適用個別的關稅。

　　第1225號規章在第10條關於反傾銷稅的追溯效力（Rückwirkung）亦有新的且更明確的規定，即若在進口商可得知進口商品會損害歐盟產業，且在歐洲聯盟採取保護措施前將造成有害的進口增加時，即得溯及既往的對該進口商品課徵反傾銷稅。在此情形，所謂的損害，僅指實際的重大損害而言，而不包括有重大損害之虞或重大妨礙歐盟產業的建立；除非已經確定，若不採取暫時的措施，事實上有可能造成重大損害，且自確定有重大損害之虞時或重大妨礙聯盟產業建立時起，得課徵最終的反傾銷稅。若最終的反傾銷稅高於臨時的反傾銷稅時，則不得課徵兩者的差額；反之，若最終的反傾銷稅低於臨時的反傾銷稅時，則應重新計算反傾銷稅；在否定的確定最終反傾銷稅之情形，不得確認臨時的反傾銷稅。在適用臨時措施前45天內，得溯及的對進口商品課徵最終的反傾銷稅，但若依據第14條之規定已於海關登記進口自由流通後，則不得溯及於開始調查程序前課徵最終的反傾銷稅。此外，依據第10條第5項之規定，對於出口商違反具結時或通知廢除具結時，僅以海關登記自由流通的商品為限，得溯及於適用臨時措施前的90天內課徵最終的反傾銷稅。

肆、特別程序

在2009年第1225號規章中，並規定許多特別的程序種類，例如覆查程序和退還反傾銷稅程序、重新調查程序、海關監視程序，以及終止反傾銷稅程序。

一、覆查程序

第11條關於覆查程序（Überprüfungsverfahren）的規定，可分為（1）對於新的出口商的覆查，即指並未參與原來程序的出口商，為調查個別的傾銷差額，得依據第4項規定申請覆查；（2）第3項則規定對於變更傾銷與損害事實狀態時的覆查；（3）在採取最終的反傾銷稅措施5年期限過後的覆查，即依據第2項之規定，最終的反傾銷措施在實施或最後覆查終結之日5年後自動失效，但若確定在反傾銷措施屆滿時，有可能繼續存在或重新出現傾銷或損害時，則由執委會依職權、或基於歐盟製造者、或以歐盟製造者之名義的申請，開始覆查程序，而此反傾銷措施至覆查程序終結時為止，仍為有效。

依據第11條第5項與第6項之規定，由執委會在諮詢委員會諮商後，應立即進行上述的覆查程序，且通常應在開始覆查後12個月內終結覆查程序。以覆查正當者為限，由有權的聯盟機關決定是否要廢止、維持或變更反傾銷措施。

二、退還反傾銷稅程序

第11條第8項規定，若證實以傾銷差額為依據所繳納的反傾銷稅已消除或已減少傾銷差額時，進口商得向執委會申請退還已繳納的反傾銷稅，執委會並應通知系爭商品在其領域自由流通的會員國；在諮詢委員會諮商後，執委會應決定是否允許退還反傾銷稅之申請及應退還反傾銷稅的數額，並得隨時決定開始第3項關於事實變更的覆查程序，無疑地賦予執委會廣泛的裁量權限。

在第11條第10項的新規定中，由執委會依據第2條之規審查出口價格的可信度。若執委會決定，依據第2條第9項計算出口價格，只要合理的證據顯示反傾銷稅在歐洲聯盟內，符合規定反映出繼續銷售的價格或之後的銷售價格時，則計算出口價格時，不扣除已繳納反傾銷稅的款項。此一規定，實係將過去歐

洲聯盟實務上的結果予以合法化，尤其是在計算與業務關聯企業間的出口價格上，係雙倍的估計已繳納的反傾銷稅，以增加出口商的負擔[89]。

　　而值得注意的是，第11條第9項明文規定，依據本條規定所進行的所有覆查程序或退還反傾銷稅調查程序，以事實未改變者為限，在適當考慮第2條第11項、第12項與第17條規定下，由執委會適用與為課徵反傾銷稅所進行的調查程序相同的方法。

三、重新調查程序

　　為加速調查程序的進行，在1988年第2423號規章增訂調查出口商是否以繼受一部分進口商應負擔的反傾銷而違反保護措施的程序，2009年第1225號規章修正此一規定。即依據第12條第1項之規定，若歐盟產業提出充分的資料，顯示反傾銷措施在歐洲聯盟內造成不提高或僅有些許提高繼續的銷售價格或之後的銷售價格時，在進行諮商後，得重新開始調查程序，以審查反傾銷措施是否會對上述的價格造成影響，亦即此一調查程序，僅限於調查在歐洲聯盟內的出口價格，以便得以加速調查程序的進行。

　　在重新調查期間，應給予出口商、進口商和歐盟製造者機會，以說明關於繼續銷售價格與之後的銷售價格。若得到反傾銷措施有提高價格以消除先前依據第3條所確定損害的結果時，應依據第3條規定重新計算出口價格，並考慮新的出口價格而重新計算傾銷差額。若在歐洲聯盟內未提高價格，係可追溯於在採取反傾銷措施之前或之後所出現的出口價格下降時，則考慮此一較低的出口價格而重新計算傾銷差額[90]。在重新調查中，確定提高的傾銷時，則由理事會基於執委會符合新確定進口價格所作的提案，以普通多數決變更原來有效的反傾銷措施[91]。出口商在重新調查程序中，依據第12條第5項之新規定，對於在其市場上的價格和成本變更，負有陳述與舉證的責任，即出口商必須證明系爭商品正常價值的變更；若調查必須覆查正常價值，則得以至調查終結止，依據

---

[89]　參閱Rainer M. Bierwagen，前揭文，Europäische Zeitschrift für Wirtschaftsrecht 1995, S. 239。

[90]　2009年第1225號規章第12條第2項。

[91]　2009年第1225號規章第12條第3項。

第14條第5項在海關登記的進口，進行調查。

　　此外，依據第12條第4項之規定，依據第5條與第6條之相關規定應立即進行此一重新調查程序，且必須在開始重新調查後6個月內終結。

四、海關監視程序

　　第14條一般條款的第5項新增訂由海關對於登記的進口進行監視（Übewachung），主要目的在於簡化溯及既往的課徵反傾銷稅，但卻未要求任何的擔保[92]。即在諮詢委員會諮商後，執委會得指示海關採取適當的行動，以達到登記進口的目的，以便將來自登記時起，得對此一進口採取反傾銷措施；而歐盟產業亦得提起提起申請對進口的海關登記，但應附具充分的證據證明反傾銷措施的正當性；並以規章說明此一進口海關登記的目的，僅以適當為限，說明將來有可能反傾銷稅額，但海關登記的進口不得超過9個月。

五、終止反傾銷程序

　　依據第14條第4項之規定，為了歐洲聯盟的利益，在諮詢委員會進行諮商後，得由執委會決議至9個月的期限終止在本規章範圍內所採取的措施，而理事會得基於執會的提案，以普通多數決議將執委會終止反傾銷稅的決議延長，但不得超過1年的期限。執委會得決議終止反傾銷稅，主要乃由於在歐洲聯盟內的市場條件（Marktbedingungen）變更，而僅以暫時變更而不可能再出現損害為限；執委會應給予歐盟產業有發表意見的機會，並應考慮其意見；在終止的原因消滅時，得隨時且在諮商後，再重新使反傾銷措施發生效力。

第六節　裝配傾銷

　　1987年反傾銷規章中首次增訂第13條第10項的裝配傾銷

---

[92]　參閱Rainer M. Bierwagen，前揭文，Europäische Zeitschrift für Wirtschaftsrecht 1995, S. 239。

（Assemblydumping），即一般通稱的「螺絲起子規章」（Schraubenzieherverordnung），係對於在歐洲聯盟內裝配或製造商品時所使用的零件、半成品，在符合一定的條件下，歐洲聯盟亦得對之課徵反傾銷稅。雖然關稅暨貿易總協定（GATT）的仲裁小組（Panel）於1990年3月26日作成決議[93]，明確地指出當時歐洲聯盟的「螺絲起子規章」違反了關稅暨貿易總協定（GATT）第III條與第XXII條的義務。而在烏拉圭回合談判中，歐洲聯盟主張「螺絲起子規章」有存在的必要，應將反傾銷稅的適用範圍擴大至產品零組件的傾銷進口，但最後在烏拉圭回合的新反傾銷協定中，並未規範裝配傾銷。

　　2009年第1225號規章，不但保留原來的裝配傾銷規定，同時修正該規定的內容，即除了規範原來在歐洲聯盟內的裝配外，並增訂在第三國裝配的情形。以下將針對歐洲聯盟裝配傾銷的規定，加以說明。

壹、立法目的及沿革

　　原來的歐洲經濟共同體有鑑於原有的1984年第2176號反傾銷規章之施行經驗，即第三國若以成品輸入歐洲聯盟造成傾銷進口，必須受歐洲聯盟的反傾銷稅規範，遂改以輸入零件或半成品，而在歐洲聯盟內進行裝配或製造，以達到規避歐洲聯盟反傾銷稅之目的。為有效防範第三國的商品進口規避歐洲聯盟的反傾銷稅，認為有必要對此種裝配或製造的產品亦課徵反傾銷稅，故於1987年增訂新的傾銷要件，即第13條第10項的裝配傾銷規定，亦即所謂的「螺絲起子規章」。

　　1988年第2423號反傾銷規章，保留第13條第10項之規定，即授權理事會或執委會針對在歐洲聯盟內裝配或製造的產品，在符合一定的要件下，亦得對其課徵反傾銷稅，申言之，第三國以成品輸入歐洲聯盟而構成傾銷進口，必須受歐洲聯盟反傾銷稅之規範，該第三國為規避歐洲聯盟的反傾銷稅，於是改以輸入零、組件或原料，而在歐洲聯盟內從事裝配組合的製造過程[94]。

---

[93]　參閱Frankfurter Allgemeine Zeitung vom 30. 3. 1990, Nr. 76, S. 18.

[94]　參閱Begründung zum Kommissionsvorschlag, KOM (87) 57 endg. Vom 16. 12. 1987, S. 1.

　　在烏拉圭回合的談判中，當時的歐洲共同體極力主張應在新的反傾銷協定中增訂裝配傾銷，以適應全球化的國際分工生產模式及修正傳統上僅對於成品課徵反傾銷稅，應將課徵反傾銷稅的構成要件擴大適用於零組件[95]。在反傾銷協定草案第12條規定防止規避反傾銷稅的措施[96]，即將在進口國進行裝配或組合的傾銷型態納入反傾銷協定的規範中，但卻因締約國對於此一反規避條款無法達成一致的共識，最後在反傾銷協定中因而刪除這一條的規定[97]。故在烏拉圭回合的最終反傾銷協定中，並無規避反傾銷措施的規定。

　　1994年第3283號反傾銷規章的前言，亦明白地指出，雖然在關稅暨貿易總協定（GATT）個別的部長決議（Ministerbeschluss）承認規避反傾銷稅的情形，確實有爭議，而委由關稅暨貿易總協定（GATT）的反傾銷委員會（Antidumpingausschuss）解決此一問題。由於關稅暨貿易總協定（GATT）的反傾銷委員會尚無解決的方法，為規避包括在歐洲聯盟內或在第三國主要以規避歐洲聯盟反傾銷稅為目的之簡單裝配（einfache Montage）的實務在內，故在歐盟法內增訂新的規定[98]。因此，在原來的第3283號規章第13條第10項明文規定規避反傾銷措施的情形。

貳、裝配傾銷之構成要件

　　2009年第1225號規章對於裝配傾銷以達到規避歐洲聯盟反傾銷措施的情形，作了相當廣泛的修正，雖然在烏拉圭回合終究未將規避反傾銷措施的條款納入反傾銷協定中，但第1225號規章第13條的規定卻與烏拉圭回合1991年反傾銷協定草案的內容相當一致[99]。

---

[95]　參閱中華經濟研究院，歐市反傾銷法規及其執行狀況之研究，台北市，民國81年5月，頁291。

[96]　參閱MTN. TNC/W/FA, Page F. 21.

[97]　參閱Peter-Tobias Stoll, Die WTO: Neue Welthandelsorganisation, neue Welthandelsordnung, Zeitschrift für ausländisches öffentliches Recht und Völkerrecht 1994, S. 299.

[98]　參閱2009年第1225號規章前言，Amtsblatt der Europäischen Gemeinschaften 1994 L 349/3.

[99]　參閱MTN. TNC/W/FA Page F21-23.

一、實體的構成要件

　　依據第1225號規章第13條第1項之規定，若第三國構成規避有效的反傾銷措施時，依據本規章課徵反傾銷稅，亦得擴大適用於來自這些第三國的相同種類產品及其零件的進口；規避（Umgehung），係指自加工過程（Fertigungsprozess）或工作（Arbeit）所產生改變第三國與歐洲聯盟間貿易結構（Handelsgefüge）的結果，除課徵反傾銷稅外，對於規避並無充分的理由或經濟上的正當性，例如裝配相同種類商品的價格和／或數量等證據若顯示，係在削弱反傾銷稅的補救效果（Abhilfewirkung）；且證據顯示傾銷與先前所確定的相同種類產品或類似（ähnlich）產品之正常價值有關係。

　　第13條第1項係一般條款（Generalklausel）[100]，即歐洲聯盟得依據此一規定對於所有的規避形式採取反傾銷措施，但此一規避的定義卻非常的不明確，尤其是相當廣泛的構成要件。申言之，依據新的裝配傾銷規定，歐洲聯盟不僅可以對第三國在歐洲聯盟境內的裝配過程，而且也可以在第三國內的加工過程，或其他形式的規避，課徵反傾銷稅；此一規定不僅再度擴大傾銷的意義，並且再度擴大歐洲聯盟反傾銷規章的適用範圍。

　　依據新的裝配規定，規避的構成要件為，必須

（1）第三國已被歐洲聯盟課徵反傾銷稅；

（2）第三國在歐洲聯盟內或第三國內進行的加工過程已改變第三國與歐洲聯盟間的貿易結構；

（3）由裝配相同種類產品的價格和／或數量，證明第三國的加工過程，係在規避反傾銷稅之課徵；

（4）由證據顯示，這些由第三國傾銷的相同種類產品或零件與先前被課徵反傾銷稅之相同種類商品或類似商品的正常價值有關係。

　　至於所謂的「其他形式的規避」，在執委會的提案中並未加以說明，而第13條第2項則定義在歐洲聯盟內或在第三國內的裝配過程（Montagevorgang），亦視為規避反傾銷措施的情形，即：

---

[100] 參閱Rainer M. Bierwagen，前揭文，Europäische Zeitschrift für Wirtschaftsrecht 1995, S. 238。

（1）自開始反傾銷調查程序時起或在開始反傾銷調查程序不久前，開始或顯著的擴大裝配，且所使用的零件具有適用反傾銷措施國家的原產地（Ursprung）；

（2）零件的價值占裝配產品零件全部價值的60%以上，但在裝配或完成時，所使用的進口零件在裝配地所增加的價值超過製造成本的25%時，則不視為規避；

（3）以裝配相同種類產品的價格和／或數量削弱反傾銷稅的補救效果，並有證據顯示，傾銷與先前已確定的相同種類商品或類似商品的正常價值有關係。

德國學者Bierwagen將第三國在歐洲聯盟內或在另一個第三國內所進行的裝配過程，稱為典型的規避（klassische Umgehung）[101]，至於第三國的規避意圖，歐洲聯盟並不考慮此一主觀的構成要件，而僅以客觀上裝配過程所使用的零件比例及第三國所設立的裝配工廠為判斷裝配傾銷的標準[102]。明文規定所使用零件的價值必須占裝配產品零件全部價值的60%以上才構成規避，但是所使用的進口零件所增加的價值超過製造成本的25%時，即不構成規避，亦即第三國在歐洲聯盟內或在其他第三國內的裝配過程已創設了製造的價值，將不再被認定係在規避歐洲聯盟的反傾銷措施。此一規定一方面要求投資製造者至少應使用占有60%的零件來自於進行裝配的所在地，另一方面又希望投資者應藉由裝配過程達到增加產品價值的目的，而不只是在裝配廠所在地設立單純的裝配廠，只進行簡單的組合工作或裝配。

二、程序規定

第1225號規章第13條第3項規定調查規避反傾銷措施的特別程序規定，並且明文規定對於規避的情形，得擴大的採取反傾銷措施。依據第13條第3項之規定，若書面申請已附具第1項所規定的因素，且有充分的證據時，則依據本

---

[101] 參閱Rainer M. Bierwagen，前揭文，Europäische Zeitschrift für Wirtschaftsrecht 1995, S. 238。

[102] 參閱Jean-Francois Bellis, The EEC Antidumping System, in Jackson/Vermulst (eds.), Antidumping Law and Practice, Ann Arbor/Michigan 1984, p. 85.

條之規定展開調查；在經過諮詢委員會的諮商後，由執委會以規章開始調查，並由執委會向海關指示依據第14條第5項之規定對進口作海關的登記或要求擔保（Sicherheit）；執委會得在海關的協助下，開始進行調查程序，且應在9個月內終結調查程序；若最終所調查的事實可證明擴大反傾銷措施是正當的，則由理事會基於執委會的提案，以普通多數決決議，自第14條第5項所規定海關的登記時起，擴大的採取反傾銷措施；本規章有關的開始調查及執行調查的程序規定（Verfahrensbestimmungen）亦適用之。

　　為調查所謂的規避反傾銷措施，必須以書面提出申請請求開始進行個別的調查程序，即依據第5條第1項之規定，由自然人、法人或不具有法律人格的公會，以聯盟產業的名義，附具第13條第1項所規定關於第三國規避歐洲聯盟反傾銷措施的充分證據，向執委會提出申請，以開始調查程序。

　　在開始調查程序前，亦必須在諮詢委員會由執委會與各會員國進行諮商程序；諮商後，由執委會直接以規章開始調查程序，因為執委會應同時指示海關對進口做海關的登記，或要求提供擔保[103]，即只需申請已附具第三國規避反傾銷措施充分的證據，在諮商後，執委會即得決定開始調查程序，相較於一般的反傾銷調查程序，執委會對於規避反傾銷措施的開始調查享有更廣泛的裁量權。此外執委會對第三國規避反傾銷的調查，必須在9個月內終結，又比一般的反傾銷調查程序的調查期限短[104]。第13條第3項關於規避反傾銷措施調查的特別規定，自應優先適用，而關於一般的反傾銷調查的程序規定得補充適用於規避反傾銷措施的調查程序。第13條第3項新的程序規定，卻顯示執委會更容易決定是否開始調查第三國規避歐洲聯盟的反傾銷措施。

　　執委會依據最後所調查的事實，證明採取擴大的反傾銷措施是正當時，則應向理事會提案，由理事會以普通多數決議，以理事會的成員過半數同意，即得採取擴大的反傾銷措施。

---

[103] 調查規避反傾銷措施的程序與一般的反傾銷調查程序並不完全相同，依據第5條第9項之規定，在諮商後，有充分的證據顯示，證實開始程序是正當者，則由執委會在申請提起後45天內開始進行程序，並公布於歐體公報；但是對於規避反傾銷措施的調查程序，卻不經公布於歐體公報的程序規定，而由執委會直接以規章開始程序。

[104] 2009年第1225號規章第6條第9項規定，依據第5條第9項之規定，在諮商後開始的調查程序，應盡可能在1年內終結調查；而無論如何應在程序開始後15個月內終結調查程序，並且基於調查的結果依據第8條規定接受具結或依據第9條規定採取最終的措施。

三、事前監視制度

　　第13條第4項規定，從海關附具的證明文件可推知，商品的進口並無規避之情事時，即不得依據第14條第5項規定對該商品作海關的登記，且不得課徵反傾銷稅；此一證明文件得由進口商以書面申請，經執委會在諮詢委員會諮商後以決定（Entscheidung）或由理事會以採取措施的決定（Entscheidung）批准後，由海關發給進口商，並在證明文件所規定的期限內和條件下，適用此一證明文件。

　　第14條第5項所規定的由海關對進口商品作登記，主要目的在於將來得對這些進口商品，自海關登記時起採取措施，明顯地歐洲聯盟增訂採取事前登記制度，以監視第三國的商品進口。而第13條第4項的規定卻更嚴格，進口商可以提出由海關在執委會經諮詢委員會諮商後所做決定或由理事會以決定批准的證明無規避之文件，以避免受規避反傾銷之調查。從條文的文義來看，執委會與理事會已經在對系爭的商品進口，是否已構成規避反傾銷措施，進行事前的監視。而進口商必須提出書面申請，經執委會或理事會以決定批准後，才取得此一證明文件，進口商並非毫無限制的可以有效使用此一證明文件，僅在所規定的期限內與符合所規定的條件下，才得使用此一證明文件。

　　表面上歐洲聯盟給予進口商申請證明文件的權利，以防止受規避反傾銷措施之調查；但依據第15條關於諮商程序的規定，諮商程序卻是耗費時日，再者或由理事會以採取措施的決定，應係指由理事會依據第9條第4項規定以普通多數決議的情形，足見執委會與理事會參與發給證明文件徒增複雜的程序。而理事會或執委會在作決定的過程，並未給予進口商或利害關係人陳述辯明的機會，僅憑自主的裁量權限，決定是否批准此一證明文件，已違背烏拉圭回合談判中一再揭示的程序透明化原則，對於系爭的商品保護，似有欠周密。

　　關稅暨貿易總協定（GATT）第VI條關於傾銷的規定，具有例外規定的性質，僅授權締約國對於傾銷進口造成本國相關產業的重大損害或有重大損害之虞時，才得課徵反傾銷稅，以衡平傾銷商品的低價，進而保護本國相關的產業。例外規定原則上均應作狹義的解釋，並且有限制地嚴格適用，第13條關於裝配傾銷的新規定，無疑地將使歐洲聯盟更容易對所謂規避反傾銷措施課徵反傾銷稅，實際上是貿易保護主義的重現。

第七節　法律救濟

近年來，歐洲法院對於反傾銷訴訟有增加的趨勢，而我國商品在出口到歐洲聯盟時，最常面臨的歐洲聯盟保護措施即為反傾銷措施。為協助我國廠商維護其在歐洲法院就反傾銷訴訟上的權益，實有必要明瞭對於歐洲聯盟反傾銷措施的法律救濟途徑。

壹、法律依據——
歐洲聯盟運作條約第263條第4項規定

第1225號反傾銷規章並無特別規定，利害關係人對於執委會或理事會的反傾銷措施若不服時的法律救濟途徑，故利害關係人若不服執委會或理事會所採取的反傾銷措施時，仍必須援引適用歐洲聯盟運作條約中有關法律救濟的一般規定，向歐洲法院提起訴訟，以維護其權益[105]。

歐洲聯盟反傾銷調查程序終結時，不論是課徵臨時的反傾銷稅或是最終的反傾銷稅，依據第1225號規章第14條第1項之規定，由執委會或理事會以規章（Verordnung）的形式公布，且由會員國依據在該規章所確定的稅率或其他的方式課徵獨立於關稅或其他進口稅捐的反傾銷稅；而對於進口商品不得同時課徵反傾銷稅與平衡稅（Ausgleichszoll）。第14條第2項並規定，應於歐洲聯盟公報公布課徵反傾銷稅的規章，而在保護必要的祕密資料下，公布出口商的姓名、相關的國家、商品的說明與傾銷和損害調查有關的最重要事實及考量；且無論如何應寄送給公告的相關當事人一份影本。

依據歐洲聯盟運作條約第263條第4項之規定，任何自然人或法人對於歐盟機關對該自然人或法人所做的決定，及雖以規章形式公布的決定，或對其他人所做的決定但直接關係到該自然人或法人個人權益者，均得向歐洲法院提起訴

---

[105] 參閱Eberhard Grabitz, Kommentar zum EG-Vertrag, 2. Auflage, München 1990, Art. 113 EGV, Rn. 135; Hailbronner/von Heydebrand u. d. Lasa, Der gerichtliche Rechtsschutz im Antidumping-und Antisubventionsrecht der EWG, Recht der Internationalen Wirtschaft 1986, S. 889.

訟。申言之，任何的自然人或法人得就歐盟機關所為直接涉及其個人權益的決定，向歐洲法院提起訴訟。而歐洲法院應依據歐洲聯盟運作條約第263條第3項之規定，審查理事會或執委會是否違反其職權、是否牴觸重要的形式規定、是否牴觸歐洲聯盟運作條約或在執行時是否違反其所適用的法規，以及是否濫用其裁量權限。若依據歐洲聯盟運作條約第263條第4項規定所提起訴訟的訴訟有理由時，則歐洲法院應依據歐洲聯盟運作條約第264條之規定，宣告該規章為無效。

執委會或理事會就反傾銷調查結果所公布的反傾銷規章，均係直接涉及所指稱當事人權益的決定，雖然形式上為規章，但性質上卻為決定，故利害關係人若不服該反傾銷規章時，得依據歐洲聯盟運作條約第263條第4項之規定，向歐洲法院提起訴訟，以為法律救濟。

貳、有訴權的利害關係人

1979年歐洲法院同時針對數個由日本進口的滾珠軸承反傾銷訴訟判決[106]，並且自這些判決中發展出對於反傾銷規章法律救濟的準繩。依據歐洲法院歷年來的見解，對於反傾銷規章享有訴權的利害關係人，可歸納如下：

一、歐盟的製造者及其產業公會

依據第1225號規章第5條第1項之規定，任何自然人、法人或不具有法律人格的公會組織，得以歐盟產業的名義，以書面申請調查涉嫌傾銷進口的商品。因為反傾銷調查程序終結時所公布的反傾銷規章，對於提起申請調查的歐盟製造者及其產業公會而言，係直接涉及其利益，故享有訴權[107]，因此對於理事會或執委會就反傾銷調查結果所公布的反傾銷規章不服時，得向歐洲法院依據歐

---

[106] 例如EuGH Rs. 113/77, Toyo, Slg. 1979, S. 1185f; RS. 118/77, ISO, Slg. 1979, S. 1277ff; Rs. 119/77, Nipp on Seiko, Slg. 1979, S. 1303ff; RS. 120/77, Koyo Seiko, Slg. 7979, S. 1337ff; Rs. 121/77, Nachi, Slg. 1979, S. 1369ff.

[107] 參閱EuGH Rs. 191/82, Fediol, Slg. 1983, S. 2392.

洲聯盟運作條約第263條第4項提起訴訟。

二、第三國的製造者或出口商

　　第三國的製造者或第三國的出口商在反傾銷程序中的法律地位，實際上與歐洲聯盟內的製造者相同[108]，而得依據歐洲聯盟運作條約第263條第4項規定向歐洲法院提起訴訟者，並不以具有歐洲聯盟某一會員國的國籍為要件，故第三國的製造者或出口商若不服理事會或執委會課徵反傾銷稅所公布的反傾銷規章時，得依據歐洲聯盟運作條約第263條第4項規定向歐洲法院提起訴訟，故第三國的製造者或出口商亦享有訴權[109]。

　　此外，歐洲法院亦明確地指出，是否享有訴權，並非以在反傾銷規章中被提及的關係人為限，而是以在反傾銷程序上有利害關係者為判斷依據[110]，即第三國的製造者或出口企業若能舉證證明，其係在執委會或理事會課徵反傾銷稅的反傾銷規章中被指稱的關係人，或在先前的調查程序對其有利害關係時，即得對該反傾銷規章向歐洲法院訴請救濟。

三、依附於第三國出口商的聯盟進口商

　　在滾珠軸承的反傾銷訴訟判決中，歐洲法院對於歐洲聯盟的進口商是否享有訴權，係以特別的個案狀況為判斷依據，並不承認所有的歐洲聯盟進口商就反傾銷調查結果有不服時，均得向歐洲法院提起訴訟。由於理事會或執委會在終結反傾銷程序時所公布的反傾銷規章，具有混合的法律性質，即具有雙重的性質（Doppelnaturr），亦即一方面係終結行政調查程序，而具有決定的性

---

[108] 參閱T. C. Havtley, The Foundations of European Community Law, 3rd Edition, Oxford 1994, p. 380; T. Oppermann，前揭書，Rn. 1758。

[109] 參閱EuGH Rs. 113/77, Toyo, Slg. 1979, S. 1205; Rs. 307/81, Alusuisse, Slg. 1982, S. 3476; Rs. 191/82, Fediol, Slg. 1983, S. 2936; Rs. 239 und 275/82, Allied Corporation, Slg. 1984, S. 1030.

[110] 參閱EuGH Rs. 239 und 275/82, Allied Corporation, Slg. 1984, S. 1031.

質，但另一方面明顯的卻為規章的性質[111]。

　　就個別有利害關係的要件，歐洲法院認為，歐洲聯盟的進口商在經濟上依附於第三國的製造者或出口商時，由於事實上亦參與傾銷進口，故亦屬於歐洲聯盟運作條約第263條第4項規定中所謂的「與其直接且個別有關係者」，因此依附於第三國出口商的歐洲聯盟進口商亦享有訴權[112]。

　　反之，與第三國的出口商無任何業務牽連、獨立的歐洲聯盟進口商則不得享有訴權。因為理事會或執委會就反傾銷調查結果所公布的反傾銷規章，對於獨立的歐洲聯盟進口商而言，僅具有歐洲聯盟運作條約第288條第2項規定中所謂的規章之一般效力，申言之，這些相關的反傾銷規章係針對許多不特定的事項，視為在所有會員國內對於違反競爭的行為，所確定具有直接的法律拘束效果，並且對於一般和抽象所指稱的關係人所發展出的法律效果。因此，獨立的歐洲聯盟進口商並不享有訴權，即不得依據歐洲聯盟運作條約第263條第4項規定對於反傾銷規章向歐洲法院提起訴訟。但獨立的歐洲歐盟進口商得向其內國的法院對於關稅的課徵訴請救濟，在這種情形，若涉及歐盟機關行為之效力或解釋時，內國法院仍得依據歐洲聯盟運作條約第267條第1項第b款之規定向歐洲法院提起預先裁判之訴（Vorabentscheidung）[113]，而由歐洲法院審理執委會或理事會在終結反傾銷程序時所公布的反傾銷規章。

四、代工製造者

　　在代工的製造型態，代工製造者（Original Equipment Manufacturer，簡稱OEM）實際上僅為商品製造過程中的工作承攬人，而只在承攬契約的範圍內，將零件或半成品進行簡單的組合工作。

　　近年來，在歐洲法院的反傾銷訴訟中，常出現涉案的傾銷進口商品係由第三國的代工製造者所製造的產品，針對此一問題，歐洲法院肯定代工製造者亦屬於歐洲聯盟反傾銷規章中，所採取的反傾銷措施與其有直接與個別關係者，

---

[111] 參閱EuGH Rs. 307/81, Alusuisse, Slg. 1982, S. 3472.

[112] 參閱EuGH Rs. 239 und 275/82, Allied Corporation, Slg. 1984, S. 1031.

[113] 參閱EuGH Rs. 307/81, Alusuisse, Slg. 1982, S. 3472.

故亦享有訴權 [114]，故亦得依據歐洲聯盟運作條約第263條第4項之規定，向歐洲法院訴請法律救濟，以維護其權益。

本章參考文獻

中 文部分

- 中華經濟研究院，歐市反傾銷法規及其執行狀況之研究，台北市，民國81年5月。

外 文部分

- A. Deringerr：Rechtsfragen der Antidumping-politik, in Bieber/Bleckmann/ Capotori (Hrsg.): Das Europa der Zweiten Generation-Gedachtnisschrift flit C. Sasse, Baden-Baden 1981, S. 377-383.
- A. F. Deardorff：Eco. Perspectives on Antidumping Law, in Jackson/Vermulst (eds.): Antidumping Law and Practice, Ann Arbor/ Michigan 1989, p. 23-39.
- A. Weber：Das Verwaltungsvefahren im Antidumpingrecht der EG, Europarecht 1985, S. 1-21.
- B. Borner：Studien zum deutschen und europaischen Wirtscbaftsrecht, Köln 1973
- Bierwagen/Hailbronner：Input, Downstream, Upstream, Secondary, Diversionary and Components or Subassembly Dumping, Journal of World Trade 1988, Vol. 22, No. 3, p. 27-59.
- B. May：Der erfolgreiche GATT-Abschlussein Pynhussieg? Zeitschrift für internationale Politik 1994, S. 33-42.
- Beseler/Williams: Anti-Dumping and Anti-Subsidy Law, Londer 1986.

---

[114] 參閱EuGH Rs. C-156/87, Gestetner Holding PLC, in Europäische Zeitschrift für Wirtschaftsrecht 1990, S. 159.

- E. A. Kramer: Wettbewerb als Schutzobjekt des Antidumpingrechts, Recht der Internationalen Wirtschaft 1975, S. 121-128.
- E. A. Vermulst: Antidumping Law and Practice in the United States and the European Community, Amsterdam 1987.
- E Doeblin: Theorie des Dumpings, Jena 1931.
- E. Langen: Studien zum internationalen Wirschaftsrecht, München 1963.
- E. MacGovern: International Trade Regulation-GATT, the United States and the European Community, Exeter 1986.
- E. –U. Petersmann: Need for Reforming Antidumping Rules and Practices-The Messy World of Fourth-Best-Policies, Aussenwirtschaft 1990, S. 179-198.
- E. Wilhelm: Preisschleuderei, Wien und Leipzig 1936.
- F. –H. Wenig: Neueste Entwicklungen im Antidumpingrecht der EG, Europäische Zeitschrift für Wirtschaftsrecht 1991, S. 439.
- F. –H. Wenig: Gerichtshof erklärt Antidumpingverordnung für ungültig, Europäische Zeitschrift f ür Wirtschaftsrecht 1991, S. 706.
- F. –H. Wenig: Neue Entwicklungen in der Antidumping-Rechtsprechung, Europäische Zeitschrift f ür Wirtschaftsrecht 1992, S. 279-280.
- Grabitz/Hilf: Kommentar zum EG-Vertrag, 2. Auflage, München 1991.
- Hailbronner/Bierwagen: Das GATT-Die Magna Charta des Welthandels, Juristische Arbeitsblätter 1998, S. 318-329.
- Hailbronner/Bierwagen: Neue Formen des Dumping und ihre Regelung in Aussenwirtschaftsrecht der EG, Recht der Internationalen Wirtschaft 1988, S. 705-715.
- Hailbronner/von Heydebrand u. d. Lasa: Der gerichtliche Rechtsschutz im Antidumping-und Antisubventionsrecht der EWG, Recht der Internationalen Wirtschaft 1986, S. 889-899.
- Hauser/Schanz: Das neue GATT, München 1995.
- H. D. Kuschel: Das Aussenwirtschaftsrecht der EWG, Köln 1971.
- H. J. Dielman: Das neue EG-Recht betreffend die Abwehr von Dumping Importen, Die Aktiengesellschaft 1980, S. 299-306.

- H. J. Dielmann: p. Anti-Dumping-und Anti-Subventionsmassnahmen nach dem neuen EG-Recht betreffend die Abwehr gedumpter und Subventionierter Importe, Die Aktiengesellschaft 1984, S. 126-130.
- H. –J. Kretschmer, p. Das Antidumping-und Antisubventionsrecht der EG, Frankfurta. M. 1980.
- H. –J. Müller: GATT-Rechtssystem nach der Tokio-Runde, Berlin 1986.
- H. –J. Priess: Europa 1992, Juristische Schulung 1991, S. 629-634.
- Jackson/Davey: Legal Problems of International Economic Relations, St. Paul 1986.
- J. –F. Bellis: The EEC Antidumping System, in Jackson/Vermulst (eds.): Antidumping Law and Practice, Ann Arbor/Michigan 1989, p. 41-97.
- J. F. Beseler: Die Abwehr von Dumping und Subventionen durch die EG, 1. Auflage, Baden-Baden 1980.
- J. H. Jackson: World Trade and the Law of GATT, Ann Arbor/Michigan 1969.
- J. Schwarze: Rechtsschutz gegen Antidumpingmassnahmen der EG, Europarecht 1986, S. 217-240.
- J. Viner: Dumping-A Problem in international Trade, Chicago 1923.
- M. J. Hahn: "Assembly-Dumping" in der EG und den USA, Recht der Internationalen Wirschaft 1991, S. 739-745.
- P. A. Messerlin: Antidumping, in J. J. Schott (ed.): Completing the Uruguay Round, Washington D. C. 1990, p. 108-129.
- P.C. Reszel: Die Feststellung der Schädigung in Antidumping-und Antisubventionsuecht der EG, Köln 1987.
- P. C. Reszel: Präventivschutz in EG-Antidumping-und Antisubventionsverfahren, Recht der Internationalen Wirtschaft 1988, S. 122-128.
- P. K. M. Tharakan: Contingent Protection: The US and EC Anti-Dumping Actions, World Economy 1993, p. 575-600.
- P. Nicolaides: The Conduct of Anti-Dumping Policy, Aussenwirtschaft 1990, p. 425-436.
- P. –T. Stoll: Die WTO: Neue Welthandelsorganisation, neue Welthandelsordnung,

Zeitschrift für ausländisches und öffentliches Recht und Völkerrecht 1994, S.

- R. Denton: The non-market economy rules of the European Community's Anti-Dumping and Countervailing Duties Legislation, International and Comparative Law Quarterly 187, p. 198-239.
- Riesenkampff/Pfeifer: Die Abwehr von gedumpten und subventionierten Einfuhren in die EG, Der Betrieb 1987, S. 2501-2511.
- Riley/Schuster: Untersuchungsverfahren bei Dumping-und Niedrigpreiseinfuhren, Wirtschaft und Wettbewerb 1983, S. 765-775.
- R. Kulms: Das Antidumpingrecht in amerikanischen und europäischen Recht, Baden-Baden 1988.
- R. Landsittel: Dumping im Aussenhandels-und Wettbewerbsrecht, Baden-Baden 1987.
- R. M. Bierwagen: Die neue Antiduminggrundverordnung nach dem Abschluss der Uruguay-Runde, Europäische Zeitschrift für Wirtschaftsrecht 1995, S. 231-239.
- R. M. Bierwagen: GATT Art. VI and the Protection Bias in Anti-Dumping Laws, Deventer 1990.
- R. Senti: GAT als System der Welthandelsordnung, Zürich 1986.
- S. A. Baker: "Like" Products and Commercial Reality, in Jackson/Vermulst (eds.): Antidumping Law and Practice, Ann Arbor/Michigan 1989, p. 287-294.
- Schmidet/Richard: Zum Verhältnis von Dumpingrecht und Kartellrecht in der EG, Wirtschaft und Wettbewerb 1991, S. 665-678.
- T. C. Hartley: The Foundations of European Community Law, 3rd Edition, Oxford 1994.
- T. Oppermann: Europarecht, München 1991.
- Van Bael/Bellis: Anti-Dumping and other Trade Protection Laws of the EEC, 2nd Edition, Chicago 1990.
- W. A. Wares: The Theory of Dumping and American Commercial Policy, Lexington 1977.
- W. Fikentscher: Wirtschaftsrecht Band I, München 1983.

第四章　共同進口規定

　　理事會於1994年12月22日制定通過新的共同進口規定（gemeinsame Einfuhrregelung; common import rule），即第3285號規章[1]取代1994年第518號規章與1982年第288號規章關於共同的進口規定[2]。並自1995年1月1日起，第3285號規章具有完全的拘束力，並直接適用於各會員國[3]。

　　歐洲聯盟依據一致的原則形成共同的貿易政策，而共同進口規定在共同貿易政策範圍內扮演著非常重要的角色。

第一節　立法理由

　　由於1993年底烏拉圭回合談判結束時，成立了世界貿易組織（World Trade Organization，簡稱WTO），在成立世界貿易組織協定的附錄1A中，特別是包括1994年的關稅暨貿易總協定（General Agreement on Tariffs and Trade，簡稱GATT 1994）與保護措施協定（Agreement on Safeguards），而保護措施協定表明必須明確化及加強1994年關稅暨貿易總協定的保護措施（Safeguard measure; Schutzmassnahme），特別是，關稅暨貿易總協定（GATT）第XIX條的規定，保護措施協定的目標在於恢復多邊的監督保護措施，並且要求減少任何規避監督的措施，而僅在保護措施協定所規定的情況與要件下，才能採取保護措施，故所有的世界貿易組織（WTO）的會員國應禁止或消除所有灰色領域措施（grey area measures），即應減少規避自願出口設限（voluntary export restraints）、有秩序的行銷協定（orderly maketing arrangements）及其他類似的進、出口協議等保護措施。唯一的例外為當時歐洲共同體與日本間關於特定類

---

[1]　Amtsblatt der Europäischen Gemeinschaften 1994 L 349/53-70, vom 3. 12. 1994.

[2]　依據1994年第3285號規章第27條之規定，原來的1994年第518號規章因而廢止失效。

[3]　1994年第3285號規章。

型的汽車協議至1999年12月31日仍有效。保護措施協定第1條第2項明文規定，在世界貿易組織協定生效180天後，應通知廢止所有灰色領域措施；當時執委會認為，歐洲共同體基於保護措施協定應盡的義務，因此有必要修正特別是與保護措施有關聯的共同進口規定[4]。

理事會同意執委會的提案，亦認為基於新的多邊規範，有必要將共同進口規定更明確規定，特別是關於適用保護措施的規定；保護措施協定亦適用於歐洲煤鋼共同體條約所規範的產品，故共同進口規定，特別是關於採取保護措施的規定，亦適用於歐洲煤鐵共同體條約所規範的煤鋼產品，並且不得牴觸任何針對歐洲煤鋼共同體條約所規範的煤鋼產品採取的措施。因此，理事會於1994年12月22日制定公布第3285號規章，即新的共同進口規定，並自1995年1月1日起生效。

第二節　共同進口規定與世界貿易組織保護措施協定之關係

壹、烏拉圭回合簽署保護措施協定之背景

一、關稅暨貿易總協定第XIX條

關稅暨貿易總協定（GATT）的目標，在於促進自由化的貿易，但在特定的例外情況下，締約國亦得採取進口限制措施，例如關稅暨貿易總協定（GATT）第XIX條即授權締約國防止來自其他締約國的商品以不可預見及迅速增加數量的進口，以保護其本國市場，即依據關稅暨貿易總協定（GATT）第XIX條之規定，如因不可預見的發展及締約國履行本協定義務的結果，包括關稅減讓，而某一商品以增加的數量進口到該締約國領域，並因而造成該締約國相同種類產品或直接競爭產品製造者的嚴重損害或有嚴重損害之虞時，該締

4　COM (94) 414 final, p. 306.

約國為防止或消除該項損害時所必要的範圍及時間內，得中止其義務的全部或一部，或撤銷或變更其關稅減讓；除在緊急狀況外，締約國在採取保護措施前，必須先進行諮商程序；而適用保護措施的出口締約國得採取對應措施（Gegenmassnahme）。

申言之，關稅暨貿易總協定（GATT）第XIX條的保護條款（Schutzklausel），原則上係授權締約國防禦公平的進口（faire Einfuhr），與依據關稅暨貿易總協定（GATT）第VI條採取反傾銷措施係針對不公平的企業行為或平衡措施則係針對不公平的國家補貼出口的行為不同[5]。而適用關稅暨貿易總協定（GATT）第XIX條的要件為必須進口商品造成締約國嚴重的損害（ernsthafte Schädigung; serious injure），即一構成要件必須溯及在關稅暨貿易總協定（GATT）範圍內所賦予締約國的容易進口至其他締約國的市場，亦即在締約國間彼此的市場開放[6]。由於此一保護條款的授權，隨著貿易障礙的廢除與造成結構調整壓力的結果，締約國得以降低社會與經濟的障礙，故保護條款係一安全網（Sicherheitsnetz），使得每一個世界貿易組織（WTO）的締約國得以同意接受貿易自由化的義務，而不會喪失其在國際貿易上的行為能力[7]。因此關稅暨貿易總協定（GATT）第XIX條明文規定進口商對於商品進口採取保護措施時，對於出口國不得有任何的差別待遇，並且應給予出口國採取補償措施的機會。

二、烏拉圭回合前的實務運作

在1973年至1979年東京回合（Tokyo-Runde）談判時，關稅暨貿易總協定（GATT）的締約國即曾針對關稅暨貿易總協定（GATT）第XIX條進行討論，但並無結果，因而也使得詳細解釋適用關稅暨貿易總協定（GATT）第XIX條的規約無法生效。東京回合對於關稅暨貿易總協定（GATT）第XIX條談判失

---

[5]　參閱M. C. E. J. Bronchers, WTO Implementation in the European Community-Antidumping, Safeguards and Intellectual Property, Journal of World Trade 1995, Vol. 29, No. 5, p. 83: D. Robertson, GATT Rules for Emergency Protection, New York 1992, p. 2.

[6]　參閱J. H. Jackson, The World Trading System, Cambridge M. A. 1989, p. 155.

[7]　參閱Hauser/Schanz, Das neue GATT, Müchen 1995, S. 100.

敗的主要原因，為當時各締約國對於選擇性的保護措施（selective Schutzmassnahmen）無法達成共識，即僅得針對特定國家差別待遇的（diskriminierend）採取保護措施或必須適用於所有的進口商品仍有歧見；此外對於灰色領域措施，例如自願出口設限協定是否應依據關稅暨貿易總協定（GATT）之規範加以判定，亦未達成共識[8]。

在過去的實務上，關稅暨貿易總協定（GATT）的締約國普遍不喜歡援引適用關稅暨貿易總協定（GATT）第XIX條的保護條款，因為在適用此一保護條款採取保護措施時，同時亦必須履行其他的義務，即依據關稅暨貿易總協定（GATT）第XIX條第3項的規定必須給予相關的出口國同等的補償權限，亦即對於補償措施未達成一致的共識時，相關的出口國有權對適用關稅暨貿易總協定（GATT）第XIX條的締約國採取對應措施（Gegenmassnhmen）；而締約國在適用關稅暨貿易總協定（GATT）第XIX條採取保護措施時，還必須遵守無差別待遇適用保護措施的原則。就主張適用保護條款國家的立場而言，採取保護措施有可能造成貿易政策上的補償要求失敗或甚至引發相關貿易夥伴採取報復措施的危險[9]。反之，反傾銷措施、平衡措施與灰色領域措施卻無關稅暨貿易總協定（GATT）第XIX條的缺點，因此關稅暨貿易總協定（GATT）的締約國常常援引適用這類的保護措施[10]。

但是如此的實務發展，卻是頗令人擔憂，因為反傾銷措施和平衡措施原則上是符合關稅暨貿易總協定（GATT）的保護措施，但締約國卻不斷增加的濫用反傾銷措施與平衡措施，而在關稅暨貿易總協定（GATT）法律範圍外的其他措施，例如出口自願設限協定，亦明顯的增加，雙邊的貿易糾紛解決方法嚴重的損害關稅暨貿易總協定（GATT）所建立的自由與無差別待遇世界貿易的多邊法律規範。基於此一背景，在烏拉圭回合談判所提出的新的世界貿易規範的保護條款規定，因而具有特別的意義[11]。

---

[8] 參閱D. Robertson，前揭書，pp. 7-8。

[9] 參閱P. Kleen, The Safeguard Issue in the Uruguay Round-A Comprehensive Approach, Journal of World Trade 1989, Vol. 23, No. 5, p. 82.

[10] 參閱J. N. Bhagwati, Protectionsim, Cambridge M. A. 1988, pp. 44-46.

[11] 參閱Hauser/Schanz，前揭書，S. 103。

貳、世界貿易組織的保護措施協定

　　在烏拉圭回合貿易談判中，首次就解釋與明確化關稅暨貿易總協定
（GATT）第XIX條的保護條款規定達成協議，即簽署保護措施協定
（Agreement on Safeguards）[12]，各締約國均承認有必要明確化與加強關稅暨貿
易總協定（GATT）的保護措施，特別是關稅暨貿易總協定（GATT）第XIX條
的保護條款，而且有必要對保護措施建立多邊的監督制度和減少適用規避多邊
監督措施。

　　保護措施協定的主要內容如下：第1條即明文規定，保護措施協定所指稱
的保護措施，係指1994年關稅暨貿易總協定（GATT）第XIX條的保護措施。
第2條規定，締約國得採取保護措施的構成要件，即必須有一定的商品對於本
國的製造以絕對的或相對的數量增加進口，而且因而對於相同種類產品或有直
接競爭關係產品的本國產業造成嚴重損害或有嚴重損害之虞時，締約國才得採
取保護措施；締約國採取保護措施時，不得因進口商的原產國不同而有不同的
待遇，即對於所有相關的出口國應同等適用保護條款，不得有差別地採取保護
措施。

　　保護措施協定第3條則規定調查程序，即應由締約國的有權機關對於是否
要對進口商品採取保護措施進行調查，並依據1994年關稅暨貿易總協定
（GATT）第X條公布調查結果。在調查程序進行中，應給予所有的利害關係
人公開聽證（public hearings）的機會，以陳述意見、提出與程序有關的資料，
特別是對於公共利益（public interest）是否有必要採取保護措施。

　　保護措施協定第4條則定義嚴重損害、有嚴重損害之虞、與本國產業的概
念。所謂嚴重損害，係指明顯的對本國產業造成全面的損害（overall
impairment）；而有嚴重損害之虞，係指有明顯的與迫切的嚴重損害之事實存
在，並且應依據事實判斷，而不是僅憑主張、推測或微小的可能性認定有嚴重
損害之虞，特別應由進口商品的增加數量、比例、在本國市場上的占有率，對
於銷售、製造、生產量利潤和損害，以及對就業狀況改變的程度，加以判斷是
否有嚴重損害之虞。至於所謂的本國產業，則係指相同種類產品或有直接競爭

12　Amtsblatt der Europäischen Gemeinschaften 1994 L 336/184-189.

關係產品的全體製造者，或其總產量係占該締約國總產量大部分的相同種類產品，或有直接競爭關係產品的製造者。

　　締約國在採取保護措施時，應以預防或消除嚴重損害與促進產業調整所必須者為限，而數量上的限制措施原則上不應降低進口數量，即不得低於過去3年統計上的平均進口數量，且締約國應選擇達到目標最適當的措施[13]。申言之，關稅暨貿易總協定（GATT）第XIX條的作用，在於給予進口國在商品進口數量增加時，有調整其本國產業的機會，因此進口國僅限於為預防或救濟損害有必要時，才得對進口商品採取保護措施[14]，但在適用關稅暨貿易總協定（GATT）第XIX條時，卻無時間上的限制，直到烏拉圭回合談判時簽署的保護措施協定，才針對此一法律漏洞加以明文規定。即保護措施的適用期限，依據保護措施協定第7條之規定，原則上不得超過4年，但在特定的要件下，例外地得延長至8年。此外，依據保護措施協定第6條之規定，在緊急的情況，締約國得對商品進口採取暫時的保護措施，但其適用期限最多僅限於200天。

　　保護措施協定第8條並規定，世界貿易組織（WTO）的會員國主張適用保護條款時，必須給予相關的出口國採取適當補償措施的機會，以期達到恢復原始存在的減讓標準之目的。若就此目的進行的談判無法達成一致的結果時，則採取保護措施的締約國有權中止在關稅暨貿易總協定（GATT）範圍內所達成的關稅減讓，但僅以該保護措施符合關稅暨貿易總協定（GATT）為限，採取保護措施的締約國才得在適用保護措施後的第3年行使此一中止關稅減讓的權利。

　　世界貿易組織（WTO）的保護措施協定對於來自開發中國家的商品進口有特別的規定，即依據第9條規定，若來自開發中國家的商品並未超過全部進口商數量的3%時，則不得對該開發中國家的商品進口採取保護措施；此外，開發中國家有權採取保護措施最長至10年的期限。

　　至於會員國之前依據1947年關稅暨貿易總協定（GATT）第XIX條採取的保護措施，原則上只適用至世界貿易組織（WTO）生效後5年即自動失效[15]。

---

[13] 參閱保護措施協定第5條。

[14] 參閱Grabitz/von Bogdandy/Nettesheim: Europäisches Aussenwirtschaftsrecht, München 1994, S. 286.

[15] 參閱保護措施協定第10條。

此外，保護措施協定第11條並明文規定，所有不符合關稅暨貿易總協定（GATT）的保護措施，例如自願的出口設限、有秩序的行銷協議、或其他類似的限制進、出口措施等，必須在4年內期滿失效，即最長只能適用至1999年12月31日止。而依據保護措施協定第13條之規定，在商品貿易理事會（Council for Trade in Goods）下，設立保護措施委員會（Committee on Safeguards）以進行監督保護措施協定的執行、審查保護措施協定的締約國是否遵守保護措施協定的程序規定、協助締約國進行諮商、審查是否確實遵守之前存在的保護措施與灰色領域措施的適用期限、審核中止的關稅減讓是否適當、審核所有的公告，並向商品貿易理事會提出報告，與執行其他由商品貿易理事會的決議事項。

最後，在保護措施協定第14條則規定，保護措施協定內的諮商和調解準用爭端解決瞭解書（Dispute Settlement Understanding）的規定。

總而言之，新的保護措施協定重申以關稅暨貿易總協定（GATT）做為對於自由貿易與具有法律拘束的國際貿易的多邊保障，應致力於消除在過去貿易實務廣被濫用的灰色領域措施，而重新回歸到關稅暨貿易總協定（GATT）的保護條款，並增加程序的透明化、限制適用保護措施的期限與多邊監督的保護方法。

參、歐洲聯盟轉換立法的義務

雖然關稅暨貿易總協定（GATT）第XIX條的保護條款至烏拉圭回合談判時才達成具體的施行協定，但歐洲聯盟為施行其共同貿易政策，理事會早於1968年即制定公布第一個共同進口規章（gemeinsame Einfuhrverordnung; common import regulation）[16]，而事實上歐洲聯盟雖非1947年關稅暨貿易總協定的法律上締約國，但歐洲聯盟的共同進口規定對於進口商品採取保護措施的構成要件，自始即相當以關稅暨貿易總協定（GATT）第XIX條的文義為立法

---

[16] 參閱Grabitz/von Bogdandy/Nettesheim，前揭書，S. 256; H. Saake, Die gemeinsamen Einfuhrregelungen der Europäischen Wirtschaftsgemeinschaft, Köln 1991, S. 1ff.

依據。

　　烏拉圭回合談判結束時，當時的歐洲共同體正式成為世界貿易組織協定的締約成員（Vertragspartei）國 [17]，並簽署世界貿易組織協定附錄中的各項協定，這些協定對於歐洲聯盟在法律上均具有拘束力。歐洲聯盟為履行其在世界貿易組織範圍內的國際義務，故執委會於1994年10月15日向理事會提出施行烏拉圭回合的立法草案。關於共同進口規定的立法理由，執委會指出，烏拉圭回合的保護措施協定已明確地指出並且要加強1994年的關稅暨貿易總協定（GATT）的規範，特別是要施行關稅暨貿易總協定（GATT）第XIX條的規定。保護措施協定在於恢復對於保護措施的多邊管制，並且要求減少規避多邊管制的措施。保護措施僅得在保護措施協定所規範的情形才可以適用，故應禁止所有的灰色領域措施，包括限制進口或出口的雙邊協議、有秩序的行銷協議，或其他類似的協議，同時應減少所有灰色領域措施之適用；至於原來歐洲共同體與日本間關於特定類型的汽車進口設限協議，則為唯一的例外，但僅適用至1999年12月31日止。基於歐洲聯盟源於保護措施協定的義務，必須在世界貿易組織協定生效後180日內宣告廢止所有的灰色領域措施，故歐洲聯盟有必要檢討或修正由理事會於1994年制定公布的第518號共同進口規章，特別是保護措施的相關規定是否符合烏拉圭回合的保護措協定之內容 [18]。1994年12月22日由理事會制定公布第3285號共同進口規定規章，配合烏拉圭回合所簽署的保護措施協定以修正原來的第518號共同進口規章，並將保護措施協定的內容轉換立法。

　　第3285號共同進口規定 [19]的前言即明確地指出，對於世界貿易組織（WTO）會員國的進口商品原則上僅得因該商品的數量增加，且因而造成相同種類產品或與該產品有直接競爭關係的歐盟產業之嚴重損害或有嚴重損害之虞時，歐洲聯盟才得採取保護措施。

[17] Beschluss des Rates 94/800/EG, Amtsblatt der Europäischen Gemeinschaften 1994 L 336/1-2, vom 23. 12. 1994.

[18] COM (94) 414 final, Brussels, 5. 10. 1994, p. 306.

[19] Amtsablatt der Europäischen Gemeinschaften 1994 L 349/53-70.

第三節　適用範圍

依據第3283號規章第1條第1項之規定，本規章適用於來自第三國的商品進口，但不適用於1994年第517號規章所規範的來自非世界貿易組織（WTO）會員國的紡織品和1994年第519號規章所規範的來自特定第三國的商品進口。

壹、事物的適用範圍

原則上，第3285號規章適用於所有來自第三國且在歐洲聯盟運作條約所規範的商品，舉凡手、工業產品、農產品及農產加工品，均包括在內。而依據第3285號規章第25條第1項之規定，共同進口規定不得牴觸共同農業市場規範（gemeinsame Agrarmarktorganisation）之規定，因而派生的歐盟法規或會員國的行政規定，或對農產加工品特別規定之適用，即對於農產品或農產品加工品有特別規定時，應優先適用，而第3285號共同進口規定在適用時，則做為補充規定。

此外，依據第3285號規章第26條第2項之規定，對於第三國的農產品進口到西班牙或葡萄牙時，亦有特別規定，即至1995年12月31日止，西班牙與葡萄牙仍得依據其加入條約（Beitrittsakte）第77條、第81條、第244條、第249條與第280條之規定，保留對於來自第三國的農產品採取限額措施。此一規定，僅具有過渡性條款之性質，而其效力只適用至1995年12月31日止。目前此一規定已無任何意義，即第三國的農產品原則上亦得自由進口到歐洲聯盟，而不再受此一過渡條款之限制。

貳、地域的適用範圍

除1994年第519號規章 [20] 所規定的特定第三國外，其他第三國的商品進口

---

[20] Amtsablatt der Europäischen Gemeinschaften 1994 L 67/89-99.

均適用第3285號規章的共同進口規定，而且不問該第三國是否為世界貿易組織
的締約成員，均適用之。而依據1994年第519號規章附錄1列舉的國家，為阿爾
巴尼亞、亞美尼亞、亞塞拜然、白俄羅斯、中國、愛沙尼亞、喬治亞、哈薩
克、北韓、吉爾吉斯坦、拉脫維亞、立陶宛、莫爾達維亞、蒙古共和國、俄
國、塔吉克、土庫曼、烏克蘭、烏茲別克、越南等20個國家[21]。愛沙尼亞、拉
脫維亞與立陶宛已於2004年5月1日正式成為歐洲聯盟的會員國。我國並非1994
年第519號規章所列舉的特定第三國，故我國出口外銷到歐洲聯盟的商品亦適
用1994年第3285號規章的共同進口規定。

第四節　進口自由化原則與例外規定

壹、進口自由化原則

　　共同進口規定乃係歐洲聯盟欲實現歐洲聯盟運作條約第206條自由貿易目
標的具體結果，歐洲聯盟盡可能地廣泛的採取自由化的進口措施，而廢除對第
三國商品進口的數量上限制措施。故第3285號規章第1條第2項明文規定，在第
1項所指稱的商品得自由進口到歐洲聯盟，除不得牴觸標題V的保護措施規定
外，亦不得對這些商品進口，採取任何的限額措施。共同進口規定的自由進口
原則，符合關稅暨貿易總協定（GATT）第XI條第1項所規定的普遍廢除限額措
施的構成要件。

　　申言之，歐洲聯盟共同進口規定的基本原則為進口自由化，即第三國的商
品原則上得自由的進口到歐洲聯盟，歐洲聯盟不得對第三國的進口商品採取任
何的數量上限制措施，而僅在例外的情形下，在符合第3285號規章第16條至第
22條所規定的構成要件下，歐洲聯盟才得對來自第三國的商品採取保護措施，
以限制第三國商品的自由進口。

---

[21]　Amtsablatt der Europäischen Gemeinschaften 1994 L 67/97.

貳、例外規定

　　共同進口規定的基本原則,雖然為自由進口的原則,但大部分共同進口規定的內容卻是規範歐洲聯盟採取監視措施(Überwachungsmassnahmen)與保護措施(Schutzmassnahmen)的構成要件和程序規定。由於監視措施與保護措施具有阻礙商品進口的效果,故在共同進口規定中關於採取監視措施與保護措施的規定,僅為例外規定,亦為歐洲聯盟的進口救濟措施[22]。

一、暫時的保護措施

　　第3285號規章有許多新的規定,特別值得注意的是第8條第1項的規定,即在調查程序進行中,若遲延即將造成損害難以補救的緊急狀況,而必須採取立即的措施,且暫時的可確定並有充分的證據顯示,因進口商品的遽增而造成歐盟產業嚴重損害或有嚴重損害之虞時,執委會得採取暫時的保護措施(vorläufige Schutzmassnahmen)。實際上第3285號規章第8條的規定乃係轉換保護措施協定第6條的規定。

　　由於暫時保護措施的主要目的,在於避免嚴重損害的發生或為補救嚴重損害,故暫時的保護措施的適用期限不得超過200日,並且應以提高關稅的形式做為暫時的保護措施。經執委會進行必要的調查程序後,若無嚴重損害或無嚴重損害之虞時,則應廢止此一暫時的保護措施,並由執委會依職權立即退還所課徵的關稅,至於退稅程序則準用1992年第2913號規章共同關稅法第25條以下的規定[23]。

　　依據此一新的規定,賦予執委會在調查程序進行中更廣泛的裁量權限;相反地,並未給予利害關係人對於執委會錯誤地採取暫時保護措施時的救濟方法,且並未給予利害關係人適當的權利保障,而是否應退還已課徵的關稅完全

[22]　參閱陳麗娟,歐洲共同體1994年第518號規章共同進口規定之研究,美歐月刊,第10卷第7期,頁101。

[23]　參閱1994年第3285號規章第8條第2項至第4項。

由執委會依職權決定[24]。

二、監視措施

依據關稅暨貿易總協定（GATT）第XIX條之規定，監視措施並非保護措施，而僅做為確定是否根本上有必要採取保護措施的事實要件，即係為採取保護措施而進行調查的事實要件[25]，因此在適用例外規定時，必須先對涉案的系爭進口商品採取監視措施[26]，最後才得採取限制進口數量的保護措施。

依據第3285號規章第11條第1項之規定，具有本規章所規定相關第三國的原產地之商品進口之趨勢，若對歐盟製造者有造成嚴重損害之虞時，而對於歐盟利益有必要時，則得對該商品進口依據具體個案的情況進行下列的監視，即（a）依據第2項所規定的決議方式，採取事後的歐盟監視措施（nachträgliche gemeinschaftliche Überwachung），或（b）依據第12條之規定，採取事前的監視措施（vorherige gemeinschaftliche Überwachung）。

申言之，第三國的商品進口，僅須有造成歐盟製造者有嚴重損害之虞時，執委會即得依其裁量權，判斷監視措施是否係維持共同利益所必須者，而採取監視措施，並不須第三國的商品進口已實際上造成歐盟製造者的嚴重損害。至於監視措施的適用則有一定的期限，除有其他規定外，在採取6個月的監視措施時，則應在第二個6個月適用期限屆滿時失效[27]。

所謂的事後聯盟監視措施，係指依據各會員國海關的進口統計數額，對於第三國商品進口所採取的進口管制[28]，而依據第3285號規章第11條第2項之規定，由執委會依第3285號規章第16條第7項與第8項之規定決議採取事後的歐盟監視措施，即執委會在決議採取事後的歐盟監視措施後，應通知會員國和理事

---

[24]　參閱M. C. E. J. Bronchers，前揭文，Journal of World Trade 1995, Vol. 29, No. 5, p. 86.

[25]　參閱Grabitz/Hilf, Kommentar zum EG-Vertrag, 2. Auflage, München 1991, Art. 113 EGV, Rn. 141.

[26]　參閱Ehle/Meier, EWG-Warenverkehr, Köln 1971, S. 476; Grabitz/Hilf，前揭書，Art. 113 EGV, Rn. 139.

[27]　參閱1994年第3285號規章和11條第3項。

[28]　參閱C. O. Lenz, EG-Vertrag Kommentar, 1. Auflage, Köln 1994. Art. 113 EGV, Rn. 48.

會；在執委會決議通知日後的1個月內，任何會員國得請求理事會決議，而理事會得以條件多數（qualifizerte Mehrheit）[29] 確認、變更或廢止執委會採取事後歐盟監視措施的決議；理事會受理會員國的請求後，在3個月內若未作成決議時，則視為廢止執委會的決議。

　　至於事前的歐盟監視措施，係指依據第3285號規章第12條之規定所採取的監視措施，即適用事前歐盟監視措施的第三國商品在歐洲聯盟內自由流通的構成要件，為出示由會員國主管機關簽發的進口文件。歐洲聯盟進口商，不問其在歐洲聯盟的營業所所在地，得向會員國的主管機關申請，申請到達後最多5個工作天內，由會員國的主管機關免費的對於所有的申報數額簽發附具進口簽證的進口文件。以無其他證明為限，在申報後最遲的3個工作天視為已在有權的會員國完成申報。而不問進口文件係由哪個會員國簽發，依據第12條第3項之規定，適用於歐盟的全部領域；此外，只要進口自由化對於相關的交易仍有效時，依據第12條第5項之規定，即得繼續使用該進口文件，並應考量商品的性質和該交易的其他特別的特徵，進口文件最長得使用至監視措施確定的期限止。

　　不論事後的歐盟監視措施或事前的歐盟監視措施，均係指對於第三國商品進口適用於歐洲聯盟全部領域的進口管制措施。基於對區域性產業的保護，因各會員國經濟發展之差異，在第三國的商品進口至歐洲聯盟時亦會造成不同程度的影響，故第3285號規章第13條規定，在諮商結束後的8個工作天內，對於商品進口未採取事前的歐盟監視措施時，則得由執委會依據第18條之規定，在歐洲聯盟內限於一個或數個區域對特定的商品進口採取監視措施。申言之，執委會若認為在這些區域採取監視措施比在歐盟的層次更適當時，且無其他選擇餘地時，亦得例外地僅限於在相關的地區採取監視措施。區域性的監視措施必須有一定的適用期限，並且應盡可能地對單一市場的運作造成最小的影響。

　　依據第3285號規章第14條之規定，對於適用區域性監視措施的第三國商品在歐洲聯盟內自由流通通關的要件，為出示由會員國主管機關核發的進口文件，至於進口文件的申請、核發及效力，均與事前的歐盟監視措施相同。

---

[29] 依據歐洲聯盟運作方式條約第238條第3項第a款之規定，理事會的決議應以條件多數決者，必須至少有55%的會員國（即15個）贊成，且至少人口總數的65%贊成，才算通過決議。

　　不論是在歐盟的監視措施或在區域性監視措施的情形，依據第3285號規章第15條之規定，會員國應在每個月的前10天內通知執委會下列的資料，即（a）在事前監視的情形，在進口文件上之前的期限所給予的數量或以簽證規定的進口數量、及依據cif價格計算的金額，（b）在任何一種情形，前述（a）所規定期限前的進口。而會員國應依據商品種類與國家分類通知執委會，與監視措施在相同的時間依據相同的程序得作不同的規定。

三、保護措施

　　對於進口商品採取保護措施的構成要件，共同進口規定相當明顯地以關稅暨貿易總協定（GATT）第XIX條第1項與保護措施協定第5條第1項的文義為立法的依據。即依據第3285號規章第16條第1項規定，若某一商品以增加的數量進口到歐盟，且／或因而對聯盟製造者造成嚴重損害或有嚴重損害之虞時，為維護歐盟的利益，得由執委會基於會員國的申請或依職權，直接採取適當的措施；執委會決議採取保護措施後，應通知理事會與會員國，而會員國在通知日後1個月內得針對執委會的決議向理事會請求，並由理事會在受理後3個月內以條件多數確認、變更或廢止執委會的決議，若理事會未在受理後3個月內作成決議時，則視為廢止執委會的決議。

　　而依據第17條第1項之規定，若係維護歐盟利益所必要者，理事會得基於執委會依據歐洲聯盟調查程序結果作成的提案，以條件多數決議，採取適當的措施，以阻止商品數量激增進口到歐洲聯盟，且或因而造成相同種類產品或與之有直接競爭商品的歐盟製造者嚴重損害或有嚴重損害之虞。

　　申言之，執委會或理事會對第三國商品進口採取保護措施時，應具備下列的構成要件：

（1）必須有增加的進口數量：過去學者對於增加的進口數量概念，認為應包括進口數量明顯地絕對增加與進口數量對於歐洲聯盟內製造或消費關係上的相對增加。相對增加係指與歐洲聯盟內生產量作比較，商品進口數量的變更，而非僅指商品進口數量的絕對增加 [30]。申言之，雖然歐洲聯盟對於進

---

[30] 參閱J. H. Jackson, World Trading and the Law of GATT, Ann Arbor/Michigan 1969,

口商品的全部消費數量降低，而整體上減少進口商品的數量，但卻對進口商品的全部消費數量增加時，亦構成進口的數量增加；相反地，雖然進口數量的絕對增加係消費增加的結果，但對於進口商品的消費數量卻減少時，則不構成增加的進口數量[31]。

在烏拉圭回合的保護措施協定第2條第1項明文規定，商品以絕對的（absolute）或相對的（relative）增加進口數量。雖然第3285號規章第16條第1項與第17條第1項並未明確規定絕對增加與相對增加，但基於保護措施協定對於歐洲聯盟亦具有法律上拘束力，解釋亦應與保護措施協定第2條第1項的文義，作同一解釋。故共同進口規章中增加的進口數量概念，包括絕對的與相對的增加進口數量。

（2）對相同種類商品或有直接競爭商品的歐盟製造者造成嚴重損害或有嚴重損害之虞時：歐洲聯盟新的共同進口規定對於嚴重損害、有嚴重損害之虞時、與聯盟製造者等概念，在第3285號規章第5條第3項均明文加以定義規定。所謂嚴重損害，係指歐盟製造者有清楚的全面損害的情形；所謂嚴重損害之虞，係指明確地直接將發生嚴重損害；至於歐盟製造者（Gemeinschaftshersteller），係指在歐洲聯盟領域內相同種類商品或有直接競爭商品的全部製造者，或其產量占相同種類商品或有直接競爭商品的歐盟總產量重要部分（erheblicher Teil）的製造者。然而對於「相同種類商品」與「有直接競爭商品」兩個概念，卻未加以定義，此二概念屬不確定的法律概念，由於保護措施為例外規定，因此對於此二概念應採取狹義的解釋，並應作嚴格的適用[32]。所謂的相同種類商品，係指進口商品與在歐洲聯盟內所製造的產品在物理特徵（physikalische Merkmale）上為相同或極為類似；而所謂直接競爭商品，係指進口的商品與在歐洲聯盟內製造的產品具有互相競爭的關係，並且有相同的使用用途，即係指替代品[33]。

執委會與理事會在採取保護措施時，究應適用累積的構成要件或選擇的構

---

p. 558&563.

[31]　參閱H. D. Kuschel, Das Aussenwirtschaftsrecht der EWG, Köln 1971, S. 14.

[32]　參閱陳麗娟，前揭文，美歐月刊，頁104。

[33]　參閱H. S，前揭書，S. 135。

成要件，卻會因系爭商品是否來自世界貿易組織（WTO）的會員國而有差異。對於來自世界貿易組織（WTO）會員國的商品進口採取保護措施時，即明文規定必須同時具備商品的數量激增進口到歐洲聯盟，而且因而造成相同種類商品或與系爭商品有直接競爭的歐盟製造者嚴重損害或有嚴重損害之虞 [34]。至於對於非世界貿易組織會員國（WTO）的商品進口採取保護措施，僅須因進口數量激增，或因而造成相同種類商品或與系爭商品有直接競爭的歐盟製造者嚴重損害或有嚴重損害之虞時，即得採取保護措施，限制系爭商品的進口，顯然地面對歐洲聯盟的共同進口規定，非世界貿易組織（WTO）會員國的商品進口，實際上處於較不利的地位，即商品的數量增加進口與因而造成歐盟製造者有嚴重損害或有嚴重損害之虞間並不以具有因果關係為必要，對於來自非世界貿易組織（WTO）會員國的商品進口適用擇一的構成要件，明顯地並不嚴謹的適用關稅暨貿易總協定（GATT）第XIX條的例外規定，過於寬鬆的適用擇一的構成要件，亦將違反關稅暨貿易總協定（GATT）自由貿易的精神。

嚴重損害係指實際上已經造成歐盟製造者生產削減或停止的結果 [35]。由於關稅暨貿易總協定（GATT）第XIX條係針對公平的貿易行為而限制商品的進口，與關稅暨貿易總協定（GATT）第VI條針對不公平的傾銷或補貼的商品限制進口不同，故第三國的商品進口僅單純的造成重大損害尚不足以採取關稅暨貿易總協定（GATT）第XIX條的保護措施，因此關稅暨貿易總協定（GATT）第XIX條對於損害結果的要求應較關稅暨貿易總協定（GATT）第VI條更嚴格。至於判斷嚴重損害的標準，則依據保護措施協定第4條第2項第a款所列舉的標準確定，即由進口國進行調查外國的商品增加的進口，是否已經造成本國產業的嚴重損害或有嚴重損害之虞，若有異議，不服進口國的調查結果時，即應由出口國負舉證責任 [36]。

第3285號規章第10條第1項明文列舉判斷嚴重損害或有嚴重損害之虞的因

---

[34] 第3285號規章第16條第2項、第17條第2項。

[35] 參閱H. S，前揭書，S. 135。

[36] 參閱Grabitz/von Bogdandy/Nettesheim，前揭書，S. 284; P. Hilpold, Die Neuregelung der Schutzmassnahmem im GATT/WTO-Recht und ihr Einfluss auf "Grauzonenmassnahmen", Zeitschrift für ausländisches öffentliches Recht und Völkerrecht 1995, S. 95.

素，即①進口範圍，尤其是出現商品絕對數量明顯增加時，或在歐洲聯盟內進口量與製造者或與消費間的關係，出現明顯增加的情形；②進口價格，尤其是在歐洲聯盟內製造的相同種類品商品有明顯的低價供應；③對於歐盟製造者在特定的經濟指數上所造成的顯著影響，這些特定的經濟指數例如製造、生產能力的承載量、庫存狀況、銷售、市場占有率、價格（即通常出現的價格降低或妨礙價格提高）、利潤、投資報酬率、現金流通、就業等；④有可能造成歐盟製造者嚴重損害或有嚴重損害之虞的其他進口發展的因素。

有嚴重損害之虞，為實際上尚未發生損害的結果，但有直接造成歐盟製造者生產量減少或停止生產的明顯事實存在，故執委會亦應依據第3285號規章第10條第2項之規定，調查是否可清楚的預見，某一特定的情況可能導致事實上的損害發生，而執委會並得考慮系爭商品出口到歐洲聯盟的增加率、在原產國或出口國現存的出口量或在可預見的未來將出現的出口量、以及將出口到歐洲聯盟的出口機率。

（3）商品的增加進口與歐盟製造者的損害間應有因果關係存在：保護措施協定第4條第2項第b款明文規定，在特定商品增加進口與進口國產業到嚴重損害或有嚴重損害之虞間必須有明確因果關係存在。雖然第3285號規章並未明文因果關係，但從第16條第1項與第17條第1項的文義即可明瞭，歐盟製造者所遭受的嚴重損害或有嚴重損害之虞，乃係因第三國商品進口的數量增加所造成的結果，即二者之間必須有因果關係存在。

在具備上述三個構成要件後，歐盟機關才得採取保護措施，以防止進口的商品造成歐盟製造者的損害或補救已造成的損害。在過去歐洲聯盟的實務上，均是以使用數量上的限制措施做為保護措施[37]，而依據第3285號規章第16條與第17條之規定，保護措施有下列的形式，即：

（1）縮短依據第3285號規章第12條規定，在監視措施生效後，進口文件的簽證有效期限；

（2）修改對涉案商品的進口規定，即僅得在出示進口許可時，才可通關自由流

---

[37]　參閱Grabitz/von Bogdandy/Nettesheim，前揭書，S. 285。

通，並依據執委會的規定和限制核發進口許可；

(3) 確定配額（Kontingent）：執委會與理事會以配額形式做為保護措施時，
應特別考量盡可能地廣泛的維護傳統貿易流通的目的性，在本規章的保護
措施生效前，在正常交易下所締結且相關會員國已通知執委會條約中的商
品範圍、不得造成採取配額所欲實現目標的緊急狀況；而進口配額的額度
不得低於最近具代表性3年期限內在統計上的進口平均數額，但若為避免
或補救嚴重損害而有必要時，得以其他的額度做為配額[38]。

第3285號共同進口規定並新增訂由歐洲聯盟與商品的供應國協議分配配額
的規定，即若應將配額分配給數個供應國時，則應由歐洲聯盟與系爭商品
進口到歐洲聯盟有重大利益的供應國協議配額的分配；若無法達成協議
時，則依據前述具代表性的3年期限內商品進口到歐洲聯盟的數額分配，
並應考慮對於商品有影響或能影響的特別因素。在有嚴重損害的情形，在
上述具代表性的3年期限內，若來自一個或數個供應國的進口與全部商品
進口作比較，增加太多時，而歐洲聯盟已履行在世界貿易組織（WTO）的
保護措施委員會（Ausschuss für Schutzmassnahmen）之諮商義務後，得不
適用此一配額的分配方法[39]。

執委會或理事會採取的保護措施生效後，即適用於所有通關在歐洲聯盟內
自由流通的第三國商品；基於區域性的保護，依據第3285號規章第18條之規
定，在會員國的層次施行保護措施比在歐盟層次更適當時，並得僅限於在歐洲
聯盟內的一個或數個區域內採取保護措施。若無法改變進口商品之目的地，且
依據第11條和第12條之規定，僅得出示進口文件才得通關自由流通的商品應附
具進口文件時，保護措施不得妨礙已在歐盟內自由流通的商品[40]。

第3285號規章第19條則增訂對於來自世界貿易組織（WTO）會員國的開發
中國家（Entwicklungsland; developing country）的商品進口優惠措施之構成要
件，即來自屬於世界貿易組織（WTO）會員國的開發中國家商品進口數額未超

---

[38] 參閱第3285號規章第16條第3項與第17條第2項。

[39] 參閱第3285號規章第16條第4項與第17條第2項。

[40] 參閱第3285號規章第16條第5項與第17條第2項。

過系爭商品的歐洲聯盟進口的3%以上，且在為開發中國家的世界貿易組織（WTO）會員國全部進口數額少於3%，並未超過進口到歐洲聯盟系爭商品的9%時，則不得對這些來自世界貿易組織（WTO）具有開發中國家資格的會員國之商品進口適用保護措施。

　　過去的共同進口規定未曾規定保護措施的適用期限，而在新的第3285號規章亦轉換保護措施協定第7條第1項至第3項關於保護施適用期限的規定，即第3285號規章第20條明文規定，保護措施的適用期限（Geltungsdauer）必須限於為避免或補救歐盟製造者所受的嚴重損害，及歐盟製造者簡化調整其產業所必須的期限內，才得採取保護措施；而此一適用期限則包含實際上所適用的暫時保護措施期限在內，且通常不得超過4年。除第16條第4項第b款所規定對於嚴重損害的情形採取保護措施外，若確定為阻止或補救嚴重損害的結果，而有必要延長適用期限時，並且可證實歐盟製造者必須進行產業的調整時，則得延長原來的保護措施適用期限。而保護措施的全部適用期限包括暫時措施原來的適用期限與實際延長的期限，並不得超過8年。

　　第3285號規章第22條並明文規定，已適用保護措施的商品進口，在2年的期限內，不得再適用新的保護措施，但保護措施適用期限未超過180日者，若自對該系爭商品進口採取保護措施起，至少已超過1年，且此一保護措施直接在採取前5年內未適用於同一商品兩次以上時，則得例外地再對系爭商品進口採取保護措施。

　　至於保護措施的適用期限超過1年者，在適用期限內，包括延長的期限內應定期的逐步將商品進口自由化[41]。而對於保護措施的檢討制度，基本上仍維持1994年第518號規章第17條的規定，並配合烏拉圭回合保護措施協定新的規定，即依據第3285號規章第21條第1項之規定，在適用保護措施的期限內，基於會員國的申請或由執委會依職權在諮詢委員會進行諮商，保護措施的適用期限超過3年者，至遲在適用期限經過一半期滿後，應由執委會進行諮商；諮商之目的，在於調查相關保護措施的效果、檢討是否及應如何適當地加速進口自由化、與檢討是否有必要繼續適用該保護措施。

---

[41]　參閱第3285號規章第20條第4項。

第五節　程序規定

第3285號規章第2條至第10條為程序規定，主要規範歐洲聯盟的通知程序、諮商程序和調查程序（Informations-, Konsultation-und Untersuchungsverfahren），尤其是對於開始進行調查程序、必要的監督與檢討、出口國與利害關係人對於已蒐集到資料的調閱、利害關係人的聽證與陳述意見的機會，均有更明確的規定。本規章關於調查程序的規定，不得牴觸歐洲聯盟與會員國關於職業祕密的規定；而為提高相關的經濟參與者的法律安定性，因此必須規定對於開始進行調查程序，及為歐盟利益迅速決定採取保護措施的期限 [42]。

壹、歐盟的通知程序與諮商程序

一、通知程序

依據第3285號規章第2條之規定，若第三國商品進口的發展有必要採取監視措施或保護措施時，則會員國應依據第10條所列舉的標準，並附具可供使用的證據通知執委會；執委會在受理後，並應立即通知所有的會員國。此乃由於第三國商品進口到歐洲聯盟時，必須在任何一個會員國的海關完成通關手續，故各會員國得依其海關統計數據裁量是否有必要對於來自第三國的一定商品採取監視措施或保護措施的進口發展狀態，通知執委會。

二、諮商程序

依據第3285號規章第3條之規定，基於會員國的申請或由執委會依職權得進行諮商，而且必須在會員國將第三國商品進口發展通知執委會到達後8個工

---

[42] 參閱第3285號規章前言第16點至第18點，Amtsblatt der Europäischen Gemeinschaften 1994 L 349/54。

作天內進行諮商，而無論如何在採取監視措施或保護措施以前，必須進行諮商，否則即構成程序瑕疵。

至於諮商程序，依據第3285號規章第4條之規定，在諮詢委員會（Beratender Ausschuss）內進行，特別針對系爭商品的進口條件、進口發展，以及經貿狀況，必要時應採取的措施進行諮商。諮商委員會由每一個會員國的代表組成，並由執委會的代表擔任主席並召集諮商委員會；主席應盡可能立刻轉達會員國所有合乎諮商目的之資料。原則上應進行言詞諮商（mündliche Konsultation），但必要時，並得進行書面諮商（schriftliche Konsultation）。在進行書面諮商的情形，應由執委會通知會員國，而會員國得在執委會所規定的5個至8個工作天期限內，陳述意見或申請言詞的諮商。

貳、調查程序

諮商程序是採取監視措施或保護措施必須進行的程序，若未進行諮商程序將構成程序瑕疵，造成程序不合法的結果，而影響保護措施與監視措施的合法性，此外，諮商的結果將決定是否開始展開聯盟的調查程序，即依據第3285號規章第6條第6項之規定，在諮商後，若執委會認為證據不足以開始展開調查程序時，在會員國的資料到達後1個月內，由執委會通知會員國終結程序的決定；而依據第6條第1項之規定，在諮商結束時，若執委會認為有充分的證據明顯的顯示應開始進調查程序時，則應由執委會開始展開調查程序。由此可見，執委會對於是否要對系爭進口商品開始進行調查程序，享有廣泛的裁量權限，而在整個程序上占有舉足輕重的角色。

第3285號規章第5條新增訂，在採取保護措施前，除在緊急狀況得採取暫時的措施外，必須進行歐盟的調查程序，而依據第10條所列舉判斷嚴重損害之標準確定系爭商品進口是否造成歐盟製造者的嚴重損害或有嚴重損害之虞。為使歐盟機關更明確的認定是否有造成歐盟製造者的嚴重損害，在第5條第3項並增訂嚴重損害、嚴重損害之虞、與歐盟製造者三個概念的定義規定。

諮商後，執委會決定進行調查程序後，應在會員國轉達的資料到達後1個月內，並在會員國的合作下，開始調查程序，並應將所蒐集到的資料總結與會

員國已轉達執委會的所有相關資料公布於歐洲聯盟公報。在公告中，並應規定利害關係人得對公告的資料，以書面陳述意見及提供資料的期限，以便利害關係人提供執委會在調查時得加以考慮的意見或資料。此外，並得在公告中規定利害關係人得向執委會申請言詞聽證的期限[43]，以充分保障利害關係人在調查程序上的權益。

執委會在調查程序中，實際上扮演著主導的角色，即依據第3285規章第6條第2項之規定，執委會應蒐集所有其認為必要的資料，並在諮詢委員會聽證後，對進口商、貿易商、貿易代理商、製造者、商會、貿易組織盡力調查其認為適當的資料。在會員國的支持下，並得在會員國的領域內，由其官員協助執委會進行調查。被告知的利害關係人及出口國的代表在提出書面申請後，得調閱所有執委會在調查範圍內所使用的資料，但由歐洲聯盟主管機關或會員國主管機關所備置的內部文件，則不得調閱；而只是要這些資料對於維護利害關係人的利益係重要者，且並非第9條所規定的祕密資料，即由執委會在調查程序上所使用的資料，原則上利害關係人均得調閱。依據新的規定，利害關係人陳述意見後，仍得向執委會針對在調查程序所使用的資料再陳述意見，若利害關係人的意見已有充分的證據時，執委會亦應考慮這些意見。

在調查程序進行中，執委會得請求會員國應轉達在調查程序進行後，會員國對於系爭商品所調查相關市場狀況發展可使用的資料[44]。執委會並得訊問利害關係人，若利害關係人在歐洲聯盟公報公告所規定的期限內提出書面申請，並舉證調查的結果有可能與其事實上有關聯，且對其言詞詢問有特別理由時，執委會必須訊問利害關係人[45]。

依據第3285號規章第6條第5項之規定，若在本規章所規定的期限內或在本規章範圍內由執委會所確定的期限內，利害關係人未提供資料時或明確地阻礙調查時，執委會得基於可使用的資料作認定；若執委會確定利害關係人或第三人提供錯誤的或誤導的資料時，則執委會不考慮該資料，並得利用可使用的事實判定。

---

[43]　參閱第3285號規章第6條第1項第a款與第b款。

[44]　參閱第3285號規章第6條第3項。

[45]　參閱第3285號規章第6條第4項。

　　在調查程序進行中，若出現不立即採取措施，將造成難以補救的損害，則可暫時確定有足夠的證據顯示，第三國商品進口的增加有造成歐盟製造者嚴重損害或有嚴重損害之虞時，執委會並得依據第3285號規章第8條之規定，以提高關稅的方式做為暫時的保護措施，以期防止或補救損害的擴大。

　　調查結束後，執委會應向諮詢委員會報告調查結果。而在開始調查程序後9個月內，若執委會認為無採取監視措施或保護措施之必要時，則在諮商委員會聽證後1個月內終結調查；關於終結調查程序的決定，執委會必須附具調查最重要的結論與所持理由的總結，並公布於歐洲聯盟公報。若執委會認為有必要採取監視措施及保護措施時，則由執委會依據標題IV和V的規定，在調查程序開始後至遲9個月內作成必要的決議；但此一期限最多得延長2個月，而由執委會：公告有關延長期限於歐洲聯盟公報，並附具理由 [46]。

本章參考文獻

中 文部分

・陳麗娟，歐洲共同體1994年第518號規章共同進口規定之研究，美歐月刊，第10卷第7期，頁95-107。

外 文部分

・C. O. Lenz: EG-Vertrag Kommentar, 1.Auflage, Köln 1994.
・D. Robertson: GATT Rules for Emergency Protection, New York 1992.
・Ehle/Meier: EWG-Warenverkehr, Köln 1971.
・Grabitzl/Hilf: Kommentar zum EG-Vertrag, 2. Auflage, München 1991.
・Grabitz/von Bogdandy/Nettesheim: Europäisches Aussenwirtschaftsrecht, München 1994.

46　參閱第3285號規章第7條。

- Hauser/Schanz: Das neue GATT, München 1995.
- H. D. Kuschel: Das Aussenwirtschaftsrecht der EWG, Köln 1971.
- H. Saake: Die gemeinsamen Einfuhrregelungen der Europäischen Wirtschaftsgemeinschaft, Köln 1991.
- J. H. Bhagwati: Protectionism, Cambridge M. A. 1988.
- J. H. Jackson: The World Trading System, Cambridge M. A. 1989.
- J. H. Jackson: World Trade and the Law of GATT, Ann Arbor/Michigan 1969.
- M. C. E. J. Bronckers: WTO Implementation in the European Community-Antidumping, Safeguards and Intellectual Property, Journal of World Trade 1995, Vol. 29, No.5, p. 73-95.
- P. Hilpold: Die Neuregelung der Schutzmassnahmen im GATT/WTO-Recht und ihr Einfluss auf "Grauzonenmassnahmen", Zeitschrift für ausländisches öffentliches Recht und Völkerrecht 1995, S. 89-127.
- P. Kleen: The Safguard Issue in the Uruguay Round-A Comprehensive Approach, Journal of World Trade 1989, Vol. 23, No. 5, p. 73-92.

第五章　公平貿易法

　　理事會加強執行共同貿易政策，特別是為加強對抗不公平的貿易行為，於1984年制定公布第2641號規章 [1]，即一般所謂新的貿易政策工具（neues handelspolitisches Instrument）。基本上，當時歐洲共同體係以美國在1974年制定的貿易法中的301條款（Sec.301）為立法藍本，因此第2641號規章與301條款基本上有相同的作用和任務。美國貿易法的301條款主要的作用，在於消除美國企業在出口市場上的貿易障礙及防止第三國商品的不公平進口。新的貿易政策工具亦具有雙重的目標，即一方面為進口救濟，以防止第三國的不法貿易行為損害歐洲聯盟的相關產業；另一方面則在調查與消除歐盟產業在出口市場上所受到的貿易限制 [2]。理事會考量1992年單一市場的完成，為改善對抗不法貿易行為時貿易政策保護措施之運用，而鑑於某些貿易政策的保護措施，例如課徵反傾銷稅與平衡稅的決議程序已經合理化，故於1994年3月7日制定公布第522號規章 [3]，以修正1984年第2641號規章的程序規定，尤其是增訂對調解程序開始、進行和終結與現行多邊的規範有關聯的歐洲聯盟決議程序。烏拉圭回合談判結果，在世界貿易組織（World Trade Organization，簡稱WTO）的架構下，重新建立新的國際貿易規範，理事會於1994年12月22日制定第3286號規章 [4]，以修正1984年第2641號規章，而做為現行有效的公平貿易法，以便歐洲聯盟在共同貿易政策範圍內依據國際貿易規範，特別是在世界貿易組織（WTO）範圍內所締結的協定，行使權利，新的公平貿易法並自1995年1月1日起正式生效。

---

[1]　Amtsblatt der Europäischen Gemeinschaften 1984 L 252/1-6, vom 20. 9. 1984.

[2]　參閱Hilf/Rolf, "Das Neue Instrument" der EG, Recht der internationalen Wirtschaft 1985, S. 299; J. Steenbergen, The New Commercial Policy Instrument, Common Market Law Review 1985, p. 423.

[3]　Amtsblatt der Europäischen Gemeinschaften 1994 L 66/10-11, vom 10. 3. 1994.

[4]　Amtsblatt der Europäischen Gemeinschaften 1994 L 349/71-98, vom 31. 12. 1994.

第一節　立法背景

歐洲公平貿易法在立法沿革上，主要有五個發展階段：

壹、Welsh報告

1980年歐洲議會的議員Welsh在對外經濟關係委員會（Ausschuss der Aussen-wirtschaftsbeziehungen des Europäischen Parlaments）中提出一份報告，即一般通稱的Welsh報告。報告中指出：關稅暨貿易總協定（GATT）的反傾銷規定不足以防止不公平的貿易行為，以達到保護歐洲共同體產業的目的。而執委會不僅應對於違反關稅暨貿易總協定（GATT）的貿易行為採取措施，而且也應該對於所有的不公平貿易行為採取措施[5]。尤其Welsh認為，對於防止不公平的貿易行為，關稅暨貿易總協定（GATT）欠缺足夠的規定，因此建議當時歐洲共同體應制定相當的保護規範。

貳、法國政府的備忘錄（Memorandum）

1982年4月27日，法國政府向其他的歐洲共同體會員國與執委會提出建議，主張應加強歐洲共同體的貿易政策上保護措施[6]。在此備忘錄中，法國政府並明確地要求歐洲共同體以美國貿易法的301條款為立法的藍本，以有效的防止不公平的貿易行為。

1982年6月，理事會針對歐洲共同體與美國的關係所發表的意見中，亦贊同法國政府的這項要求[7]。當時由於美國在一項決議中表明，在鋼鐵產品領域與共同農業政策範圍，應維持開放的國際貿易，但理事會卻非常擔憂在這些範

---

[5]　Bulletin EG 4-1982, Ziff.3.4.1.

[6]　參閱Van Bael/Bellis, Anti-Dumping and Other Trade Protection Laws of the EEC, 2nd Edition, Chicago 1990, p. 331.

[7]　參閱Bulletin EG 6-1982, Ziff.1.5.2.

圍維持開放的國際貿易。因此，理事會認為最重要的是，在適當的時機，尤其是在關稅暨貿易總協定（GATT）的範圍，應盡力維護歐洲共同體的合法利益，而且必須如此做，以便歐洲共同體就貿易政策上的權限可以如同其他貿易夥伴一樣，很快並有效的做反應[8]。

參、執委會的提案（Vorschlag）

　　1983年2月28日執委會向歐洲共同體理事會提案，以制定新的貿易政策工具[9]。在提案的立法理由中，執委會嚴厲的批評美國貿易法的301條款廣泛的適用範圍，尤其是針對不法的貿易行為、不適當的貿易行為或歧視的貿易行為所作的規定。執委會認為美國可隨意的依據301條款的規定解釋這些不確定的法律概念，而這些概念潛在地（potenziell）已違反關稅暨貿易總協定的規定。

　　另一方面，執委會又不願意將新的貿易政策工具之構成要件明確的規範；因此，執委會建議理事會採取折衷的規定，即一方面歐洲共同體得對不公平的貿易行為採取保護措施，以消除因而所造成共同體產業的損害，而另一方面並規定不確定的適用範圍，以確保歐洲共同體可毫無限制地行使國際貿易上的權利。

　　依據執委會的提案，所謂的不公平的（unerlauter）貿易行為，係指第三國對歐洲共同體違反其應盡的義務，或第三國牴觸一般的國際法，或牴觸由歐洲共同體重要的貿易夥伴普遍承認的貿易政策規範，且因而造成共同體產業的損害[10]。在程序規定方面，執委會則認為，除了會員國外，尤其是共同體產業亦有權向執委會申請調查第三國不公平的貿易行為，而調查程序亦以美國法為藍本，即有時間上的限制且應進行透明的（transparent）程序[11]。

　　此外，執委會並批評依據原來的歐洲經濟共同體條約第113條對於貿易政

---

[8]　參閱Bulletin EG 6-1982, Ziff.1.5.2.

[9]　Vorschlag der Kommission vom 28.2.1983, KOM (83) 87endg.

[10]　參閱KOM (83) 87 endg., S. 3.

[11]　參閱KOM (83) 87 endg., S. 12.

策的決議程序過於遲緩，為了能有效的且迅速的對不公平貿易行為採取貿易政策上的保護措施，執委會建議在新的貿易政策工具中應規定決議程序[12]。而在緊急情況（Krisenfall），執委會並得採取暫時的保護措施，以預防第三國不公平的貿易行為[13]。

針對執委會的提案，卻出現許多不同的意見，例如在1983年6月29日歐洲議會討論制定新的貿易政策工具，並發表意見。當時歐洲議會認為，應擴大新的貿易政策工具的適用範圍，即亦應適用於勞務（Dienstleistung）交易；同時強調新的貿易政策工具必須符合關稅暨貿易總協定（GATT）的規範。最後，歐洲議會批評執委會的提案充滿了不確定的法律概念，將會造成拖延程序的結果，而將使得共同體產業陷於不確定的狀態[14]。

經濟暨社會委員會（Wirtschafts-und Sozialausschuss）亦針對執委會的提案發表意見，認為執委會所建議的程序規定，有助於恢復關稅暨貿易總協定（GATT）的調解程序，且有助於在調解程序後歐洲共同體與貿易夥伴執行談判的內容。歐洲共同體亦得依據新的貿易政策工具對於非關稅暨貿易總協定（GATT）締約國的第三國之不公平貿易行為採取保護措施，同時又可強制關稅暨貿易總協定（GATT）的締約國遵守關稅暨貿易總協定（GATT）的規定，但經濟暨社會委員會主張應明確的規定新的貿易政策工具的構成要件，以防止濫用新的貿易政策工具[15]。

荷蘭、丹麥與德國並不贊同制定新的貿易政策工具，且向理事會建議並認為，歐洲共同體已經有許多貿易政策規範，新的貿易政策工具實屬多餘[16]。當時德國聯邦議會的經濟委員會（Ausschuss für Wirtschaft des Deutschen Bundestages）則指出，新的貿易政策工具牴觸關稅暨貿易總協定（GATT）的自由貿易目標，尤其是新的貿易政策工具係由歐洲共同體單方面的形成共同貿易政策，而歐洲共同體應維持歐洲經濟共同體條約第133條的決議程序，以防

---

[12]　參閱KOM (83) 87 endg., S. 4.

[13]　參閱KOM (83) 87 endg., S. 12.

[14]　Amtsblatt der Europäischen Gemeinschaften 1983 C. 205/9.

[15]　Amtsblatt der Europäischen Gemeinschaften 1983 C. 211/24ff.

[16]　參閱Van Bael/Bellis，前揭書，p. 198。

止廣泛的討論貿易政策；此外，共同體產業的申請調查權，將會造成大量的調查程序，因此將增加歐洲共同體貿易關係的沉重負擔[17]。

　　由於針對執委會的提案，出現許多的反對聲音，理事會要求會員國應達成一致的共識，以達到擴建歐洲共同體單一市場的目的，因此理事會同時公布15個指令，與新的貿易政策工具採取包裹表決（Paketlösung）的方式達成協議[18]，理事會並於1984年4月9日原則上同意第2641號規章[19]。

肆、理事會公布1984年第2641號規章

　　1984年9月17日理事會基於原來歐洲經濟共同體條約第133條，並以執委會的提案為依據，考量歐洲議會和經濟暨社會委員會發表的意見後，認為應加強歐洲共同體的共同貿易政策，因此制定公布新貿易政策工具，即第2641號規章。原則上當時理事會接受執委會的提案內容，即採取雙軌制制定新的貿易政策工具，一方面歐洲共同體得對於第三國的不法貿易行為採取保護措施，以消除因而所造成共同體產業的損害；另一方面針對第三國的貿易行為亦得採取保護措施，以確保歐洲共同體在國際貿易上完全的行使權利。

　　當時理事會強調，歐洲共同體為消除因第三國不法的貿易行為所造成的損害，應遵守歐洲共同體應盡的國際義務。因此所謂的不法貿易行為（unerlaubte Handelspraktik），係指在國際貿易範圍，第三國的行為違反國際法或國際慣例[20]。對於第三國不法的貿易行為，共同體產業有權向執委會申請展開調查程序[21]，以保護共同體產業的利益。

　　在第2641號規章中，理事會基本上維持歐洲經濟共同體條約第133條條件多數的決議程序；對於執委會在調查程序的職權，則僅限於開始展開調查程

[17]　參閱BT-Drucksache 10/596 vom 10. 11. 1983.

[18]　參閱Van Bael/Bellis，前揭書，p. 198。

[19]　Bulletin EG 4-1984, S. 56.

[20]　參閱1984年第2641號規章前言第4點。

[21]　參閱1984年第2641號規章前言第7點。

序、執行調查程序與終結調查程序，以及開始國際諮商與調解程序，但卻未賦
予執委會得採取暫時的保護措施之權限。

1994年3月7日，理事會制定公布第522號規章，以修止1984年第2641號規
章中關於調解程序的共同體決議程序，以期使歐洲共同體在採取貿易政策上保
護措施的決議程序合理化[22]。第522號規章第3條並規定，關於修正1984年第
2641號規章的程序規定，自世界貿易組織（WTO）生效日起發生效力。

伍、1994年第3286號規章

理事會雖然於1994年3月公布第522號規章修正1984年第2641號規章的程序
規定，以加強當時歐洲共同體的貿易保護工具與世界貿易組織改進的調解程序
運作間的聯繫。在程序規定上，1994年第522號規章實際上已實現此一目標，
即共同體產業和會員國得依據新的貿易政策工具之規定，促使共同體機關（執
委會與理事會）以所有程序透明化必要的保證和正當的程序，達到世界貿易組
織（WTO）的調解程序，並受歐洲法院的司法審查。在世界貿易組織
（WTO）架構下的調解程序，亦適用於勞務貿易總協定（General Agreement
on Trade in Services）和與貿易有關的智慧財產權協定（Agreement on Trade-
Related Aspects of Intellectual Property Rights）。因此，為貫徹執行世界貿易組
織的調解程序，尤其是要解決由第三國不法的貿易行為在外國市場上對歐洲共
同體出口商所造成的問題，故執委會於1994年10月5日向理事會提案修正1984
年第2641號規章[23]。

理事會並於1994年12月22日制定公布第3286號規章以做為現行有效的公平
貿易法，以期歐洲共同體在共同貿易政策範圍內符合國際貿易規範行使權利，
特別是世界貿易組織（WTO）架構下的國際貿易規範。由於1984年第2641號
規章並無法有效解決由第三國所採取或保留的貿易障礙（Handelshemmnisse）
所造成的貿易問題，因此有必要修改法規，以建立歐洲共同體新的程序規定與

---

[22] 參閱1984年第522號規章前言第5點。

[23] 參閱Uruguay Round Implementing Legislation, COM (94) 414 final, Brussels, 5. 10. 1994,
　　p. 333.

改善歐洲共同體的程序規定，並確保歐洲共同體在國際貿易規範下，有效的行使其權利[24]。然而在第3286號規章中，不僅修正程序規定，並且在實體的構成要件上亦作了重大的修正，例如：明確的定義國際貿易規範的範圍，但同時規定許多新的概念，例如貿易障礙、損害貿易的效果、共同體企業等。

　　依據第3286號規章第15條第2項之規定，廢止1984年第2641號規章，且依據第16條之規定，第3286號規章自1995年1月1日起生效，並適用於在此期日後開始的程序。至於在1995年1月1日前已開始的程序，但尚未終結者，第3286號規章並未規定過渡條款，為解決此一法律漏洞，理事會於1995年2月20日制定公布第356號規章[25]，以修正1994年第3286號規章第16條之規定，即1994年第3286號規章自1995年1月1日起生效，並適用於在此生效日後開始的程序，以及在生效日前已開始且歐盟已經終結調查的程序[26]。而依據1995年第356號規章第2條之規定，本規章溯及自1995年1月1日適用。

　　1994年第3286號規章取代1984年第2641號規章，成為歐洲聯盟現行有效的貿易政策工具[27]。

第二節　適用範圍

　　貿易政策工具在歐洲聯盟貿易政策的保護制度中，具有補充規定的性質[28]，即第3286號規章係在補充歐洲聯盟其他保護條款之不足，亦即貿易政策工具不適用於在共同貿易政策範圍內其他存在的法規之情形，而與歐洲聯盟的其他進口救濟規定，例如共同進口規定、反傾銷規章、反補貼規章等貿易保護法規間為補充的關係，在適用進口救濟規定對第三國採取貿易政策上的保護措施時，歐洲聯盟應優先適用共同進口規定、反傾銷規章或反補貼規章等特別規

---

[24] 參閱1994年第3286號規章前言第3點、第4點。

[25] Amtsblatt der Europäischen Gemeinschaften 1995 L 41/3, vom 23. 2. 1995.

[26] 參閱1995年第356號規章第1條第2項規定。

[27] 參閱Vermulst/Driessen, The International Practice of the European communities: Current Survery, European Journal of International Law 195, p. 306.

[28] 1994年第3285號規章第15條第1項。

定。因此，就歐洲聯盟的進口救濟規範而言，貿易政策工具僅為補充規定。由於歐洲聯盟欠缺保護歐盟產業在出口市場上的特別規定，故貿易政策工具成為保護歐盟產業在出口市場上利益，得直接援引適用的保護規定。

壹、事務的適用範圍

第3286號規章係由理事會依據原來的歐洲共同體條約第133條（現為歐洲聯盟運作方式條約第207條），對於共同的農業市場規範的規定（Regelungen für die gemeinsamen Agrarmarktorganisationen），以及歐洲共同體條約第308條制定的貿易法規，故其保護客體為歐洲聯盟運作方式條約所規範的所有商品、農產品和農產加工品[29]。除商品交易外，第3286號規章並將勞務（Dienstleistung）納入保護客體的範圍，最主要乃考慮世界貿易組織（WTO）架構下的服務貿易總協定的新規定[30]，故在第2條第3項規定定義損害，係指對於在歐洲歐盟市場上對歐盟產業在商品或勞務，所造成的重大損害或有重大損害之虞；第2條第5項對於歐盟產業的定義規定，包括歐盟商品的製造者與服務提供者（Dienstleistungserbringer）；第2條第8項並定義服務的概念，係指由歐洲聯盟依據歐洲聯盟運作條約第207條規定針對服務所締結的國際協定，故烏拉圭回合的服務貿易總協定（GATS）所規範的服務提供，亦在第3286號規章的適用範圍內。因此，第3286號規章不僅適用於商品交易，而且亦適用於服務交易，已經涵蓋相當廣泛的適用範圍。

貳、地域的適用範圍

第3286號規章適用於所有非歐洲聯盟會員國之第三國[31]，且不問該第三國是否為世界貿易組織（WTO）之會員國，或是否與歐洲聯盟締結貿易協定或

---

29 1994年第3286號規章第15條第1項規定。

30 COM (94) 414 final, p. 337.

31 參閱1994年第3286號規章第2條第1項。

結盟協定（Handels-oder Assoziierungsabkeommen）。值得注意的是，第3286號規章第1條第1項明文規定，不僅適用於在歐盟市場上由第三國所造成的貿易障礙，而且還適用於在第三國市場上（Markt des Drittlandes）由第三國所造成的貿易障礙而引起的損害貿易效果。

第三節　實體上的適用要件

　　第3286號規章與歐洲聯盟的其他貿易法規，例如反傾銷規章、反補貼規章、共同進口規定等，最大的差異在於並未規定歐洲聯盟採取保護措施時具體的干預要件，而第3286號規章承襲1984年第2641號規章，僅在第1條規定公平貿易法之目的，即為達到確保歐洲聯盟依據國際貿易規範行使權利，特別是在世界貿易組織（WTO）範圍內所達成協議的國際貿易規範，並符合國際義務和程序，以對抗在歐盟市場上所造成的貿易障礙，消除因而造成的損害；或對抗在第三國市場上所造成的貿易障礙，消除因而造成的損害貿易效果為宗旨，故制定在共同貿易政策範圍內，歐洲聯盟應遵守的程序。首先以圖5-1介紹新的貿易政策工具之適用要件：

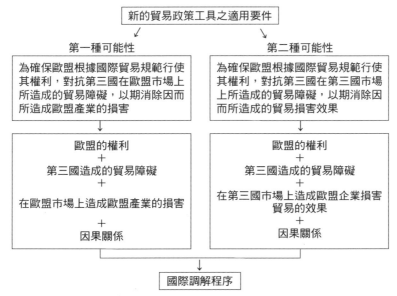

圖5-1　新的貿易政策工具之適用要件

壹、第一種可能的適用要件

　　依據第3286號規章第1條第1項第a款之規定，為確保歐洲聯盟依據國際貿易規範行使權利，以期對抗第三國在歐盟市場上造成的貿易障礙，而達到消除因而對歐盟產業所造成的損害之目的。

　　因此，在第一種情形，必須具備下列的要件：

一、歐盟的權利

　　依據第2條第2項之定義規定，所謂歐盟的權利，係指歐洲聯盟基於國際貿易規範（internationale Handelsregeln）得行使的國際貿易權利（internationale Handelsrechte）；而所謂的國際貿易規範，主要係指在世界貿易組織（WTO）架構下所締結的協定及在世界貿易組織協定的附錄中所列舉的協定，但國際貿易規範亦得為由歐洲聯盟所締結而規範歐洲聯盟與第三國間貿易的協定。

　　依據此一新的定義規定，國際貿易規範包括世界貿易組織協定、商品貿易的多邊協定（Multilateral Agreements on Trade in Goods）、1994年的關稅暨貿易總協定（General Agreement on Tarffs and Trade 1994）、農業協定（Agreement on Agriculture）、適用檢疫與植物檢疫措施協定（Agreement on the Application of Sanitary and Phytosanitary Measures）、紡織品與成衣協定（Agreement on Textiles and Clothing）、貿易上的技術障礙協定（Agreement on Technical Barriers to Trade）、與貿易有關的投資措施協定（Agreement on Trade-Related Investment Measures）、反傾銷協定（Agreement on Implementation of Art. VI of the General Agreementon Tariffs and Trade 1994）、關稅估價協定（Agreement on Implementation of Art. VII of the General Agreementon Tariffs and Trade 1994）、貨物裝船前的檢查協定（Agreement on Preshipment Inspection）、原產地規則協定（Agreement on Rules of Origin）、進口授權程序協定（Agreement on Import Licensing Procedures）、補貼與平衡稅協定（Agreement on Subsidies and Countervailing Measures）、保護措施協定（Agreement on Safeguards）、服務貿易總協定（General Agreement on Trade in Service）、與貿易有關的智慧財產權協定（Agreement on Trade-Related Aspects of Intellectual Property Rights）、管轄調解規則與程序協定（Understanding on Rules and Procedures Governing the Settlement of Disputes）、貿易政策檢討程序協商（Trade Policy Review Mechanism）、政府採購協定（Agreement on Government Procurement）、國際酪農協定（International Dairy Agreement）、牛肉協定（Agreement regarding bovine meat）[32]，以及由歐洲聯盟與第三國所締結的雙邊或多邊貿易協定。無疑地，在第3286號規章的規範下，歐洲聯盟所得行使的權利，涵蓋非常的廣泛。

二、第三國造成的貿易障礙

第二個要件，必須存在貿易障礙（Handelshemmnisse），依據第2條第1項之定義規定，所謂貿易障礙，係指所有由第三國所採取或保留的貿易行為（Handelspraktiken），而國際貿易規範賦予對該貿易行為採取措施的權利；若國際貿易規範完全禁止此一貿易行為或授權給該受貿易行為的關係人得盡力消除該貿易行為的效果時，即為有採取措施的權利。

申言之，不論是第三國積極的貿易行為或消極的貿易行為，只要是國際貿易規範完全禁止或限制該貿易行為，即有可能構成貿易障礙，亦即第三國的貿易行為違反世界貿易組織（WTO）下的國際貿易規範或違反與歐洲聯盟間的貿易協定，而妨礙歐洲聯盟行使其權利時，即造成貿易障礙。相較於1984年第2641號規章所規定的不法貿易行為而言，貿易障礙的概念不僅包括不法貿易行為，並且包括不公平的貿易行為在內，以及其他形式的差別待遇貿易行為，此一貿易障礙的概念，賦予歐盟機關在判斷是否要適用第3286號規章時，享有更廣泛的裁量權限。

第3286號規章所規範的行為，僅指第三國的行為，並不包括個人的行為[33]，但若是由第三國的機關直接造成或促成這些個人行為時，亦屬於可歸責於第三國的行為，歐洲聯盟亦得對該個人的行為適用第3286號規章[34]。

---

[32] 參閱理事會決議94/800/EG, Amtsblatt der Europäischen Gemeinschaften 1994 L 336/1-308.

[33] 參閱Kapteyn/Verloren van Themaat/Gromley, Introduction to the Law of the European Communities, 2nd Edition, Deventer 1989, p. 818; D. Petermann，前揭書，S. 64。

[34] 參閱Groeben/Thiesing/Ehlermann, Kommentar zum EWG-Vertrag, 4. Auflage, Baden-Baden

三、在歐盟市場上造成歐盟產業的損害

第3286號規章第一個適用可能，主要係要消除在歐盟市場上（Gemeinschaftsmarkt）由第三國的貿易障礙對歐盟產業所造成的損害。所謂的歐盟市場，係指歐洲聯盟28個會員國的領土範圍。

實際上，歐洲聯盟對於歐盟市場已有許多的保護規定，例如共同進口規定、反傾銷規章、反補貼規章等，而第3286號規章承襲1984年第2641號規章的特性，即基本上係集合的構成要件（Auffangtatbestand）[35]，即針對在歐盟市場上的第三國貿易行為，應優先適用具體的進口救濟規定，例如共同進口規定、反傾銷規章、反補貼規章等所規定的保護條款，採取保護措施，僅在其他貿易保護法規未規定的情形，歐洲聯盟才得適用第3286號規章的保護措施。故對於歐盟產業在歐盟市場上的保護作用，僅具有警告的作用與預防的功能。在過去歐洲共同體的實務上，執委會對於1984年第2641號規章在適用上，持相當保留與謹慎的態度[36]，而理事會亦未曾決議依據1984年第2641號規章對第三國採取貿易政策上的保護措施[37]。歐洲聯盟適用第3286號規章保護歐盟產業在歐盟市場上的利益，可能性仍不大，不過第3286號規章將貿易保護範圍擴大至所有與貿易有關的領域，卻是不容忽視的。

第三國的貿易障礙必須造成歐盟產業的損害。依據第2條第3項對於損害的定義規定，係指第三國的貿易障礙在歐盟市場上造成對商品或勞務的歐盟產業重大的損害（bedeutende Schädigung）或有重大損害之虞。申言之，第三國的貿易障礙必須在歐盟市場上造成歐盟產業的重大損害或有重大損害之虞時，歐洲聯盟才得援引適用新的貿易政策工具，以消除因而所造成的損害。歐盟產業與重大損害的概念，和現存的其他貿易保護工具中的概念相同，在第3286號規

1991, Art.113 EWGV Rn.123; J. Steenbergen，前揭文，Common Market Law Review 1985, p. 425。

[35] 參閱Hilf/Rolf，前揭文，Recht der internationalen Wirtschaft 1985, S. 297。

[36] 參閱Frank Montag, Die Aussendimension des Binnenmarktes, Europäische Zeitschrift für Wirtschaftsrecht 1990, S. 114.

[37] 參閱Grabitz/von Bogdandy/Nettesheim, Europäisches Aussenwirtschaftsrecht, München 1994, S. 251.

章中繼續援用這兩個概念，以表明保護歐盟市場的意旨[38]。

　　第2條第5項擴大歐盟產業（Wirtschaftszweig）之範圍，即歐盟產業係指在歐洲聯盟內的所有商品製造者（Hersteller）或勞務提供者（Dienstleistungserbringer），或其總產量占歐洲聯盟總產量大部分（erheblicher Teil）的商品製造者或勞務提供者。而所謂的在歐洲聯盟內的所有商品製造者或勞務提供者，包括（1）與系爭貿易障礙商品或勞務為相同種類（gleichartig）的歐盟商品製造者或勞務提供者；（2）與系爭貿易障礙的商品或勞務有直接競爭關係（unmittelbar konkurrieren）的歐洲聯盟商品製造者或勞務提供者；（3）受系爭貿易障礙的商品消費者（Verbraucher）或加工者（verarbeiter），或受系爭貿易障礙的勞務消費者或使用者（Nutzer）。此外，並有兩種例外的情形，即（1）若歐洲聯盟的商品製造者或勞務提供者與出口商或進口商間有業務關係（geschäftlich verbunden），或本身即為系爭貿易障礙商品或勞務的進口商等，則所謂的歐盟產業，僅指其餘的製造者或勞務提供者；（2）在特殊的情形，在歐盟內某一區域內的製造者或勞務提供者，亦得視為歐盟產業，即製造者或勞務提供者在某一會員國或數個會員國的總產量占此一區域的大部分（Grossteil）產量時，以貿易障礙的影響集中於此一會員國或這些會員國為限。申言之，第三國的貿易障礙若影響到在歐洲聯盟內某一區域的製造或勞務提供時，同樣的第三國的貿易障礙亦有可能影響到該區域的出口產業[39]，而基於區域保護，若第三國的貿易障礙造成歐洲聯盟內的區域損害時，則亦將該區域內占大部分產量的製造者或勞務提供者視為歐盟產業。

　　第3286號規章所欲保護的客體涵蓋很廣，除考慮到第三國的貿易障礙對於歐洲聯盟內商品製造者或勞務提供者所造成的特別利益外，亦考慮到對於中間產品的加工者、商品或勞務的消費者、或勞務的使用者的特別利益，並包括對於區域的聯盟製造者或勞務提供者的保護。在第2條第7項並定義勞務提供者，係指不涉及非商業性質，而依據會員國的法律或行政規章所規定的提供特別勞務者，例如郵局、鐵路等。而所謂的勞務，依據第2條第8項之規定，得由歐洲聯盟基於歐洲聯盟運作條約第207條以國際協定加以規範，此乃考慮到世界貿

---

[38] COM (94) 414 final, p. 334.

[39] COM (94) 414 final, p. 337.

易組織（WTO）架構下的勞務貿易總協定（GATS）。

　　第3286號規章實際上亦擴大歐洲聯盟適用貿易政策上保護措施的可能性，在第2條第3項並無明確的定義重大損害的概念，僅在第10條第1項列舉調查損害（Schadensprüfung）的判斷標準，即執委會在解釋損害的概念時，必須依據這些標準認定是否造成歐盟產業的重大損害，即(1)相關的歐洲聯盟進口或出口數量，特別是有明顯的增加或減少、在相關的市場上有可能是絕對的增加或減少、或與製造、消費的關係上有明顯的增加或減少；(2)歐盟產業競爭者的價格，特別是在歐洲聯盟或第三國市場上，出現歐盟產業明顯的低價供應；(3)評估對歐盟產業的影響，例如對於製造、生產量負荷、庫存、銷售、市場占有率、價格下降或阻礙價格上漲、利潤、資金收益、投資、就業等經濟指標，可清楚辨識其發展。至於其他因素所造成的損害，而造成歐盟產業個別或共同的不利影響時，依據第10條第3項之規定，不得歸責於相關的貿易行為。

　　歐洲聯盟適用第3286號規章的貿易政策保護措施時，並不需第三國的貿易障礙實際上已經造成歐盟產業的重大損害，而僅需有造成重大損害之可能即可，第10條第2項規定即針對歐盟產業遭受重大損害之虞的判斷標準，執委會只須審查是否可清楚的預見，某一特定的情形有可能造成事實上損害的結果，而執委會得考慮下列的因素，即歐盟商品或勞務與系爭商品或勞務間存有競爭關係市場上的出口增加率、在原產國或出口國已經存在的出口量，或在可預見的未來將出現的出口量，以及在前述存有競爭關係市場上可確定的可能的出口機率。

四、因果關係

　　除了必須具備確保歐洲聯盟依據國際貿易規範行使權利、第三國造成的貿易障礙，與在歐盟市場上造成歐盟產業的重大損害或有重大損害之虞的構成要件外，尚必須在第三國造成的貿易障礙與歐盟產業的損害間有因果關係存在，即必須第三國的貿易障礙在歐盟市場上造成聯盟產業的損害時，歐洲聯盟才得採取第3286號規章所規定的新的貿易政策工具，以為救濟。

貳、第二可能的適用要件

　　依據第1條第1項第b款之規定，為確保歐洲聯盟依據國際貿易規範行使權利，以對抗在第三國市場上所造成的貿易障礙，以期消除因而所造成的損害貿易效果（handelsschädigende Auswirkungen）。第二個可能的適用要件，主要係保護歐盟產業在第三國市場上的利益，亦在於對抗第三國所造成的貿易障礙，但並不以歐盟產業實際上已遭受損害為要件，主要目的要消除第三國貿易障礙所造成歐盟產業在第三國市場上所受到的損害貿易效果。

　　執委會在立法理由上即認為，第三國的貿易障礙對歐盟產業在第三國市場上所造成的影響更甚於在歐盟市場，因為在歐盟市場係針對來自第三國的進口，歐洲聯盟可以各種有效的保護措施防止第三國的進口，但在第三國市場上對於歐盟出口產業所造成的影響卻難以有效的預防，故有必要加強對於歐盟產業在第三國市場上的保護，以防止貿易扭曲現象發生[40]。

　　在第二種可能的適用要件，除了要確保歐洲聯盟依據國際貿易規範行使權利，與第三國所造成的貿易障礙外，尚必須具備在第三國市場上造成歐盟企業損害貿易的效果。依據第2條第4項之定義規定，所謂損害貿易的效果，係指在第三國市場上對於歐盟企業（Unternehmen）所造成的貿易障礙或有貿易障礙之虞，並且對於歐洲聯盟的經濟或歐洲聯盟的某一區域的經濟造成重大的影響、或對某一經濟活動範圍造成重大的影響。而依據第2條第6項之規定，所謂的歐盟企業，係指直接受貿易障礙影響的商品製造者或勞務提供者，且係依據會員國的法律而成立的公司（Gesellschaft）或商號（Firma），且其住所、經營總部（Hauptverwaltung）或其經濟活動的重點係在歐洲聯盟內。

　　申言之，歐洲聯盟主張適用第二種情形時，必須歐盟企業在第三國市場上，受第三國所採取或所保留的違反國際貿易規範之影響，尚需同時嚴重影響歐洲聯盟內的經濟。因此，僅由歐盟企業主張損害貿易效果的事實，尚不足以使歐盟機關合法的採取對抗措施，即歐盟機關尚必須調查對於歐洲聯盟的經濟或某一區域的經濟所造成的影響，此一要件在於要求聯盟機關避免輕率的採取

---

[40]　COM (94) 414 final, p. 334.

對抗措施，而致力於歐洲聯盟或相關會員國的利益維護 [41]。

　　過去歐盟關於新的貿易政策工具的實務上，主要均係涉及歐盟產業在第三國市場上的利益，執委會對於第三國違反巴黎保護智慧財產權公約（Pariser Übereinkunft zum Schutz des gewerblichen Eigentums） [42]、伯恩保護文學與藝術作品公約（Berner Übereinkunft zum Schutz von Werken der Literatur und Kunst） [43]、巴黎著作權公約 [44] 等規定，未給予歐洲聯盟的產品在第三國市場上有效的保護與未採取適當的法律救濟規定，均援引適用新的貿易政策工具開始進行調查程序，以保護歐盟產業在第三國市場上的利益。第3286號規章明文規定國際貿易規範所涵蓋的範圍，特別是在世界貿易組織（WTO）架構下所簽署的各類協定，其中亦包括保護智慧財產權的協定，對歐盟產品被仿冒、被盜錄等情形，所給予歐盟產業的保護較過去更周密。

　　依據第10條第4項之規定，歐盟企業主張第三國的貿易障礙對其構成損害貿易效果時，執委會必須審查損害貿易效果對於歐洲聯盟的經濟或歐洲聯盟內某一區域的經濟所造成的結果，或對特定經濟活動範圍所造成的結果；而執委會得適當地考慮在第10條第1項與第2項所規定的因素，即此一規定一方面要求執委會在認定損害貿易效果時，必須考慮歐洲聯盟整體的經濟利益或特定的區域經濟利益；另一方面卻又賦予執委會廣泛的裁量權限。損害貿易的效果亦得在其他的情形出現，即由於貿易障礙而阻止、妨礙或改變商品或勞務的貿易流通量（Handelsstroeme），或在貿易障礙嚴重損害聯盟企業的製造資源供應（例如零件、組件或原料）的情形，亦可能出現損害貿易的效果。若歐盟企業主張有損害貿易效果的危險時，則執委會應更進一步審查，是否清楚的可預見，某一特定的情形將可能發展成實際的損害貿易效果。此外，第10條第5項並增訂執委會在審查損害貿易效果的證據時，並應考量依據第2條第1項，所包

---

[41] COM (94) 414 final, p. 337.

[42] 例如1987年印尼盜錄錄音帶案，Amtsblatt der Europäischen Gemeinschaften 1987 C136/3-4。

[43] 例如1987年印尼盜錄錄音帶案，Amtsblatt der Europäischen Gemeinschaften 1987 C136/3-4；1991年泰國盜錄錄音帶案，Amtsblatt der Europäischen Gemeinschaften 1991 C189/26-27。

[44] 例如1987年印尼盜錄錄音帶案，Amtsblatt der Europäischen Gemeinschaften 1987 C136/3。

括的國際貿易規範適用於採取措施權利的規定、原則或實務。

相同地，第三國所造成的貿易障礙與對於歐盟企業在第三國市場上所造成的損害貿易效果間，必須存在因果關係。

參、適用國際調解程序解決貿易糾紛

第3286號規章第1條第1項即明文規定，本規章規定在共同貿易政策內歐盟的程序應符合國際義務和國際程序，而在第2項更具體的規定，在共同貿易政策範圍內，本規章特別應適用國際調解程序（internationals Streitbeilegungsverfahren）之展開、進行與終結。申言之，歐洲聯盟在適用第3286號規章對第三國採取新的貿易政策工具時，希望回歸在世界貿易組織（WTO）架構下的調解程序，適用國際貿易規範，以解決歐洲聯盟與第三國間的貿易糾紛，而達到市場開放與貿易自由化之目標[45]。

第四節　程序規定

新的貿易政策工具的程序規定在第3286號規章中增加許多新的規定，尤其是在申請開始調查貿易障礙的程序，除了保留原來在1984年第2641號規章由歐盟產業或會員國提出申請外，增訂個別的歐盟企業亦得向執委會提出申請[46]。原則上由執委會受理開始程序之申請，並由執委會領導的諮詢委員會與各會員國進行諮商程序，諮商後由執委會開始進行歐盟層次的調查程序，直至終結調查程序為止。在整個調查程序，執委會扮演著非常重要的角色，以下先以圖5-2歐洲聯盟適用新的貿易政策工具的程序流程：

---

[45]　COM (94) 414 final, p. 335.

[46]　參閱Vermulst/Driessen，前揭文，European Journal of International Law 1995, p. 306.

執委會受理申請 一由歐盟產業提出書面申請（Art. 3 I） 一由歐盟企業提出書面申請（Art. 4 I） 一由會員國提出書面申請（Art. 6 I）	→	執委會終結程序例如撤回申請（Art. 3II）

↓

進行諮商程序（Art. 7）	→	執委會終結程序 例如申請附具的證據不足（Art. 3III、Art. 6IV）、無歐盟利益

↓

歐盟的調查程序（Art. 8） 開始：由執委會依據第5條第4項或第6條第5項規定，在受理申請後45天內決議開始展開歐盟的調查程序 執行：公告於歐洲聯盟公報 　　　正式通知系爭國家的代表 　　　在歐盟層次，執委會與會員國合作進行調查、蒐集資料 　　　利害關係人之調閱權、告知權、聽證權、會面機會、陳述機會 終結：由執委會依據第8條第8項規定向諮詢委員會提出報告，通常在公告開始程序後5個月內提出報告，例外得因調查困難由執委會延長至7個月	→	執委會終結程序 例如無歐盟利益、不足以證明貿易障礙、不存在損害、無因果關係等

↓

進行國際諮商與調解程序	→	由執委會終止程序 例如由第三國採取令執委會滿意的措施（Art. 11II）、執委會與第三國達成一致的協議（Art. 11III）

↓

由理事會依據第12條第1項之規定，依據歐洲聯盟運作條約之規定，在執委會提案到達後30天內，以條件多數決議，採取貿易政策上的措施	

圖5-2　歐盟適用新的貿易政策工具的程序流程

壹、由執委會受理申請開始程序

依據第3286號規章之規定，執委會可由下列三種途徑開始調查程序：

一、由歐盟產業提出書面申請

依據第3條與第5條第1項之規定，任何自然人、法人或不具法律人格之協會，認為在歐盟市場上因第三國的貿易障礙而遭受損害時，得以歐盟產業之名義，以書面附具存在貿易障礙與因而造成損害的充分證據，向執委會提出開始程序之申請，即歐盟產業提出申請開始程序的權利，係針對第三國的貿易障礙在歐盟市場上造成歐洲聯盟的損害，亦即不僅是所有的歐洲聯盟商品製造者或勞務提供者、生產量占大部分的商品製造者或勞務提供者，甚至是加工者、消費者或勞務的使用者，由於第三國的貿易障礙而造成其在歐盟市場上重大損害或有重大損害之虞時，均得以歐盟產業的名義，向執委會提出書面申請開始程序。

此一規定賦予歐盟產業有效的和廣泛的進口救濟機會，以對抗第三國在歐盟市場上的貿易障礙。而依據第5條第2項之規定，提出申請者得撤回申請，但僅以無歐盟利益者為限，即若撤回申請會影響到維護歐洲聯盟必要之利益時，則不得撤回，執委會應繼續調查程序，以維護歐洲聯盟的利益。

二、由歐盟企業提出書面申請

第3286號規章第4條第1項與第5條第1項規定，任何歐盟企業或任何具有法律人格或無法律人格的協會，認為因第三國的貿易障礙而使其在第三國市場上受到損害貿易的效果時，得以一個或數個歐盟企業的名義，以書面向執委會提出開始程序之申請，但僅限於依據在多邊或複邊貿易協定中所規定的國際貿易規範有權對系爭的貿易障礙採取措施時，歐盟企業才得合法的提出申請。對於歐盟企業的此一合法申請的限制要件，大部分將依據世界貿易組織（WTO）架構下的協定，認定是否有權對第三國的貿易障礙採取對抗措施[47]。

---

[47] 參閱Vermulst/Driessen，前揭文，European Journal of International Law 1995, p. 306.

　　過去在1984年第2641號規章的規範下，僅得以共同體產業的名義向執委會提出開始程序之申請，原則上個別的企業或中、小型的企業均不可能向執委會提出申請。1994年第3286號規章第4條增訂個別歐盟企業亦有申請權之目的，在於使歐洲聯盟的出口商亦得促使歐洲聯盟對抗在第三國市場上對其造成影響的有異議或不公平的貿易行為，最主要的目的，乃更有利於歐洲聯盟的出口商符合市場開放的策略，以做為促使第三國市場開放的一個手段[48]。

　　歐盟企業的書面申請，依據第4條第2項之規定，亦必須附具存在貿易障礙與因而造成損害貿易效果的充分證據，且必須依據第10條第3項列舉的因素舉證；而依據第5條第2項之規定，歐盟企業亦得撤回申請，以終結程序，但僅限於並無歐盟利益時，才得撤回。

　　第2條第6項對於歐盟企業的定義規定，已包括歐盟產業的概念在內，因此歐盟產業認為第三國的貿易障礙造成其在第三國市場上遭受損害貿易效果時，當然亦得以書面向執委會申請開始程序[49]。

三、由會員國提出申請

　　依據第6條第1項之規定，會員國得向執委會申請開始第1條的程序，即會員國為確保歐洲聯盟依據國際貿易規範行使其權利，以對抗在歐盟市場上由第三國所造成的貿易障礙，以消除因而所造成的損害，或對抗在第三國市場上的貿易障礙，以消除因而造成的損害貿易效果，得向執委會申請開始程序。這種情形，通常係由會員國內的產業促使會員國向執委會提出申請[50]。會員國享有廣泛的申請權，即不僅可針對保護歐盟市場的利益，同時可針對在第三國市場上的利益。

　　依據第6條第2項之規定，會員國亦必須向執委會交付存在貿易障礙與因而造成影響的充分證據；若有舉證損害或損害貿易效果時，則必須依據第10條所列舉的因素舉證。顯然地，會員國申請的形式要件，比歐盟產業或歐盟企業提

---

[48]　參閱COM (94) 414 final, p. 334.

[49]　參閱Vermulst/Driessen，前揭文，European Journal of International Law 1995, p. 306; COM (94) 414 final, p. 336.

[50]　參閱Vermulst/Driessen，前揭文，European Journal of International Law 1995, p. 306.

出申請時寬鬆，從第6條第2項的文義解釋，會員國對於損害或損害貿易效果並無舉證的責任。因此，歐盟產業或歐盟企業可透過其國家向執委會申請開始調查程序，同樣地可以達到對抗第三國貿易障礙之目的。

由會員國提出申請時，依據第6條第3項之規定，執委會應立即通知其他的會員國關於此一申請。

貳、諮商程序

執委會受理申請後，應由執委會依據第7條之規定，在諮詢委員會（Beratender Ausschuss）中進行諮商程序（Konsultation）。即由每個會員國代表與執委會的代表組成諮詢委員會，而由執委會的代表擔任主席，並召集諮詢委員會。諮商得基於會員國的申請或由執委會依職權立即且在遵守本規章所規定的期限及時開始進行。諮詢委員會的主席應盡可能立刻通知會員國所有現存的合乎目的之資料。此外，執委會並應通知依據歐洲聯盟運作條約所組成的特別委員會這些相關資料，以便該特別委員會得考量第三國貿易障礙對於共同貿易政策所造成的廣泛影響[51]。

諮詢委員會原則上進行言詞的諮商，必要時亦得進行書面諮商，但必須由執委會以書面通知會員國，在通知到達後的8個工作天內，會員國得以書面發表意見或得申請進行言詞諮商；以言詞諮商得依據本規章所規定期限及時進行為限，主席得約定進行言詞諮商[52]。

參、歐盟的調查程序

在受理申請後，執委會應盡速決議開始歐盟的調查程序（Untersuchungsverfahren），通常應在申請提出後45天內決議，但亦得因申請

---

[51] 歐洲聯盟運作條約第207條所規定的特別委員會，係由理事會就施行共同貿易政策所組成的特別委員會。

[52] 參閱1994年第3286號規章第7條第4項。

人之請求或經由申請人之同意而變更此一期限，以便能補充附加的資料，而得以全面地判斷申請的根據[53]。至於歐盟的調查程序可分為三個階段：

一、調查程序之開始

依據第8條第1項之規定，諮商後，若執委會認為很明顯的已具備足夠的證據，足以開始調查程序，且係為維護歐盟利益所必要者，則由執委會進行下列的程序：（a）在歐洲聯盟公報公告開始調查程序，並應指明相關的商品或勞務、相關的國家、以摘要形式說明所有已蒐集到的資料，並指示將所有與此相關的資料均應送交執委會；由執委會確定利害關係人得依據第5項規定向執委會申請言詞聽證之期限；（b）執委會應正式通知涉案國家的代表，必要時，並得與這些國家進行諮商；（c）在歐盟層次，由執委會與會員國合作進行調查。

執委會審查申請的形式要件是否具備、是否有充分的論點及證據，是否係維護歐洲聯盟的利益所必要者，在與會員國進行諮商後，由執委會決定是否開始進行調查程序。執委會衡量歐盟利益，而決定開始程序，一方面可以在政治上與經濟上給予貿易夥伴相當的壓力，而另一方面開始調查程序將造成貿易量降低的結果，通常歐洲聯盟有可能採取難以預期的貿易措施，將會造成貿易夥伴的恐慌[54]。

至於歐盟利益，第3286號規章並無定義規定，但在1987年Akzo/Dupont案，執委會在判定歐盟利益上，不僅考量經濟觀點，並且考量法律的觀點，即適用關稅暨貿易總協定（GATT）時將產生的經濟效果[55]；而在1987年對印尼盜錄錄音帶的調查程序中，執委會則認為在法律上與客觀上的問題，均是考量歐盟利益所必要的[56]；政治上的因素，當然也是歐盟利益的考量因素[57]。故所謂的歐盟利益，執委會基本上是考量歐洲聯盟在外交、貿易政策與經濟上的利

---

[53]　參閱1994年第3286號規章第5條第4項、第6條第5項。

[54]　參閱D. Petermann，前揭書，S. 99。

[55]　參閱Amtsblatt der Europäischen Gemeinschaften 1987 L117/20.

[56]　參閱Amtsblatt der Europäischen Gemeinschaften 1987 C136/4.

[57]　參閱D. Petermann，前揭書，S. 100。

益，且執委會享有廣泛的裁量權限，但歐洲法院對此裁量權限，並無司法審查權限[58]。

在諮商程序後，執委會認為書面申請附具的證據不充分，不足以開始調查程序，或認為開始調查程序並非維護歐盟利益所必須者，執委會應在通知申請者後，終結程序[59]。足見執委會對於是否要開始調查程序，享有廣泛的裁量權。

二、調查程序之執行

依據第8條第1項第a款之規定，執委會決議開始調查程序後，應將該決定公告於歐洲聯盟公報，以便通知有利害關係的歐盟產業，並使其得發表意見。第b款並規定，執委會亦應通知涉案的國家將開始進行調查程序，必要時執委會並得與這些國家進行諮商。此一規定主要目的，在於使相關的第三國得及時消除其所造成的貿易障礙，或由第三國單方面的採取改善措施，例如自願設限（Selbstbeschränkung），以達到消除貿易障礙之目的[60]。

第8條第1項第c款並規定，由執委會與會員國共同合作進行調查程序，特別是會員國並得支持與協助執委會在其領土範圍內進行調查程序[61]。依據第8條第3項之規定，會員國應提供執委會所有對於調查程序必要的資料；必要時，執委會應蒐集所有其認為必要的資料，並得在進口商、貿易商、代理商、製造商、經濟組織與職業協會處核對這些資料，但以相關的企業或組織同意者為限；而僅以執委會正式知會相關國家的政府，且該政府在相當期限內無表示異議時為限，必要時執委會得在第三國領土範圍內進行調查[62]。依據第8條第7項之規定，執委會所要求的資料未在相當期限內交付者，或嚴重妨礙調查時，執委會則依據現有可使用的資料，作成調查結果。

---

[58] 參閱Grabitz/Von Bogdandy/Nettesheim，前揭書，S. 247。

[59] 1994年第3286號規章第5條第3項、第6條第4項。

[60] 參閱D. Petermann，前揭書，S. 100。

[61] 1994年第3286號規章第8條第2項第c款。

[62] 1994年第3286號規章第8條第2項第a款、第b款。

　　依據第8條第4項第a款之規定，在調查程序進行階段，提出開始程序申請者、相關的出口商和進口商，以及相關國家的代表對於執委會已經取得的所有資料均有調閱權（Akteneinsicht），但行政上的內部文件或第9條所規定的祕密資料，則不得調閱。利害關係人並得向執委會以書面附具理由申請其所希望調閱的資料。第b款並規定，提出申請開始程序者、相關的出口商和進口商，以及相關國家的代表並得向執委會提出申請，告知就調查程序所獲得的重要事實與考量。

　　依據第8條第5項之規定，在執委會於歐洲聯盟公報公告的期限內，利害關係人並得以書面申請聽證，此為利害關係人的聽證權（Anhörungsrecht）。在調查程序進行中，執委會應給予對造當事人依據第8條第6項規定的會面機會，以便進行言詞辯論，陳述其意見；而執委會必須考量當事人的合法利益與保護資料必要的機密；當事人並無參加會面的義務，對於未參加者不應有任何不利的影響。第8條第8項並規定，執委會認為應結束調查程序時，在公告開始程序後5個月內，必要時得延長至7個月，應向諮詢委員會提出報告。

三、調查程序之終結

（一）在調查程序進行中，以決議終結調查程序

　　根據第11條第1項之規定，在調查程序進行中，若結果證實，無須採取任何措施以維護歐盟利益時，則執委會得依據第14條之規定，以決議終結調查程序。第14條則規定，關於本條的程序者，由諮詢委員會的主席受理提交諮詢委員會；執委會的代表應向諮詢委員會提出決定的草案；諮詢委員會應在主席根據事實迫切程度所定的期限內進行討論。執委會作成決定後，應通知會員國，在10日內若無會員國向理事會請求決議時，則在10日期限後應適用該執委會的決定。基於會員國之申請，理事會得以條件多數（qualifizierte Mehrheit）決議變更執委會之決定；自理事會受理申請日起算，若理事會在30日期限內未作成決議，則在30日的期限過後，適用執委會的決定。申言之，在諮詢委員會的任何會員國代表得在10日內向理事會請求，就執委會的決定進行決議；而理事會得以條件多數決變更執委會的決定；自理事會受理起30日內，若理事會未作成決議時，則執委會的決定確定生效適用。

　　第11條第1項規定授權執委會在調查程序中得終結程序，即在調查程序進行中，若涉案的第三國基於非正式的諮商而採取適當的補救措施，歐洲聯盟因而不需再採取任何的貿易保護措施時，執委會得接受第三國的補救措施，以終結調查程序。執委會的此一自主的決定權限，基本上與1994年第3283號反傾銷規章第8條接受出口商具結的規定一致，因此若執委會認為第三國欲採取的補救措施已至令其滿意的程度，執委會因而得以決定終結調查程序；若理事會不同意執委會的決定，得依據第14條的規定，以條件多數決議變更執委會的決定，即理事會得對執委會的所有決定作事後的更正[63]。

（二）在調查程序進行中，採取貿易政策措施以終結程序

　　第3286號規章第12條規定，除事實上或法律上的情況顯示真正的調查程序係屬多餘者外，若在調查程序進行中證實，為維護歐洲聯盟的利益有必要採取保護措施，以確保歐洲聯盟依據國際貿易規範行使權利，達到消除由第三國採取或保留的貿易障礙造成損害或損害貿易效果之目的，則依據第13條的程序規定決議採取適當的措施。基於歐洲聯盟應盡的國際義務，若歐洲聯盟必須進行事前的國際諮商程序或調解程序時，應在進行這些程序結束後並考量這些程序的結果，決議採取下列的措施：（a）中止或撤回任何以貿易談判所約定的關稅減讓（Zugeständnisse）；（b）提高現行的關稅稅率（Zollsätze）或對進口商品課徵其他的進口稅捐（Einfuhrabgaben）；（c）採取限額措施、或其他任何變更進、出口條件的措施、或其他影響相關第三國商品或勞務交易之措施。此外，相關的決議應附具理由，並公告於歐洲聯盟公報；此一公告同時視為對於主要的相關國家和利害關係人之通知。

　　國際諮商程序與調解程序主要規定於關稅暨貿易總協定（GATT）第XXII條與第XXIII條，此外，例如在烏拉圭回合談判結束時所締結的技術性貿易障礙協定第14條、補貼與平衡稅協定第13條，或在洛梅協定（Lomé Abkommern）中均有調解程序的規定，即原則上歐洲聯盟應訴諸在世界貿易組織（WTO）架構下所規範的調解程序，與第三國進行調解，以解決貿易糾

---

[63] 參閱D. Petermann，前揭書，S. 103。

紛，但歐洲聯盟不得向位於海牙的國際法庭提起訴訟，以為法律救濟[64]。

　　第3286號規章第12條第2項後段新增訂，若歐洲聯盟請求國際調解機關（internationales Streitbeilegungsorgan）指示和批准對於轉換國際調解程序結果相當的措施時，基於此一批准，歐洲聯盟的貿易政策措施必須符合國際調解機關的建議，即在世界貿易組織（WTO）的架構下進行調解程序[65]。

　　由於關稅暨貿易總協定（GATT）第XXII條與第XXIII條僅係對於國際調解機制的一般法律依據，烏拉圭回合談判結束時簽署了管轄調解規則與程序協定，以落實進行國際調解程序，而達到解決貿易糾紛之目的。依據管轄調解規則與程序協定第1條之規定，本協定的適用範圍包括1994年的關稅暨貿易總協定（GATT）、服務貿易總協定（GATS）、與貿易有關的智慧財產權協定（TRIPS）、烏拉圭回合所簽署的複邊協定和世界貿易組織協定。

　　此外，烏拉圭回合的管轄調解規則與程序協定對於調解程序單一化有重大的組織上改革，即依據協定的第2條規定，由調解機關（Dispute Settlement Body; Streitbeilegungsorgan）負責管理調解程序、召集仲裁小組（Panel）、接受仲裁小組的報告及監督仲裁小組報告之執行。申言之，未來所有的國際貿易爭端問題均集中由調解機關負責解決[66]。調解機關接受仲裁小組的報告後，應對爭端的當事人提出適當的建議[67]，而依據管轄調解規則與程序協定第21條之規定，轉換（Umsetzung）仲裁小組的建議應盡可能立刻進行，且調解機關必須監督轉換的執行。

　　依據第3286號規章第12條第2項後段之新規定，一旦歐洲聯盟向世界貿易組織（WTO）的調解機關訴諸調解，以解決與第三國間的貿易爭端，在採取貿易政策措施時，即應遵守調解機關所給予的建議，此一新規定限制了歐盟機關在援取貿易政策措施時廣泛的裁量權限。

　　總而言之，歐洲聯盟要依據1994年第3286號規章採取貿易政策措施，尚必須符合實體上的要件和形式上的要件。實體上必須調查結果顯示，第三國的貿易障礙在歐盟市場上造成歐盟產業的損害，且是為維護歐盟利益必須採取干預

---

64. 參閱Grabitz/von Bogdandy/Nettesheim，前揭書，S. 250。

65. 參閱Vermulst/Driessen，前揭文，European Journal of International Law 1995, p. 306.

66. 參閱J. H. Jackson, The World Trading System, Cambridge, MA. 1989, p. 55.

67. 參閱Hauser/Schanz, Das neue GATT, München 1995, S. 238.

措施；或調查結果顯示，第三國的貿易障礙造成歐盟企業在第三國市場上損害貿易的效果，且係為維護歐盟利益必須採取干預措施。執委會和理事會對於維護歐盟利益之必要性，享有廣泛的裁量權限[68]。申言之，執委會與理事會必須考量貿易政策措施對於歐洲聯盟在經濟上、外交上、貿易上，以及政治上的利益，以決定是否對第三國採取貿易政策上的措施。

　　在形式上，歐洲聯盟必須進行國際諮商程序或調解程序，而在這些程序結束後，歐洲聯盟才得決議採取貿易政策上的措施。不論是針對在歐盟市場上或在第三國市場上的貿易障礙，歐洲聯盟採取貿易政策措施的決議程序，均須依據1944年第3286號規章第13條第3項的規定，即歐洲聯盟必須進行正式的國際諮商程序與調解程序，在程序結束後並顧及這些程序的結果後，若歐洲聯盟有必要採取貿易政策措施時，在執委會的提案到達後30日內，由理事會依據歐洲聯盟運作條約第207條規定，以條件多數決議之。

　　與反傾銷規章不同，執委會在適用新的貿易政策工具上，僅負責進行調查程序，並無權採取暫時的保護措施，理事會也僅得在國際諮商程序或調解程序結束後，並顧及這些程序的結果後，才得決議採取貿易政策上的保護措施。而依據第3286號規章第12條第3項之規定，只要符合國際義務與程序，理事會有權採取所有形式的貿易政策措施，特別是(1)中止或撤回任何以貿易談判所約定的關稅減讓；(2)提高進口關稅稅率或課徵其他的進口稅捐；(3)採取進口限額措施、或其他變更進、出口條件的措施、或其他影響相關第三國商品或勞務交易的措施。

　　上述的這些貿易政策措施用於歐洲聯盟第三國間的商品交易或勞務交易，而依據第3286號規章第12條第3項之規定，歐洲聯盟得對造成貿易障礙的第三國採取選擇性的保護措施（Selektive Schutzmassnahmen）[69]。無疑地此一規定實際上已經逾越關稅暨貿易總協定（GATT）第XXIII條所規定得採取貿易保護措施的範圍，而在決定採取何種貿易保護措施上，理事會享有廣泛的裁量權限[70]，僅在歐洲聯盟已向世界貿易組織（WTO）的調解機關請求進行調解程序

---

[68]　參閱D. Petermann，前揭書，S. 106。

[69]　參閱T. Heukels, Rechtsprobleme der autonomen Handelspolitik der Europäischen Gemeinschaft im Lichte des GATT, Recht der internationalen Wirtschaftsrecht 1984, S. 979.

[70]　參閱Grabitz/von Bogdandy/Nettesheim，前揭書，S. 251。

時，在採取歐洲聯盟的貿易政策措施時，依據第3286號規章第12條第2項後段的新規定，理事會的裁量權限才將受到限制。

四、在調查程序結束後中止程序

第3286號規章第11條第2項第a款規定，若涉案的第三國在調查程序後，採取令執委會滿意的措施，以致歐洲聯盟不需採取任何的因應措施時，得依據第14條的規定中止程序之進行，即由執委會的代表向諮詢委員會提出決定草案，諮詢委員會應在主席依據事情迫切程度所定的期限內進行討論；執委會做成決定後，應通知會員國，在10日的期限內，若無會員國向理事會請求作決議時，則在10日的期限後應適用執委會的決定，並中止程序。基於會員國的申請，理事會得以條件多數決議變更執委會的決定，自理事會受理申請之日起算，若理事會在30日內未作成決議，則在30日的期限過後，應適用執委會的決定，全部程序亦因而中止。

執委會應監督第三國適用上述的措施，為達成該措施的目標，必要時執委會得要求相關的第三國作定期的報告，並覆查必要的資料。若第三國中止或廢止其措施，或以不相當的方式履行其措施時，或執委會認為前述第三國的報告令其不滿意時，則由執委會通知會員國，以基於調查結果和出現其他新事實有必要且正當者為限，得採取符合第3286號規章第13條第3項規定之必要措施[71]，即由理事會至遲在執委會的提案到達後30日內，依據歐洲聯盟運作條約第207條之規定以條件多數決議，採取必要的措施。

此外，第3286號規章第11條第3項新增訂，在調查程序後，或在國際調解程序進行前、進行中或進行後的任何時間，若事實顯示，為調解貿易障礙最快的適當方法係與相關第三國締結協定，得以變更歐洲聯盟或相關第三國重要的實體上權利時，應依據第14條的規定中止程序，並依據歐洲聯盟運作條約第207條之規定與第三國進行協定締結的談判，即首先由執委會向諮詢委員會提出決定草案，在決定中止程序確定後，在由理事會組成的特別委員會同意下由執委會依據理事會所公布的指令與第三國進行協定的談判。中止程序規定，可

---

[71]　參閱1994年第3286號規章第11條第2項第b款、第c款。

避免冗長的國際調解程序和避免適用第3286號規章所規定的貿易保護措施，並由第三國參與解決彼此的貿易糾紛。

第五節　法律救濟

提出申請開始程序者、程序上的利害關係人，例如進口商或出口商、或相關的國家，若不服歐盟機關的決定時，第3286號規章並未規定法律救濟途徑。因此，提出申請者、程序上的利害關係人若不服歐盟機關的決定時，得適用歐洲聯盟運作條約所規定的一般法律救濟制度，向歐洲法院提出訴訟，以維護其權益。

依據歐洲聯盟運作條約第263條第4項之規定，任何自然人或法人，對於歐盟機關對其所作的決定，及雖以規章形式公布，或對其他人所作的法規，但直接關係到其個者人權益者，均得向歐洲法院提起訴訟。即任何自然人或法人，僅得就歐盟機關所為直接涉及其個人權益的決定，請求歐洲法院審查歐盟機關的決定是否違反其權限、是否牴觸重要的形式規定、是否牴觸歐洲聯盟運作條約或在執行時違反其所適用的法規，或歐盟機關是否濫用職權等[72]。

故不服歐盟機關依據1994年第3286號規章作成決定的直接利害關係人，得依據歐洲聯盟運作條約第263條第4項之規定，向歐洲法院提起訴訟，請求法律救濟；若該訴訟有理由時，歐洲法院應依據歐洲聯盟運作條約第264條之規定，宣告該決定無效。但相關的第三國則不得向歐洲法院訴請在歐洲聯盟內的法律救濟，而只得採取國際法上的調解程序，以維護其利益[73]。

---

[72] 參閱歐洲共同體條約第230條第2項。

[73] 參閱Grabitz/von Bogdandy/Nettesheim，前揭書，S. 251。

本章參考文獻

- C. O. Lenz: EG-Vertrag Kommentar, 1. Auflage, Köln 1994.
- D. Petermann: Beschränkungen zur Abwehr von Beschränkungen, Heidelberg 1989.
- F. Montag: Die Aussendimension des Binnenmarktes, Europäische Zeitschrift für Wirtschaftsrecht 1990, S. 112-117.
- Grabitz/von Bogdandy/Nettesheim: Europäisches Aussenwirtschaftsrecht, München 1994.
- Groeben/Thiesing/Ehlermann: Kommentar zum EWG-Vertrag, 4. Auflage, Baden-Baden 1991.
- Hauser/Schanz: Das neue GATT, München 1995.
- Hilf/Rolf: "Das Neue Instrument" der EG, Recht der internationalen Wirtschaft 1985, S. 279-311.
- J. H. Jackson: The World Trading System, Cambridge M. A. 1989.
- J. Steenbergen: The New Commercial Policy Instrument, Common Market Lew Review 1985, pp. 421-439.
- Kapteyn/Verloren van Themaat/Gromley: Introduction to the Law of the European Communities, 2nd Edition, Deventer 1989.
- T. Heukels: Rechtsprobleme der autonomen Handelspolitik der Europäischen Gemeinschaft im Lichte des GATT, Recht der internationalen Wirtschaftsrecht 1984, S. 972-980.
- Van Bael/Bellis: Anti-Dumping and Other Trade Protection Laws of the EEC, 2nd Edition, Chicago 1990.
- Vermulst/Driessen: The International Practice of the European Communities: Current Survey, European Journal of International Law 1995, pp. 287-316.

第六章　產品安全法

第一節　歐盟產品安全法之形成

　　歐盟對於市場監督調適整合一個共同的法律框架，以期對尚無統一的市場監督標準的產品建立一個共同的法律框架，一方面明顯的提高對產品的監督標準，另一方面為致力於更透明與公平的監督機制，以期在會員國間統一的施行單一市場法。無可否認，歐盟單一市場的緊密結合，為確保商品自由流通，必須有一套統一的市場監督機制，以期達到真正的消費者保護和真正自由的單一市場，而對於第三國產品進口到歐盟市場亦應適用歐盟的產品安全法與市場監督機制。

壹、立法背景與動機

一、消費者保護制度

　　歐盟的產品安全指令表明立法宗旨為消費者保護，以期針對產品與器材安全法協調會員國間相關法規的差異與分歧，而給與更高度的消費者保護標準。由於在日常生活與休閒活動中常常發生意外事故，因此對於產品安全的要求也愈來愈多，在1990年代初期，執委會已經開始思考修改產品安全指令，也體認到應給與歐盟人民更廣泛的保護制度，因此規劃一個責任重疊的保護制度，也就是從個人自己的責任到國家管制的監督責任，尤其是在日常生活中伴隨著安全技術的保障，這不僅涉及消費者保護的問題，同時也屬於內政安全的議題，因此不僅是製造者與販售商個人的責任，國家也應肩負產品安全監督的責

任[1]。

　　由於產品的多樣化與倍數成長，而造成產品與器具的種類繁多，因此對於產品安全立法成為一個嚴峻的挑戰，另一方面網路購物的交易型態興起，網路拍賣尤其形成特別的挑戰，這種新的購物型態造成了全球各國對於禁止販售的產品、不符合安全標準的物品很難進行實體的檢查，而為了遵守合格的技術規定與保護消費者的利益，更有必要重新檢討產品安全法與進行必要的修訂以符合社會的實際需要，同時產品安全要求可避免企業間的不公平競爭[2]。

　　不可忽視另一個趨勢就是產品安全法上的要求與製造者的國際化，歐盟單一市場調適政策與跨國的商品自由流通而形成了所謂的歐洲規格，例如CEN、CENELEC與ETSI為著名的關於安全技術的產品標示，而美國市場也有許多的產品安全要求規定；在消費性產品的範圍，全球化使消費者的習慣與消費品味趨於一致，相同的產品種類、相同的產品形象在工業化國家相同的流行偏好而導致歐洲製造者亦迎合美國市場的需求趨勢。無可否認的是，美國流行領導亞洲市場與拉丁美洲市場的流行趨勢，不同的生產管道與加工過程應製造更安全的產品，而美國的產品責任法（Product Liability Law）往往對違反的企業處以重罰，相對而言作為全球參與者（global player）的歐洲製造者也無法置身於外而無視嚴格的美國產品責任法，因此歐盟亦參考繼受美國法的產品責任原則，執委會公布綠皮書「瑕疵產品的民事責任」（Grünbuch-Die Zivilrechtliche Haftung für fehlerhafte Produkte）即闡明在全球化的時代產品安全的重要性[3]。

　　全球貿易新觀念（new approach）成為產業政策的未來，因此有一個市場進入檢查為依據產品行銷系統就愈來愈重要，例如美國與歐盟間的泛大西洋商業對話（Transatlantic Business Dialogue）機制，由美國政府代表、歐盟執委會、美國和歐洲的企業代表，以及認證機構進行對話[4]；另外在WTO、UN與OECD也不斷討論國際的產品安全要求，以期達成在國際層次真正商品自由貿易的目標。

---

[1]　Thomas Klindt, Geräte- und Produktsicherheitsgesetz, 2007 München: Verlag C. H. Beck, Einführung Rn. 46.

[2]　Thomas Klindt, aaO., Einführung Rn. 49f.

[3]　Thomas Klindt, aaO., Einführung Rn. 51.

[4]　Thomas Klindt, aaO., Einführung Rn. 52.

　　雖然在歐洲單一市場法指令強調，以新觀念完全調適所有技術上的安全要求，但實際上過去歐盟僅針對特定產品進行安全要求調適整合，尚未達到全面的調適整合產品安全技術標準，基本上仍是列舉基本種類的安全要求，對於分工種類的安全要求則是由規格標準化組織擬訂，因此在歐盟層級為達成真正的單一市場仍應致力於完全調適整合產品技術上過時老舊的安全法律要求[5]。因此執委會在新的產品安全指令的擬訂上也積極將民營的規格機構的技術標準納入歐盟的產品安全要求體系中，只要是遵守特定規格即得推定符合產品安全要求，同時亦可減輕主管機關的工作負擔，例如若按照CE標示的規格製造，在通過認證檢查後，即應認為是符合歐盟已調適整合的規格[6]。

　　在產品上貼上CE標示，係指製造者聲明負製造產品符合適用於相關產品指令的重要要件與已經通過相關的認證程序之責任，因此貼上CE標示的產品才能在歐洲市場享有自由流通的利益。CE標示已經行之有年也很有名，但CE的意義仍不是很清楚，為增加利害關係人對於CE標示的意義認知，執委會在網頁上提供一個全歐盟的CE標示資訊[7]。

二、施行CE標示對於消費者安全之意義

　　由於貼有CE標示的玩具進口至歐盟，卻因造成兒童受傷的不安全情形，而引發消費者的不安，因此歐洲議會在2007年夏季時要求執委會必須進行評估建議一個歐洲共同的消費者安全標示以作為CE標示之補充，以達到保證消費品有更高的安全性。因此執委會在2008年12月4日提出一份關於實施消費者安全標示及其與CE標示關係之工作報告[8]，執委會對於實施消費者安全標示做了法律與技術上的分析，並總結對利益團體公聽不同的意見。茲分述要點如下：

　　1. 新的標示有可能會與CE標示重疊，而引起消費者的混淆。消費者必須

---

[5]　Thomas Klindt, aaO., Einführung Rn. 53.

[6]　Thomas Klindt, aaO., Einführung Rn. 54.

[7]　C 139251 DTS.

[8]　Arbeitspapier der Kommissiondienststellen: Durchführbarkeit einer Kennzeichnung für Verbrauchersicherheit und ihr mögliches Verhältnis zur CE-Kennzeichnung, C1 39291 DTS, Brüssel, 4/12/2008.

挑選貼上標示的產品，不僅對於製造者，而且對於市場監督機關都會有費用增加的負擔，這反而會造成法律的不確定，也違反維護更好的立法。另外，在歐盟內也很難告知所有的消費者，向他們解釋新標示的意義與應適用於哪些產品上。

2. 有趣的是，利益團體也不認為有明顯的需要使用新的消費者安全標示。實際上對大部分的消費者而言，商標反而比標示更重要，價格是消費者在選購商品時最重要的考量因素。受調查的企業也表示，CE標示行之有年，且已經有一定的可信賴度，強制性的標示不僅會增加法律的困難度，也會有轉換上的困難，特別是中小企業更擔憂實施新的標示會因為費用增加而造成競爭上的劣勢。市場監督機關對於使用新的標示也持保留態度，認為唯有標示真正顯示其可信賴的標誌才會使標示成為有用的安全標誌，市場監督機關主張更好的執行程序與邊界檢查比使用新的安全標示更有效。總而言之，由於CE標示已經使用將近30年，已經具有一定的作用，因此消費者、產業界與市場監督機關均不認為有必要實施新的安全標示。

三、改善消費品的安全為共同的目標

對於市場上仍充斥著不安全的產品，解決的辦法並不是發展一個新的制度，而是解決目前體制內的問題。因此在現行的CE標示制度上改善消費品的安全與加強其他形式的產品檢查，例如加強邊界檢查與市場監督。2008年8月31日公布第765號關於與行銷產品有關的認證與市場監督規章 [9]，是建立一個產品行銷時認證與市場監督的共同架構，並廢除原來的1993年第339號規章，2008年第765號規章自2010年1月1日起生效施行。

新的2008年第765號規章規定全體會員國必須遵守的共同要求，並且以規定特別的要求和要求會員國機關在國內與跨國合作具體的義務加強市場監督。此一新規章主要是以2001年第95號一般產品安全指令 [10] 為基礎，並補充建構一

---

[9]　OJ 2008 L 218/30.

[10]　OJ 2001 L 11/4-17.

般產品安全的制度，在食品領域已經有一個廣泛發揮良好作用的制度，因此執委會將在歐盟內對於所有的利益團體開始進行一個產品安全資訊活動。執委會確信應由全體利益團體共同努力繼續加強CE標示與保證CE標示的可信賴度，以達成保護消費品安全之目標。

貳、單一的法律框架

一、商品自由流通原則

　　歐洲聯盟運作條約第34條規定商品自由流通原則，直接適用於在歐盟一個會員國合法製造與行銷的產品即可在其他會員國內行銷。商品自由流通原則不僅禁止限額進口，而且也禁止有相同效果的措施，早在1974年歐洲法院即在著名的Dassonville案 [11] 已經解釋「與進口限額有相同效果的措施」的概念，即任何一個會員國的商業法規有可能直接或間接、事實上或潛在的阻礙在歐盟內的貿易，即構成所謂的「有相同效果的措施」。也就是「與進口限額有相同效果的措施」不僅包括傳統的進口阻礙與限制的措施，而且也包括有可能使在一會員國製造的商品在其他會員國銷售困難的措施 [12]。即便是未明確的對特定的製造者構成差別待遇，但已經出現不合法的銷售阻礙時，就可視為是「與進口限額有相同效果的措施」，因此只要產品已經在其原產國合法上市行銷，原則上就可以在其他會員國自由行銷販售 [13]。這也是歐洲法院所確立的原產國原則（Herkunftsprinzip），係指會員國關於產品製造與行銷的規定原則上是等值的，並且應由會員國互相承認彼此的規定 [14]。

　　歐洲聯盟運作條約第36條則規定商品自由流通的例外，即在為維護公共道德、秩序與安全、為保護人類、動植物的健康與生活、為保護具有藝術、歷史

---

[11]　Case 8/74, Dassonville, 1974ECJ 837.

[12]　Case C-141/07, Commission/Germany, 2008 ECJ I-6935; Andreas M. Haak/Oliver Klöck, Wareenverkehrsfreiheit gebietet Zulassung nicht prüffähiger Produkte, EuZW 2010, S. 54.

[13]　Case 120/78, Cassis-de-Dijon, 1979 ECJ 649.

[14]　Andreas M. Haak/Oliver Klöck, aaO., EuZW 2010, S. 55.

或考古價值的國家文化遺產，或為保護營業與商業上財產之事由，得例外的限制商品的自由流通。由於歐洲聯盟運作條約第36條為例外規定，因此必須作狹義的解釋[15]。實務上最常見的阻卻違法事由為保護人類的健康和生活，在主張此一阻卻違法事由時，主管機關必須舉證有具體的危險構成要件，通常會以學術研究結果作為判斷的依據[16]，只是單純主張有危險或一般的考量並不足以適用阻卻違法事由[17]。同時會員國的規定與因而採取的措施亦不得有差別待遇和不得有隱藏的貿易限制，也就是必須符合比例原則[18]。

比例原則的適用必須就方法和目的間的關係進行檢驗，應是對危害商品自由流通最輕微的方法，且危害商品自由流通的範圍與所要保護的法益間是相當的[19]。雖然應狹義的解釋歐洲聯盟運作條約第36條的例外構成要件，但在具體的個案應考量其他不屬於歐洲聯盟運作條約第36條例示的法益，按照歐洲法院在Cassis-de-Dijon案的見解，若是會員國的貿易限制是有必要的，以期使歐洲聯盟運作條約第36條規定的強制要件成為正當時，仍應忍受這類的貿易限制[20]。

總而言之，「與進口限額有相同效果的措施」的概念在歐洲法院的案例法中形成三個重要的原則，即Dassonville原則、Cassis-de-Dijon原則與Keck原則。1990年代末期歐洲法院對於產品銷售的方式上是否會造成差別待遇，逐漸改為檢驗是否會阻礙市場進入[21]。

---

[15] Schulze/Zuleeg, Europarecht, 1. Auflage, 2006 Baden-Baden: Nomos-Verlagsgesellschaft, § 10 Rn. 79.

[16] Case C-284/95, Safety High Tech, 1998 ECJ I-4301; C-473/98, Toolex Alpha AB, 2000 ECJ I-5681.

[17] Andreas M. Haak/Oliver Klöck, aaO., EuZW 2010, S. 55.

[18] Lenz/Borchardt, EU- und EG-Vertrag, 4. Auflage 2006, Köln: Bundesanzeiger, Art. 30 EGV Rn. 1.

[19] Case 247/87, Commission/Germany, 1989 ECJ 224.

[20] Andreas M. Haak/Oliver Klöck, aaO., EuZW 2010, S. 55.

[21] Craig/de Búrca, EU Law, Text, Cases and Materials, 5th Edition., Oxford: Oxford University Press, pp. 662-668.

二、歐盟調適整合法律規範的努力

指令（Directive; Richtlinie）一直是歐盟作為實現歐洲單一市場目標的重要工具，在商品自由流通範圍以公布調適整合技術的規範，以一致的規定在全歐盟內對於特定產品種類的合法上市要件。這種調適整合方法的優點為適用這種調適整合規範的產品只要是符合這些法定的要件，就可以在所有的會員國內行銷，同時也要確保在一個會員國合法上市的產品得以在其他會員國合法的銷售。

為能保障商品的自由流通，全體會員國必須相互承認彼此的技術規定，由於在保留維護會員國的公共利益下，相互承認尚未充分的保障商品自由流通，而為達成廢除貿易障礙之目標，因此歐盟一直致力於調適整合會員國的技術規定，例如自1960年代起，首先在詳細調適（Detailharmonisierung）的觀念下，對特定產品類別的技術要求明文規定於歐盟的調適整合指令，以期建立一致的技術要求，但當時候因為在立法調適整合措施必須有會員國一致決議而造成調適整合措施生效時受規範的產品技術要求已經不符合實際的技術發展狀況 [22]。

為實現完成單一的內部市場，1985年時執委會在其實現單一市場白皮書中提出調適整合技術規定的新觀念（New Approach; Neues Konzept），理事會並在1985年5月7日決議明文規定在技術調適整合與規格範圍的新觀念 [23]。新觀念的實施也造成在立法技術上根本的改變，因此廢止1960年代以來的詳細調適原則；針對產品安全技術要求的調適整合應以保護目標（例如安全、健康與環境保護等）擬訂產品的基本要求。歐盟也陸續公布了許多的單一市場指令，而會員國亦依法轉換這些相關指令為國內法，例如德國的器具暨產品安全法（Geräte- und Produktsicherheitsgesetz）[24]。

---

[22] Arun Kapoor/Thomas Klindt, "New Legislative Framework" im EU-Produktsicherheitsrecht-Neue Marktüberwachung in Europa?, EuZW 2008, S. 650.

[23] Entschließung des Rates über eine neue Konzeption auf dem Gebiet der technischen Harmonisierung und der Normung, ABlEG 1985 C 136/1.

[24] BGBl. 2011 I, S. 2178；1997年4月22日時，德國轉換歐盟的指令公布了第一個產品安全法，之後因歐盟修法，自2004年5月1日起器具暨產品安全法生效，2011年2月1日又因配合歐盟新的指令而公布新的產品安全法。

在指令中規定的重要安全要求是由執委會委託民間規格機構擬訂的具體規格標準，都是針對具體的調適整合指令所需規範的建造與加工所制定的規格標準，這些規格有很大的靈活度，因此很能夠適應技術發展的實際狀況。由執委會委託的歐洲規格組織有CEN、CENELEC與ETSI所制定的規格標準，都會公布於歐盟的官方公報（Official Journal）。以德國為例，德國的規格組織為德意志規格研究所（Deutsches Institut für Normung，縮寫為DIN）也會引用這些歐洲規格，而與德國規格一起標示「DIN EN」[25]。

製造者可自行決定是否依照調適整合的規格製造產品，一旦製造者按照調適整合指令規定的要求製造商品時，對會員國的市場監督機關而言，這些產品是符合規格的製造者，推定這些產品是符合相關指令的重要要求，因此產生推定的效果（Vermutungswirkung）[26]。

此一立法技術一方面要保障調適整合措施不需一直與技術發展做調整，另一方面不會阻礙創新的技術解決方法，因為製造者在製造產品時只需遵守基本的要求，產品至少具有符合規定的安全標準，因此可視為是合格的產品[27]。為保證產品符合相關指令的重要要求，因此製造者必須在產品行銷前先通過指令規定的檢驗認證程序，也就是按照產品不同的危險分類進行認證程序，製造者可以自己負責任的進行檢驗，也可以透過由檢驗安全享有特別職權的中立檢驗單位進行認證程序。這些中立的認證單位是由各會員國向執委會指定負責檢驗的民間認證單位，這些民間認證單位具有專業的能力以確保受檢驗的產品符合應適用的技術要求。若製造者的產品通過認證時，製造者應以書面作成證實符合歐盟要求的聲明，以此一聲明向市場監督機關證實產品符合法定的重要要求。所謂的CE指令，就是指規範產品基本要求的指令，產品符合CE指令製造並通過認證，即得貼上CE標示，對於市場監督機關而言，可以一眼清楚的看到貼在產品上的CE標示係符合相關指令的基本要求的合格產品。創設符合歐盟聲明與CE標示主要目的就是讓會員國的市場監督機關檢查產品是否符合調

---

[25] Arun Kapoor/ Thomas Klindt, aaO., EuZW 2008, S. 650.

[26] Arun Kapoor/ Thomas Klindt, aaO., EuZW 2008, S. 650.

[27] Arun Kapoor/ Thomas Klindt, aaO., EuZW 2008, S. 650.

適整合指令的要求 [28]。

　　產品安全是依據許多相互連結的要素，例如由立法者規定的安全要求、製造者與進口商的行為、檢驗單位、認證單位和監督單位的品質、由主管機關執法的品質。整個維護產品安全的制度是一個鏈條。歐盟規定CE標示的指令如下表6-1：

表6-1　歐盟規定之CE標示指令

1987年第404號指令	簡單的貯壓器
1988年第378號指令	玩具安全
1989年第106號指令	建築產品
1989年第686號指令	個人保護裝備
1990年第384號指令	非自動車輛
1990年第385號指令	活性可置入醫療器具
1990年第396號指令	煤氣使用機構
1992年第42號指令	以液體或氣體燃料供應新的溫水鍋爐的效率
1993年第15號指令	民生用途爆裂物的行銷與檢查
1993年第42號指令	醫療器材
1994年第9號指令	在爆炸危險範圍符合規定使用的器具與保護系統
1994年第25號指令	運動用船舶
1995年第16號指令	電梯
1997年第23號指令	壓力器具
1998年第37號指令	機器
1998年第79號指令	試管診斷
1999年第5號指令	無線設備、電信電台與相互承認其相容性
2000年第9號指令	載人用空中纜車
2004年第22號指令	測量器具
2004年第108號指令	無害電磁波
2005年第32號指令	環保設計的電動產品
2006年第95號指令	使用在特定電壓範圍的電子器材
2007年第23號指令	煙火物品之行銷

[28] Arun Kapoor/ Thomas Klindt, aaO., EuZW 2008, S. 651.

　　新的立法架構（New Legislative Framework）為新近由理事會公布對於在內部市場轉換商品自由流通新的法律框架，2008年8月13日歐盟公布了一個措施包裹，其中包括了第765號關於行銷產品的認證與市場監督規章[29]與第768號關於產品行銷共同法律框架決議[30]。這個措施包裹改革了自1980年代以來對於調適整合單一市場法律框架的新觀念，新的措施包裹形塑未來單一市場指令，並改革產品的認證制度，這不僅影響單一市場指令在會員國內的施行，同時也會影響第三國的產品進入歐盟市場。

　　為歐洲市場製造產品的生產者，一定無法忽視歐盟的產品安全法，而依據歐盟產品安全法對於產品的定義，包括經由加工過程製造的商品、材料與配件。早在2001年時歐盟即公布第95號關於一般產品安全的指令[31]，以及針對特別產品的安全指令，例如2009年第48號玩具指令[32]明文規定產品必須遵守的安全技術要求[33]。執委會體認到有效執法對於單一市場的重要性，因此在2008年8月時公布第765號關於市場監督規章[34]，對於全體會員國規定一個具有直接適用效力的歐盟市場監督架構。

　　雖然在第三國製造產品並不受歐盟法之拘束，但一旦這些在第三國製造的產品要銷售至歐盟時，不論是透過網際網路或是直接進口至歐盟，這些在第三國製造的產品都必須遵守歐盟的產品安全法，否則歐洲的市場監督機關可以依據市場監督規章第16條第2項之規定禁止這些產品在歐盟市場的販售。

　　CE標示的實施主要是使消費者能更容易辨識符合內部市場的產品，也就是讓有CE標示的商品猶如具有歐洲護照可以在全歐盟內通行無阻。通常由製造者貼上CE標示，也就是指製造者聲明其產品是符合歐盟相關指令的安全要求，2008年第765號規章第30條規定自2010年1月1日起應適用CE標示，有些指令甚至規定在販售特定產品前應先通過認證單位的認證檢驗。只要是一產品符

---

[29]　OJ 2008 L 218/30.

[30]　OJ 2008 L 218/82.

[31]　OJ 2001 L 11/4.

[32]　OJ 2009 L 170/1.

[33]　以德國為例，2011年時公布修訂版的產品安全法取代2004年生效的器具暨產品安全法，即為轉換歐盟的產品安全指令。

[34]　OJ 2008 L 218/30.

合調適整合指令的構成要件，原則上會員國不得再禁止該產品的行銷。

　　歐盟允許會員國可以自己的費用檢驗產品是否符合調適整合指令的要件，依據2008年第765號規章第15條以下規定，會員國應進行檢驗，而自2010年1月1日起實施一個歐盟的市場監督，也就是每個會員國應指定一個或數個市場監督機關，這些市場監督機關應確保產品符合歐盟調適整合規定。在產品符合規定的使用或在根據合理的裁量可預見的使用、在符合制度的安裝與維修上有可能危害使用人的健康或安全，或在其他方面未履行歐盟調適整合法規所規定的要求時，應從市場中召回、禁止或限制在市場上展售，並應按照規定告知社會大眾、執委會與其他會員國 [35]；而會員國應依據第21條第1項規定採取歐盟調適整合法規所規定的適當措施，並規定明確的理由以禁止或限制產品在市場上展售、從市場上下架回收或召回；除此之外，應給與利害關係人對措施有說明意見的機會。

　　會員國依據2001年第95號一般產品安全指令與因而轉換的國內法（例如德國在2004年1月6日生效的器具暨產品安全法）定期的檢驗產品的安全特徵、要求提供資訊、甚至禁止行銷有危險的產品或召回已經上市的危險產品 [36]，在這種情形依據產品安全指令第18條第1項之規定應說明相當的理由，並給與利害關係人有機會說明理由。若有其他特別的安全要求規定時，應優先適用特別的安全要求，一般產品安全指令則為補充規定 [37]。

三、相互承認會員國的技術規定

　　歐盟對於許多的商品尚無調適整合的規範或指令，但會員國的法規卻規定特定產品應具備特定的特性，這些會員國的技術規定往往有很大的差異，有不同的產品要求，這也因而阻礙會員國間的商品自由流通，主要是許多製造者並不清楚其他會員國的技術規定，且往往畏懼高額的法律諮詢費，許多情形下，製造者必須花費很多費用符合其他會員國的不同要求，這些情形已經造成實際

---

[35] 2008年第765號規章第16條第2項規定。

[36] 例如德國產品安全法第8條、歐盟產品安全指令第8條規定。

[37] Andreas M. Haak/ Oliver Klöck, aaO., EuZW 2010, S. 56.

的阻礙商品自由流通。因此2008年7月9日歐盟公布第764號規章[38]，規範認證涉及其他會員國技術規定或已經合法在其他會員國行銷的產品。也就是以歐洲法院所確立的相互承認原則為依據，一產品在其他會員國已經合法上市時，一會員國不得禁止該產品在其市場上的行銷，即便是適用不同的技術規定製造一產品時，亦不得禁止該產品之行銷[39]。

2008年第764號規章首先規範，依據一會員國的技術規定作成行政裁決禁止一產品的行銷或應通過認證檢驗，除此之外不得牴觸一般產品安全指令的規定[40]。第6條第1項規定，會員國機關應提出技術或科學的證據證明被禁止的產品危害一個構成歐洲聯盟運作條約第34條規定的法益或公共福祉，且所採取的措施是適當的。除非產品對於使用人的安全與健康有重大的危險，否則原則上不得僅因單純的懷疑而採取暫時的措施[41]。此一規定係將歐洲法院過去的實務見解明文化，要限制商品自由流通的會員國必須以科學的證據舉證主張有公認的阻卻違法事由[42]，但會員國並不需積極舉證在相同的條件下無法以其他可以想像的措施達到公共福祉的目的[43]。2009年5月3日，2008年第764號規章才生效，會員國在採取限制商品流通的決定時必須根據科學的論證說明理由，而不得僅以單純的懷疑產品不安全就予以限制進口。

四、無技術規定的情形

在歐盟法與會員國法均無技術規定的情形，也就是並未規定產品的安全要求時，因危害使用人或第三人的安全或健康時，會員國的檢驗機關想要禁止一產品行銷時，必須陳述在科學上有證據的理由，而不能只根據單純懷疑有可能

---

[38] OJ 2008 L 218/21.

[39] 2008年第764號規章立法理由第3點。

[40] 2008年第764號規章第3條第2項第a款規定。

[41] 2008年第764號規章第7條第1項規定。

[42] Case 178/84, Rheinheitsgebot für Bier, 1987 ECJ 1227; C-13/91, Debus, 1992 ECJ I-3617; C-17/93, van der Veldt, 1994 ECJ I-3537

[43] Arun Kapoor/Thomas Klindt, aaO., EuZW 2010, S. 57.

造成危害安全或健康就禁止該產品的行銷[44]。尤其是一個產品已經在其他會員國合法上市行銷的情形，這也是相互承認原則致力於商品自由流通重要的意義。因此一個產品已經在一個會員國合法上市行銷，只要證據顯示並無重大的事故發生，另一個會員國不得主張欠缺充分的檢驗標準而認為該產品有安全性的疑慮，必須要舉證有具體的危害人體的安全或健康才得禁止該產品的行銷。在產品原產國是否事前有進行廣泛的檢查並不是判斷的標準[45]。

　　另一方面，原則上亦不禁止會員國對已經在其他會員國合法上市的產品再進行一次產品安全的上市檢驗，但主管的機關在具體的個案中必須針對系爭產品的安全有具體的疑慮，通常必須等到主管機關作成附具理由的裁決時才會中止該產品在目的國的市場上行銷[46]。這種進一步的檢驗必須根據客觀、無差別待遇與事前已經知悉的標準進行，以防止會員國的檢驗機關濫用其裁量權，但若有產品安全指令第8條規定的要件時，會員國得採取立即措施以為因應[47]。

參、海關與市場監督的合作

　　由於歐盟在1992年底即完成一個無內部邊界的內部市場，因此早自1993年起即已對跨國的商品流通施行第339號關於海關與市場監督合作規章，2008年第765號規章第27條以下並未作任何修訂而完全繼續有效，也就是海關與市場監督在產品進口時應監督遵守法律規定，為達成這些目標，市場監督機關亦得進行產品檢驗[48]。

---

[44] Die gegenseitige Anerkennung im Rahmen der Folgenmaßnahmen zum Aktionplan für den Binnenmarkt, KOM (1999) 299 endg., S. 11f

[45] Andreas M. Haak/Oliver Klöck, aaO., EuZW 2010, S. 57.

[46] Mitteilung der Kommission zu Auslegungsfragen-Erleichterung des Marktzugangs für Waren in einem anderen Mitgliedstaat: Praktische Anwendung des Prinzips der gegenseitigen Anerkennung ABlEU 2003 C 265/2.

[47] Mitteilung der Kommission zu Auslegungsfragen – Erleichterung des Marktzugangs für Waren in einem anderen Mitgliedstaat: Praktische Anwendung des Prinzips der gegenseitigen Anerkennung ABlEU 2003 C 265/2, Ziff. 4.

[48] 例如德國產品安全法第28條第1項第一句規定亦有相同的規定。

依據2008年第765號規章第27條第3項規定，若產品不符合歐盟法之規定或有嚴重危害健康、安全、環境或其他公共利益之嫌時，海關應中止進口產品在歐盟市場上自由流通，因此進口商並無法支配這些進口的商品，市場監督機關仍得依據第765號規章第16條第2項、第29條第1項與第2項規定採取其他必要的措施。

第765號規章第29條第1項規定，若一產品有嚴重危害時，必須強制禁止販售，並不得在歐盟市場上自由流通，第4項規定得銷毀這些由嚴重危害的進口產品；若產品並無嚴重危害時，市場監督機關必須決定哪些措施是適當的與相當的，以符合比例原則，以期消除違反歐洲產品安全法的現象，而只要是市場監督機關仍禁止這些產品自由流通時，則該產品即不得在歐盟市場上自由流通[49]。

也就是依據市場監督規章第28條之規定，只要是產品無嚴重危害時，該產品即得內部市場上自由流通；相同的若市場監督機關未在三個工作日內告知海關將採取的措施時，該產品得在內部市場上自由流通。換言之，事實上市場監督機關採取措施禁止商品的自由流通時，才會發生不得自由流通的法律效果。市場監督規章並未授與海關職權可以基於產品安全的理由禁止產品進口，市場監督規章要求市場監督機關一開始即應禁止不安全的產品進口，也就是只要是進口產品不符合產品安全法的構成要件時，主管機關即得採取具體的行政命令禁止不安全產品的進口[50]。

肆、產品行銷的要件

由於產品安全法對於不符合規定的產品並未普遍禁止其進口，也就是原則上產品安全法並無規定預防的禁止措施，而是由市場監督機關在具體的個案禁止該產品進口，以要求市場參與者履行其法定義務[51]。依據德國產品安全法第

---

[49]　2008年第765號規章第29條第2項規定。

[50]　Bernd Wiebauer, Import und Produktsicherheit, EuZW 2012, S. 15.

[51]　Thomas Klindt, Geräte- und Produktsicherheitsgesetz, 2007 München: Verlag C. H. Beck, §8 Rn. 63

1條第1項之規定，這些法定義務為產品應在商業活動範圍在市場上供應產品，對於進口商品而言，是指這些產品必須在歐盟市場上供應，只有在這種情況下，市場監督機關才得禁止這些不安全產品的進口，而間接禁止在關稅法上已經進口產品的自由流通[52]。

依據市場監督規章第2條第1款之規定，所謂的在市場上供應，是指在歐盟市場上為販售、消費或使用的任何有償或無償的交付產品，依據市場監督規章第2條第2款之規定，第一次在市場上供應即為行銷（Inverkehrbringen）。

第二節　進口與行銷

歐盟產品安全指令要求產品第一次行銷於歐盟內部市場時應符合產品安全法的要求，產品安全法立法本旨在於考量消費者保護與工作場所保護政策，產品安全法因而成為對產業在公法上的重要產品銷售法，亦在於促進歐洲單一市場上無害的商品流通。為落實商品在單一市場上真正的自由流通，因此必須自歐盟至全體會員國建構一個執行結構與機關的市場監督架構[53]。

壹、行銷的時間點

一、產品支配權的移轉

究竟何時與由誰將進口產品在歐盟市場上行銷，具有重要的意義，也就是要符合此一要件市場監督機關才得干預，通說認為移轉物的直接占有為判斷行銷與否的要件[54]。但按照執委會的觀點，轉讓就構成在市場上的供應[55]，也就

52　Bernd Wiebauer, aaO., EuZW 2012, S. 15.

53　Thomas Klindt, Plädoyer für eine Zentrale der Länder für Marktüberwachung, ZRP 2009, S. 51.

54　Bernd Wiebauer, aaO., EuZW 2012, S. 15.

55　Leitfaden der Europäischen Kommission für die Umsetzung der nach dem neuen Konzept und

是事實上的產品支配，依據市場監督規章第2條第1款規定取得人得獨立的為自己的目的使用產品時，也就是取得人在法律上與事實上可以自己掌握因使用產品所產生的危險，即構成所謂的在市場上供應的要件[56]。間接占有並未變更事實的危險狀況，因此應在對產品直接占有的情況下才能判斷產品是否安全[57]。

二、在歐盟境內行銷

在歐盟境內行銷的要件只適用在外國的製造者與進口第三國商品的進口商，執委會認為外國的製造者交付給歐盟的受領人不安全的產品，歐盟進口商即構成所謂的準製造者（Quasi-Hersteller）[58]，同樣的這種情形亦適用於外國製造者交付給其歐洲代理商，因此歐洲代理商必須注意進口產品必須符合產品安全的要求[59]。產品製造者與進口商是兩個負自己責任的市場行為者，所以交付產品給在市場上的進口商就構成製造者在市場上供應進口產品[60]。產品製造者的代理商並不是履行自己的責任，而是製造者的責任[61]。

另外，必須說明的是何時在歐盟市場上可取得該產品，何時進口商可以取得產品事實上的支配。依據1992年第2913號共同關稅法規章第4條第7款規定，在關稅法上只要進口商品完稅通關後即取得歐盟商品的身分，因此接著應適用產品安全法，在進口商事實上取得產品的支配時，才算在歐盟市場上供應。依據市場監督規章第2條第5款規定，進口商只要是在歐盟內有所在地即可，也就是在歐盟內有居所地的市場行為人應負起產品行銷的責任，也就是要使產品符合安全的要求[62]。

基本上歐盟的產品安全法兩個要點，就是要在歐盟市場上供應產品的商業

---

dem Gesamtkonzept verfassten Richtlinien Nr. 2.3.1

[56] Thomas Klindt, Geräte- und Produktsicherheitsgesetz, §2 Rn. 60.

[57] Bernd Wiebauer, aaO., EuZW 2012, S. 16.

[58] Thomas Klindt, Geräte- und Produktsicherheitsgesetz, §2 Rn. 85.

[59] 2008年第765號規章第2條第4款規定。

[60] Bernd Wiebauer, aaO., EuZW 2012, S. 16.

[61] Beschluss 768/2008 EU Anhang I Art. R3.

[62] Bernd Wiebauer, aaO., EuZW 2012, S. 17.

鍊上的每個市場行為人都履行產品安全的義務，以及因而建立一個歐洲市場監督體系，對於在歐盟市場上行銷的每個產品都有一位在歐盟境內有所在地的市場行為人負責供應安全的產品。若是進口商在產品通關前已發現產品有瑕疵時，可以主動進行補救，在這種情形，在關稅法上屬於轉換程序，在修補後仍得由進口商將符合歐洲產品安全法的產品行銷至歐盟市場上。

　　另一種情形是由消費者自己直接自外國製造者購得有瑕疵產品時，則不適用歐洲產品安全法，這類商品進口完全是單純的私人用途，並不是在商業行為的範圍內，因此根本不適用產品安全法的規定[63]。但若是由外國製造者直接將其產品寄送給在歐盟的消費者時，這種情形外國製造者的行為是商業行為，因此市場監督機關得依據市場監督規章第29條第1項與第2項規定禁止外國製造者在歐盟市場上行銷產品，因此可以阻止這類不安全的產品進口。

　　產品安全法的宗旨在於阻止不安全的產品在歐盟市場上交易，因此亦適用於無中間商的外國製造者在歐洲市場上販售不安全的商品給消費者。相反的，若所有的交易過程都在外國完成，當然就與歐盟市場無關，從屬地原則（Territorialitätsprinzip）的觀點來看，當然就不適用歐洲產品安全法的規定，而僅適用在產品交付所在地國的產品安全法[64]。

　　在符合上述的要件時，市場監督機關得禁止製造者從第三國供應不安全的產品至歐盟，同時並得對在歐盟販售商品的進口商採取市場監督措施，事實上依據德國產品安全法第26條第2項之規定，只要是有不符合產品安全法規定的標準之嫌時，即得禁止該商品進口，顯然德國法比歐盟產品安全法有更嚴格的規定，主要乃進口商通常進口目的在於在歐盟市場上販售商品，因此德國法要求進口商亦必須履行產品安全的要求[65]。至於消費者基於個人需要自行進口商品至歐盟時，並無履行產品安全法上的義務，但在海關有可能因違反產品安全法規而遭禁止進口。

　　究竟應採取哪些必要的措施，依據市場監督規章第29條第2項之規定，市場監督機關享有裁量權，僅在產品有第22條規定的嚴重危害時應禁止行銷該產

---

[63]　Bernd Wiebauer, aaO., EuZW 2012, S. 18.

[64]　Bernd Wiebauer, aaO., EuZW 2012, S. 18.

[65]　Bernd Wiebauer, aaO., EuZW 2012, S. 19.

品。若市場監督機關禁止產品行銷時,該產品即不得在歐盟市場上自由流通,進口商或受領人應銷毀該商品或不再出口該產品;相反的,若市場監督機關認為所採取的措施已經足夠時,則該產品仍得開始在市場上自由流通,也就是市場行為者必須在市場上僅供應符合法律規定的產品[66]。

　　整體而言,德國產品安全法對於處理進口安全產品的作法上較為嚴謹,歐盟的產品安全指令對於直接自歐盟外送交給消費者的情形並不適用,這對於在內部市場上保證單一的最低標準以實現產品安全法之宗旨應予以修法補充此一漏洞,畢竟產品安全法之宗旨在於維護消費者的權益,應不分是由進口商進口或是直接由外國製造者直接自歐盟外送交給消費者。

第三節　單一市場監督法的施行

　　雖然歐盟已經調適整合了許多的法規,但監督市場是否遵守單一市場法與是否應懲處違法的行為,仍有賴會員國確實的施行單一市場法。大部分的會員國為施行歐盟的產品安全法不僅創設獨立的機關以負責監督產品安全法上的任務,並且將施行產品安全法的任務納入現行的行政架構內。以德國聯邦制的行政組織,係由各邦負責執行產品安全法。在一個跨國的市場上,一個有效率的市場監督不僅只是關注國內市場,而且也要進行跨國合作,目前歐盟市場監督機關跨國的合作有:

壹、市場監督資訊與通報系統

　　市場監督資訊與通報系統(Information and Communication System for Market Surveillance,簡稱ICSMS)係在執委會架構內市場監督機關的跨國合作,線上入口為www.ICSMS.org,主要可分為公開的部分與非公開部分,公開的部分主要是提供市場監督機關的資訊,非公開部分必須有帳號和密碼才可進

---

[66]　Beschluss 768/2008 EU Anhang I Art. R2 I, Art. R4 I, Art. R5 I.

入閱覽，這一部分是提供給市場監督機關受譴責產品處理狀況詳細的資訊、檢驗報告與附註的一個資料庫。市場監督資訊與通報系統設立於2003年，至2008年止，僅約一半會員國的市場監督機關參與此一跨國的合作，因此執委會也不斷的鼓吹改善ICSMS的市場監督機關通報的速度，以避免在產品檢驗時不必要的重複工作[67]。

貳、快速資訊交流系統

　　快速資訊交流系統（Rapid Exchange of Information System，簡稱RAPEX）為另一個線上的資訊系統，主要是對歐盟內的消費者建立的預警資訊系統。RAPEX係依據2001年第95號一般產品安全指令第12條規定建立的迅速資訊交流系統，但此一資訊系統只針對消費品，社會大眾可以點閱的通報不僅包含每個產品與由其產生危險的描述，而且也含有機關已經採取的措施和製造者自願採取防禦危險的預防措施。一個產品有重大危險時，主管機關應向RAPEX通報，即便是尚未由產品造成危害安全的事件，主管機關仍應快速採取措施[68]。

　　為能在歐盟內統一的判斷問題嚴重與否，是否由產品造成重大危險而應採取快速干預，以期透過RAPEX系統通報，執委會並依據2001年第95號一般產品安全指令第11條規定公布了一個管理RAPEX系統的準則（Leitlinie für die Verwaltung des RAPEX-System）[69]。

參、保護條款程序

　　市場監督機關間合作的另一種工具為所謂的保護條款程序，主要是規定於個別的單一市場指令內，至目前為止僅2006年第95號關於低電壓指令未規定保

---

[67] Arun Kapoor/Thomas Klindt, aaO., EuZW 2008, S. 651.

[68] 例如德國轉換歐盟的一般產品安全指令在器具暨產品安全法第9條規定應向RAPEX通報。

[69] Arun Kapoor/Thomas Klindt, aaO., EuZW 2008, S. 651.

護條款程序。藉由保護條款程序，會員國可以依據歐洲聯盟運作條約第36條規定的利益，可以要求下架在其市場上有危險的產品，因而限制這一產品在單一市場的自由流通，即便是此一產品有貼上CE標示，也可以要求下架此一產品。會員國的執行機關應立即向執委會通報此一限制商品自由流通的措施，執委會若認為此一限制措施是合法正當時，應通知其他會員國；若執委會認為限制措施不正當時，應告知通報的機關，以會員國未廢止此一商品流通限制為限，執委會並得對該會員國提起歐洲聯盟運作條約第258條的違約之訴。

保護條款程序也可以在會員國的市場監督機關間進行資訊交流，原則上資料是流入執委會，由執委會審查通報的過程然後再將資訊轉給相關的會員國。因此，在會員國彼此間並無法迅速交換資訊，但最終仍是可以與其他會員國機關交流相關的資訊[70]。

肆、消費品的市場監督

有很長一段時間各會員國都認為施行單一市場法是屬於會員國主權的事務，但隨著歐洲統合的進程，全體會員國也體認到在市場監督領域也應該進行調適整合。因此第一步就是在1992年時公布第59號一般產品安全指令，但此一指令僅就消費品進行調適整合，首次對執行市場監督創設詳盡的框架條件[71]。會員國並如期轉換立法，因此在歐盟內已經形成對消費品一般的產品安全監督的法律框架條件，例如德國就公布器具暨產品安全法。2008年第765號規章因此也規範現行的法律框架，同時擴大適用範圍涵蓋全部的產品，以填補此一法律漏洞。

---

[70] Arun Kapoor/Thomas Klindt, aaO., EuZW 2008, S. 652.

[71] Arun Kapoor/Thomas Klindt, aaO., EuZW 2008, S. 652.

第四節　歐盟市場監督的調適整合

壹、水平的法律框架

　　雖然自1985年以來依照新觀念對會員國關於產品行銷的技術規定進行調適整合，新觀念也成為消除技術性貿易障礙最成功的方法，但當時有效的法律框架仍有缺陷，尤其是會員國的市場監督機關常出現不一致的作法，在製造者的國內貼有CE標示可以無礙的行銷，但在其他會員國確有可能會被市場監督機關指控為違反銷售規定而不得行銷，這也是會員國對於違反經調適的法規仍保留不同的干預職權與懲處，而這種情形不僅影響競爭者在歐盟市場上的公平交易，尤其是會造成製造者選擇在監督較不嚴格的會員國上市產品而達到可以在歐盟市場上自由流通的目的，法律執行的寬嚴不一反而造成法律規避的現象，這也是2008年第765號規章最主要的立法背景[72]。

　　2008年8月31日歐盟公布新的產品安全認證與市場監督的規章，也就是協調的修訂現行相關指令對於產品市場監督水平的框架，以期保證等值與一致的施行歐盟的調適整合規定與有效的廣泛消除在執行歐盟法的缺陷和防止規避法律的現象，尤其是製造業者正面的評價此一新規定[73]。

貳、市場監督機關規章的適用範圍

　　2008年第765號規章第15條規定新的市場監督廣泛的適用範圍，除食品和飼料、活的植物和動物，及源於人體的產品外，所有由歐盟調適整合的產品均應適用新的框架規定；以其他的調適整合法規無特別的規定為限，仍應適用市場監督規章的相關規定。

---

[72]　Arun Kapoor/Thomas Klindt, aaO., EuZW 2008, S. 652.

[73]　Arun Kapoor/Thomas Klindt, aaO., EuZW 2008, S. 652.

2008年第765號規章對於適用2001年第95號一般產品安全指令的消費品具有特別的意義，2008年第765號規章實際上已經將現行一般產品安全指令的框架規定與市場監督結構明文化，將適用範圍由消費品擴大至投資品與b2b商品，而使2008年第765號規章成為歐盟一般的市場監督規定。

參、會員國進行市場監督的一般要求

2008年第765號規章第16條明文規定會員國進行市場監督的一般要求，會員國機關在進行監督時，不僅應檢驗產品應按照規定使用外，而且應在可預見的錯誤操作下檢驗產品應按照相關指令的安全要求；市場監督也涵蓋製造者自己加工製造的產品。

2008年第765號規章第18條並明文規定會員國應建立適當的程序以處理因瑕疵產品所造成的安全技術上的申訴或檢查事故，同時會員國也應設置和維護一般部門或特別部門的市場監督計畫，也就是在檢驗產品上市或已經在市場上行銷的產品時在不同機關間的一個系統，以期能有效率的執法與避免不必要的重複工作。會員國必須定期的檢查與評鑑其監督運作的作用，同時必須使執委會與其他會員國可以進用這些評鑑的結果。

肆、強制的任務與職權

2008年第765號規章第19條規定會員國必須保證其市場監督機關在適當的範圍依據有代表性的安全要求抽驗產品，必要時以有形的檢查和實驗室的檢查檢驗產品，因此授與會員國機關必要的職權，以便會員國機關也得警告有危險的產品、進入產品製造者、其代理人、進口商與販售商的營業場所、在有重大危險時得禁止產品在市場上展售、命令召回有重大危險產品。第18條第3項並規定會員國市場監督機關應具有必要的資源與知識，以期能適當的行使職權。

2008年第765號規章第20條規定會員國的市場監督機關應確保在產品出現重大危險時召回產品或命令回收下架產品，以快速處理有危險的產品避免造成

危害消費者的利益與安全，也就是會員國的市場監督機關應將系爭產品置入快速資訊交流系統（RAPEX）中，而且必須不斷的採取必要措施和立即通報執委會。

依據2008年第765號規章第22條之規定，會員國應保證其市場監督機關就出現重大危險的產品所採取的所有措施均置入於快速資訊交流系統（RAPEX）中，同樣的也適用於相關製造者自願採取的預防措施，以便使社會大眾可以點閱。2004年4月29日執委會公布歐盟快速資訊交流系統管理與通報準則（即通稱的RAPEX準則）[74]，規定處理分析產品危險的事項，以協助判斷是否產品事實上有重大的危險。

伍、合作與資訊管理的義務

就市場監督而言，會員國應進行有效率的合作與相互的資訊交流，以期保證在單一市場內進行一致與透明的市場監督。2008年第765號規章第24條第2項明文規定會員國市場監督機關負有相互職務協助的義務。

為保證必要的相互資訊交流，執委會應建立與維護一個一般系統和以線上為基礎的系統，以統籌市場監督全部問題的檔案和資訊交流；全體會員國應參與此一資訊交流系統，特別是會員國的機關應將在RAPEX門檻值以下的產品置入此一系統中，以期可以保證會員國間有效率的合作與通報，也就是要建構一個系統平台（Systemplattform）[75]。

2008年第765號規章第23條規定執委會協調的任務，即為達成共同利用會員國主管機關間的資源和專業知識之目標，執委會應規劃和協調跨國的市場監督機制；執委會應對會員國的官員發展和組織培訓計畫與交流計畫，而會員國應負責使其官員也參與這些計畫；第24條並規定為加強合作並得將第三國的市場監督機關納入這些計畫中。

---

[74] Entscheidung der Kommission vom 29.4.2004, 2004/418/EG.

[75] Arun Kapoor/Thomas Klindt, aaO., EuZW 2008, S. 654.

陸、與海關合作有效率的外部邊界檢查

　　2008年第765號規章第27條至第29條規定市場監督機關與海關間的合作，在單一市場的外部邊界一直以來已經發揮很好的作用阻止不安全的產品進入共同市場中，但仍有不完全符合安全標準的產品流入單一市場中，為避免這種情形，會員國的市場監督機關與海關應加強資訊交流與進行更緊密的合作，也因此廢止1993年第339號關於檢查自第三國進口產品的產品安全法規規章，而完全適用2008年第765號規章的規定。

　　若海關懷疑進口至單一市場的產品在符合規定使用時對人體的健康、工作場所的安全、消費者保護或環境保護有重大危險時、或依據經調適整合的規定認為欠缺必要的文件或必要的標示時，則海關應中止該產品進入單一市場，且應立即通報市場監督機關；市場監督機關應檢查此一可疑的產品，必要時向海關請求交付相關的查扣文件；市場監督機關應通知海關依其估計有重大危險的產品與因而要求海關不讓這些產品進入單一市場和交付相關的文件。由此一規定可以看到在可預見的瑕疵操作範圍僅市場監督機關有權決定一產品是否有重大危險[76]。也就是市場監督機關對於產品是否可進入單一市場扮演一個很關鍵的角色。

本章參考文獻

外文部分

・Craig/de Búrca, EU Law, Text, Cases and Materials, 5th Edition., Oxford: Oxford University Press 2011.

・Andreas M. Haak/Oliver Klöck, Warenverkehrsfreiheit gebietet Zulassung nicht prüffähiger Produkte, EuZW 2010, S. 53-57.

---

[76] Arun Kapoor/Thomas Klindt, aaO., EuZW 2008, S. 654.

- Arun Kapoor/Thomas Klindt, "New Legislative Framework" im EU-Produktsicherheitsrecht-Neue Marktüberwachung in Europa?, EuZW 2008, S. 649-655.
- Thomas Klindt, Geräte- und Produktsicherheitsgesetz, 2007 München: Verlag C. H. Beck.
- Thomas Klindt, Plädoyer für eine Zentrale der Länder für Marktüberwachung, ZRP 2009, S. 51-53.
- Lenz/Borchardt, EU- und EG-Vertrag, 4.Auflage 2006, Köln: Bundesanzeiger
- Schulze/Zuleeg, Europarecht, 1. Auflage, 2006 Baden-Baden: Nomos-Verlagsgesellschaft.
- Bernd Wiebauer, Import und Produktsicherheit, EuZW 2012, S. 14-19.

第七章　政府採購法

第一節　歐盟政府採購立法的發展演進

壹、WTO架構下GPA的影響

　　政府採購協定[1]（Agreement on Government Procurement，以下簡稱GPA）是WTO架構下的複邊貿易協定[2]（Plurilateral Trade Agreement），政府採購一直是各國作為平衡貿易逆差的重要工具，並且涵蓋全球大部分的貿易市場，更帶來可觀的市場利益[3]。於1993年烏拉圭回合（Uruguay Round）談判議定政府採購協定，為非強制性之協定，由WTO各會員國依其意願選擇加入後，相互開放經談判議定的政府採購市場，其範圍涵蓋中央機關、中央以下次一級地方機關、事業機構所辦理之工程，及財物及勞務採購。因此，GPA係規範政府採購權利義務之國際架構，目的在於降低對國內產品及供應商的保護，減少對外國產品及供應商的差別待遇，增加透明度，建立磋商、監督和爭端解決機制[4]。

　　GPA歷經多次的談判與修訂，以下三次談判為GPA定下重要的體制和規範：

---

[1]　台灣為第41個GPA簽署國，目前已有42個締約國。

[2]　所謂的複邊協定，指非強制性的協定，會員國得自由選擇加入此類協定，WTO的複邊協定有政府採購協定、民用航空器協定與資訊科技產品協定。

[3]　陳麗娟，從WTO論歐盟與中國大陸對政府採購市場開放之立場，國會月刊第41卷第11期，頁23。

[4]　羅昌發，國際貿易法，2010年9月，元照出版公司，頁776。

一、1973年到1979年東京回合

　　東京回合（Tokyo Round）為關稅暨貿易總協定（GATT）第七次的多邊貿易談判，1973年9月於日本東京開議，共有102個國家參與此次部長會議，1979年4月談判結束通過東京宣言（Tokyo Declaration）。東京回合談判範圍包括降低或取消關稅和非關稅貿易障礙，以及任何妨礙或破壞農工業產品在國際貿易的防衛措施。東京回合的談判比以往任何協定的內容都更為廣泛和豐富，它不僅減少和取消關稅及非關稅貿易障礙，而且規劃往後十年多邊貿易體制的形式和國際貿易的關係[5]。

　　政府採購納入東京回合談判，主要的理由為[6]：

1. GATT將政府採購納入東京回合「非關稅貿易障礙措施」項目之一；
2. 開發中國家基於未能參加OECD政府採購之討論，於是極力爭取將政府採購列入東京回合的談判議題；
3. 美國大力支持開發中國家之主張；
4. 國際公認政府採購在國際貿易上具有重要性的議題。

　　東京回合承襲OECD所擬訂的政府採購政策、程序及實行草約（Draft Instrument on Government Purchasing Policies, Procedures and Practices），進行談判[7]。在1979年4月達成政府採購協定，並於1981年生效，而依據政府採購協定第9條第6項第b款規定，在協定生效後三年必須進一步的談判，以擴大與改進該協定，因此1983年到1986年又經過多次修正東京回合政府採購協定談判，最後於1988年6月修正後的政府採購協定生效，但僅適用於中央政府機關的財物採購[8]，修正的內容大致如下[9]：

---

[5]　羅昌發，國際貿易法，頁776。

[6]　經濟部國際貿易局，GATT政府採購協定及美國與歐體政府採購制度研究，1991年12月31日，頁12。

[7]　經濟部國際貿易局，GATT政府採購協定及美國與歐體政府採購制度研究，頁13。

[8]　陳麗娟，從WTO論歐盟與中國大陸對政府採購市場開放之立場，國會月刊第41卷第11期，頁24。

[9]　經濟部國際貿易局，GATT政府採購協定及美國與歐體政府採購制度研究，頁13。

1. 將本協定擴大至租賃契約（lease and rent）及租購方式（hirepurchasing）的採購；
2. 將採購門檻降低；
3. 延長等標期[10]，例如將公開招標收受標單之時限由30天改為40天；
4. 要求公布得標資訊之內容，原始條文中雖有公布得標資料之規定，但並未說明應公布哪些資料，修訂後的政府採購協定有詳細的補充；
5. 技術協助部分，增加協助開發中國家供應商，將其所提之標單與資格審查文件，翻譯成GATT官方語言[11]；
6. 採購程序規定更為嚴謹。

二、1986年到1994年烏拉圭回合

東京回合後，全球貿易結構又發生很大的轉變，各國政府往往規避GATT的自由貿易原則，採取各種變相的行政保護措施，嚴重阻礙國際貿易自由化之進行，促使GATT新回合的談判逐漸醞釀而生[12]。1986年9月在烏拉圭東岬（Punta del Este）舉行了GATT部長會議，決定進行全面改革多邊貿易體制的新一輪談判，針對東京回合在1988年所公告之修正版政府採購協定第9條第6段b項之內容，進一步地討論如何擴展GATT的適用範圍與增列勞務契約之可能性[13]。

三、2001年多哈回合

1995年WTO成立後，1998年5月於日內瓦（Geneva）召開WTO第二屆部長會議，開始新回合談判之準備工作。1998年開始集會討論，1999年3月首度提出新回合談判預定討論之議題，而1999年9月WTO大會提出西雅圖（Seattle）

---

[10] 等標期為提交標單之時限。

[11] 官方語言為英文、西班牙文與法文。

[12] 羅昌發，國際貿易法，頁776。

[13] 經濟部國際貿易局，GATT政府採購協定及美國與歐體政府採購制度研究，頁25。

部長聯合聲明草案,各國提出超過150餘件提案,除服務業貿易與農業議題外,還包括關稅、傾銷、補貼、防衛條款、投資、貿易便捷化、電子商務、競爭政策、漁業、政府採購、技術援助,以及智慧財產權保護等議題[14]。

多哈回合(Doha Round),又稱為多哈發展議程(Doha Development Agenda,簡稱DDA),是WTO於2001年11月在卡達(Qatar)首都多哈(Doha)舉行的WTO第四次部長會議中開始的新一輪多邊貿易談判,以推動全球農業、製造業和服務貿易的自由化為主要談判議題,建立更合理的多邊貿易體系。多哈回合的宗旨,是促進WTO成員削減貿易障礙,藉由更公平的貿易環境,以促進全球的經濟發展,特別是較低度開發國家的經濟發展。談判內容包括農業、非農產品市場進入、服務貿易、規則談判、爭端解決、智慧財產權、貿易與發展以及貿易與環境等議題。談判的關鍵是農業和非農產品市場進入議題,主要包括減少農業補貼、減少農產品進口關稅及降低工業品進口關稅三個部分[15]。

針對GPA議題,42個締約國於2011年就相關文件原則達成共識,包括新版GPA、GPA修正議定書、市場開放之修正清單,及未來工作計畫等。此修正案主要重點在於擴大締約國市場開放與降低門檻金額,即透過擴大市場開放帶入更多政府部門之參與,進而使此協定下之政府採購範疇涵蓋更多的貨品及服務貿易,同時透過降低門檻金額,使各締約會員國之廠商有更多機會參與其他締約會員國之政府採購標案[16]。為了消弭各締約國保護主義和改善貪汙的情形,對於透明度與正當程序(Due Process)有了新的且更易於執行的規範,漫長的談判過程中,主要的意見分歧是來自於美國、歐盟與日本,對市場開放的部分無法達成共識[17]。

---

[14] 黃立、李貴英、林彩瑜(2009),WTO國際貿易法論,元照出版公司,頁68。

[15] 黃立、李貴英、林彩瑜(2009),WTO國際貿易法論,頁69-71。

[16] 莊涵因、亞璇、黃致豪、郭于榛(2012),簡析WTO第八屆部長會議之成果,經貿法訊第126期,國立政治大學國際經貿組織暨法律研究所,頁17。

[17] 黃立、李貴英、林彩瑜(2009),WTO國際貿易法論,頁71。

四、2012年新版GPA

　　WTO政府採購委員會於2012年3月30日採認新版GPA，而同年的4月6日新版GPA率先於台灣、美國、歐盟、加拿大、新加坡、列支敦士登、挪威、香港、冰島、以色列等共10個締約國生效。新版GPA主要包括修正條文內容及擴大會員國市場開放範圍[18]；在擴大會員市場開放範圍部分[19]：新版GPA進一步擴大會員市場開放，依據WTO秘書處公布資料，預估新版GPA施行後，各會員共增加800到1,000億美元的市場開放商機。修訂的政府採購協定共有22條，重要修正條文摘要如下[20]：

1. 新版GPA第7條「招標公告」：增加以電子方式公告招標（Notices），即新規定的招標公告為適當的書面或電子公式，使公眾容易取得公告內容，在附錄一所涵蓋的採購機關應建置免費的電子單一聯繫點，而以電子方式公告採購，應提供免費的電子化單一窗口。鼓勵採購機關在每個會計年度開始時，應盡可能刊登公告未來的採購項目。

2. 新版GPA第8條「參與之條件」（Conditions for Participation）：增加排除供應商參與採購的理由，除原來的破產、不實的聲明外，另增加重大的履約瑕疵、關於重大犯罪或其他重大違法有法院的最終判決、專業的違法行為、違法商業誠信行為或逃漏稅。

3. 新版GPA第11條「招標期限」（Time-Periods）：在電子方式的採購，增訂網路刊登招標公告，電子領標與電子投標各得所縮等標期[21]5天。

---

[18] 行政院公共工程委員會，新版政府採購協定介紹，公共工程電子報，第48期，2012年7月1日，參考網址：http://www.pcc.gov.tw/epaper/10107/column_2.htm，最後瀏覽日期：2014年4月3日。

[19] 行政院公共工程委員會，新版政府採購協定介紹，公共工程電子報，第48期，2012年7月1日，參考網址：http://www.pcc.gov.tw/epaper/10107/column_2.htm，最後瀏覽日期：2014年4月3日。

[20] 陳麗娟（2013），初探歐盟政府採購法之現狀與未來，楊光華主編，第十三屆國際經貿法學發展學術研討會論文集，國立政治大學國際經貿組織暨法律研究中心，頁282。

[21] 機關辦理政府採購第一步即將招標資訊向外揭示，並提供一定期間讓廠商可以準備投標，從招標文件以公告或邀請之方式向外揭示之日算起，至截止投標或收件日為止的期間，即政府採購法所謂的等標期。

4. 新版GPA第13條「限制性招標」（Limited Tendering）：對於原來供應商的擴充供應商品或服務，若因與現有的設備、軟體、服務或組裝相互變更或相容性，且明顯的造成採購機關不方便或重大的成本倍增時，可合併後續擴充期間一次招標與決標。

5. 新版GPA第20條「最終條款」：納入未來的工作計畫，例如中小企業的待遇、統計資料的收集與發布、永續採購、市場開放清單之排除與限制條件，以及國際採購的安全規格。

　　新版的GPA生效施行後，每個政府採購締約國都會擴大開放其政府採購市場，例如歐盟將擴大其會員國的中央政府採購清單，有高達151個新增政府機關[22]。GPA之目的，在於確保簽署該協定之WTO會員國開放其政府採購市場，以及無差別待遇及透明的採購程序。GPA僅於第10條第6項規定，鼓勵締約國應盡可能的使用或採用可促進自然資源維護或保護環境之技術規格；此外，GPA對於綠色採購並無其他詳細規則。即便綠色採購為各國推動永續發展政策重要手段之一，且GPA亦鼓勵各締約國發展永續採購制度，但由於綠色採購在規格、品質的要求，乃至於成本效益評估等，不同於傳統的政府採購，若無明確之準則或程序共識，很容易淪為貿易保護政策之手段[23]。

貳、「歐洲2020策略」

　　在歷經2008年以來的全球金融海嘯與緊接著的歐債危機，使執委會更加堅定改革的立場，於是在2010年6月由歐洲高峰會議公布「歐洲2020策略」（Strategy "Europe 2020"）[24]，以取代原來的「里斯本策略」（Lisbon Strategy）。「歐洲2020策略」為一個政策文件，公布了許多的措施，以期改造在金融海嘯後會員國的經濟發展，在這些措施中就包括政府採購。「歐洲

[22] 陳麗娟，初探歐盟政府採購法之現狀與未來，頁282。

[23] 中華經濟研究院（2011），針對歐盟「永續採購」提案，提供中英文評議及相關分析建議，台北：中華經濟研究院台灣WTO中心，頁5。

[24] COM (2010) 2020 final.

2020策略」強調政府採購應保證公共經費之運用最符合經濟效益與全歐盟的廠商可以公平的進入政府採購市場，也就是政府採購政策應確保最有效率的運用公共經費與應在全歐盟境內開放政府採購市場、應更廣泛的運用綠色政府採購（green public procurement），以發展為以市場為基礎的手段，也就是以採購調整製造與消費方法，以期保證更有效率，而最終的目標為改善商業環境，特別是藉由政府採購支援中小企業的創新。

參、現代化歐盟政府採購政策綠皮書

2011年1月27日，執委會公布了「現代化歐盟政府採購政策綠皮書（Green Paper on the Modernisation of EU Public Procurement Policy）──邁向一個更有效率的歐洲採購市場」[25]，主要是執委會對於政府採購議題公開諮商各界的意見，並再次強調在「歐洲2020策略」的目標，在2014年6月24日匯整各界的綜合意見[26]。執委會強調政府採購機關得藉由運用其購買力採購更高社會價值的財物與勞務，所謂更高社會價值係指具有促進創新、重視環保、對抗氣候變遷、減少能源浪費、改善就業、公共衛生及社會條件與促進平等以改善弱勢族群的融入。因此，在進行政府採購時，亦應考量其他政策，以避免對政府採購機關造成不當的額外行政負擔或在採購市場的扭曲競爭。

肆、單一市場法

2011年4月13日，執委會提出單一市場法以十二種立法[27]促進成長與提高

25　COM (2011) 15 final.

26　http://ec.europa.eu/internal_market/consultations/docs/2011/public_procurement/synthesis_document_en.pdf.

27　這十二個立法為針對鐵道運輸、海洋運輸、空中運輸、能源、人民的流通、使用融資、商業環境、支付服務、單一數位市場、政府採購與電子發票、消費者保護、社會融入與企業家社會責任。

信心「合作以創造新的成長」（Single Market Act-Twelve levers to boost growth and strengthen confidence "Working together to create new growth"）[28]，其中一個方法為改革與現代化政府採購架構，以支援一個均衡的政策以協助在環境上永續發展、社會責任與創新商品、勞務與工程的需求，而應在政府採購機關中更簡單與更靈活的採購程序中落實這些改革，以期能使廠商（特別是中小企業）能夠更容易進入採購市場；此外，強調服務特許（concession）經濟上的重要性，服務特許亦參與公私夥伴關係（public-private partnership），對於這種公私夥伴關係有必要規定一個特別的法律架構，因此應有一個單一的特許指令。

伍、三個政府採購指令包裹草案之提出

2011年12月20日，執委會提出三個政府採購指令包裹草案 [29]，在立法過程中，引起部長理事會、歐洲經濟暨社會委員會（European Economic and Social Committee）[30] 與歐洲區域委員會（European Committee for Regions）[31] 廣泛的討論，在歐洲議會的立法程序中更是熱烈討論，並且對於執委會的草案做了許多的修正 [32]，自2013年3月起開始進行歐洲議會、理事會與執委會的三邊對話程序（Trilog-Verfahren）[33] 終於在2014年2月26日部長理事會與歐洲議會通過決議，並在2014年3月28日公布所謂的第四代的政府採購指令包裹（fourth generation）[34]，包括第23號特許指令 [35]、第24號政府採購指令 [36] 與第25號公用

---

[28]　COM (2011) 206 final.

[29]　COM (2011) 895 final; COM (2011) 896 final; COM (2011) 897 final.

[30]　OJ 2012 C 191/84-96.

[31]　OJ 2012 C 391/49-83.

[32]　A7-0007/2013; A7-0030/2013; A7-0034/2013.

[33]　Andreas Neun/Olaf Otting, Die EU-Vergaberechtsreform 2014, EuZW 2014, S. 446.

[34]　Sue Arrowsmith, EU Public Procurement Law: an Introduction, 2011, pp. 55-58; Christopher Bovis, EU Public Procurement Law, Cheltenham/Northhampton: Edward Elgar Publishing 2007, pp. 17-62.

[35]　OJ 2014 L 94/1-64.

[36]　OJ 2014 L 94/65-242；並廢止2004年第18號指令。

事業採購指令 [37] 此三個指令，並於2014年4月17日生效施行 [38]，而全體會員國必須在2016年4月18日在國內完全轉換立法的工作 [39]。

第二節　歐盟政府採購法之宗旨

經過熱烈討論的立法過程後，終於完成歐洲政府採購法的架構，在不變更原來2004年第17號與第18號指令的架構下，首次在歐盟層級規範特許的議題，同時將歐洲聯盟法院（Court of Justice of the European Union）對於2004年第17號與第18號指令相關判決確立的原則明文化，因此歐盟政府採購法仍維持傳統的政府採購與特別的政府採購的立法架構，也就是一方面維持原來2004年第17號與第18號指令的架構，另一方面對於特定廠商仍給予專屬權（exclusive right），為符合特許契約的特性，仍應履行公共任務（public tasks），特別是明文化歐洲法院在Telaustria [40] 案所確立公共工程特許與服務特許的採購原則。這三個新的政府採購指令有類似的架構體系，即標的及適用範圍、採購招標或特許招標規定、特別的採購規定或特許施行、新的治理規則與最終條款等。

整體而言，在全球化的潮流下，歐盟政府採購法兩個目標為：
（1）在歐盟層級，更靈活與簡化的政府採購程序；
（2）加強運用公共契約，以致力於環境保護政策、社會政策、促進就業與創新。

在其他的層級，應達成下列的次要目標，即：
（1）對於中小企業有更便捷的程序；
（2）對外國廠商更開放的程序；

---

[37] OJ 2014 L 94/243-374；並廢止2004年第17號指令。

[38] 2014年第23號指令第54條、第24號指令第93條與第25號指令第109條規定。

[39] 2014年第23號指令第51條、第24號指令第90條與第25號指令第106條規定，在例外情形得延長至2018年4月或2019年4月。

[40] C-324/98, Telaustria, 2000 ECR I-10745.

(3) 加強電子公共採購機制與方法；
(4) 防止賄賂與加強保障中立；
(5) 採購機關採購行為專業化；
(6) 明文化歐洲法院判決的見解，以明確解釋公共採購機制的概念定義。

第三節　歐盟政府採購法之新趨勢

以下僅以2014年第24號政府採購指令作為論述的重點，以闡述歐盟政府採購指令的立法新趨勢。

壹、以政府採購作為公共政策的工具

2010年6月歐洲高峰會議公布「歐洲2020策略」（Strategy "Europe 2020"）[41] 取代了原來的里斯本策略，計畫在2011年至2020年進行致力於三個優先的目標，即智力成長、永續成長與融合成長，以發展以知識和創新為基礎的產業、促進愛惜能源、更環保與有競爭力的產業，以及促進有高就業、打造社會和領域結合的產業。

「歐洲2020策略」將政府採購作為落實公共政策的工具，以致力於下列的核心目標：

1. 年齡在20至64歲的人口，應有75%投入職場；
2. 歐盟國民生產總值的3%應投入研究與發展；
3. 應實現「20-20-20」的氣候保護目標與能源目標，即降低20%的廢棄排放、提高20%的再生能源比例與增加20%的能源效率；
4. 降低25%的貧困人數（約2,000萬人）；
5. 降低輟學生人數在10%以下與年青世代的40%至少應擁有高等教育的學歷。

---

[41] COM (2010) 2020 final.

　　政府採購在「歐洲2020策略」中係作為內部市場基礎的方法，扮演一個愈來愈重要的角色，特別是「歐洲2020策略」要求未來在政府採購事宜應(1)在創新領域完全回歸需求面的政策措施，改善對企業的框架條件；(2)支援過渡至維護資源和減少排放廢氣的產業，例如鼓勵環保的政府採購；(3)改善企業的環境，特別是對於創新的中小企業。在「歐洲2020策略」中強調政府採購應保證公共經費最符合經濟效益的利用與在全歐盟內應可以進入採購市場，在這樣的背景下，在許多歐盟國家中應藉由更有效率的招標程序達成最佳的結果以協助解決政府採購的市場障礙，而這些挑戰更急需一個能夠發揮功能與更有效率的歐洲政府採購市場，以便能達成這些深具挑戰的目標[42]。

　　在政府採購招標上應達成最佳可能的結果，要提高分配公共經費的效率，為達成這些目標就應保證在內部市場上的政府採購招標有最大可能的競爭，投標人應有機會在相同的競爭條件下參與競爭，應避免競爭扭曲的現象，同時應提高招標程序的效率，應考慮小額招標人的需求，公開招標人得協助在招標時在盡可能以最少時間與最少的公共經費而取得最佳的結果。更有效率的程序有利於所有的經濟參與者，不僅可以使中小企業更容易參與政府採購，而且也可以使來自其他會員國的投標人更容易地參與政府採購。歐盟在現代化政府採購的綠皮書中亦強調應改善政府採購的效率、改善招標程序與更佳的進入歐洲政府採購市場，這些都成為歐盟的當務之急。此外尚須考慮其他相關的領域，例如環境保護、更高的資源與能源效率、對抗氣候變遷、促進創新和社會融入，以及保證提高高品質的政府採購盡可能的最佳條件[43]。

　　實際上在原來2004年版的政府採購指令即已策略運用（strategic use）政府採購，以期促進就業、社會融合與環境保護等目標。在2014年第24號新的政府採購指令更進一步以政府採購支援創新（innovation）政策。換言之，第四代政府採購指令擴大了公共政策的範圍，也就是政府採購得促進環保、社會、就

---

[42] Gründbuch über die Modernisierung der europäischen Politik im Bereich des öffentlichen Auftragswesens: Wege zu einem effizienteren europäischen Markt für öffentliche Aufträge, KOM (2011) 15 endg.

[43] COM (2011) 15 final.

業與創新政策[44]。

　　從需求面（demand）來看，政府採購是促進商業創新的理想手段[45]，由於政府採購契約已經成為促進特定公共政策重要的措施，而想要獲得公共契約的廠商必須符合政府採購機關的需求，因此政府採購已經成為一個很重要的策略工具，長遠來看投資於取得政策採購的創新，對於創造就業與經濟發展都是重要的影響[46]。

　　研究與創新為未來成長主要的動力，同時亦為「歐洲2020策略」智力、永續與融合成長的核心[47]，因此新的政府採購指令在立法理由中明確的說明政府採購是促進創新的根本，因此採購機關應致力於最佳的策略運用政府採購以促進創新[48]。購買創新的財物與勞務在效率改善與公共服務的品質上扮演著關鍵的角色，創新乃藉由產生新的想法，而將新的想法產出創新的產品與勞務，以致力於取得物美價廉的公共投資、擴大經濟、環境保護與社會利益，進而促進永續的經濟成長。

貳、政府採購作為公共政策工具的特質

　　政府採購作為公共政策工具具有下列的特質：

一、促進中小企業

　　早在2008年時，執委會即提出促進中小企業取得政府採購契約歐洲行為規

---

[44] Miguel Angel Bernal Blay, The Strategic Use of Public Procurement in Support of Innovation, European Procurement & Public Private Partnership Law Review 1/2014, p. 3.

[45] J. Edler/L.Georghiou, Public procurement and innovation-Resurrecting in the demand side, 2007, pp. 949-963.

[46] Miguel Angel Bernal Blay, op.cit., European Procurement & Public Private Partnership Law Review 1/2014, p. 4.

[47] COM (2010) 2020 final.

[48] 2014年第24號指令立法理由第47點。

約（European Code of best practices facilityaccess by SMEs to public procurement contracts）[49]，應在歐盟的規範架構中增訂不同的規定，促進中小企業與政府採購招標及保證平等的機會。以政府採購為手段促進中小企業的主要原則如下：

1. 增加細分採購契約，2014年第24號指令第46條新規定，原則上應細分不同的採購契約，以便中小契約可以更容易參與投標；採購機關若選擇不細分採購契約時，在採購程序的文件應指明不細分的理由，即便同一廠商得參與不同的投標，採購機關得限制標的的上限，明定每個會員國得規定公共採購應細分的規定。

2. 考量經濟、財務與技術能力，以便廠商集結與聯合而善用機會，2014年第24號指令第63條增訂由廠商群組（groups of economic operators）參與採購程序的條件，為遵守經濟及財務狀況、技術及專業能力的標準，一家廠商得取決於其聯合廠商的能力；針對廠商的經濟與財務履約能力，政府採購機關得要求廠商提出必要的經濟與財務履約能力擔保，為達到此一目的，政府採購機關得要求舉證最低的年營業額，但不得超過預計採購金額的兩倍，除非是因工程、勞務或商品的特性而產生的特別風險時，可要求更高的倍數[50]。

3. 與不同的廠商，而不是單打獨鬥，運用機會進入框架協議（framework-agreement）；依據2014年第24號指令第33條，在一個或數個政府採購機關與一個或數個廠商間的框架協議，規定在特定的期間應招標採購的條件，特別是針對金額與將採購的數量，在附具相當理由的特別情形才得例外使框架協議的期限最長為四年。

4. 增加轉包機會的能見度，以確保平等對待轉包商；2014年第24號指令特別規定轉包（subcontract），以利中小企業參與政府採購，第71條第3項即規定轉包招標，執委會的立法理由中指名，會員國得規定轉包商得要求採購機關就財物、工程或勞務採購直接付款，主要是考量轉包商通常

[49] SEC (2008) 2193, Brussels, 25. 06. 2008.

[50] 2014年第24號指令第58條第3項規定。

中小企業，直接付款是一個有效率的保護中小企業轉包商的利益。

5. 在所有的程序階段，漸進的簡化程序。值得注意的是，為簡化進入採購程序，2014年第24號指令第59條規定，投標人或競標人得以自行申報（self-declaration）的方式代替確認符合契約要求的要件及條件的文件，即新增訂的歐洲統一採購文件（European Single Procurement Document），由廠商自行聲明無任何的排除理由且／或符合評選標準，同時包含政府採購機關所要求的相關資料，亦得含有政府採購機關或其他應由有權第三人核發的額外資料，以及一個正式聲明的廠商得基於詢問並立即提出這些額外的資料。

二、促進環境保護、就業與創新

1. 為防止社會傾銷（social dumping）或環境傾銷（environmental dumping），2014年第24號指令第18條第2項與第57條第4項明文規定違反勞工法、社會法與環境法的義務時，應排除這些廠商的參與投標。依據第69條第2項規定，在異常低價的投標時，政府採購機關應規定廠商說明加工程序、勞務提供或工程程序的節省方法、投標人在交付財物、提供勞務或實施工程、勞務或財物時，所挑選的技術方法或所有異常有利的條件、由投標人所提出的工程勞務、供貨或勞務的原件、遵守第18條第2項的義務、遵守第71條轉包招標的義務與投標人取得國家協助的可能性。

2. 針對創新，2014年第24號指令第26條明文創新夥伴（innovation partnership），以優惠創新與鼓勵技術發展，即任何廠商得在招標公告後提出參與招標的程序，以期建立一個開發商品、勞務或工程、或創新工程的結構夥伴關係，接著採購因而產出的商品、工程或勞務。

由於創新是一個新概念且含義廣泛，為避免會員國對於創新概念作不同的解釋，因此在2014年第24號指令第2條第1項第22款明文定義創新的概念，係指體現新的獲明顯改善財物、勞務或方法，包括（但不限於）生產方法、建造方法或建構方法、針對商業行為新的行銷方法或新的組織方法、工作流程或外部

關係等，係為致力於克服社會挑戰或支援「歐洲2020策略」智力、永續與融合成長。

在「歐洲2020策略」架構下，應致力於建構一個創新聯盟（union for innovation）[51]，應支援生產創新的產品和勞務，特別是在氣候變遷、能源效率、健康與老年人口議題的創新，因此策略運用政府採購契約應致力於實現這些目標。

2014年第24號指令對於創新有特別的程序，即第31條的創新夥伴（innovative partnership）結合研究與發展產品、勞務及創新工程，進而採購因而產出的產品、勞務及工程。第14條明文規定在政府採購的共同採購詞彙彙編（Common Procurement Vocabulary，簡稱CPV）中特定類型的研究與發展服務，同時必須研究與發展服務在使用時僅用於政府採購機關的財產，且完全由政府採購機關支付所提供的服務。

唯應注意的是，並不是排除所有的研究與發展服務，在第14條明定的類型包括研究與發展服務及相關的顧問服務、研究與實驗發展服務、研究服務、研究實驗室服務、海洋研究服務、實驗發展服務、設計與實施研究及發展、執行前的研究與技術示範，及試驗與評價服務等。

第31條的創新夥伴程序已經如同公開招標程序與限制招標程序為普通的招標程序，而非特別的招標程序[52]，只是第31條明確規定對廠商公告創新夥伴招標至少應在公告採購日前30日為之，而依據第65條的規定，至少應有三家廠商參與創新夥伴的招標，在與廠商的協商談判中，應調整其提議，以滿足採購機關的需求，並應在協商程序中遵守平等待遇原則。依據第31條規定，採購機關應考量在投標廠商中挑選的標準、在研究與發展、發展與改善創新解決上廠商的專業能力，同時應依據最佳品質／價格而決標。採購標的之財物、勞務或工程的金額，對於發展創新所需的投資是適當的，即便是適用創新夥伴程序，亦應避免產生扭曲競爭的情形[53]。值得注意的是，在取得創新夥伴的契約後，接

---

[51] COM (2010) 546 final.

[52] Miguel Ángel Bernal Blay, op.cit., European Procurement & Public Private Partnership Law Review 1/2014, p. 9.

[53] Miguel Ángel Bernal Blay, op.cit., European Procurement & Public Private Partnership Law Review 1/2014, p. 10.

著必須規劃執行研究階段的結構，以期能達到創新解決的目標，也就是必須提出所要解決的創新程度每個階段的規劃[54]。

至於創新夥伴契約的期限，2014年第24號指令並未明文規定發展研究服務的期限上限，但會員國應考慮規定限制創新成果運用於採購契約的期限，以便可以更有效率的提升創新。另一方面，創新夥伴契約的創新成果往往涉及智慧財產權的保護，新的政府採購指令亦未明確的規定，通常廠商保有開發權，而採購機關享有使用權，為避免事後的法律糾紛，採購機關應在創新夥伴契約中明訂在執行創新夥伴期間及終止後，關於智慧財產權適用的條件，考量投標人的平等原則，採購機關應在準備的招標文件中規定這些相關條件，以便投標的廠商在投標時知悉其權益[55]。

3. 在其他政策領域結合政府採購，即得規定採購規格（例如關於特定產品製造過程）的技術規格，例如以生命週期成本作為評選要素[56]，也就是決標的評選標準可以審酌產品、勞務或工程的生命週期成本，不僅包括內部成本（例如維修成本），亦包括外部的環境成本。

三、改採最利標

政府採購作為公共採購的政策手段，但不僅只是要減少公共支出，同時要最佳滿足公共需要，因此當然在執委會提出的綠皮書中即強調應變更現行的價格最低標的規則，而是改採有最大經濟利益（即最有利標）作為審酌的標準[57]。

在立法過程中，究竟要採取最低標或最有利標，也引起廣泛的討論，最後規定於第67條，即在不影響關於特定服務價格的會員國法律、規章或行政命令

---

[54] Miguel Angel Bernal Blay, op.cit., European Procurement & Public Private Partnership Law Review 1/2014, p. 10.

[55] Miguel Angel Bernal Blay, op.cit., European Procurement & Public Private Partnership Law Review 1/2014, p. 10.

[56] 2014年第24號指令第6條第2項、第42條與第68條規定。

[57] Question 70. 1. 1 of the Green Paper on the Modernisation of EU Public Procurement Law.

下，採購機關應依據經濟上最有利的投標給予公共採購契約，同時定義經濟上最有利標（the most economically advantageous tender）的概念，即得依據最低價格，亦得依據成本效率的標準（例如依據生命週期成本、環境與社會等外部要素）、或品質的標準；第67條第2項明定會員國不得僅以最低價格或成本標準作為唯一的決標標準，並限制以價格適用於特定類型的採購機關或特定類型的契約。

　　2014年第24號指令第69條規定判斷是否有異常低價（an abnormally low price），第1項為原則規定，即採購機關應要求廠商說明在投標的價格或費用關於工程、貨品或勞務有異常低價的部分；第3項則是因違反第18條第2項規定的社會法規或環境法規而造成異常低價的結果。

四、締約與履約的相互連結

（一）修訂契約機制

　　2014年第24號指令第70條至第73條規定履約規則，特別是明文化歐洲法院在2006年Presetext[58]確定的守則，即第72條規定修改契約的特別規則，在履約期間得客觀修改契約的具體情形，有重大的變更原始的採購，特別是當事人相互的權利義務的範圍及內容、或有必要重新協商相關採購的實質條件；若採購變更僅造成輕微的採購金額變更（即未超過財物與勞務採購原始採購金額的10％、工程採購原始採購金額的15％）、或即便是採購變更超過門檻值，但符合指令規定的要件時，可不需重新進行招標程序。

（二）履約的集中

　　2014年第24號指令第70條規定，採購機關得規定履約的特別條件，包括經濟、關於創新、環境或社會的考量於最初的採購文件。由於違反勞工法、社會法與環境法的義務，可構成排除投標人的事由，第57條第4項規定廠商明顯或持續欠缺在先前的採購契約履行的實質要件，即(1)廠商未遵守環境法、社會法與勞工法的義務；(2)廠商無清償能力、開始破產程序或清算程序、由破產

---

[58] C-454/06, Pressetext, 2008 ECR I-4401.

管理人或法院管理其財產、正在進行和解程序、停止營業或有類似狀況；（3）廠商有重大的瑕疵行為；（4）政府採購機關有充分明顯的證據顯示，廠商與其他廠商有扭曲競爭的協議；（5）無法以其他有效的措施消除第24條的利益衝突；（6）無法以其他有效的措施消除由廠商過去所參與準備招標程序所產生的競爭扭曲；（7）過去在實施政府採購，廠商有重大或持續的瑕疵，而造成提前終止採購契約、損害賠償或其他類似的處罰；（8）在告知欠缺排除事由之檢查與遵守資格標準有可歸責於廠商的重大詐欺；（9）廠商試圖以不法方式影響政府採購機關作成決策、取得秘密資料而在招標程序獲得不法利益或過失轉交誤導的資料而重大影響排除、評選或決標的決定。

第四節　2014年第24號特許採購指令

2014年第24號政府採購指令主要的內容如下：

一、標的與適用範圍

政府採購與政府採購機關為適用歐盟政府採購指令最重要的概念，新指令並未做很大的修訂，第1條第2項增訂政府採購機關得做挑選的決定，而排除某些符合投標條件的廠商，新指令仍強調獲得的要件，由於公共活動愈來愈多樣化，因此有必要更明確定義採購招標的概念，雖然歐盟的政府採購法規不需包括所有形式的公共支出，但應規範以政府採購方式而獲得的工程服務、財物及勞務[59]。

由於自2013年6月30日起生效的採購招標程序門檻值規章（即2013年第1336號規章[60]）施行，每二年執委會必須依據WTO的政府採購協定檢討與必要時重新規定門檻值，因此2014年第24號指令第6條第1項明文規定；第4條第d款針對第74條以下關於社會或其他特別服務的公共採購應適用75萬歐元的特別門

---

[59] 2014年第24號指令立法理由第4點。

[60] OJ 2013 L 335/17.

檻值予以明文規定。

二、例外

2014年第24號指令第7條至第10條規定不適用政府採購指令的例外情形，即自來水、電力、交通運輸、郵政服務等公用事業、電子通訊範圍、依據國際規則招標或執行的政府採購，以及勞務採購。

三、公家機關與公家機關合作

新的政府採購指令將一直很有爭議的公家機關與公家機關合作的歐洲法院相關判決確立的原則[61]明文化，即第12條不僅規範機關內部優惠合作，而且亦規範水平的公家機關與公家機關合作，立法理由第31點闡明，為提高法律的安定性，有必要將歐洲法院相關判決確立的原則明文化，同時應確保被排除不適用政府採購指令的公家機關與公家機關合作不會對於私人的廠商造成競爭扭曲的結果，以便可以使私人廠商的服務提供者有更好的競爭地位。

立法理由第31點闡明，若政府採購機關持股控制相關的法人，而從屬的法人在執行任務時執行超過80%的工作，且係由控制的政府採購機關或由這些控制的政府採購機關控制的法人授權執行，且不問執行委託的受惠者，不應適用政府採購指令規定的程序於從屬的法人。

---

[61] C-107/98, Teckal, 1999 ECR I-8121; C-480/06, Stadtreinigung Hamburg, 2009 ECR I-4747. Teckal為一家民營的供電服務公司，包括Viano市在內的幾個城市成立一家聯合公司，以供應燃料及其他的供電服務，Viano市依據市採購法規定不准Teckal參與投標，因此Teckal主張違反採購法而訴請法律救濟。在Teckal案，歐洲法院發展出一個控制檢驗（control test）原則，即採購機關間自己設立一家公司，必須無私人企業持有該公司的股份，即便沒有一個採購機關單獨掌控公司，但持股的採購機關必須對策略目標與重大的決策有關鍵的影響力；而從屬公司欠缺獨立性。在Stadtreinigung Hamburg案，漢堡市與其他地方機關同意由漢堡市為他們招標城市清潔公司以清運垃圾，並由這四個採購機關直接付款給垃圾清運公司，在本案為在採購機關間提供公共服務的合作契約，而在這個合作契約中並無任何的私人公司參與，即為所謂的公家機關與公家機關合作。

四、一般的程序規定

　　第18條至第24條為採購招標的一般程序規定，包括以平等、無差別待遇的方式、透明及符合比例原則作為採購招標的一般原則、定義廠商類型、保留給殘障人士或弱勢族群的採購、守密原則、通知規定、共同詞彙彙編，以及避免利益衝突與防止扭曲競爭。

五、招標程序

　　2014年第24號指令第26條第2項至第4項規定工具箱方法（tool box approach），即會員國應在其國內法規定政府採購機關得適用依據本指令規定的公開招標程序或非公開招標程序、創新夥伴程序、協商程序或競爭對話程序。

　　創新夥伴為一個新的程序類型，2014年第24號指令第31條明文規定創新夥伴，應在研究與發展的程序接續的階段建構創新夥伴關係，依據這些各階段的目標，政府採購機關得在每個階段結束時決定是否終止程序或以解除個別契約減少夥伴的數目。

六、框架協議與對中央或聯合採購的方法

　　2014年第24號指令第33條至第39條規定框架協議、對中央或聯合採購的方法，以作為特別的招標方法，而依據第37條規定，會員國得設立中央採購機關，由一個中央採購機關集合數個公共採購人的採購需求，而為這些公共採購人聯合招標，中央採購機關並得作為這些公共採購人的代理人[62]。

七、招標程序的流程

　　2014年第24號指令第三章規定招標程序的整個流程，即第40條至第55條規

---

[62]　2014年第24號指令第2條第14項第b款規定。

定準備程序、公告採購招標、評選與採購招標。

八、資格標準與證明、與資格有關的排除事由

2014年第24號指令對於資格有關的規定有部分修訂，歸納如下：

1. 第58條第2項第2句規定，若要求投標人或競標人最低營業額時，最低營業額原則上最多是採購金額的兩倍，僅在特定的條件下，才得提高倍數。

2. 2014年第24號指令首次明定排除過去在政府採購給付不佳的廠商，也就是可以排除過去採購實施明顯有重大或持續瑕疵的廠商參與投標。

3. 實施由執委會發展出來的標準表格「歐洲單一自行申報」，以簡化招標程序，即第59條規定「歐洲單一自行申報」的細節，應以所有的官方語言版本儲存在電子文件檔案庫（即e-certis），政府採購機關可從e-certis點選所儲存的證明種類。

4. 自清條款，即2014年第24號指令第57條第6項與第7項規定，政府採購機關得允許投標人與競標人採取適當的措施，以消除違法行為的後果及有效的阻止未來的瑕疵行為。

5. 2014年第24號指令第63條規定能力證明，即為證明資格符合，投標人得提出針對其與有法律關係的第三家廠商之能力。

九、決標標準

2014年第24號指令第67條採最有利標，以期更有效率的運用公共經費，政府採購機關即得利用購買力以採購更環保與更有利於氣候變遷的財物及勞務、促進創新與促進就業和改善公共衛生及社會框架條件。

第68條並規定生命週期費用計算，即在決標決定時可以考量其他經濟因素，從原料採購或資源取得一直到清除廢棄報銷為止，不僅應考量直接花費的成本，還應考慮外在的清淨費用，因此應發展一個共同的歐盟計算財物、工程執行或勞務提供生命週期成本的方法，以便招標機關可以適用此一共同的計算方法。

十、採購實施

對於採購實施，新的政府採購指令有獨立的章節，特別是針對重大契約變更予以規範，新的規定主要是明文化歐洲法院判決確立的原則[63]，同時在第72條第2項規定固定的百分比，也就是變更價值未超過在第4條規定的門檻值或原來採購金額的財物、勞務的10%或工程的15%時，即不需要針對契約變更而進行新的招標程序；若有連續數個變更時，則應累積計算所有變更的採購淨值。

十一、社會與其他特別的服務

新的政府採購指令對於特別的採購有許多新的規定，並在指令附件中列舉各項服務類型，例如法律諮詢服務、社會服務、保健服務、救援服務、教育及文化服務、地方服務及郵政服務，但僅在這些服務的預估淨採購值達75萬歐元時，才適用第24號指令，而應適用第75條特別的採購公告或以事先告知的方式事先公告，同時可以靈活的進行招標程序。

第76條第1項授權會員國對於這些特別的勞務採購招標制定國內法規，會員國的法律必須確保遵守透明原則與廠商平等待遇原則，應使政府採購機關得考慮每個勞務的特性。

第77條為新規定，會員國得規定政府採購機關得保留在保健、社會與文化領域給予公益組織專屬參與特定勞務採購招標程序，但這些公益組織應符合第77條第2項的要件。

---

[63] C-454/06, Pressetext, 2008 ECR I-4401.1994年時，奧地利政府與奧地利通訊社（Austria Presse Agentur）協議修改代理契約，其中涉及契約當事人、價格與契約期限等條款。Pressetext為一家新聞社有限公司，為奧地利通訊社的同業競爭者，在2004年時因未獲採購契約，遂質疑1994年奧地利政府與奧地利通訊社修改契約的合法性而訴請法律救濟。在本案，奧地利的聯邦採購局（Bundesvergabeamt）向歐洲法院提起預先裁判之訴請求解釋在何種情況下，修改現有的採購契約可視為新契約。歐洲法院在本案闡明，為確保程序透明與平等對待投標人，在政府採購契約有效期間修改條款，若實質上契約內容已經不同於原契約時，應視為契約當事人有意重新談判新契約的實質條款，因此應視為是新契約，而不是修改原來的契約。

十二、治理規則

2014年第24號指令標題四為治理的規範，相對於執委會提出的草案，實際上並未全數通過草案版的條文，第83條至第86條五個條文為關於政府採購的治理規則，以期更有效率與統一的適用歐盟政府採購法規，主要有下列新的機制：

（一）新的監督機制

在監督政府採購程序上，各會員國有不同的監督制度，無形中也成為一種市場進入障礙，因此應在歐盟層級對廠商與政府採購機關創造一個能發揮作用的政府採購法，以提供更高的法律安定性與致力於建立相同的競爭條件。一個能發揮作用的監督機制可以揭露問題並得以及早解決問題，特別是對於由歐盟共同出資的採購項目，同時可以發現結構上的缺失。因此有必要協調各會員國間的監督機制，以期保障整合的適用與監督政府採購政策，以及體系的評價歐盟政府採購政策的結果[64]。

全體會員國至少應任命一個或數個中央機關，以負責監督、落實與檢查公共採購招標。這個中央機關應及時與第一手知悉關於執行政府採購的問題。這個中央機關應能致力於使政策發揮作用、發現會員國法令和在實務上可能的缺點與快速的找出解決方法。為有效防制貪汙與詐欺，中央機關應能檢驗採購招標契約文字的內容，應讓利害關係人可以使用這些文件，但以不損害合法的公共或個人利益為限。為廣泛的避免行政花費，應由執委會統籌建置採購招標電子公告系統，以期簡化輸入資料、更容易提取完整的報告，以及在系統間的資料交流，只限於大額的政府採購招標才應送交契約的全部內容[65]。

（二）支援機制

政府採購機關內部並未擁有處理複雜採購項目所必要的專業知識，因此有必要設立新的支援機制以處理這類問題，應以獨立的行政結構與專業支援，以

---

[64] 2014年第24號指令立法理由第121點。
[65] 2014年第24號指令立法理由第126點。

擴大知識的基礎和提高招標機關的專業能力，同時以支援廠商的方式（特別是協助中小企業）取得更好的採購結果。2014年第24號指令第85條規定，會員國應設立支援結構、提供法律與經濟諮詢、採購認定協助（orientation help）、在準備與實施招標程序的培訓和支援。當然要善加運用在會員國層級已經有的監督與支援結構或機制，以期確保監督、執行與檢查政府採購招標，以及給予政府採購機關與廠商必要的支援[66]。為使門檻值與行政支出符合比例原則，以及保證程序透明，因此2014年第24號指令第83條第6項規定，在財物採購與勞務採購門檻值為100萬歐元、工程採購門檻值為1,000萬歐元時，應保存所有採購招標完整的文件。

（三）行政合作

為保證在個別會員國國內與歐盟境內整合諮詢與實務，應有一個有效率的合作機制，以期會員國的監督機關可以交流資訊並有良好的實務運作，因此應在單一市場資訊系統（Single Market Information System）的範圍內進行合作，同時應由這些會員國認命的機關作為與執委會執行單位往來主要的聯繫單位，以達成資料蒐集、資訊交流與監督施行歐盟政府採購法發揮作用，目標在於使監督機關歐洲化，並在執委會領導下形成一個行政結合（Verwaltungsverbund），由執委會與會員國的監督機關共同執行監督的任務[67]。

第五節　2014年第23號特許採購指令

由於歐盟會員國間不同的法律體制與生活習慣，勞務特許是否應立法，會員國意見分歧，特許採購對於每個會員國具有非常重要的經濟利益，2014年第23號特許採購指令主要宗旨，就是在特許採購招標範圍內，應確保透明、公平與法律安定性，因而促成更好的投資機會與更高價值的勞務投標。特許採購指

---

[66] 2014年第24號指令立法理由第124點。

[67] Martin Burgi, Anwendungsbereich und Governanceregeln der EU-Auftragsvergabereformricht linie: Bewertung und Umsetzungsbedarf, NZBau 2012, S. 607.

令同時促成各會員國的結構改革及提高公共經費的效率。

　　特許採購指令主要適用於地方政府將地方的勞務交由民營企業或部分民營化的事業營運時,應進行公開招標。依據特許採購指令之規定,若地方政府掌控部分民營化的事業時,則視為地方政府自己經營的事業,由此一事業提供的勞務,則不需要公開招標,只要至少80%的業務是在自己的地方進行時,亦屬於自己經營的事業。特許採購法配合單一市場作調整,因此特許採購指令應確保地方政府在自己未提供給付,而委由外部廠商提供時,應進行公開招標,同時應使招標程序更透明與避免賄賂情事。只要地方政府在社會大眾民生供應無營利意圖時,即不需要進行公開招標。

壹、特許採購立法的發展

一、獨立規範特許採購之背景

　　新的特許採購指令是一個全新的法規,宗旨為建立特許採購更多的法律安定性與改善歐洲企業(特別是中小企業)的市場進入,明文規範公私夥伴關係[68],同時亦填補過去歐盟政府採購指令的法律漏洞。特許採購指令意謂著新一波的自由化,歐洲議會在2011年提出Rühle報告[69],從不同的理由,對特許採購指令草案提出批評與不同的見解,例如應檢視修訂2004年第17號指令與第18號指令的適用範圍、區分A類與B類勞務類型的妥適性,另外關於不同類型的金融服務有許多灰色地帶,亦必須加以明確化,因此歐洲議會促請執委會應盡速擬定新的政府採購市場的規則,以加強法律安定性。

　　在歐盟層級,欠缺特許採購的明確規定,將導致法律的不確定、阻礙勞務自由流通與扭曲單一市場。廠商,特別是中小企業,因而無法在單一市場內主

68　EU rules on awarding concession contracts, EP Reference No: 20130513BKG08223, last visited 2016/1/24.

69　A7-0326/2011.

張其權利，並錯過重要的經濟機會，公家機關無法運用公共經費，以使歐盟人民從中獲得最大利益。一個適當、均衡與靈活的特許採購法律架構可以保證所有廠商進入事實及無差別待遇的歐盟政府採購市場與法律安定性，並因而促進在基礎設施的公共投資與對人民的策略服務。這樣的法律架構亦將造成對廠商更大法律安定性的結果，並得作為更開放國際政府採購市場的基礎與方法，以及促進世界貿易。更重要的是，應致力於改善中小企業進入歐盟全部的特許採購市場[70]。

二、會員國的反對聲浪：以德國為例

由於會員國從興建高速公路、垃圾清運到自來水供應，都已經適用特許制度，透過特許採購選取承攬的廠商，但由於歐盟欠缺規範特許契約的法規，過去都是由會員國自行決定實施公共勞務的廠商，由於往往欠缺客觀與透明的挑選程序，而造成法律的不確定性、阻礙在歐盟境內的自由提供服務[71]，亦會造成扭曲單一市場發揮作用，因而有可能會侵害企業（特別是中小企業）參與投標的權利與錯過重要的商機。一個適當的特許採購法律架構可以確保所有歐盟的廠商有效且無差別待遇的進入歐盟政府採購市場，同時有更高的法律確定性，進而可以鼓勵更多公共投資於基礎設施與給人民服務[72]。

政府機關利用特許契約，使民間企業提供服務或執行工作，例如興建道路、橋樑、運動場或供應電力、或垃圾清運。特許契約的主要特色，就是民間企業必須承擔由實施契約工作或服務所產生的經濟風險，這類契約通常不會讓民間企業取得所興建或營運基礎設施標的之所有權，但民間企業可以取得盈收或每年政府機關額外支付的金額[73]。

---

[70] 2014年第23號特許採購指令立法理由第1點。

[71] Willem A. Janssen, The Institutionalised and Non-Institutionalised Exemptions from EU Public Procurement Law: Towards a More Coherent Approach?, Utrecht Law Review Vol. 10, Issue 5, 2014, p. 168.

[72] EU rules on awarding concession contracts, EP Reference No: 20130513BKG08223, last visited 01/24/2016.

[73] EU rules on awarding concession contracts, EP Reference No: 20130513BKG08223, last visited 01/24/2016.

　　在歐盟會員國對於自來水供應有不同的規定，當然與會員國不同的歷史、政治發展與不同的民生供應概念有關。德國、斯堪地那維亞國家（瑞典、芬蘭、丹麥）、奧地利與比利時，在自來水供應上，屬於地方政府自由決定的範圍；希臘、西班牙與葡萄牙在經歷全球金融海嘯、歐債風暴後，紛紛出售國營事業，而民營化自來水供應；英國完全民營化自來水供應；法國則有許多特許採購模式的經驗[74]。

　　在立法過程中，特許採購指令引起各界許多的反對聲浪，以德國為例，許多鄉鎮的大眾自來水供應已經是特許經營，例如柏林的自來水供應即是公私夥伴關係模式，有一些市政府與鄉公所也認為特許採購並不是一個最佳的解決方案，有些甚至價格比鄉鎮公所自己營運更貴，而水的品質並沒有比較好，例如英國自來水供應民營化，但水品質並未當然更好。原則上，自來水並非奢侈品，而是民生必需品，因此不應以營利為目的，而仍應屬於大眾民生供應的一部分[75]。

　　德國的飲用水品質非常好，相較於其他歐洲國家，德國自來水質是最乾淨的，有高達80%的用戶很滿意水公司的水質，而有高達82%的德國人反對歐盟特許採購指令造成改組水供應的現象。在歐盟特許採購指令立法過程中，德國社會各界傾向於應排除自來水供應適用特許採購，即自來水供應應保留由地方政府提供民生供應的結構[76]。

　　德國社會普遍認為，一般經濟利益的服務，例如自來水供應，應屬於地方自治的權利，一旦民生供應亦透過強制採購招標，恐會影響地方自治的權利[77]。但由法國特許採購模式的經驗來看，法國許多地方並不滿意自來水供應的特許採購，有許多地方又重新由地方政府自己營運自來水供應，巴黎市政府做過一個稽核調查，發現自1985年以來，民營化自來水供應而由VEOLIA與

---

[74] Verband kommunaler Unternehmen e.V., Die EU-Dienstleistungskonzessionsrichtlinie und Auswirkungen auf die Wasserwirtschaft in Deutschland, 2013, S. 4.

[75] http://www.thomas-haendel.eu/de/article/8132.konzessionsvergabe-eine-neue-welle-der-liberalisierung.html, last visited 01/24/2016.

[76] Verband kommunaler Unternehmen e.V., Die EU-Dienstleistungskonzessionsrichtlinie und Auswirkungen auf die Wasserwirtschaft in Deutschland, 2013, S. 4.

[77] Verband kommunaler Unternehmen e.V., Die EU-Dienstleistungskonzessionsrichtlinie und Auswirkungen auf die Wasserwirtschaft in Deutschland, 2013, S. 4.

SUEZ兩家自來水公司負責自來水供應，除了提高水費外，在管理、法律與財務協議上，均欠缺透明度，因此自2010年1月1日起，巴黎市政府又將自來水供應由自己持有多數股權的公司「Eau de Paris」負責營運，相較於2009年的水價，水價至少降低了8%[78]。而在法國其他的城市，例如Grenoble、Bordeaux、Brest與Lille，自來水供應亦在民營化由民間企業營運後，又重回由地方政府自己營運的現象[79]。

　　由於在德國自來水供應有許多形式，大約有5,000家自來水供應商，特別是在德國南部大都是小規模結構的水公司，有許多地方政府決定成立共同用途協會（Zweckverband），但在大城市通常由市政府自己的民生供應站（Stadtwerk）[80] 負責，這些民生供應站通常分為自來水供應與電力供應。在組織結構上，有些民生供應站無民間持股、有些民生供應站有民間持股、用途協會、水公司協會，以及地方政府間契約合作形式。在2013年時，德國約有800個民生供應站必須就其勞務提供進行採購招標事宜，德國對於歐盟的特許採購指令有可能違反地方自治，而有相當大的反對聲浪[81]。在德國，並未明文規定自來水的經營管理，目前已經有許多地方政府決定，透過採購招標程序，委由民間企業負責自來水供應，也就是進行特許採購招標供水服務[82]。

　　在德國，傳統公眾民生供應的核心給付是由地方可信賴的事業全面供應在衛生上無懈可擊的飲用水，並符合衛生及環境處理廢水；這些民間企業在供應與處理符合安全與高品質，可以收取適當的費用。實務上最佳的證明，是最好自來水供應與廢水處理不是由地方機關掌管，而是由可信賴的事業履行這些公共服務。德國認為會員國的實務已經遵守歐盟運作條約的一般原則，例如平等

---

[78] Verband kommunaler Unternehmen e.V., Die EU-Dienstleistungskonzessionsrichtlinie und Auswirkungen auf die Wasserwirtschaft in Deutschland, 2013, S. 5.

[79] 可參閱www.remunicipalisation.org查詢重回地方政府自己營運自來水供應與廢水處理的城市。

[80] Stadtwerk類似台灣的自來水公司，但德國的Stadtwerk供應民生必需的自來水、電力與天然氣等。

[81] Verband kommunaler Unternehmen e.V., Die EU-Dienstleistungskonzessionsrichtlinie und Auswirkungen auf die Wasserwirtschaft in Deutschland, 2013, S. 3.

[82] Verband kommunaler Unternehmen e.V., Die EU-Dienstleistungskonzessionsrichtlinie und Auswirkungen auf die Wasserwirtschaft in Deutschland, 2013, S. 2.

待遇原則、禁止差別待遇原則與透明原則；此外，歐盟層級的官僚主義與行政機關已經必須遵守許多的專業法規，因此並不需要再就特許採購制定新的法規[83]。

三、特許概念界定與規範必要性

在1958年時，在德國行政法院判決中，因特許新的藥房，首次出現特許的概念[84]。1990年代開始，行政法院有愈來愈多計程車特許的問題，1998年時Bayern的採購招標監督委員會（Vergabeüberwachungsausschuss）確認，勞務特許採購並不需要進行採購招標[85]。

1998年Telaustria案[86]，歐洲法院認為勞務特許採購招標不屬於公共民生供需採購的適用範圍，並強調理事會原來在立法程序刪除勞務特許。主要是個別會員國對於公共勞務的行政權移轉與特許採購的開放，仍有很大的歧見，因此理事會在立法時，並未規範勞務特許採購。歐洲法院卻確認，採購機關應遵守歐盟條約的基本原則與基於國籍理由的禁止差別待遇原則，間接肯定對於特許採購招標亦得進行法院的審查，也就是採購機關應進行透明的招標程序，即依據透明義務，採購機關應考量可能的投標人的權益，而確保有適當程度的公開，在勞務市場公開競爭與得審查招標程序是否公正的進行。Telaustria案確立的原則，具有革命性的意義，勞務採購幾乎涵蓋所有有對價的民生供應，例如學校供餐、交通運輸與人員運送、港口營運、垃圾清理、寬頻網絡、火葬設施、城市布置、緊急救援服務與病人運送等，當然政府採購機關在進行程序上有很大的靈活度[87]。

---

[83] 例如德國聯邦參議院（Bundesrat）的委員會提出的建議，BR-Dr 874/1/11；德國城鄉協會（Deutscher Städte- und Gemeindebund），Pressemitteilung Nr.15 vom 16. 04. 2012，都持相同的見解。

[84] BVerwG, Beschluss vom 29. 12. 1958 – I C 121.58, BeckRS 1958, 31321133.

[85] VÜA des Freistaates Bayern vom 28. 08. 1998 – VÜA 16-97, Wirtschaft und Wettbewerb 1999, S. 218.

[86] C-324/98, Telaustria, 2000 ECR I-10745.

[87] Christian Braun, Dienstleistungskonzession im europäischen Wandel, EuZW 2012, S. 451.

在歐盟政府採購法並未明文定義特許的概念，而是歐洲法院在判決解釋而逐漸形成特許應有一定的特質，即政府採購機關並不會支付給特許權人報酬，特許權人取得權利，在經濟上可以利用特許[88]。因此，特許有三個主要的特質：

1. 係對第三人提供勞務的利益；
2. 提供勞務係為公共利益；
3. 特許權人應承擔實施勞務所產生的經濟風險[89]。

1993年第37號公共工程指令（Public Works Directive）第1條第d款定義公共工程特許（public works concession），公共工程特許與公共工程契約是相同類型的契約，除實施工程外，包括有權利用營造物或收取費用，但特許權人必須承擔因而產生的經濟風險。但由於無明文定義特許的概念，因此必須依照不同的要素判斷是特許或勞務契約，歐洲法院一貫的見解，是以授與利用權與分擔風險，作為界定特許的重要依據，同時應確保係為公共利益提供勞務[90]。

特許與公私夥伴關係（Public Private Partnership）的概念不可混淆，公私夥伴關係並無法定義，亦適用並不屬於特許範圍的計畫。特許是一種公家機關與民間企業的夥伴關係，在一些特定的領域，例如基礎設施發展的夥伴關係，對於歐盟人民生活品質重要的部門進行特許採購，例如道路交通、軌道交通、港口與機場服務、高速公路養護與管理、垃圾清運、電力與熱力供應、休閒設施與停車場等。

特許可以動員民間的資金與技術，以補充公家機關的資源，並可以增加在公共基礎設施的投資與服務，而不會增加公共的財政負擔。特許採購的特點就是參與的民間企業可以因取得核准經營使用營造物或提供服務，但應承擔營運的風險[91]。特許與政府採購最主要的區別，就是涵蓋在利用權內的風險，通常

---

[88] Christopher Bovis, EU Public Procurement Law, Cheltenham: Edward Elgar Publishing 2007, p. 159.

[89] Case C-324/98, Telaustria, 2000 ECR I-10770.

[90] Case C-360/96, Arnhem and Rheden, 1998 ECR I-6821.

[91] 2014年第23號特許採購指令第5條第1項規定。

特許權人必須承擔在相關計畫內的投資[92]。

在2009年Rettungsdienst Stadler案[93]，歐洲法院闡明勞務特許的概念，若政府採購機關的契約相對人全部或部分以暫時使用其勞務權利的形式取得報酬、或得以金錢的收費方式代替由採購機關或第三人的直接支付，即構成勞務特許，特別是雖然有約定契約條件，但政府採購機關的契約相對人應承擔市場的風險，也就是必須承擔因而產生的全部或至少是實質部分的營運風險。至於營運風險應在具體的個案認定，但由於會員國有不同的見解，反而造成在勞務特許採購很大的不確定性，而引發許多的爭議[94]。由於會員國對於勞務特許採購招標有非常不同的程序標準，在實務上只能適用歐盟運作條約的一般原則，這種法規漏洞會造成嚴重扭曲單一市場的結果，特別是限制歐洲企業（尤其是中小企業）進入與特許連結的商機，同時欠缺法律安定性，又會影響效率[95]。因此，應創設一個特許採購統一的歐洲法律架構。

四、歐洲法院判決的影響

歐洲法院歷來關於政府採購的判決所確立的原則，有助於歐盟政府採購法的發展，特別是對於政府採購法律概念的解釋，形成了歐盟的政府採購規則，因而也促成歐盟不斷的改革政府採購法律制度，以期更明確的適用這些政府採購規則[96]，執委會在2011年提出現代化歐盟政府採購政策綠皮書，即為實質修

---

[92] European Commission, Communication on Public - Private Partnerships and Community Law on Public Procurement and Concessions, COM (2005) 569 final.

[93] Case C-274/09, Rettungsdienst Stadler, 2011 ECR I-1335.

[94] Christian Braun, Dienstleistungskonzession im europäischen Wandel, EuZW 2012, S. 452.

[95] 2014年第23號特許採購指令立法理由第1點。

[96] 歐洲法院已經有相當多的案例，例如C-31/87, Gebroeders Beentjes B.V. v. Netherlands State, 1998 ECR 4635; C-343/95, Diego Cali et Figli, 1997 ECR I-1547; C-107/98, Teckal, 1999 ECR I-8121; C-176/ 98, Holst Italia, 1999 ECR I-8607; C-225/98, Commission v. France, 2000 ECR I-7445; C-324/98, Telaustria, 2000 ECR I-10745; C-399/98, Ordine degli Architetti, 2001 ECR I-5409; C-237/99, Commission v. France, 2001 ECR I-939; C-285 & 286/99, Lombardi and Mantovani, 2001 ECR I-9233; C-470/99, Universale-Bau and others, 2002 ECR I-11617; C-513/99, Concordia Bus Filandia oy Ab v. Helsigin Kaupunki et HKL-Bussiliikenne, 2002 ECR I-7213; C-373/00, Adolf Truly, 2003 ECR I-193; C-18/01, Korhonen,

訂政府採購指令的一個明證。

　　自1990年以來，歐洲興起公用事業民營化潮流，使得許多地方政府的勞務陸續移轉由民間企業實施，但近年來又慢慢出現公共的勞務提供品質下降的現象，因此又漸漸由地方政府收回自己經營的情形。另外，歐盟的卡特爾法排除政府機關內部的業務（In-House-Geschäft）與地方機關間的合作（interkommunale Kooperation），而刺激各會員國公共勞務的轉型改組。過去，歐洲法院對於政府機關內部的採購招標與地方機關間的合作，均採取限縮的解釋，確立不適用政府採購法的原則，2014年三個新的政府採購指令，徹底鬆綁了些現象。在新的政府採購指令首次將歐洲法院在相關判決確立的原則明文化，特別規定政府採購機關內部的採購招標與地方機關間的合作，以及政府採購法上事後的契約變更[97]。以下就政府採購機關內部的採購招標與地方機關間的合作，論述歐洲法院所確立原則的影響。

（一）政府機關內部的採購招標

　　自1998年Teckal案[98]起，歐洲法院即不成文的排除採購機關內部的採購應進行招標的原則，雖然在法律上是由獨立的單位提供勞務，但卻是受採購機關掌控的事業，即為掌控標準（Kontrollkriterium）。因此，歐洲法院對於採購機關內部的採購，一貫的見解為不需要進行採購招標。

　　2003年Halle-Lochau案[99]，歐洲法院確立民間資金持股無關鍵影響採購機關內部的採購時，並不需對有民間資金持股的事業進行招標。受掌控的事業應

2003 ECR I-5321; C-57/01, Makedoniko Metro and Mikhaniki, 2003 ECR I-1091; C-314/01, Siemens and ARGE Telekom & Partner, 2004 ECR I-2549; C-315/01, Gesellschaft für Abfallentsorgungs-Technik, 2003 ECR I-6351; C-21 & 34/03, Fabricom SA v. Belgian State, 2005 ECR I-1559; C-26/03, Stadt Halle RPL Recyclingpark Lochau GmbH, 2005 ECR I-1; C-84/03, Commission v. Spain, 2005 ECR I-139; C-126/03, Commission v. Germany, 2004 ECR I-11197.

[97] Martin Dieckmann, Auswirkungen der neuen EU-Vergaberichtlinien auf die abfallwirtschaftliche Praxis, Abfallrecht 2014, S.130; Willem A. Janssen, The Institutionalised and Non-Institutionalised Exemptions from EU Public Procurement Law: Towards a More Coherent Approach?, Utrecht Law Review Vol. 10, Issue 5, 2014, p. 168.

[98] Case C-107/98, Teckal, 1999 ECR I-8121.

[99] Case C-26/03, Halle-Lochau, 2005 ECR I-1.

為掌控的政府採購機關施行超過80％的業務，也就是由第三人進行的業務少於20％，甚至擴大歐洲法院一向採取的少於10%的門檻值[100]。

　　歸納歐洲法院一貫的見解，符合下列的要件，政府採購機關內部的委託並不需要進行採購招標：

1. 掌控標準：必須以競爭採購的政府機關，得透過受委託的事業，如同透過自己的單位，行使掌控。
2. 實質標準（Wesentlichkeitskriterium）：受委託的事業實質上係為政府採購機關執行業務。

　　2014年第23號特許採購指令第17條第1項規定，符合下列三個要件，政府機關內部的採購招標不適用政府採購指令：

1. 掌控標準：即政府採購機關透過相關的法人，如同透過自己的單位，行使掌控；
2. 實質標準：受掌控法人超過80％的業務係為實施由行使掌控的政府機關或其他由此一受掌控法人移轉的任務；
3. 影響力標準：對於受掌控的法人無直接的民間資金持股，但不包括民間資金持股非優勢與無否決權的形式，而依據會員國符合歐洲聯盟基礎條約的規定，且民間資金持股並未對受掌控法人有關鍵的影響力。

　　依據新的規定，由地方政府掌控的事業，實質上必須為政府採購機關實施勞務，歐洲法院一向採取90％的見解，但新規定降低此一門檻值為80％。放寬民間資金持股的限制，非優勢形式的民間資金持股或無否決權的民間資金持股，符合歐盟基礎條約的會員國規定，且對於受掌控的法人無關鍵的影響力，即不需要進行政府採購招標，以便使地方機關可以運用民間的技術。因此，子公司亦得向掌控的母公司採購、子公司間的採購招標、數個母公司向優勢的子公司採購招標、分屬不同母公司的子公司或孫公司間的採購招標。

---

[100] Case C-295/05, Asemfo, 2007 ECR I-2999.

（二）地方機關間的合作

2006年Stadtreinigung Hamburg案 [101]，歐洲法院確立政府採購間的合作，不適用政府採購；2011年Düren／Piepenbrock案 [102]，歐洲法院限制政府採購間合作的裁量權，在新的政府採購指令則是獨立的規定政府採購間的合作。

歸納歐洲法院的見解，地方機關間的合作，若有下列的要件，則不適用政府採購指令：

1. 政府機關間的合作係為履行所有政府機關間應履行的公共任務；
2. 必須僅在公家機關間進行合作，而無民間資金持股；
3. 應保證利害關係人的平等待遇原則，以期不會使民間事業優於其競爭者；
4 應期待有一定期限的合作，而不是只是一次性的採購需求。

2014年第23號特許採購指令第17條第4項規定，僅在二個或數個政府採購機關締結作為地方機關間合作的契約，若符合下列所有的要件時，則不適用政府採購指令：

1. 契約創設或履行在參與的政府採購機關間的合作，以期確保就實現共同的目標而實施提供的公共服務；
2. 僅係優先為公共利益，確定執行此一合作，也就是明文規定公共利益是地方機關合作的行為準繩；
3. 在開放的市場上，參與的政府採購機關因合作而提供少於20%的業務。

第23號特許採購指令立法理由第3點指出，為履行這些要件，合作應依據合作的概念。所有的參與單位承擔實施實質的契約義務，只要是這些參與的單位必須致力於共同實施相關的公共服務時，即不構成合作。在政府機關間，一個真正的合作應是指不僅一個夥伴，而且是兩個夥伴都必須履行公共任務，且

---

[101] Case C-480/06, Stadtreinigung Hamburg, 2009 ECR I-4747.

[102] Case C-380/11, Düren/Piepenbrock, 2013 ECR I-6675.

夥伴們亦必須各自致力於任務的履行[103]。也就是只有在真正的合作，才不適用政府採購法。在單純的勞務關係中，由一個政府機關為另一個政府機關實施勞務，而獲得報償或費用補償，則不構成政府機關間的合作。

　　美中不足的是，新的政府採購指令並未明確的界定「無須採購招標的政府機關合作」與「政府機關合作應進行採購招標」的勞務提供，而僅針對與市場有關的行為，額外的限制這些機關的合作[104]。

（三）勞務特許

　　原來歐盟的政府採購指令明確的排除勞務特許，但歐洲法院一貫的見解，認為在勞務特許採購招標時，亦應符合歐盟基礎條約規定因透明原則、平等待遇原則與競爭原則所產生的要求與義務，因此在跨國的特許採購亦應進行類似的採購招標競標[105]。第23號特許採購指令對於特許採購有廣泛的規定，亦包括勞務特許[106]，對於特許採購招標有特別的規定。勞務特許採購是移轉公共任務給第三人執行，特許權人在經濟上負責營運，並得向人民收取提供勞務的費用，特許權人並不是取得金錢給付，而是對第三人有權收取使用勞務的費用，以支付維修費用[107]。

（四）小結

　　歐盟改革政府採購法的一個重點，是明文規定政府採購機關內部的採購招標與地方機關間的合作，更廣泛的規定這兩種情形，依據新的規定，地方機關重新獲得行為自由，可以對地方機關的關係企業進行轉型。歐盟的特許採購指令根本的進行結構改革，以期可以根本的組織與發揮地方自來水的經營管理，

---

[103] Martin Dieckmann, Auswirkungen der neuen EU-Vergaberichtlinien auf die abfallwirtschaftliche Praxis, Abfallrecht 2014, S. 134.

[104] Martin Dieckmann, Auswirkungen der neuen EU-Vergaberichtlinien auf die abfallwirtschaftliche Praxis, Abfallrecht 2014, S. 135.

[105] Martin Dieckmann, Auswirkungen der neuen EU-Vergaberichtlinien auf die abfallwirtschaftliche Praxis, Abfallrecht 2014, S. 137.

[106] 2014年第23號特許採購指令第1條第2項規定。

[107] Verband kommunaler Unternehmen e.V., Die EU-Dienstleistungskonzessionsrichtlinie und Auswirkungen auf die Wasserwirtschaft in Deutschland, 2013, S. 1.

希望可以轉型由地方政府對於自來水供應營運可以進行公開採購招標，因此特許採購指令就是希望在歐盟建立一個單一的法律架構，對民間企業開放民生供應市場[108]。

　　因此，執委會在2011年12月20日提出特許採購指令草案[109]，以詳細規定特許採購，同時並明文化歐洲法院相關判決所確立的原則[110]，以期使法人團體與廠商有更多的法律安定性[111]。很清楚的，特許採購指令並不是要強制民營化自來水供應，而主要目的是在採購招標以營利為目的所提供的公共服務時，應促進透明與競爭的招標程序。原則上，地方政府自己經營的事業與用途協會不適用特許採購指令[112]。也就是地方政府自己營運民生供應給付（例如自來水供應），並不適用特許採購指令。

貳、第23號特許採購指令的主要內容

一、人的適用範圍

　　第23號特許採購指令第6條與第7條的政府採購機關，以及第25號公用事業採購指令的採購人；包括國家、公法上的法人團體與機構，以及由一個或數個公法上的法人團體與機構組成的協會。公法上的機構應具有下列的特徵：（1）為特別目的以執行公共利益而非營利任務設立的機構；（2）具有法律人格；（3）主要由國家、公法上的法人團體或其他公法機構提供經費或隸屬於上述這

---

[108] Verband kommunaler Unternehmen e.V., Die EU-Dienstleistungskonzessionsrichtlinie und Auswirkungen auf die Wasserwirtschaft in Deutschland, 2013, S. 1.

[109] COM (2011) 897.

[110] C-196/08, Acoset, 2009 ECR I-9913.在本案，歐洲法院肯定地方政府在特許採購有更大的法律安定性，可以創造公共建物的使用權，特別是在自來水供應、垃圾清運等勞務特許時。本案涉及自來水供應的特許採購，歐洲法院認為，若透過公開招標以選定民營夥伴，即便是由自己設立的公私混合的資合公司得標，亦不違反歐盟法的原則，也就是勞務特許（例如自來水供應）應對民營企業進行公開招標。

[111] http://www.eu-bonn.de/index.asp?cmsseiteid=19299, last visited 01/25/2016.

[112] 2014年第23號特許採購指令第1條第4項規定。

些機構或團體、或其管理機關、領導機關或監督機關係由國家、公法上的法人團體或其他機構任命。

二、事物的適用範圍

1. 建築工程特許與勞務特許[113]；
2. 第5條第1項明文化歐洲法院判決的特許定義；特許包括建築工程特許與勞務特許，係指至少給予特許權人有權自己營運營造物或勞務、向第三人收取費用，例如向高速公路使用人收取通行費或向參觀所興建博物館的觀眾收取門票。特許採購指令適用於建築工程特許採購與所有的勞務特許採購，勞務特許採購可以包含大規模的工程勞務，例如垃圾處理，對於採購機關而言，可以將營運風險移轉給得標廠商，同時採購機關也有更多的採購法上的裁量權。即特許採購契約應將營運風險移轉給得標人，在正常的營運條件下，並不保證投資支出與營運成本可以回收，也就是移轉營運風險。實際上，得標人承擔市場上無法正確估計的風險。
3. 超過門檻值522.5萬歐元，即應適用特許採購指令。2015年底，執委會公布新的政府採購門檻值規章[114]，自2016年1月1日起，所有的工程與勞務特許，採購金額在522.5萬歐元以上，均應適用特許採購指令[115]。

依據第7條與附件二，應適用特許採購指令的勞務類型有：
1. 天然氣與熱力的網絡經營與輸送，以供應社會大眾[116]；

---

[113] 原來只在2004年第18號政府採購指令規範建築工程特許採購招標。

[114] 依據2015年第2172號規章第1條的新規定，特許採購金額為522.5萬歐元以上。OJ 2015 L/910.

[115] http://www.abz-bayern.de/abz/inhalte/Info-Recht/Rechtliche-Grundlage-des-Vergaberechts/Europaeisches-Recht.html, last visited 01/24/2016.

[116] 若有下列兩個條件時，由第7條第1項第b款與第c款規定的採購機關，輸入天然氣或熱力到固網，以供應社會大眾，不視為是第1項的行為：（1）由此一採購機關生產的天然氣或熱力強制從執行不屬於本附件第2項與第3項的行為；且（2）輸入公共管線，僅係為達到生產合理使用之目標，且在過去連續三年設立的經費未超過此一採購機關營業額的

2. 電力的的網絡經營與輸送，以供應社會大眾 [117]；

3. 在鐵路交通、有軌電車、無軌電車、公車或纜車領域，供應公眾的網絡營運 [118]；

4. 機場、海港或內河航運的運輸公司、與機場、海港內河港埠的車站設施利用或其他車站設備；

5. 與郵政服務有關的業務，包括(1)郵件寄送，例如信件、書、商品目錄、報紙及雜誌，以及包裹（不論其重量）；(2)郵件服務係指關於取件、分類、運輸與送達郵件的服務；(3)其他非郵政服務的服務，係指在郵件寄送單位的管理服務範圍所提供的服務，例如郵件庫房的管理或無地址的郵件遞送服務。

三、排除適用的特許類型

（一）第10條

依據第10條規定，不適用的特許有：

1. 在國防與安全範圍的特許；

2. 土地或建築物的取得或租用；

3. 仲裁法院的服務、調解法院的服務與法律服務；

4. 與有價證券有關的金融服務；

5. 勞動契約；

6. 航空服務與公共客運服務。

7. 第10條第8項第g款規定，由公益組織提供的災害防護、民防與危險防禦服務，不適用特許採購指令，也就是救援服務不適用歐盟的政府採購指令，但若只是單純的運送病人，仍可適用簡化的社會服務採購指令，進行公開採購招標。

20%。為達成此一指令之目標，輸入包括天然氣開採、天然氣的批發與零售，但以天然氣輸送形式的天然氣生產，則應適用附件二的第4點。

[117] 輸送電力包括生產、批發與零售電力。

[118] 若依據會員國主管機關規定的條件提供的交通運輸服務時，則在交通領域不視為有網絡；規定路線、運輸量或行程均屬於提供交通運輸服務。

（二）第11條

依據第11條規定，經營公共通訊網絡、提供大眾一個或數個電子通訊服務，均不適用特許採購。

（三）第12條

第12條明文排除在提供與營運飲用水網絡的採購人，但在飲用水特許時，仍應適用透明原則與無差別待遇原則，Teckal案與Stadtreinigung Hamburg案確立的原則仍繼續適用。

（四）第13條

依據第13條規定，原則上（1）給自己的關係企業，（2）專為實施附件二規定的業務由數個採購機關所設立的合資企業與採購機關有連結的企業。

（五）第14條

2014年第23號指令第14條規定給合資企業或給採購機關對合資企業持股的特許採購，即若設立一家合資企業，以期在至少三年內施行相關的業務，且在合資企業的設立章程規定，設立此一合資企業的採購機關，至少在相同的期限內，隸屬於此一合資企業時，不論第17條規定，此一指令不適用下列的特許：

（a）由數個採購機關為施行附件二規定的合資企業，向這些採購機關的一個採購機關進行的特許採購；

（b）隸屬於合資企業的採購機關向此一合資企業進行特許採購。

第23號政府採購指令第14條規定，應優先以過去三年平均的營業額為界定合作是否為關於市場業務的標準，即為採取營業額標準。

（六）第17條

2014年第23號指令第17條第1項規定在公法團體間的特許採購，若符合下列所有的條件時，則不適用本指令：

（a）政府採購機關或採購人透過相關的法人行使類似的掌控，如同透過自

己的單位；

(b) 被掌控的法人超過80%的業務係施行由掌控的政府採購機關或採購人、或由其他相同的政府採購機關或相同的採購人授與被掌控法人的任務；且

(c) 對於被掌控的法人並無直接的民間資金持股，但不包括民間資金持股非優勢的形式、與會員國法律規定符合歐盟基礎條約且對被掌控的法人無關鍵影響、無否決權少數股份的民間資金持股形式。

2014年第23號指令第7條第1項第a款規定的政府採購機關，透過相關法人，如同透過自己的單位，若其不僅對策略目標，而且對被掌控法人的實質決定時，即為行使第1句第a款的掌控；亦得透過由政府採購機關或採購人以相同的方式掌控其他法人行使此一掌控。

2014年第23號指令第17條第4項規定，若符合下列所有條件時，僅在第7條第1項第a款規定的2個或數個政府採購機關或採購人間所締結的契約，不適用本指令：

(a) 契約創設或符合一個在參與的政府採購機關或採購人間的合作，以期確保針對達成共同的目標，由其實施所提供的公共服務；

(b) 僅以優先為公共利益，確定此一合作之執行；與

(c) 參與的政府採購機關或採購人，在開放的市場上提供低於因此一合作20%的業務。

四、公告招標事項與招標文件

特許採購指令並未明文規定形式化的程序，僅規定在進行採購程序應遵守平等待遇原則、無差別待遇原則與透明原則[119]。特許採購意圖應在全歐盟公告，特許採購指令附件五定義特許公告必要的內容[120]。第23號特許採購指令第

---

[119] 第23號特許採購指令第3條規定。

[120] 例如採購機關的姓名、代號、種類、主要業務、特許描述、參與投標的條件、投標寄達

39條規定，在公告後，應可以用電子方式取得特許文件；參與申請或投標的到達應有至少期限30日。依據職業、專業與經濟績效能力的資格標準，審查競標者應許特許標的相關，並不得違反採購招標原則。

適用特許採購程序的招標，必須事前在全歐盟公告採購招標事宜，未經事前的公告或相關的告知，而秘密委託時，屬於無效的契約，政府採購機關應負損害賠償責任。

特許採購指令應確保透明與一致的特許採購程序，在進行特許採購程序時，不僅應考慮價格，而且亦應考慮其他的標準，例如環境、社會與品質標準。依據第23號指令第41條所規定的評選標準，應依據客觀的標準，進行特許採購，這些標準應符合在第3條規定的原則與確保在有效的競爭條件下，評估投標，以期得選定對於政府採購機關或採購機關整體的經濟利益。評選標準應連結特許標的，不得授權政府採購機關或採購機關無限制的選擇自由。評選標準得含有生態、社會或創新有關的標準。也就是採購人必須在公告或特許採購文件規定客觀的評選標準，必須符合程序原則評價投標，並考量採購人經濟上的整體意義；應運用生態、社會或創新相關的標準。

五、取消區分優先的勞務與非優先的勞務

歐盟2014年新的政府採購指令將採購模式分為承包模式（Submissionsmodell）與特許模式（Konzessionsmodell），承包模式應適用第24號政府採購指令，特許模式則應適用第23號特許採購指令。例如社會勞務採購，承包模式應適用第24號政府採購指令第74條以下規定，特許模式則應適用第23號特許採購指令第19條規定。由於社會勞務的特性，歐盟的政府採購指令有比較簡化的規定。由於會員國有不同的傳統，特別是社會勞務常涉及對人與地方的服務，僅有限的跨國規模，因此特許採購指令讓會員國有更大的裁量權，以進行更簡化的採購程序，且只規定基本的原則，例如平等待遇原則與程

期限、決標標準、公告寄達日期、法律救濟程序主管機關的姓名與地址、實施特許額外的條件、使用電子通訊方法的條件與要求、在建築工程特許應說明是否屬於GPA的特許。

序透明原則[121]。在1998年Telaustria案[122]，歐洲法院闡明勞務特許招標雖然不適用政府採購指令，但在進行採購招標程序時，仍應適用歐盟條約的透明原則與無差別待遇原則，第23號指令第3條明文規定此二原則。

新的特許採購指令廢除區分A類勞務與B類勞務，有部分過去屬於B類勞務現在完全不適用特許採購指令[123]，原來屬於B類勞務的社會、教育、衛生與文化方面的勞務，以及其他特別的採購（例如旅館與餐飲勞務、特定的法律服務），依據第23號特許採購指令附件四，建立一個獨立的採購制度，這類勞務採購應適用特別的採購招標公告或公布事前的資訊[124]。

第23號特許採購指令附件四規定應適用第19條的勞務為(1)衛生勞務、社會勞務及所屬的勞務；(2)在社會、教育、衛生及文化範圍的行政勞務；(3)在法定社會保險範圍的勞務；(4)補貼、支援給付與捐款；(5)其他公共與個人的服務，包括由勞工協會、政治組織、青少年協會與其他社團組織的服務；(6)宗教協會的勞務；(7)餐飲與旅館住宿業；(8)非第10條第8項第d款排除的司法範圍的勞務；(9)其他行政勞務與公共行政勞務；(10)公共事業的勞務；(11)非第10條第8項第g款排除的執行刑罰的勞務、在公共安全範圍的勞務、緊急救援服務；(12)調查與安全的勞務；(13)郵政服務；(14)其他勞務，例如輪胎翻新、鍛冶技術；(15)國際勞務。

六、特許期限

原則上，應限制特許的期限，由政府採購機關或採購人依據所要求的建築工程或勞務，估計期限。在特許期限超過五年時，特許期限不得長於按照合理的判斷，在考慮為達到特別的契約目的所必要的投資下，特許權人得重新從營

---

[121] 2014年第23號特許採購指令第19條規定，特許提供社會勞務或其他在附件四規定屬於本指令適用範圍的特別勞務，應遵守第31條第3項、第32條、第46與第47條規定的義務。第31條第3項規定政府採購機關或採購機關應事先公告其特許意圖；此一公告應含有附件六規定的事項；第32條規定開標。

[122] Case C-324/98, Telaustria, 2000 ECR I-10770.

[123] 2014年第23號指令第10條規定。

[124] 2014年第23號指令第31條第3項規定、第24號指令第75條規定。

運營造物或提供勞務的投資花費（包括投資的資本獲利在內）獲利的期限[125]。為避免阻斷市場與限制競爭，因此特許最多只能實施五年，僅在高額的投資才得有更長的特許期限。

第六節　歐盟綠色政府採購

綠色政府採購又可稱為永續採購（sustainable procurement），主要係指政府部門透過政府採購程序，加強採購對環境友善、符合節能減碳要求之產品或服務，作為鼓勵、倡導更廣泛之永續發展政策之一部分。對歐盟而言，政府採購極具出口商機，因經歷全球金融海嘯與歐債危機，導致歐洲的經濟嚴重衰退，因此歐盟重新思考在世界貿易組織（World Trade Organization，以下簡稱WTO）架構下，檢討政府採購市場的機會和挑戰[126]。

壹、歐盟綠色政府採購之發展演進

綠色採購為各國推動永續發展政策方法之一，且GPA亦鼓勵各締約國發展永續採購制度，為確保對政府綠色採購有強制義務要求之國家，不會影響GPA締約國公平參與競爭之權利與機會，同時促進各國推動綠色採購措施，歐盟在2011年時對GPA談判提出建議案，提議透過資訊蒐集及彙整，擬訂永續採購制度之最佳實踐作法，進而倡議其他國家按照此一範本，作為其永續採購制度之基礎[127]。

基於這些規定，歐盟認為，GPA允許採購機關在訂定技術規格時，除兼顧環境保護外，亦應注意到不歧視原則，並力求規格之客觀性與多元性。歐盟也認為，GPA對於環境與社會政策的創新仍趨於保守，各締約國應致力於將永續

---

[125] 2014年第23號特許採購指令第18條規定。

[126] 陳麗娟（2013），從WTO論歐盟與中國大陸對政府採購市場開放之立場，國會月刊第41卷第11期，頁24。

[127] 陳麗娟（2013），從WTO論歐盟與中國大陸對政府採購市場開放之立場，頁24。

採購政策落實在GPA架構下，一方面確保智慧創新的政府採購，另一方面取得環境與社會永續發展目標的平衡。歐盟建議各GPA締約國應向委員會通知其為促進永續採購目標所採取之國內措施，並由WTO秘書處彙整各締約國的措施後，由GPA委員會採納認定確保永續採購目標，且未對協定產生不利影響之最佳作法，並將此一決議作為國際社會綠色政府採購之參考文件[128]。

　　早於1970年代起，歐盟即開始規範政府採購，由於歐盟會員國在執行政府採購之規範面成效不彰且無統一的作法，因此必須進一步發展出正面規範調和會員國的政府採購法[129]。歐盟政府採購法發展至今，歷經四次的立法[130]：第一代立法為1960末期至1979年轉換GATT東京回合的GPA；第二代立法主要為1980年代中期的單一歐洲法促成創設歐盟的政府採購法；第三代立法為1990年代初期完成單一市場後的合併立法；第四代立法為2004年時再度簡化與現代化政府採購程序而合併立法，主要目的在於市場參與者可以履行四大自由流通[131]。

　　因應全球局勢的發展，歐盟必須施行GPA，以期國際接軌。依據GPA第24條規定，歐盟必須轉換立法GPA於其政府採購指令，歐盟基礎條約並未將政府採購法納入其中，因此一直以來以競爭法規處理爭議。歐盟的指令可以直接適用於全體會員國，但會員國必須於期限內經由國內的立法機關轉換立法成為國內法後，才會在國內發生法律效力[132]。

　　歐盟綠色政府採購之發展，起源自1992 歐盟的第五個環境行動計畫（Fifth Community Enviornment Action Programme），各會員國考量產品生產與消費的環境，整合併入推動永續發展之計畫中，並指出永續性生產與消費活動之重點，但並未實際規定綠色採購行動，因此歐盟的綠色政府採購一開始是由許多環境標章的核心理念所衍生出來的改善及降低環境衝擊影響的方法之一。

　　2001 歐盟實施第六個環境行動計畫[133]（Sixth Community Enviornment

---

[128] 陳麗娟（2013），從WTO論歐盟與中國大陸對政府採購市場開放之立場，頁24。

[129] 陳麗娟（2013），從WTO論歐盟與中國大陸對政府採購市場開放之立場，頁24。

[130] 陳麗娟，初探歐盟政府採購法之現狀與未來，頁288。

[131] 四大市場自由為商品流通、人員自由遷徙、勞務和資金自由流通。

[132] 陳麗娟，初探歐盟政府採購法之現狀與未來，頁277。

[133] 2002年到2012年。

Action Programme），2002年至2012年針對以下四個領域優先採取行動，即氣候變遷、自然與生物的多樣性、自然資源管理，及環境與健康，此計畫說明了歐盟對綠色採購的重視與積極作法。2004年3月31日歐盟頒布政府採購指令[134]，修改並加強先前的法律制度，強調施行GPA的過程中，應如何落實環境保護的要求。

　　歐盟於2007年10月22日通過永續發展策略（Sustainable Development Strategy）第一份實施進展報告（progress report）[135]，將綠色政府採購列為七大項優先領域及預定目標之一。要求會員國在進行政府採購時，應遵守共同的綠色標準（common green criteria），依據執委會所進行的研究顯示，僅七個會員國進行一系列的綠色政府採購，即奧地利、丹麥、芬蘭、德國、荷蘭、瑞典與英國，其他的會員國仍相當落後，有待加強改進。

　　歐盟執委會於2008年公告一個「更有利於環境的採購」函示[136]，規範政府部門於採購過程中如何降低對環境的衝擊和影響，並於同年7月16日提出「永續性消費與生產及永續性產業政策行動計畫」[137]（Sustainable Consumption and Productions and Sustainable Industrial Policy SCP/SIP Action Plan），包含一系列永續消費與生產之提案，以改善產品環境效能、提高對永續商品與科技之需求，並鼓勵產業創新，該行動計畫之重點領域包括環境商品政策之新架構、促進友善環境與更有效率之生產、致力於永續消費與國際生產、增進效率與降低成本、其他法規提案，例如擴大生態設計指令提案、修改生態標示規章提案、修改生態環境管理及稽核制度規章提案、綠色政府採購訊息等。部長理事會於2008年12月4日通過此一行動計畫，而成為歐盟新的永續發展策略（European Union's renewed Sustainable Development Strategy）的重要部分[138]。

---

[134] Directive 2004/18/EC of the European Parliament and of the Council of 31 March 2004 on the coordination of procedures for the award of public works contracts, public supply contracts and public service contracts.

[135] 歐盟執委會，http://ec.europa.eu/environment/eussd/，最後瀏覽日期：2013年12月12日。

[136] SEC (2008) 2126.

[137] 歐盟執委會，http://ec.europa.eu/environment/eussd/escp_en.htm，最後瀏覽日期：2013年12月19日。

[138] 駐歐盟兼駐比利時代表處經濟組彙整，歐盟推動的綠色政策，2011年11月10日，頁144。

　　為確保各會員國間不會互相影響GPA之公平參與競爭的權利與機會，同時
促進各會員國推動綠色採購措施，歐盟已於2012年提議透過資訊蒐集及彙整，
擬訂永續採購制度之最佳實踐作法，進而建議其他國家按照此一範本，作為其
永續採購制度之基礎。歐盟認為，理想的政府採購應同時兼顧採購效益與其他
重要目標，包括政府機關在採購服務與商品時，納入社會責任與永續發展的要
素[139]。

貳、歐盟綠色政府採購的法律架構　

　　現行綠色政府採購屬於歐盟第六個環境行動計畫（Sixth Community
Enviornment Action Programme）中的自然資源管理與廢棄物領域，並以綠色政
府採購作為其中產品整合政策[140]（Integrated Product Policy）的三個行動工具
之一[141]。產品整合政策架構性政策，鑑於部分先進國家已逐步將廢棄物處理方
式由焚化與掩埋等處理方式，改採在產品製造與設計階段納入整合的環境保護
思維，使產品整個生命週期從開始至報廢過程中，盡可能降低其對環境所形成
的破壞與負擔。其目標乃針對其政策目的在於降低產品對環境的衝擊，並就產
品整個生命週期，由製造至報廢處理之各階段，檢討尋求降低對環境損害的可
行方法[142]。綠色政府採購亦為「歐洲2020策略」（Europe 2020 Strategy）重要
的方法，亦為目前重要的發展新趨勢。

---

[139] 駐歐盟兼駐比利時代表處經濟組彙整，歐盟推動的綠色政策，頁144。

[140] 產品整合政策是一種策略工具，用來決定一個最佳化政策之組合，以便在生命週期的
基礎下達到改進產品的環境績效，降低產品的環境汙染。

[141] 另外兩個工具是歐盟生態管理暨審計畫與環保標章。

[142] 陳高煌，歐盟與產品或產業有關的環保政策及法規介紹，工業總會，參考網址：https://
www.google.com.tw/url?sa=t&rct=j&q=&esrc=s&source=web&cd=4&cad=rja&uact=8&ved
=0CEEQFjAD&url=http%3A%2F%2Fwww.cnfi.org.tw%2Fwto%2Fadmin%2Fupload%2F23
%2F10-4.pdf&ei=k7tfU_DkBoal8AXq6YKYAQ&usg=AFQjCNFhPBWGXMaeCWG32Ybt9
jEhJ3G5lA，最後瀏覽日期：2014年4月22日。

一、歐盟綠色政府採購的法源

　　歐盟綠色政府採購的法源主要有案例法和指令，在所有的政府採購契約中納入環境因素；另一方面，在案例法中不論是歐洲法院或各會員國法院的判決，皆明確承認政府採購契約對於採取環境保護措施的合法性與正當性[143]。除案例法與指令外，依據歐洲聯盟運作條約第6條規定，環保措施應納入歐盟整體政策制定與執行之考量中。依據此一授權，歐盟政府採購相關的指令，均需考量環保措施，以推動永續發展。具體而言，歐盟在原來的2004年第17號自來水、能源、運輸與郵政採購指令第53條及第55條，以及2004年第18號公共工程、財物供應與服務提供契約指令的第50條、第53條規定將環境保護的考量納入政府採購之中，主要考量的要件包含[144]：

1. 定義技術規格得包含環境績效標準[145]（Environmental Performance Standards）與生產方法；
2. 得以使用環境特性和績效作為技術規格；
3. 得以使用歐盟或國家環保標章規格作為技術規格；
4. 廠商證明環境管理措施時，可優先提出生態管理暨稽核計畫[146]（Eco-

---

[143] 陳麗娟，初探歐盟政府採購法之現狀與未來，頁287。

[144] 中經院台灣WTO中心，針對歐盟永續採購提案，提供中英文評論及相關分析建議，中經院編號1000403。

[145] 為了防止土地使用產生環境負面效果，傳統上均以分區管制作為土地使用管制的工具；將一地區劃分為不同的分區，並明列允許之土地使用別與強度。基本上，此種土地使用分區管制之前提在管制土地使用可能對環境產生之衝擊，也即「因」。但所允許之土地使用別未必就符合所擬保護之環境作用，再者，相同的土地使用別及可能因開發方式或管理方式之差異而對環境產生不同之影響。績效標準，有別於傳統之土地使用分區管制，強調以量化標準，限制一環境所允許遭受之影響，也即「果」。例如，「開發後排至區外之地表逕流量不得大於開發前之逕流量」或「開發後之土壤流失量不得大於xx噸／公頃」等，即為最常用之環境績效標準，詳情請參考：http://terms.naer.edu.tw/detail/1320622/，最後瀏覽日期：2014年4月20日。

[146] 生態管理暨稽核計畫（Eco-Management and Audit Scheme）是為企業和其他組織做評估和報告，並改善其環境表現由歐洲執委會制定的管理工具。生態管理暨審計計畫是開放給所有類型的組織致力於改善其環境表現，跨越了所有經濟和服務行業，為全球範圍內適用。目前，超過4,500個組織及在全球註冊約有8,150註冊點，其中更有不少跨國企業和規模較小的公司以及政府部門。

Management and Audit Scheme）之通過證明，以證明廠商產品本身之安全性及對環境不會造成損害；

5. 可使用環境績效作為決標準據；

6. 得將環境考量作為履行契約之條件。

　　執委會負責訂定共同綠色政府採購標準、鼓勵公布產品生命週期成本之資訊、提供更明確之法律準則（legal guidance）、在投標文件中納入環境標準、透過政策性指標（indicators）與監督（monitoring），以推廣與施行綠色政府採購。為監督綠色政府採購，執委會提案建立兩種指標（indicators）[147]：

1. 量化指標：從供應面評估政策進展及其影響；

2. 影響性指標：評估所產生之環境與財務效益。

　　歐盟綠色政府採購共同標準是指可併入財物、勞務之政府採購程序中，以降低採購所帶來之環境影響的標準，歐盟已針對一些優先之產品與服務訂定特定之綠色政府採購標準，這些產品為最適合透過政府採購達成「綠化」的目的。

　　在綠色政府採購領域中，歐洲法院所作判決會影響綠色政府採購的發展，也會成為綠色政府採購法的法源依據，歐洲法院相關的判決對於綠色政府採購領域有相當的影響：

（一）2002年 芬蘭赫爾辛基公車案 [148]

　　赫爾辛基市議會決議將市區內公車第六號路線和整體規劃進行招標，第一條路線計畫於1998年秋季開始運作，根據芬蘭第六號路線招標公告中規定，此招標應讓對於全市區最具有經濟效益的投標廠商得標，因此整體的招標將考量下列重點[149]：

（1）整體路線的營運價格：價格須帶來最有利的經濟效益；

---

[147] 駐歐盟兼駐比利時代表處經濟組彙整，歐盟推動的綠色政策，頁144。

[148] Case C-513/99, Concordia Bus Finland v Helsinki, 2002ECR I-7286.

[149] Sue Arrowsmith (2010), EU Public Procurement Law, Nottingham, p. 340.

（2）公車品質：依照公車的碳排放量和噪音檢測作為評估；

（3）營運業者品質；

（4）環境管理：對環境是否造成衝擊或損害。

　　根據以上幾點，赫爾辛基市議會共收到八個投標廠商，最後由HKL-Bussiliikenne公司得標。HKL-Bussiliikenne公司得標後，另一家公司Concordia對於此結果表示不滿，認為將公車的碳排放量和噪音檢測列為評選條件是不公平的，因只有HKL-Bussiliikenne這家公司可以出具相關證明，認為本案在公告時就已經內定好得標公司，因此芬蘭將此案提交至歐洲法院進行預先裁判之訴，歐洲法院需判定在契約裡是否應考量環境因素[150]。

　　歐洲法院判決，在政府採購契約中，因考量環境標準，而環境標準也是最後招標結果的重要參考因素之一，歐洲法院將此判決的四項環境標準列入至2004年第17號自來水、能源、運輸與郵政採購指令第55條第1項和2004年第18號公共工程、財物供應與服務提供契約指令的第53條中：

（1）契約所提及的商品或服務需考量其環境標準；

（2）環境標準考量來源資訊必須是客觀的；

（3）在契約中必須明確的註明環境標準；

（4）必須符合歐盟條約的各項原則。

　　歐洲法院在此一判決確立，政府採購契約必須將環境標準納為考量因素之一，明確的將此一判決結果的環境標準納入指令中，影響後續政府採購案採購契約的制定與考量因素。

（二）2003年12月4日奧地利Wienstrom再生能源電力提供案[151]

　　奧地利的克恩頓邦（Kärnten）從2002年1月至2003年12月再生能源電力供應進行公開招標，奧地利政府要求投標廠商提供再生能源電力，不得提供以核能發電產生的電力，但投標廠商並沒有註明提供電力來源的相關證明，針對此

---

[150] 原文為To what extent can environmental requirements be taken into consideration at the award stage of a contract and extra points awarded for them?

[151] Case C-448/01, EVN AG and Wienstrom GmbH, 2003 ECR I-14557.

點奧地利政府是否有權對於投標廠商要求處罰性的賠償。此標案最後由 Kärntner Elektrizitäts-AG和 Stadtwerke Klagenfurt AG的投標組合（KELAG）得標，另外EVN AG和Wienstrom GmbH這兩家未得標的公司認為再生能源電力的來源提供的相關內容是不合法的，因此向奧地利法院提出訴訟。

奧地利法院認為，為解決糾紛，須請歐洲法院進一步解釋條約內容，因此向歐洲法院提請先決裁判。透過此一判決，歐洲法院清楚的指出，契約和環境間的關聯是相當重要的，但不能僅簡單的考量環境而忽略環境與契約間的關係。此外，歐洲法院闡釋所有的採購標準都必須和採購的主體相關，締結契約的政府機關並沒有享有不受限制的自由選擇權，所有通知都必須明確的載明於契約或是相關文件中，並遵守歐盟條約的各項原則。此一判決造成後續所有的採購標準在締結契約同時並無法自由選擇的是否將環境因素納入考量，而是強制規定採購機關須於進行採購行為時，將環境納入考量，並遵守各項相關原則。

二、歐盟的政府採購指令與更環保的政府採購

歐盟執委會於2008年公告一份文件「更環保的政府採購」[152]（Public procurement for a better environment），2014年通過新版的政府採購指令[153]，並取代原先的2004年第18號指令，這兩個指令[154]對於綠色政府採購的皆有相關規定，以下將分別論述：

（一）2014年第24號指令 [155]

2014年2月26日，歐洲議會與部長理事會通過新的政府採購指令，取代原先2004年第18號指令[156]，並在同年4月17日生效施行，施行日前的政府採購法

---

[152] COM (2008) 400 final.

[153] 2014年第24號政府採購指令。

[154] 即2008年的更環保的政府採購及2014年第24號政府採購指令。

[155] OJ 2014 L94/65-242.

[156] 主要宗旨為應確保經濟參與者可以完全的履行四大市場自由，2004年第18號指令彙整了過去對於工程、商品與服務採購不同的指令，此指令僅規範政府採購人，其事物的適用

案仍維持適用舊版的指令[157]。根據指令第52條、第90條規定，全體會員國必須在2016年4月18日前完成國內轉換立法的工作，完成後並立即向執委會通報法規文本[158]。

2014年第24號指令修訂原先2004年第18號指令，主要內容如下[159]：

1. 消除優先服務類別和非優先服務類別的差別

原先2004年第18號指令將服務類別分為兩大類，其一為優先服務類即必須嚴格遵守指令並按照指令而行，另一類為非優先服務類，此類為僅須遵守非歧視和透明原則即可，無需在歐盟官方公報上公告，根據2014年第24號指令規定，除附錄十六所提及項目外，所有超過門檻價格的服務契約均須於公報公告後才可進行採購，此一修改維持採購上的公開性以及競爭性。

2. 新增兩種採購程序

會員國的招標程序主要有兩種基本形式[160]，即公開招標與非公開招標[161]，而在特定的條件下並得對創新的採購採取新型的程序，即適用競爭對話[162]或創新夥伴的談判程序[163]。採購機關可以適用下列六種特別的招標程序，以進行集合採購與電子採購：

範圍僅限於超過一定門檻值的採購項目，而按照不同的採購類型適用不同的門檻值，依據第77條規定的程序，由執委會每兩年調整一次門檻值，至2006年1月31日止，全體會員國已轉換立法大部分的規定，並由各會員國自行裁量個別的實施方法，2004年第18號指令的規定是按照招標程序的流程編排，即一般的招標原則、門檻值的計算基礎、特別規定、招標公告、透明規定、其他的程序流程包括：資格確認在內、決標標準、電子競標、工程特許招標、服務範圍的競標、一般條款，但此指令並未規範內部招標公私夥伴關係規劃與工程服務整體的招標。

[157] 陳麗娟（2014），歐盟政府採購法之研究，貿易政策論叢第21期，頁156。

[158] 陳麗娟（2014），歐盟政府採購法之研究，頁156。

[159] 朱穎，歐盟政府採購指令修訂聚焦七大革新，中國財經網，參考網址:http://finance. china.com.cn/roll/20131120/1986016.shtml，最後瀏覽日期：2015年1月22日。

[160] 陳麗娟，歐盟政府採購法之研究，頁168。

[161] 2014年第24號指令第27條與第28條中規定。

[162] 2014年第24號指令第30條。

[163] 2014年第24號指令第29條及第31條。

(1) 框架定義（第33條）；
(2) 動態的採購系統（第34條）；
(3) 電子競標（第35條）；
(4) 電子目錄（第36條）；
(5) 中央採購活動與中央採購機關（第37條）；
(6) 共同的採購（第38及第39條）。

新型的採購方式也於2014年第24號指令第19、49、51及92條中對電子化公告、電子採購文件、電子標書的提交，為強制性規定，若採購項目可以透過電子化的方法遞交，則採購時程可以縮短。另外，隨著契約公告及招標文件均能以電子化下載使用與提交，增加了招標程序的流暢度，因此全體會員國在轉換立法時應在54個月內完成電子通訊與在36個月內設置中央採購單位的電子招標程序[164]。

3. 扶持中小企業

歐盟修改指令主要是進一步對中小企業開放政府採購市場，與中小企業充分的交流技術與訊息，並規定會員國在轉化指令為國內法後兩年內需全面落實電子採購，相關內容如下：
(1) 第44條規定將採購契約分割成數個部分，即採購機關把規模大且招標程序昂貴的大契約切割成數個小契約，目的在減少繁文縟節，更有利更多的中小企業參與競標。
(2) 第58條規定完整的表列參與招標程序的條件，以避免不公平的障礙阻礙中小企業參與投標。
(3) 第71條第7項規定直接付款予轉包商，即轉包商為中小企業時，招標機關可直接付款給中小企業，以維護轉包商的財務利益。

4. 施行最經濟與有利標原則

第66條規定所有採購契約必須符合經濟有利標原則，即基於價格或成本，

---

[164] 陳麗娟，歐盟政府採購法之研究，頁169。

使用成本效益法則，例如生命週期費用等。

5. 縮短期限

招標公告期限由35天縮短至30天。

6. 對次級中央政府採購招標機關的法規鬆綁 [165]

為促進競爭，相關的招標機關可以事先公告招標資訊，此外，招標機關對於規定的期限有更大的調整權，只要經過與參與者互相同意即可，對於次級中央政府採購招標機關適用簡化採購規定，以方便其進行採購行為。

7. 增加契約修改的靈活度

當契約內容在不涉及實質性內容情況下修改時，無需再重啟採購程序，實質性內容是指修改金額不超過契約總價值的5%，且在門檻值內；此外，還有一些例外條款，將締約機構的多種不可預測之因素考量在內，在這些情形，修改不得影響契約的整體屬性且價值增加幅度不得超過契約的50%，這些條件都增加修改契約的便捷。

（二）更環保的政府採購

2008年7月16日公告「更環保的政府採購」[166]（Public procurement for a better environment），向政府部門提供一份明確告知各部門進行減少對環境造成衝擊的採購方法。歐盟執委會致力於推動綠色政府採購，因為綠色政府採購可以有效的提高環保商品和服務的市場占有率，為符合綠色政府採購的相關規定而促進商品技術和服務的創新，並加強歐盟的經濟競爭力，執委會並建議各會員國、歐盟各政府機關必須做到下列幾點[167]：
1. 建議綠色政府採購標準途徑和方法，提供明確的政策目標和協助工具，以達到對於環境造成更友善的影響；

---

[165] 陳麗娟，歐盟政府採購法之研究，頁169。

[166] COM (2008) 400 final.

[167] COM (2008) 400 final.

2. 歐盟提供資金時，各會員國彼此可以加強綠色政府採購的合作；

3. 以最大的政策支持行動支持政府機關所有的綠色政府採購工作，並提出相關配套方法，以確保綠色政府採購標準能夠與最終目標互相協調和發展。

　　「更環保的政府採購」為綠色政府採購相當重要的官方文件，若永續發展可落實於政府採購中，可以創造生產和消費的新趨勢，產品使用有利於環境的材料不只可影響環境也會影響到整體的經濟發展，歐盟落實新綠色政府採購已居於全球的領先地位，透過綠色政府採購也可以刺激並創新新的生態技術，以提升歐洲的國際競爭力[168]。

肆、綠色政府採購的共同標準

　　不同的政府採購案購買不同的商品，而由於每項商品皆有不同的製造與報廢流程，依照產品的特性而有不同的採購標準，歐盟制定了一套綠色政府採購的共同標準，依據此共同標準再規定各類產品的綠色採購標準。

一、歐盟綠色政府採購基本原則

　　為確保綠色政府採購在整個採購過程考量環境因素外，更能使買賣雙方以合理的價格且公平的採購流程完成綠色政府採購，瞭解採購過程是必要的，政府採購過程是供給雙方間的物品、勞務間的交流，整個綠色採購過程應適用下列的原則[169]：

---

[168] 賴明伸（2007），國際綠色採購會議探討全球綠色採購現況，行政院環保署綠色發展委員會，頁1。

[169] European Commission, Buying Green A Handbook on Green Public Procurement, 2011, Brussels, p. 16.

（一）具成本效益的報價

進行採購的政府機關必須確保將公共經費做最有效率的、成功且有價值的採購，並不是只用最便宜的報價，而是必須選擇以最具成本效益的報價，不只檢測產品的數量或是服務，更將使用效率、有效性、應用或環境保護都納入考量，根據以上評估並選取最具成本效益的報價[170]。

（二）公平的過程

在採購市場，基於政府採購指令和國家立法，需遵守以下的規定[171]：
1. 無差別待遇（Non-discrimination）：無論是歐盟或會員國，在綠色採購過程中皆必須確認供需雙方在契約上的公平和無差別性的待遇；
2. 平等對待（Equal treatment）：不同的採購狀況需要不同的處理方式，但無論何種方式都必須做到公平，例如所有的投標者都是同一個截止投標時間，不可因為其他因素而延後；
3. 透明度（Transparency）：為確保採購過程的公平性，所有投標者都必須擁有相同的投標資訊，即投標的資訊必須公平且公開，供需雙方都必須主動且公開的將資訊提供給對方，不可因任何理由而拒絕給予投標資訊[172]；
4. 適當性（Proportionality）：即採購過程應適當且合理的進行。

二、歐盟綠色政府採購標準

歐盟綠色政府採購環境考量因素[173]有：
（一）對產品、服務、工作之敘述，例如綠色電力、環保傢俱、綠建築物等；
（二）技術規格：環境績效標準、使用的原物料、製造程序；

---

[170] European Commission, Buying Green A Handbook on Green Public Procurement, p. 19.

[171] European Commission, Buying Green A Handbook on Green Public Procurement, p. 20.

[172] 2004年第18號指令第41條第2項規定。

[173] European Commission, Buying Green A Handbook on Green Public Procurement, p. 21.

（三）其他類型的契約，要求同時提供普通與環保產品或服務之報價；

（四）投標廠商資格、評選標準、並排除違反環保法規與要求使用環保器械；

（五）決標準則；

（六）契約文字，例如使用大批包裝，員工遵守特殊指導綱要。

上述採購程序均需遵守公開透明、無差別待遇、需與採購主題事項相關及對具有同等功能產品、服務之承認等，適用共同採購原則[174]。

為避免在歐洲單一市場中造成貿易障礙並減少紛爭，訂定一套綠色政府採購標準是必須的，可大幅的減少歐盟管理各會員國的行政負擔，也能使各會員國的公共部門依照此標準進行國內的綠色政府採購。歐盟綠色政府採購標準分為核心（core）標準與全面性（comprehensive）標準[175]：

1. 核心標準為適合會員國任何採購機關使用，可因應重要的環境影響。使用核心標準幾乎不需再額外確認，亦不增加成本。

2. 全面性標準為提供給想要購買市場上最佳環境產品者，可能需要額外之確認程序或些微增加成本。

2008年時，執委會為十個部門之產品訂定第一組綠色政府採購標準[176]，包括：

1. 影印與繪圖紙（Copying and graphic paper）；

2. 清潔產品與服務（Cleaning products and services）；

3. 辦公室資訊科技設備（Office IT equipment）；

4. 建築工程（Construction）；

5. 交通（Transport）；

6. 傢俱（Furniture）；

---

[174] European Commission, Buying Green A Handbook on Green Public Procurement, p. 21.

[175] 賴明伸，國際綠色採購會議探討全球綠色採購現況，頁1。

[176] 駐歐盟兼駐比利時代表處經濟組彙整，歐盟推動的綠色政策，頁144。

7. 電力（E lectricity）；

8. 食品與餐飲服務（Food and Catering services）；

9. 紡織（Textiles）；

10. 園藝產品與服務（Gardening products and services）。

2010年6月時，執委會為六個部門之產品訂定第二組綠色政府採購標準，這些產品包括[177]：

1. 隔熱體（Thermal insulatio n）；

2. 硬地毯（Hard floor-coverings）；

3. 牆面板（Wall Panels）；

4. 熱電共生系統（Combine Heat and Power）；

5. 道路建築與交通標示（Road construction and traffic signs）；

6. 街燈與交通號誌（Street lighting and traffic signals）。

2012年後，執委會訂定第三組綠色政府採購標準，包括[178]：

1. 汙水淨水設施（Waste Water Infrastructure）；

2. 室內照明（Indoor lighting）；

3. 廁所和小便池（Toilets and Urinals）；

4. 衛浴水龍頭（Sanitary Tapware）；

5. 圖像設備（Imaging Equipment）。

訂定綠色政府採購標準目的，在進行政府採購時，採購機關可以更直接、快速且清楚的瞭解各類產品不同的製造、維修及報廢標準，使其在進行採購時可以更精確地計算出所需費用、對環境的衝擊與影響。

---

[177] 駐歐盟兼駐比利時代表處經濟組彙整，歐盟推動的綠色政策，頁144。

[178] 詳情請參閱歐盟環境部官方網站：http://ec.europa.eu/environment/gpp/eu_gpp_criteria_en.htm，最後瀏覽日期：2014年4月28日。

伍、歐盟綠色政府採購流程

　　綠色政府採購過程與一般的政府採購過程並沒有太大的差別，綠色政府採購更需要具備相關知識，以明確界定應採購何種商品、勞務，歐盟綠色政府採購採購流程分為六個主要步驟（如圖7-1），第一步驟和第二步驟為採購前的準備階段，第三步驟、第四步驟和第五步驟為採購進行階段，最後一個步驟為執行採購階段，以下逐一介紹綠色政府採購的每個流程：

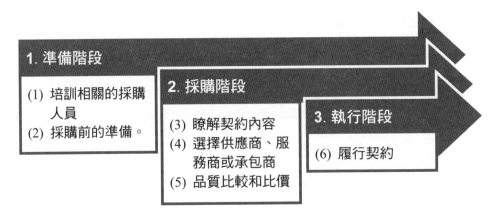

圖7-1 綠色政府採購流程

資料來源：European Commission, Buying Green-A handbook on green public procurement.

一、培訓相關的採購人員

　　告知採購人員相關的法律、財務等問題，以便他們能夠提供採購者或部門法律上的諮詢或提供協助，受培訓的採購人員須瞭解考量綠色採購的因素，即[179]：

　　1. 採取循序漸進的方法，例如從小範圍的商品和服務開始；
　　2. 考慮環境和社會影響，例如選擇對環境或社會較有利的商品或服務；

---

[179] European Commission, Buying Green A Handbook on Green Public Procurement, p. 16-21.

3. 關注環境和社會問題；

4. 考慮有利環境商品的可行性和提高其選擇性；

5. 參考各種數據，並確保其正確性。

二、採購前的準備

政府部門的採購更應追求最佳價格和確保採購過程的公平，因他們所花費的是納稅人的錢，最佳價格即包含環境及社會的考量，公平的過程即平等的機會和透明的過程。因此，所有的準備過程在採購過程都是相當重要的，這個階段所出現的錯誤將會直接影響到接下來採購程序或結果，這是因為整個採購過程都是連貫且相互影響的，此階段最重要的目的在於評估實際狀況，並預留足夠的時間瞭解契約和文件的一個條款，以確保採購結果的成效[180]。

三、瞭解契約內容

在此階段必須瞭解契約的所有內容，為採購過程奠定基礎，在此階段也須瞭解各種數據的判斷和分析[181]：

1. 確定採購目標：政府採購的採購過程是相當自由的，關鍵問題為如何進行採購，因此確定採購目標，即對商品和勞務有基本的認識，並確定皆在法律的框架下進行所有採購[182]。

2. 市場分析：在確定採購目標和需求後，須瞭解市場是否需要此項商品或勞務，透過市場分析即可瞭解市場需求[183]。

3. 以技術或性能作為轉換成規定的基礎：確定採購目標後，須將相關資訊轉化為可衡量的技術規格，以便能直接應用至採購程序中，技術規格主

---

[180] European Commission, Buying Green A Handbook on Green Public Procurement, p. 16-21.

[181] European Commission, Buying Green A Handbook on Green Public Procurement, p. 16-21.

[182] European Commission, Buying Green A Handbook on Green Public Procurement, p. 16-21.

[183] European Commission, Buying Green A Handbook on Green Public Procurement, p. 16-21.

要有以下兩大功能[184]：

(1) 描述契約的市場，以提供企業決定是否有興趣參與；

(2) 提供採購的最低標準，並提供評估依據。

4. 環境標準：即使用環保標章，所有的環保標章都是自願的，並考慮產品的生命週期費用（Life Cycle Costing），而且是經過公正的第三方給予認證[185]。

5. 社會標準：關於採購的社會和倫理標準，例如最終商品所帶來的影響，關於這些影響和效益、指標的量化都是非常重要的，這些都有利於實現採購標準的公正性和準確性，下列的因素也會在社會標準中考量[186]：

(1) 增加就業機會；

(2) 建立工作保障的措施；

(3) 努力達到社會和諧；

(4) 社會經濟和中小企業可平衡的發展；

(5) 促進機會的平等；

(6) 符合社會道德；

(7) 保障人權和勞工權利。

四、選擇供應商、服務商或承包商

為了選擇合適的供應商，通常採用其履行契約的能力指標，即下列兩種指標[187]：

（一）排除指標：供應商曾經公司破產、嚴重的不當管理、不繳納稅捐等狀況，將不會建立契約合作關係。

（二）技術能力指標：在進行採購過程時，會針對供應商的能力進行下列的評估：

---

[184] European Commission, Buying Green A Handbook on Green Public Procurement, p. 16-21.

[185] European Commission, Buying Green A Handbook on Green Public Procurement, p. 16-21.

[186] European Commission, Buying Green A Handbook on Green Public Procurement, p. 16-21.

[187] European Commission, Buying Green A Handbook on Green Public Procurement, p. 16-21.

1. 供應商是否提供專業的人員，以處理契約內環保的相關問題；
2. 供應商是否擁有或租用處理環境問題時的相關設備；
3. 供應商是否進行環境的研究或擁有相關技術和設施；
4. 供應商為證明本身具備以上指標，將主動提供相關證明或契約。

五、品質比較和比價 [188]

挑選完合適的供應商後即進行供應商的品質比較和比價，透過事先擬訂且公開的指標進行品質比較，選取較優的商品或勞務供應商，原則上比較指標須具備下列的條件：

（一）契約中須明確的註明比較指標；

（二）比較指標必須客觀；

（三）比較指標須遵守法律原則。

供應廠商間也須進行比價，生命週期費用（Life Cycle Costing）即成為一個非常重要的比價資訊的提供來源，擁有較少的生命週期費用的供應商較優於費用較高的供應商。

六、履行契約

採購過程最後步驟為供給雙方的契約履行，契約必須明確的載明履行契約的方法，例如 [189]：

1. 將產品或工具運送到特定地點；
2. 如何履行服務；
3. 廢棄物品和商品包裝的處理；
4. 相關工作人員的訓練和監督。

---

[188] European Commission, Buying Green A Handbook on Green Public Procurement, p. 16-21.

[189] European Commission, Buying Green A Handbook on Green Public Procurement, p. 16-21.

　　實施綠色政府採購流程主要是使採購機關遵循此一流程，從而瞭解進行綠色政府採購不只是單純的採購行為，而是一個結合法律與環境的過程，從最一開始的準備包括培訓相關人員、瞭解商品等，到採購時的契約商定與選擇承包商，其中也包含承包商的商品品質比較與比價，最後到履行契約完成採購。歐盟制定基本採購流程後，再由各會員國因各國的採購情形而更動其細節，但是大致上還是以此採購流程為依據，也因此若是進行跨國的政府採購時，讓採購者與商品或勞務的提供者可以有一個共同且基本的流程可以遵循，讓綠色政府採購可以更流暢的實行於各種不同的政府採購。

本章參考文獻

中 文部分

- 中華經濟研究院（2011），針對歐盟「永續採購」提案，提供中英文評意見及相關分析建議，台北：中華經濟研究院台灣WTO中心，中經院編號1000403。
- 朱穎，歐盟政府採購指令修訂聚焦七大革新，中國財經網，參考網址:http://finance.china.com.cn/roll/20131120/1986016.shtml，最後瀏覽日期：2015年1月22日。
- 黃立、李貴英、林彩瑜（2009），WTO國際貿易法論，元照出版公司。
- 陳麗娟（2013），從WTO論歐盟與中國大陸對政府採購市場開放之立場，國會月刊第41卷第11期，頁23-35。
- 陳麗娟（2013），初探歐盟政府採購法之現狀與未來，楊光華主編，第十三屆國際經貿法學發展學術研討會論文集，國立政治大學國際經貿組織暨法律研究中心，頁265-314。
- 陳高煌，歐盟與產品或產業有關的環保政策及法規介紹，工業總會，參考網址https://www.google.com.tw/url?sa=t&rct=j&q=&esrc=s&source=web&cd=4&cad=rja&uact=8&ved=0CEEQFjAD&url=http%3A%2F%2Fwww.cnfi.org.tw%2Fwto%2Fadmin%2Fupload%2F23%2F104.pdf&ei=k7tfU_DkBoal8AXq6YKYAQ

&usg=AFQjCNFhPBWGXMaeCWG32Ybt9jEhJ3G5lA，最後瀏覽日期：2014年4月22日。

・莊涵因、 亞璇、黃致豪、郭于榛（2012），簡析WTO第八屆部長會議之成果，經貿法訊第126期，國立政治大學國際經貿組織暨法律研究所，頁17。

・賴明伸（2007），國際綠色採購會議探討全球綠色採購現況，行政院環保署綠色發展委員會。

・經濟部國際貿易局，GATT政府採購協定及美國與歐體政府採購制度研究，1991年12月31日。

・駐歐盟兼駐比利時代表處經濟組彙整，歐盟推動的綠色政策， 2011年11月10日。

・羅昌發，國際貿易法，2010年9月，元照出版公司。

英文部分

・Sue Arrowsmith, EU Public Procurement Law: an Introduction, 2011.

・Miguel Ángel Bernal Blay, The Strategic Use of Public Procurement in Support of Innovation, European Procurement & Public Private Partnership Law Review 1/2014.

・Christopher Bovis, EU Public Procurement Law, Cheltenham/Northhampton: Edward Elgar Publishing, 2007.

・J. Edler/L. Georghiou, Public procurement and innovation-Resurrecting in the demand side, 2007.

・European Commission, Buying Green A Handbook on Green Public Procurement, Brussels, 2011.

・Willem A. Janssen, The Institutionalised and Non-Institutionalised Exemptions from EU Public Procurement Law: Towards a More Coherent Approach?, Utrecht Law Review Vol. 10, Issue 5, 2014, p. 168-186.

德 文部分

- Christian Braun, Dienstleistungskonzession im europäischen Wandel, EuZW 2012, S. 451-456.
- Martin Dieckmann, Auswirkungen der neuen EU-Vergaberichtlinien auf die abfallwirtschaftliche Praxis, Abfallrecht 2014, S. 130-137.
- Andreas Neun/Olaf Otting, Die EU-Vergaberechtsreform 2014, EuZW 2014, S. 446-452.
- Verband kommunaler Unternehmen e.V., Die EU-Dienstleistungskonzessionsricht linie und Auswirkungen auf die Wasserwirtschaft in Deutschland, 2013.

附錄

參考文獻

中 文部分

- 中華經濟研究院，歐市反傾銷法規及其執行狀況之研究，台北市，民國81年5月。
- 陳麗娟，歐洲共同體1994年第518號規章共同進口規定之研究，美歐月刊，第10卷第7期，頁95-107。
- 陳麗娟，歐洲共同體之對外貿易法論，華岡法粹第22期，1994年10月，頁153-176。
- 陳麗娟，歐洲共同體法導論，五南圖書，台北，1996。
- 羅昌發，貿易與競爭之法律互動，月旦出版公司，台北，1994。

外 文部分

- A. Bleckmann: Europarecht, 5. Auflage, Köln 1994.
- A. Deringer: Rechtsfragen der Antidumpingpolitik, in Bieber/Bleckmann, Capotori (Hrsg.): Das Europa der Zweiten Generation-Gedächtnisschrift für C. Sasse, Baden-Baden 1981, S. 377-383.
- A. F. Deardorff: Economic Perspectives on Antidumping Law, in Jackson/ Vermulst (eds.): Antidumping Law and Practice, Ann Arbor/Michigan 1989, pp. 23-39.
- Allgemeine Zollpräferenzen für Entwicklungsländer im Zeitraum 1981-1985, Recht der Internationalen Wirtschaft 1980, S. 795-796.
- A von Bogdandy: Die Handelspolitik der Europäischen Wirtschaftsgemeinschaft,

Jura 1992, S. 408ff.

· A. Weber: Die Bedeutung des Art. 115 EWGV für die Freiheit des Warenverkehrs, Europarecht 1979, S. 30-47.

· A. Weber: Das Verwaltungsverfahren im Antidumpingrecht der EG, Europarecht 1985, S. 1-21.

· B. Boerner,: Studien zum deutschen und europäischen Wirtschaftsrecht, Köln 1973.

· Beseler/Williams: Anti-Dumping and Anti-Subsidy Law, London 1986.

· Beutler/Bieber/Pipkorn/Streil: Die Europäische Gemeinschaft, 3. Auflage, Baden-Baden 1987.

· Bierwagen/Hailbronner: Input, Downstream, Upstream, Secondary, Diversionary and Components or Subassembly Dumping, Journal of World Trade 1988, Vol. 22, No. 3, pp. 27-59.

· B. May: Der erfolgreiche GATT-Abschluss-ein Pyrrhussieg?, Zeitschrift für internationale Politilk 1994, S. 33-42.

· C. –D. Ehlermann: The Scope of Art. 113 of the EEC Treaty, in Festschrift für Teitgen, 1984.

· C. O. Lenz (Hrsg.): EG-Vertrag Kommentar,1. Auflage, Köln 1994.

· C. Rohde: Europarecht, Berlin 1995.

· C. Vedder: Die auswärtige Gewalt des Europa der Neun, 1980.

· D. Ehle: Grundsätze zur Bestimmung des Warenursprungs, Recht der Internationalen Wirtschaft 1979, S. 251-254.

· D. Petermann: Beschränkungen zur Abwehr von Beschränkungen, Heidelberg 1989.

· D. Robertson: GATT Rules for Emergency Protection, New York 1992.

· E. A. Kramer: Wettbewerb als Schutzobjekt des Antidumpingrechts, Recht der Internationalen Wirtschaft 1975, S. 121-128.

· E. A. Vermulst: Antidumping Law and Practice in the United States and the European Community, Amsterdam 1987.

· E. Doeblin: Theorie des Dumpings, Jena 1931.

• E. Dorsch: Der Warenursprung, in R. Regul (Hrsg.): Gemeinschaftszollrecht, Baden-Baden 1982, S. 463-688.

• Ehle/Meier: EWG-Warenverkehr, Köln 1971.

• E. Langen: Studien zum internationalen Wirtschaftsrecht, München 1963.

• E. L. M. Voelker (ed.): Protectionism and the European Community, 2nd Edition, Deventer 1987.

• E. MacGovern: International Trade Regulation-GATT, the United States and the Eurpoean Community, Exeter 1986.

• E. –U. Petersmann: Application of GATT by the Court of Jutice of the European Communities, Common Market Law Review 1983, pp. 397-437.

• E. –U. Petersmann: Die EWG als GATT-Mitglied-Rechtskonflikte zwischen GATT-Recht und Europäischem Gemeinschaftsrecht, in Hilf/Petersmann (Hrsg.): GATT und Eropäische Gemeinschaft, Baden-Baden 1986, S. 119-174.

• E. –U. Petersmann: Need for Reforming Antidumping Rules and Practices-The Messy World of Fourth-Best-Policies, Aussenwirtschaft 1990, S. 179-198.

• E. Wilhelm: Preisschleuderei, Wien und Leipzig 1936.

• F. Emmert: "Schraubenzieherfabriken" zur Umgehung von Antidumping-Strafzollen, Einfuhrkontingenten und freiwilligen Selbstbeschränkungsabkommen , in K. J. Hopt (Hrsg.): Europäiche Integration als Herausforderung des Rechts, Essen 1991, S. 257-278.

• F. –H. Wenig: Gerichtshof erklärt Antidumpingverordnung für ungültig, Europaische Zeitschrift für Wirtschaftsrecht 1991, S. 706.

• F. –H. Wenig: Neueste Entwicklungen im Antidumpingrecht der EG, Europäische Zeitschrift für Wirtschaftsrecht 1991, S. 439.

• F. –H. Wenig: Neue Entwicklungen in der Antidumping-Rechtsprechung, Europäische Zeitschrift für Wirtschaftsrecht 1992, S. 279-280.

• F. Montag: Die Aussendimension des Binnenmarktes, Europäische Zeitschrift für Wirtschaftsrecht 1990, S. 112-117.

• GATT: Trends in International Trade, Geneva 1958.

• Grabitz/Hilf: Kommentar zum EG-Vertrag, 2. Auflage, München 1991.

- G. Nicolaysen: Autonome Handelspolitik der EWC, in Festschrift für H. –J. Schlochauer, Berlin 1981, S. 855-876.
- G. Nicolaysen: Europarecht II, Das Wirtschaftsrecht im Binnenmarkt, Baden-Baden 1996.
- G. Nicolaysen: Zum Anti-Dumping-Recht der EWG, Europarecht 1991, S. 224-235.
- Grabitz/von Bogdandy/Nettesheim: Europäisches Aussenwirtschaftsrecht, München 1994.
- Groeben/Thiesing/Ehlermann: Kommentar zum EWG-Vertrag, 4. Auflage, Baden-Baden 1991.
- Hailbronner/Bierwagen: Das GATT-Die Magna Charta des Welthandels, Juristische Arbeitsblätter 1988, S. 318-329.
- Hailbronner/Bierwagen: Neue Formen des Dumping und ihre Regelung in Aussenwirtschaftsrecht der EG, Recht der Internationalen Wirtschaft 1988, S. 705-715.
- Hailbronner/von Heyebrand u.d. Lasa: Der gerichtliche Rechtsschutz im Antidumping-und Antisubventionsrecht der EWG, Recht der Internationalen Wirtschaft 1986, S. 889-899.
- Hauser/Schanz : Das neue GATT, München 1995.
- H. D. Kuschel: Das Aussenwirtschaftsrecht der EWG, Koeln 1971.
- Hilf/Rolf: "Das Neue Instrument" der EG, Recht der Internationalen Wirtschaft 1985, S. 297-311.
- H. J. Dielmann: Das neue EG-Recht betreffend die Abwehr von Dumping Importen, Die Aktiengesellschaft 1980, S. 299-306.
- H. –J. Kretschmer: Das Antidumping-und Antisubventionsrecht der EG, Frankfurt a. M. 1980.
- H. Kapur: China and the European Economic Community, Nijhoff 1986.
- H. Kretschmer: Beschränkungen des innergemeinschaftlichen Warenverkehrs nach der Kommissionsentscheidung 80/47EWG, Europarecht 1981, S. 63-79.
- H. –J. Mueller: GATT-Rechtssystem nach der Toikio-Runde, Berlin 1986.

- H. –J. Priess: Europa 1992, Juristische Schulung 1991, S. 629-634.
- Hummer/Simma/Vedder/Emmert: Europarecht in Fällen, 2. Auflage, Baden-Baden 1994.
- H. D. Dielmann: Anti-Dumping-and Anti-Subventionsmassnahmen nach dem neuen EG-Recht betreffend die Abwehr gedumpter und subventionierter Importe, Die Aktiengesellschaft 1984, S. 126-130.
- H. Saake: Die gemeinsamen Einfuhrregelungen der Europäischen Wirtschaftsgemeinschaft, Köln 1991.
- I. Pernice: Grundrechtsgehalte im Europäischen Gemeinschaftsrecht, Baden-Baden 1979.
- I. S. Forrester: EEC Customs Law –Rules of Origin and Preferential Duty Treatment, Part I, European Law Review 1980, pp. 167-187.
- Jackson/Davey: Legal Problems of International Economic Relations, St. Paul 1986.
- J. A. Usher: The customs union-The origin of slide fasteners, European Law Review 1979, pp. 184-187.
- J. –F. Bellis: The EEC Antidumping System, in Jackson/Vermulst (eds.): Antidumping Law and Practice, Ann Arbor/Michigan 1989, pp. 41-97.
- J. F. Beseler: Die Abwehr von Dumping und Subventionen durch die EG, 1. Auflage, Baden-Baden 1980.
- J. Feenstra: Rules of Origin and Textil Products, Common Market Law Review 1985, pp. 533-559.
- J. H. Jackson: The World Trading System, Cambridge M. A. 1989.
- J. H. Jackson: World Trade and the Law of GATT, Ann Arbor/Michigan 1969.
- J. N. Bhagwati: Protectionism, Cambridge M. A. 1988.
- J. Schwarze: Rechtsschutz gegen Antidumpingmassnahmen der EG, Europarecht 1986, S. 217-240.
- J. Steenbergen: The New Commercial Policty Instrumnt, Common Market Law Review 1985, pp. 421-439.
- J. Steiner: EC Law, 4th Edition, London 1995.

- J. Viner: Dumping-A Problem in international Trade, Chicago 1923.
- K. Friedrich: Allgemeine EG-Zollpräferenzen für Entwichlungsländer, Recht der Internationalen Wirschaft 1995, S. 315-320.
- Li-Jiuan Chen: Das Recht der Handelsbeziehungen zwischen der Europäischen Wirtschaftsgemeinschaft, der Republik China (Taiwan) und der Volksrepublik China nach Vollendung des Europäischen Binnenmarktes, München 1993.
- Maclecod/Hendry/Hyett: The External Relations of the European Communities, Oxford 1996.
- M. Ahlt: Europarecht, München 1993.
- M. C. E. J. Bronckers: WTO Implementation in the European Community-Antidumping, Safeguards and Intellectual Property, Journal of World Trade 1995, Vol. 29, No. 5, pp. 73-95.
- M. A. Dauses: Das Vorabentscheidungsverfahren nach Art. 177 EG-Vertrag, 2. Auflage, München 1995.
- M. A. Dauses (Hrsg.): Handbuch des EG-Wirtschaftsrechts, München 1993.
- M. J. Hahn: "Assembly-Dumping" in der EG und den USA, Recht der Internationalen Wirtschaft 1991, S. 739-745.
- M. Lux: Ausschluss von der Gemeinschaftsbehandlung bei Umwegeinfuhren (Art. 115 EWGV), Europarecht 1979, S. 359-392.
- M. Lux: Europäisches Aussenwirtschaftsrecht, Zeitschrift für und Verbrauchsteuern 1990, S. 194-208.
- M. Nentwich: Institutionelle und verfahrensrechtliche Neuerungen in Vertrag über die Europäische Union, Europäische Zeitschrift für Wirtschaftsrecht 1992, S. 235-243.
- N. Kofele-Kale: The Principle of Preferential Treatment in the Law of GATT: Toward Achieving the Objective of an Equitable World Trading System, California Western International Law Journal 2/1987-88, pp. 291-333.
- N. Vaulont: Die Zollunion der EWG, Luxemburg 1981.
- P. A. Messerlin: Antidumping, in J. J. Schott (ed.): Completing the Uruguay Round, Washington D. C. 1990, pp. 108-129.

- P. C. Reszel: Die Feststellung der Schädigung in Antidumping-und Antisubventionsrecht der EG, Köln 1987.

- P. C. Reszel: Präventivschutz in EG-Antidumping-und Anti-subventionsverfahren, Recht der Internationalen Wirtschaft 1988, S. 122-128.

- P. Hilpold: Das neue Allgemeine Präferenzschma der EU, Europarecht 1996, S. 98-114.

- P. Hilpold: Die Neuregelung der Schutzmassnahmen im GATT/WTO-Recht und ihr Einfluss auf "Grauzonemassnahmen", Zeitschrift für ausländisches öffentliches Recht und Völkerrecht 1995, S. 89-127.

- P. Kleen: The Safeguard Issue in the Uruguay Round-A Comprehensive Approach, Journal of World Trade 1989, Vol. 23, No. 5, pp. 73-92.

- P. K. M. Tharakan: Contingent Protection-The US and EC Anti-Dumping Actions, World Ecomomy 1933, pp. 575-600.

- P. Nicolaides: The Conduct of Anti-Dumping Policy, Aussenwirtschaftsrecht 1990, S. 425-436.

- P. Pescatore: The Doctrine of "Direct Effect": An Infant Disease of Community Law, European Law Review 1983, pp. 153ff.

- P. –T. Stoll: Die WTO-Neue Welt handelsorganisation, neue Welthandelsordnung, Zeitschrift für ausländisches und öffentliches Recht und Völkerrecht 1994, S. 280-339.

- P. Weissenberg: Die Kompentenz der Europäischen Wirtschafts-gemeinschaft zum Abschluss von Handels-und Kooperationsabkommen gemäss Art. 113 EWGV, Berlin 1977.

- P. Witte: Zollkodex, München 1994.

- R. Denton: The non-market economy rules of the European Community's Anti-Dumping and Countervailing Duties Legislation, International and Comparative Law Quarterly 1987, pp. 198-239.

- R. Geiger: EG-Vertrag, Kommentar zu dem Vertrag zur Gründung der Europäischen Gemeinschaft, 2. Auflage, München 1995.

- Riesenkampff/Pfeifer: Die Abwehr von gedumpten und subventionierten

Einfuhren in die EG, Der Betrieb 1987, S. 2105-2115.

- Riley/Schuster: Untersuchungsverfahren bei Dumping-und Niedrig-preiseinfuhren, Wirtschaft und Wettbewerb 1983, S. 765-775.
- R. J. Langhammer: Die Allgemeinen zollpräferenzen der EG für Entwicklungsländer, Fehlschlag oder Erfolg,, Kiel 1983.
- R. Kulms: Das Antidumpingrecht in amerikanischen und europäischen Recht, Baden-Baden 1987.
- R. M. Bierwagen: Die neue Antidumpinggrundverordnung nach dem Abschluss der Uruguay-Runde, Europäische Zeitschrift für Wirtschaftsrecht 1995, S. 231-293.
- R. M. Bierwagen: GATT Art. VI and the Protection Bias in Anti-Dumping Law, Deventer 1990.
- R. Senti: GATT als System der Welthandelsordnung, Zürich 1986.
- R. Streinz: Europarecht, 2. Auflage, Heidelberg 1995.
- S. A. Baker: "Like" Products and Commercial Reality, in Jackson/Vermulst (eds.): Antidumping Law Practice, Ann Arbor/Michigan 1989, pp. 287-294.
- Schmidt/Richard: Zum Verhältnis von Dumpingrecht und Kartellrecht in der EG, Wirschaft und Wettbewerb 1991, S. 665-678.
- Schwarz/Wockenfoth: Zollgesetz-Kommentar zum Ursprungsland, 2. Auflage, Köln Mai 1986.
- Schweitzer/Hummer: Europarecht, 3. Auflage, Frankfurt a. M. 1990.
- T. C. Hartley: The Foundations of Eurpoean Community Law, 3rd Edition, Oxford 1949.
- T. Heukels: Rechtsprobleme der autonomen Handelspolitik der Europäischen Gemeinschaft im Lichte des GATT, Recht der Internationalen Wirtschaft 1984, S. 972-980.
- T. Oppermann: Europarecht, München 1991.
- Van Bael/Bellis: Anti-Dumping and Other Trade Protection Laws of the EEC, 2nd Edition, Chicago 1990.
- Vermulst/Driessen: The International Practice of the European Communities: Gurrent Survey, European Journal of International Law 1995, pp. 287-316.

- Verdross/Simma: Universelles Völkerrecht, 3. Auflage, Berlin 1984.
- Vermulst/Waer: European Community Rules of Origin as Commercial Policy Instrument?, Journal of World Trade 1990, N. 3, pp. 55-99.
- W. A. Wares: The Theory of Dumping and American Commercial Policy, Lexington 1977.
- W. Benedek: Entwicklungsvölkerrecht, in Seidl-Hohenveldern (Hrsg.): Lexkion des Rechs-Völkerrecht, Neuwied und Darmstadt 1985, S. 69-70.
- W. Fikentscher: Wirtschaftsrecht Band I, München 1983.
- W. Hakenberg: Grundzüge des Europäischen Wirtschaftsrechts, München 1994.
- WTO: The Uruguay Round Results, The Legal Texts, Geneva 1995.
- A-Weber: Vom Verfassungsvertrag zum Vertrag von Lissabon, EuZw 2008, S. 7-14.
- M. Dauses: Handbuch des Eu-Wirtschafts rechts, 24. Ergänzungs-lieferung, München 2009.
- I. Pernice (Hrsg.): Der Vertrag von Lissabon: Reform der EU ohne Verfassung?, Baden-Baden 2008 Barton/Goldstein/Josling/Steinbeig: The Evolution of the Trade Regime, Princeton 2006.
- Joshua Meltzer: State Sovereignty and the Legitimacy of the WTO, 26 University of Pennsylvania Journal of International Economic Law 2005, pp. 693-733.
- Martin Wolf: Globalization and Global Economic Governance, Oxford Review Economic Policy, Vol. 20, No. 1, 2004, pp. 72-84.
- F. Jawara/A. Kwa: Behind the scenes of the WTO: the real world of international trade negotiations, New York 2003.
- A. Gremona: A Constitutional Basis for Effective External Action?
- Assessment of the Provision on Eu External Action in the Constitutional Treaty, Eul Working Paper Law No. 2006/30.
- Reinisch/Knahr: International Investment Law in Gontext, Utrecht 2008.
- M. Bungenberg, Au β enbeziehungen und Au β enhandelspolitik, EuR 2009 Beiheft 1, S. 195-214.

國家圖書館出版品預行編目資料

歐洲貿易法／陳麗娟 著. 一四版. 一臺
　北市：五南, 2018.06
　　面；　公分.
ISBN 978-957-11-9695-4（平裝）
1.歐洲共同體　2.貿易法規
558.2　　　　　　　　　107005686

1U29

歐洲貿易法

作　　者－陳麗娟（266.1）

發 行 人－楊榮川

總 經 理－楊士清

副總編輯－劉靜芬

責任編輯－高丞嫻

封面設計－斐類設計工作室

出 版 者－五南圖書出版股份有限公司

地　　址：106台北市大安區和平東路二段339號4樓

電　　話：(02)2705-5066　傳　真：(02)2706-6100

網　　址：http://www.wunan.com.tw

電子郵件：wunan@wunan.com.tw

劃撥帳號：01068953

戶　　名：五南圖書出版股份有限公司

法律顧問　林勝安律師事務所　林勝安律師

出版日期　1997年10月初版一刷
　　　　　2005年 7 月二版一刷
　　　　　2010年 5 月三版一刷
　　　　　2018年 6 月四版一刷

定　　價　新臺幣480元